Olivier van Beemen

IM NAMEN DER TIERE

OLIVIER VAN BEEMEN

IM NAMEN DER TIERE

WIE EINE NGO GROSSE TEILE AFRIKAS BEHERRSCHT

Aus dem Niederländischen
von Gerd Busse

C.H.Beck

Titel der niederländischen Originalausgabe:
«Ondernemers in het wild.
Het ontluisterende verhaal van een club witte weldoeners in Afrika»
Erschienen 2024 bei Uitgeverij Prometheus, Amsterdam

Die Publikation kam zustande mit Unterstützung des
Fonds Bijzondere Journalistieke Projecten, www.fondsbjp.nl.

Fonds BJP voor journalisten

Der Verlag dankt der Niederländischen Stiftung für Literatur
für die großzügige Förderung.

Nederlands letterenfonds
dutch foundation
for literature

Mit 15 farbigen Abbildungen und 6 Karten (© Uitgeverij Prometheus, Amsterdam)

Für die deutsche Ausgabe:

www.chbeck.de
Umschlaggestaltung: geviert.com/Nastassja Abel
Umschlagabbildung: Bewaffneter Ranger im Pendjari National Park,
Benin, 10. Januar 2018. © Stefan Heunis/AFP via Getty Images
Satz: Fotosatz Amann, Memmingen
Druck und Bindung: Pustet, Regensburg
Printed in Germany
ISBN 978 3 406 82207 0

myclimate shape our future

FSC www.fsc.org MIX Papier | Fördert gute Waldnutzung FSC® C014889

verantwortungsbewusst produziert
www.chbeck.de/nachhaltig

Für Merel und Emilia

«Wenn man die Bienen nur ruhig und freundlich behandelt, haben sie erstaunlich viel Vertrauen. Und das, obwohl du doch der Drecksack bist, der ihnen den Honig wegnimmt.»

Paul Fentener van Vlissingen

INHALT

VORWORT

Dieses Buch beruht auf mehr als dreijährigen journalistischen Recherchen. Ich bin dafür in sechs afrikanische Länder gereist und habe mit gut zweihundertfünfzig verschiedenen Informanten mehr als dreihundert Gespräche in und um African Parks geführt. Ungefähr die Hälfte meiner Gesprächspartner arbeitet für diese Organisation oder hat in der Vergangenheit für sie gearbeitet. Dazu konnte ich nicht nur den Mann an der Spitze und diverse weitere (ehemalige) Manager und Schlüsselfiguren interviewen, sondern auch mit Park- und Torwächtern, Wilderern, Hirten, Bauern, Dorfoberhäuptern, Beamten, Finanziers, Biologen, Wissenschaftlern sowie Naturschützern anderer Organisationen sprechen.

Darüber hinaus habe ich umfassend in Archiven recherchiert und mich mit der einschlägigen Literatur beschäftigt. Und ich bekam dank meiner Quellen vertrauliche E-Mails, Verträge und interne Dokumente zugespielt. Die Europäische Union wie auch die Regierung der Niederlande und Malawis haben auf der Grundlage ihres jeweiligen Informationsfreiheitsgesetzes Tausende von Seiten interner Informationen zur Verfügung gestellt.

Amsterdam, April 2024 *Olivier van Beemen*

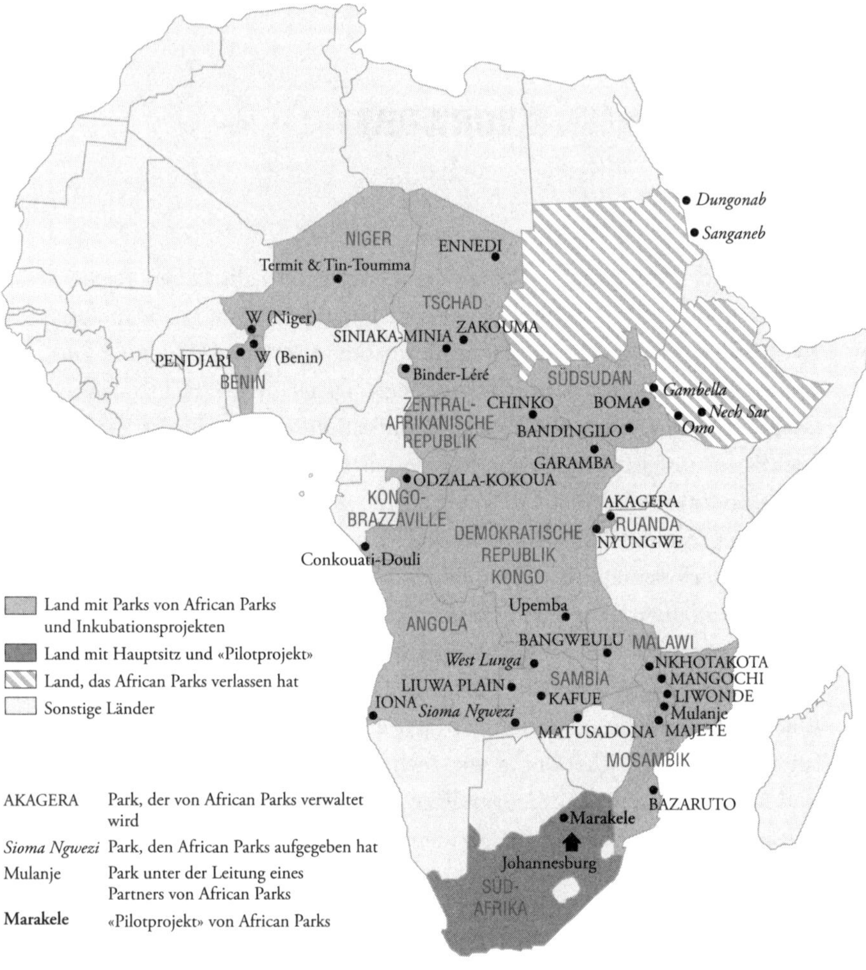

Der Kontinent von African Parks

1

UNTER SPIONAGEVERDACHT
BENIN, FEBRUAR 2022

Der Kommissar der Kriminalpolizei von Parakou ruft uns noch einmal in sein Büro zurück. Anderthalb Tage sitzen wir nun schon fest, es ist die vierte Polizeiwache, die wir von innen sehen, und wir haben mehr als zweihundertfünfzig Kilometer in etwa fünfundzwanzig verschiedenen Polizeifahrzeugen zurückgelegt.[1]

Wir sind aber guten Mutes, dass man uns jetzt freilässt. Die Niederländische Botschaft in Benin zeigt sich ebenfalls optimistisch. Der Kommissar, an diesem Sonntag eigens für uns in sein Büro beordert, macht einen wohlwollenden Eindruck. Er kommt in Zivil, mit Sandalen an den Füßen. Während des vorangegangenen Verhörs hatte man meiner Kollegin Flore Nobime eine Lektion erteilt: Sie hätte nicht mit einem ausländischen Autor in den Norden ihres Landes reisen sollen, ohne die Behörden darüber zu informieren. Ihr müsse doch wohl klar sein, dass das gefährlich sei?

Wir nehmen Platz und hören, was uns der Kommissar zu sagen hat.

«Sie beide werden der Spionage verdächtigt.»

Was? Spionage? Hat der Kommissar irgendwelche Beweise dafür oder zumindest Indizien? Für wen sollten wir denn spionieren?

Er hat noch weitere schlechte Nachrichten. Unser Fall soll vor dem Gericht für Wirtschaftsdelikte und Terrorismus (CRIET) verhandelt werden, Kritikern zufolge ein Instrument der Staatsmacht, das speziell dazu geschaffen wurde, um politische Gegner für lange Zeit auszuschalten. Zwei Kandidaten, die sich bei den letzten Präsidentschaftswahlen erdreistet hatten, den autoritären Präsidenten Benins, Patrice Talon, herauszufordern, bekamen dafür zehn und zwanzig Jahre Gefängnis aufgebrummt, und auch kritische Journalisten und Blogger wurden zu harten Strafen verurteilt.

Dennoch ist die Stimmung im Kommissariat keineswegs feindselig. Wir müssen nicht in die Zelle, können unsere Sachen behalten, und ich darf unter Polizeibegleitung in dem quirligen Restaurant La Vieille Marmite im Zentrum Parakous, der drittgrößten Stadt des westafrikanischen Landes, etwas zu essen holen. Das Hähnchen mit Spinat und Pommes frites, das wir auf einer Bank vor dem Kommissariat verspeisen, schmeckt gut. Allerdings müssen wir ein Vernehmungsprotokoll unterschreiben, in dem schwarz auf weiß steht, dass wir der Spionage am Staat Benin verdächtigt werden. Ein Foto von dem Dokument darf ich nicht machen. Es folgen hektische Telefonate nach Hause und mit der Botschaft: Die Angelegenheit wird sowohl in den Niederlanden als auch in Benin sehr ernst genommen.

Eine Woche zuvor war ich in Benin angekommen, um Recherchen zu African Parks (AP) durchzuführen, einer internationalen Organisation, die von ihrem Hauptsitz (Headquarter) in Johannesburg aus Naturreservate in Afrika verwaltet.[2] Diese Organisation wurde unter Beteiligung des niederländischen Geschäftsmanns und Milliardärs Paul Fentener van Vlissingen (1941–2006) gegründet und hat Vereinbarungen mit insgesamt zwölf afrikanischen Staaten über die Verwaltung von zweiundzwanzig Naturreservaten getroffen, darunter zwei in Benin.

African Parks ist die größte und ambitionierteste Naturschutzorganisation Afrikas mit einem jährlichen Umsatz von mehr als hundertzwanzig Millionen Euro. Die gesamte Landfläche, die unter ihrer Kontrolle steht, beträgt gut zwanzig Millionen Hektar, vergleichbar der Fläche Großbritanniens, und in den kommenden Jahren sollen große Flächen dazukommen. Das Ziel ist es, verwahrloste Parks und Reservate vor Wilderern und anderen Gefahren zu schützen, Tierarten, die hier ehemals heimisch waren und längst verschwunden sind, wieder anzusiedeln und eigene Einkünfte zu generieren – Letzteres vor allem mittels reicher Touristen, die dafür sorgen sollen, dass sich ein solcher Park weitestgehend selbst trägt. Nicht nur Wildtiere und Ökosysteme sollen davon profitieren, sondern auch die lokale Bevölkerung, die mit der Bedeutung des Naturschutzes vertraut gemacht werden und begreifen soll, dass Wilderei gegen ihre eigenen Interessen verstößt. Mit toten Elefanten lockt man keine Touristen an, die bereit sind, tausend Dollar pro Nacht auszugeben.

Als ich Benin im Februar 2022 besuche, bin ich bereits seit einem guten

Jahr mit meinen Recherchen zu der Organisation beschäftigt, und mein Verhältnis zum Headquarter ist angespannt. African Parks möchte die Informationspolitik gern in Eigenregie betreiben und hat in der Vergangenheit heftig auf die wenigen kritischen Artikel reagiert, die irgendwo in den Medien über die Organisation erschienen waren. Ich bräuchte nicht auf ihre Mitarbeit zu zählen, so wurde mir zu verstehen gegeben.

Ich kooperiere auf dieser Reise eng mit der Journalistin Flore Nobime, die ihrerseits bereits einen aufschlussreichen Artikel über die Arbeit von African Parks in ihrem Land veröffentlicht hatte.[3] Nach einigen erfolgreichen Interviews in Cotonou und Porto Novo an der Atlantikküste fahren wir mit dem Bus in den Nordwesten, nach Tanguiéta, eine Fahrt von gut zehn Stunden. Tanguiéta liegt etwa vierzig Kilometer vom Eingang des Nationalparks Pendjari entfernt, der von AP geleitet wird. In dem Städtchen interviewen wir Personen, die das Gebiet gut kennen oder eine direkte Beziehung zum Park unterhalten, so wie Kinto Sylla, ein ehemaliger Militär und einstiger Leibwächter eines Ministers. Falls wir Personen sprechen wollten, die noch näher an der Quelle sitzen, müssten wir sein Dorf Sangou unweit des Eingangstors zum Park besuchen, versichert er uns.

Über die Sicherheitslage haben wir uns zuvor eingehend informiert. Für den Park selbst gilt zu dem Zeitpunkt die Reiseempfehlung «Rot» – was bedeutet, dass von Fahrten dorthin entschieden abgeraten wird. Für die Zone rund um den Park gilt jedoch lediglich die Stufe «Orange», will heißen: Man sollte dort besser keinen Urlaub machen, aber notwendige Reisen sind möglich. Hintergrund: Die Region hat mit dschihadistischer Gewalt zu kämpfen, die von den Nachbarländern Burkina Faso und Niger aus immer häufiger auch auf Benin übergreift. Doch das Risiko, dass uns während eines kurzen Besuchs in Sangou sowie einigen umliegenden Dörfern außerhalb des Parks – zudem unter Begleitung des in der Bevölkerung hoch angesehenen Kinto Sylla – etwas passiert, halten unsere Kontaktpersonen und auch wir für äußerst gering.

Und so machen wir uns auf den Weg, auf zwei Motorrädern samt einem lebenden Perlhuhn – unser Abendessen. Unterwegs gibt es keine Checkpoints, allerdings begegnen wir Fahrzeugen von African Parks sowie der Armee, und über uns fliegt ein Flugzeug von AP hinweg. Unser vierundzwanzigstündiger Besuch verläuft ohne Zwischenfälle, genau wie geplant.

Die Interviews unter anderem mit Parkwächtern,* einem Viehzüchter, einem Dorfoberhaupt und einem Medizinmann sind äußerst aufschlussreich, wie sich im Weiteren noch zeigen wird. Vom Park selbst halten wir uns fern.

Abends, zurück in unserem Hotel in Tanguiéta, erhalten wir Besuch von einem örtlichen Polizeikommissar, der in Schlappen daherkommt. Wir sind außerhalb der Stadt gesehen worden, und er möchte nun wissen, was wir hier zu suchen haben. Eine legitime Frage angesichts der vermeintlichen Anwesenheit von Söldnern und der dschihadistischen Bedrohung in dem Gebiet. Wahrheitsgemäß erzählen wir, dass wir uns als Schriftsteller und Journalisten für die Lebensumstände der Bevölkerung interessieren.

Am nächsten Morgen werden wir auf der Dachterrasse des Hotels einem ausführlicheren Verhör unterzogen – der Kommissar ist noch immer in Schlappen sowie in Gesellschaft eines Ermittlungsbeamten. Es scheint nach wie vor nichts gegen uns vorzuliegen. Um die Mittagsstunde herum sollen wir nur noch kurz mit auf die Wache kommen – zwecks einer «gründlichen Personenkontrolle» – es geht um «letzte Formalitäten».

Die Polizei setzt uns nicht darüber in Kenntnis, dass wir offiziell verhaftet sind und uns das Recht auf einen Anwalt sowie einen Arzt zusteht – im Nachhinein wird uns klar, dass das der Beginn einer ganzen Reihe von Verstößen gegen die Beniner Strafprozessordnung und die Landesverfassung war.[4] Obwohl unsere Identität innerhalb weniger Stunden und einschließlich eines Checks bei Interpol überprüft worden ist, hält man uns den ganzen Nachmittag fest. Wir unterschreiben ein Vernehmungsprotokoll, in dem festgehalten wird, dass unsere Inhaftierung aufgehoben sei und keine Verdachtsmomente gegen uns vorlägen.

Doch frei sind wir nicht.

Zur Klärung der «allerletzten Formalitäten» müssen wir die vier Autostunden von Tanguiéta entfernt gelegene Station der Kriminalpolizei von Parakou aufsuchen. Dort sollen wir in Wahrheit jedoch am nächsten Tag wegen Spionage angeklagt werden. Ein Pritschenwagen der Polizei steht

* In manchen englischsprachigen Ländern steht ein Ranger über den gewöhnlichen Parkwächtern, die «Scouts» genannt werden. Im Folgenden verwende ich die Begriffe «Ranger» und «Parkwächter», ungeachtet ihres Rangs, synonym.

bereit, und man gaukelt uns vor, dass wir noch in derselben Nacht wieder zurückkämen. Wir nehmen auf dem Rücksitz Platz, eingeklemmt zwischen zwei bewaffneten Polizisten.

Kaum sind wir außerhalb der Stadt, biegen wir auf eine unbefestigte Straße ab und fahren in den *brousse*, den Busch. Muss denn jetzt schon jemand austreten? Es wird doch nicht ..., schießt es mir durch den Kopf, während ich zu den Polizisten mit den Kalaschnikows hinübersehe. Doch wir kehren schon bald um und halten bei einem geparkten Polizeifahrzeug.

Unser Transport erweist sich als eine Staffelfahrt – *escort-corridor* nennen sie das. An der Grenze eines jeden Polizeibezirks müssen wir in einen anderen Pritschenwagen umsteigen, der jedes Mal mit bewaffneten Polizisten bemannt ist. Den Rucksack von der Ladefläche holen, auf die Ablösung warten, das Gepäck in den nächsten Wagen werfen, und weiter geht die Fahrt. Manchmal Dutzende von Kilometern am Stück, häufig sind es auch nur kurze Fahrten von wenigen Minuten.

Parakou erreichen wir an dem Abend nicht mehr. Wir übernachten auf halber Strecke in Djougou, auf einer Holzbank der Polizeiwache in einem von Leuchtstoffröhren erhellten Raum neben einer Kiste mit leeren Guinness-Bierflaschen. Ein Polizist sieht fern, Canal Plus Action, auf dem die ganze Nacht amerikanische B-Movies in synchronisierter französischer Fassung laufen.

Nach weiteren noch einmal gut zehn Etappen und langen Aufenthalten auf diversen Polizeiwachen erreichen wir am nächsten Tag die Station der Kriminalpolizei von Parakou. Wir schalten einen Anwalt ein, sind uns aber nicht ganz sicher, ob er auf unserer Seite steht. Auf die Frage, ob wir gesetzlich dazu verpflichtet seien, unser Smartphone oder unseren Laptop zu entsperren, antwortet er: «Wenn ihr nichts zu verbergen habt, dann macht es einfach.» Für uns wenig befriedigend. Ein niederländischer Diplomat, mit dem ich telefoniere, klingt besorgt. Ich muss also damit rechnen, meinen geplanten Flug nach Paris, drei Tage später, zu verpassen. Vertrauliche Angelegenheiten besprechen wir so wenig wie möglich über die reguläre Telefonverbindung – das Risiko, abgehört zu werden, ist groß.

Wir übernachten in der Polizeistation in einem ziemlich geräumigen Büroraum, der zum Glück etwas Privatsphäre bietet. Dort bereinigen wir unsere Laptops, Smartphones und Notizbücher von Informationen, die unsere Quellen in Gefahr bringen und den Behörden verdächtig erscheinen könnten. Wir machen Fotos unserer Notizen und schicken sie an Bekannte, bevor wir sie aus unseren Notizbüchern reißen. Die losen Seiten nehmen wir mit in die Dusche, wo wir sie zerreißen und unter den Wasserstrahl halten. In unserem Handgepäck verstecken wir einige große, unleserliche Papierkugeln, die wir irgendwo auf dem Weg nach Cotonou versuchen müssen loszuwerden.

Flore schläft schon, als ein Ermittlungsbeamter den Raum betritt und uns auffordert, ein Dokument zu unterschreiben, das unsere Rechte aufführt. Darin steht auch, dass uns bewusst ist, dass wir schwerer Vergehen bezichtigt werden und die Ermittlungen «übereinstimmend belastende Informationen» gegen uns ergeben haben. Ein netter Versuch – wir unterschreiben nicht.

Nachts auf meiner Holzbank ergreift dann doch der Gedanke an einen langen Aufenthalt in einem Beniner Gefängnis von mir Besitz. Warum muss ich unbedingt über African Parks recherchieren, eine Organisation, die verhindern möchte, dass Löwen, Elefanten und Nashörner in freier Wildbahn aussterben?

Und wer kann dagegen etwas haben?

2

STREIT IM DSCHUNGEL SAMBIA, 2020

Die Idee zu diesem Buch entstand Anfang 2020 im Kafue National Park in Sambia, einer ausgedehnten Wildnis, größer als Israel oder Slowenien, in der nicht nur Elefanten und große Raubtiere leben, sondern auch neunzehn verschiedene Antilopen- und etwa fünfhundert Vogelarten. Anlass meines Besuchs war eine geplante Reportage über zwei niederländische Unternehmer, ehemalige Geschäftspartner, die wegen einer Förderung von sechshunderttausend Euro aus einem Topf für Entwicklungszusammenarbeit miteinander im Clinch lagen.[1]

Einer der beiden war Edjan van der Heide, der Anfang dieses Jahrhunderts sein Reihenhaus in Amstelveen gegen ein abenteuerliches Leben in der Wildnis Sambias eingetauscht hatte. Zusammen mit seiner Frau Robyn-Anne wurde er Eigentümer und Manager der Mukambi Safari Lodge mit eigenem «Infinitypool», der Ausblick auf einen dreihundert Meter breiten Fluss samt Nilpferden und Krokodilen bietet. Komplikationen und Hindernisse, häufig finanzieller Art, waren bei einem solchen Projekt an der Tagesordnung, aber es gab auch Erfolge zu verzeichnen, wie etwa die Eröffnung weiterer Camps. Ein Filmproduzent fand die Abenteuer des Paars interessant genug für eine fünfteilige Fernsehserie, die unter dem Titel *Van Amstelveen naar Afrika* 2007 und 2008 bei RTL 4 ausgestrahlt wurde.

Zu Hause in Naarden, in der wohlhabenden Gooi-Region in der Nähe von Amsterdam, verfolgte ein weiterer Unternehmer, Vincent Kouwenhoven, die RTL-Serie mit überdurchschnittlich großem Interesse. Als *venture capitalist* – Risikokapitalanleger auf Deutsch – hatte auch er ein Faible für Afrika. «Es ist die Weite, die ausgedehnte Wildnis», schwärmt er mir bei einem Gespräch vor. «In Afrika ist alles möglich. Ich vergleiche das gern mit dem Wilden Westen. Es ist ein Eldorado für Unternehmer.» Mit seinem eVentures Africa Fund investierte Kouwenhoven in junge afrikanische IT-Unternehmen und erhoffte sich davon eine hohe Rendite. Aber er wollte auch «etwas zurückgeben, etwas Sinnstiftendes tun» – das Thema Nachhaltigkeit wurde dabei nach eigenem Bekunden für ihn zu einer starken Triebfeder.

Nach einem Besuch in Sambia wurde Kouwenhoven Mitgesellschafter der Mukambi Safari Lodge. Die van der Heides konnten eine Finanzspritze gut gebrauchen, und gemeinsam gelang es ihnen, Mittel aus einem Programm für Entwicklungszusammenarbeit einzuwerben, mit dem die Wirtschaft in Entwicklungsländern gefördert werden sollte. Mit diesem Geld wollten die beiden Partner in einem abgelegenen Teil des Parks ein neues Safaricamp aufbauen, ausgestattet mit innovativer, heißt umweltschonender Technologie.

Um es kurz zu machen: Die Partner gerieten sich in die Haare. Kouwenhoven ließ sich seine Anteile mit einem stattlichen Gewinn abkaufen und bestand darauf, die Fördermittel zu behalten. Der Risikoanleger nutzte das Geld jedoch nicht für den Bau eines abgelegenen Dschungelcamps, sondern für eine konkurrierende Lodge, die Ila Safari Lodge, die neben der seines ehemaligen Partners lag. Der Abschlussbericht des Fördermittelgebers war für Kouwenhoven vernichtend. «Wenn du das Projekt so präsentiert hättest, wie du es schlussendlich umgesetzt hast, hätte ich das nie bewilligt», urteilte ein Beamter.[2] Dennoch durfte er die Subvention behalten und verkaufte die Lodge wenig später an einen Investmentfonds für das Doppelte des von ihm selbst veranschlagten Selbstkostenpreises.[3]

Van der Heide und Kouwenhoven konnten sich zwar nicht mehr riechen, waren sich jedoch in einem Punkt einig: dem Wunsch, dass African Parks das Management des Kafue National Park vom sambischen Staat übernehmen würde. Die Verhandlungen darüber liefen schon seit Jahren, aber eine Einigung war nicht in Sicht. Unter der Federführung von African Parks käme das Naturreservat zu einer echten Blüte, prophezeiten sie, und die Wilderer würden den Safari-Touristen Platz machen. Laut van der Heide müsse es nun wirklich bald zu einer Übereinkunft kommen.

African Parks? Als Kind war ich begeistertes Mitglied des niederländischen Ablegers des World Wide Fund For Nature (WWF), lernte, dass es so etwas wie «Unkraut» gar nicht gibt («es sind einfach Pflanzen») und suchte gern in den Entwässerungsgräben der Äcker und Weiden nach Salamandern und

Fröschen. Später, als Journalist, habe ich mich jedoch nie wirklich mit Naturschutz beschäftigt – wenn man einmal von den ausgewilderten slowenischen Braunbären absieht, über die ich als Frankreichkorrespondent berichtet habe, weil sie für die Schafzüchter in den Pyrenäen einen wahren Alptraum darstellten. Der Name African Parks sagte mir nichts, obwohl die Organisation doch bereits seit einiger Zeit auf sich aufmerksam gemacht hatte und eine Vielzahl von Kontakten in die Niederlande unterhielt. Die Nationale Postcode Loterij (Nationale Postleitzahlenlotterie) gehörte zu ihren treuesten Spenderinnen, und das Headquarter hatte jahrelang im ehemaligen Kutschenhaus eines mittelalterlichen Schlösschens in der Provinz Utrecht seinen Sitz.

Van der Heide berichtete mir geradezu enthusiastisch vom Konzept der African Parks, das auf Langzeitwirkung angelegt sei. Dabei übernimmt AP, nach einer Übereinkunft mit der Regierung, meist für eine Laufzeit von zwanzig Jahren das gesamte Management und alle Kosten mit dem Ziel, den Park profitabel zu machen und ihn dann dem Staat zurückzugeben. Er lobte die Tatkraft von African Parks. «In dieser Branche tummeln sich viele Organisationen, die einen Bericht nach dem anderen schreiben, aber dann nichts tun. Bei African Parks wandert das Geld tatsächlich in den Naturschutz.»

Erst neulich habe noch, im Zusammenhang mit der Übernahme des Kafue National Park, ein Treffen auf seiner Lodge stattgefunden, bei dem auch der damalige Präsident von African Parks, kein Geringerer als Prinz Harry, anwesend gewesen sei. Die Organisation kann ohnehin auf viel Beifall aus der Welt der Reichen und Schönen zählen: Sie wird unter anderem von Taylor Swift, Leonardo DiCaprio, dem Geschäftsmann David Bonderman und den wohlhabenden amerikanischen Unternehmerfamilien Buffett und Walton unterstützt.

Abends, begleitet vom lebhaften Gekreische einer Gruppe von Affen im Geäst eines Baums über meinem Zelt, las ich mehr über African Parks. Über den Umfang, in dem die Organisation mittlerweile operiert, über die ehrgeizigen Wachstumspläne, die Beteiligung der Politik beziehungsweise der Geschäftswelt und das Motto: *A business approach to conservation*, also etwa: Ein Geschäftsmodell für den Naturschutz.

Darüber wollte ich mehr wissen.

3

IN HANDSCHELLEN AUF DER LADEFLÄCHE ZURÜCK NACH BENIN

Nachdem wir die Nacht im Gebäude der Kriminalpolizei von Parakou verbracht haben, geht es am nächsten Morgen weiter nach Cotonou. Die vierhundert Kilometer lange Fahrt durch Benin dauert normalerweise gut sechs Stunden, aber wir brauchen – abermals in Dutzenden von Polizeifahrzeugen – mehr als vierundzwanzig Stunden. Heute reisen wir in Handschellen und dürfen unsere Smartphones nicht benutzen. Auf mehreren Polizeiwachen sperrt man uns ein – nicht in eine richtige Zelle, wohl aber in einen Raum, dessen Tür abgeschlossen wird. Wir fühlen uns angreifbar – zumal sich die zusammengeknüllten Notizen noch in unseren Taschen befinden.

Meist sitzen wir auf dem Rücksitz des Fahrzeugs, manchmal aber auch auf der offenen Ladefläche, eingehüllt vom aufgewirbelten Staub der Piste. Eine Afrikanerin und ein Europäer, mit einem Paar Handschellen aneinandergefesselt, hinten auf einem Polizei-Truck: An Aufsehen mangelt es unterwegs nicht. Ein Polizist nennt uns *un colis humain*, ein menschliches Postpaket.

Nach etwa hundert Kilometern in Fesseln überzeugen wir einen jungen Polizisten, der allein mit uns auf einem Holzbänkchen auf der Ladefläche kauert, dass es nicht schaden kann, wenn ich kurz die Botschaft anrufe. «Niemand hat einen Nutzen davon, wenn das hier eskaliert», versichert Botschafterin To Tjoelker, die bereits mit dem Beniner Außenminister Aurélien Agbénonci Kontakt aufgenommen hatte. Bei der nächsten Polizeiwache nimmt man uns die Handschellen ab, und wir werden zu VIP-Verdächtigen befördert, was bedeutet, dass sogar die Klimaanlage eingeschaltet wird.

Jetzt müssen wir nur noch die zusammengeknüllten Notizen loswerden. Der Plan ist, sich ihrer in der Latrine auf einer der Polizeiwachen zu entledigen. Das Problem ist nur, dass wir unsere Taschen nicht dorthin mitnehmen dürfen. Flore gelingt es mehrmals, einige der Papierkugeln in ihrer Kleidung zu verstecken und sie in die Sickergrube zu werfen.

Die Weiterfahrt verläuft noch langsamer als an den Tagen zuvor, und die Aufenthalte auf den Wachen werden länger. Zufall? Oder von oben gesteuert? Als es dämmert, sind wir nur noch im Besitz einer einzigen Plastiktüte mit Notizen, die wir loswerden müssen. Seit unseres Aufstiegs zu VIP-Verdächtigen haben wir nicht mehr standardmäßig einen bewaffneten Polizisten neben uns, und als wir zu zweit auf dem Rücksitz hocken, während die beiden Polizisten vorn erregt über ihre Arbeitsbedingungen diskutieren (die nicht die besten sind), kurbele ich lässig die Scheibe herunter und lege den Arm auf das offene Fenster. Mit aller Kraft schleudere ich die Tüte in die Büsche. Niemand hat es gesehen.

Für einen Moment fühlt es sich so an, als wäre das alles ein Film.

Aber einer mit Happy End? Noch steht das nicht fest. Die Nacht ist lang, und wir machen regelmäßig Halt, aber nicht, um zu schlafen. Bei Sonnenaufgang erreichen wir einen Vorort von Cotonou, wo man uns erneut einsperrt, diesmal in einen Raum mit vier Männern, von denen einer schlafend auf einer Holzbank liegt und dabei hin und wieder routiniert eine Mücke erschlägt. Vielleicht sind sie genauso unschuldig wie wir, vielleicht auch nicht. Der Raum bietet Zugang zu zwei echten Zellen, aus denen Schnarchgeräusche zu uns dringen. Es ist zu dunkel, um erkennen zu können, wie viele Personen sich in der größeren Zelle befinden, aber sie scheint voll zu sein. In der kleineren Zelle erspähen wir eine Frau mit drei kleinen Kindern.

Nach einer kurzen Fahrt erreichen wir den nächsten Vorort, Godomey, aus dem Flore stammt. Dort sollen wir erstmals, und zwar getrennt, in eine richtige Zelle gesperrt werden. Trotz unseres Protests schließt sich die Gittertür der düsteren Frauenzelle, in die Flore befördert wird. Ich stehe noch draußen, rufe unseren Anwalt an, doch der sagt, dass man auf der Wache nicht über unseren Sonderstatus informiert sei. In ihren Augen seien wir schlichtweg des «Terrorismus» verdächtig und würden gehorchen müssen.

«Der Spionage», korrigiere ich ihn.

Wir schlagen seine Empfehlung in den Wind und protestieren weiter, woraufhin Flore die Zelle dann doch wieder verlassen darf.

Zur Mittagszeit, im nächsten Kommissariat, wird es uns allmählich zu bunt. Flore ist empört, dass man sie *chez elle*, bei sich zu Hause, für kurze Zeit in eine dunkle Zelle gesperrt hat. Was glauben sie denn, wer sie sind, diese Jungspunde von der Polizei? Wieder sitzen wir stundenlang fest. Wenn es in diesem Tempo weitergeht, fürchten wir, steht uns auch noch eine vierte Nacht in Gefangenschaft bevor. Meinen Flug nach Paris werde ich dann tatsächlich verpassen, oder – schlimmer noch – wird Flore dank meiner Recherchen in ernsthafte Schwierigkeiten geraten. Sollten wir tatsächlich vor diesem Sondergericht erscheinen müssen?

Dann steht plötzlich ein in der Sonne glänzendes Polizeiauto auf dem Innenhof, ein deutlich anderes Kaliber als die Pritschenwagen, in denen wir bislang transportiert wurden, und man fordert uns auf, einzusteigen. Unser Ziel ist jetzt nicht mehr das Hauptquartier der Kriminalpolizei, sondern das Hauptkommissariat der nationalen Polizei. Wir vermuten, dass das eine gute Nachricht ist, sind aber nach den vorangegangenen Enttäuschungen alles andere als sicher. In einem makellos sauberen Warteraum merken wir, wie verdreckt und staubig wir inzwischen sind. Unsere Rucksäcke sind aufgrund ausgelaufener Benzinkanister völlig ölverschmiert.

Der Hauptkommissar der Polizei von Benin, Soumaïla Yaya, empfängt uns höchstpersönlich. Erneut hält man uns eine Standpauke. Wir hätten nicht in den Norden reisen dürfen, zumindest aber vorher um Erlaubnis bitten müssen. Doch er sei ein vernünftiger Mensch, wie uns der Kommissar versichert, und er verstehe, dass es kulturell bedingte Missverständnisse geben könne. Außerdem liege ihm die Pressefreiheit sehr am Herzen. Deshalb habe er auch den Staatsanwalt gebeten, das Verfahren gegen uns einzustellen. Er bietet uns einen ausgezeichneten Espresso an, und wir unterhalten uns über die Jahre, die er und ich beide in Paris verbracht haben. Ich sei herzlich willkommen, wenn ich noch einmal Benin besuchen wolle. «Aber sagen Sie dann vorher kurz Bescheid.»

Flore wird sofort freigelassen. Ich aber muss trotz der freundlichen Worte noch am selben Abend mit dem ersten Flugzeug, das Richtung Europa abhebt, das Land verlassen. Der Hauptkommissar erteilt mir die Erlaubnis, den Rest des Nachmittags in der Residenz der Botschafterin zu verbringen, die mich eingeladen hat, mich dort frisch zu machen und etwas zu essen. Trotzdem bringt mich die Polizei zum Flughafen, wo ich auch meine letzten acht Stunden in Benin in Polizeigewahrsam auf der Wache verbringe. Ich ermuntere Flore, zu ihrer Tochter und ihrer Familie zurückzukehren, doch sie will mich nicht im Stich lassen und leistet mir in den letzten Stunden in Benin Gesellschaft.

Als sich das Gate öffnet, führt mich ein Polizist an der Schlange vorbei. Eine Abschiebung, erklärt er dem Bodensteward unter den neugierigen Blicken der wartenden Fluggäste. Im Bus zwischen dem Terminal und der Gangway zum Flugzeug befinde ich mich erstmals seit vier Tagen und drei Nächten nicht mehr in Händen der Polizei. An Bord des Flugzeugs, hoch über Westafrika, erwartet mich eine freudige Überraschung: Air France serviert trotz der Kosteneinsparungen in der Luftfahrt auch in der Economy Class noch immer Champagner.

Selbstverständlich frage ich mich, ob African Parks in diesen Vorfall involviert war. Die Organisation erklärt, dass sie nicht über meinen Besuch informiert gewesen sei, geschweige denn über die Verhaftung. Ist das glaubwürdig? Nicht nur der Außenminister, sondern auch der Präsidentenpalast ist über unseren Fall informiert, wie ich aus zuverlässiger Quelle weiß. African Parks verfügt in Benin über enge Beziehungen zur Staatsmacht und hält sich einiges auf seine ausgezeichneten Informationskanäle zugute. Sollte die Organisation tatsächlich nicht darüber im Bilde gewesen sein, dass wir in den Dörfern in der Nähe des Parks herumgeschnüffelt haben und später in Tanguiéta festgenommen worden sind?

Ein ehemaliger Mitarbeiter von African Parks hält das für «sehr unwahrscheinlich». «*Sehr* unwahrscheinlich», wie er beteuert. «Der Park ist ständig damit beschäftigt, an Informationen zu kommen, und es werden wöchentlich Berichte verfasst, in denen die obskursten Details zur Sprache kommen. Ich kann mir nicht vorstellen, dass eure Verhaftung unbemerkt geblieben ist. Ich halte es allerdings für möglich, dass das Headquarter in Johannesburg nichts davon wusste. Informationen werden nicht immer weitergeleitet.»

«Der Park hat in jedem Dorf Informanten. Wenn du in Sangou warst, so nahe am Eingang des Parks, müssen sie das gewusst haben», sagt eine zweite Kontaktperson in Benin, die selbst in der Nachrichtenabteilung gearbeitet hat. «Ein Europäer hinten auf einem Motorrad – das *muss* weitergeleitet worden sein.»

4

KONTAKTSPERRE? DIE «STRATEGISCHE MEDIENPOLITIK» VON AFRICAN PARKS

Zurück ins Jahr 2020. Nach meinem Besuch in Sambia lese ich mehr über African Parks und den Naturschutz in Afrika. Es steht viel auf dem Spiel. Afrika ist der Kontinent, dessen Bevölkerung am wenigsten zum Klimawandel beiträgt, jedoch am stärksten davon betroffen ist. Wüsten rücken vor, Regenzeiten setzen später ein und dauern kürzer, Ernten misslingen. «Wenn bestimmte Teile Afrikas durch Erwärmung und Kahlschlag unbewohnbar werden, machen sich Menschen auf den Weg», warnte der damalige EU-Kommissar Frans Timmermans in der Fernsehsendung *Buitenhof*, um die Notwendigkeit seiner Klimapolitik noch einmal zu bekräftigen.[1]

Wildtiere können sich in der Regel nicht «auf den Weg machen», jedenfalls nicht in Richtung Europa, könnte man Timmermans Gedanken weiterspinnen. Selbst in Naturschutzgebieten konkurrieren sie in zunehmendem Maße mit Hirten und Bauern, die es auf ihr Habitat abgesehen haben. Afrika zählt heute noch etwa zehntausend Geparden, dreiundzwanzigtausend Löwen, etwas mehr Nashörner, ungefähr dreihunderttausend Gorillas und gut vierhunderttausend Elefanten. Jede dieser Populationen ist also kleiner als die (menschliche) Bevölkerung Luxemburgs. Wenn wir wollen, dass diese Arten überleben – und wer möchte das nicht? –, muss etwas geschehen.

African Parks übernimmt dabei eine Vorreiterrolle. Die Organisation sieht sich selbst als einen der wichtigsten Akteure, wenn es darum geht, bis 2030 mindestens dreißig Prozent der Erdoberfläche als geschützte Natur auszuweisen. So hat es die Internationale Union zur Bewahrung der Natur (IUCN) verkündet, die eng mit den Vereinten Nationen kooperiert. In Afrika liegt dieser Prozentsatz theoretisch bei fünfzehn Prozent. Theoretisch. Da die Mehrzahl der Parks und Naturreservate nur auf dem Papier existiert, kann man African Parks zufolge in der Praxis von höchstens einem Drittel, also fünf Prozent, ausgehen. Es ist eine Herkulesaufgabe, das Dreißig-Prozent-Ziel anzusteuern, doch AP ist bereit, die Sache anzugehen.

Ich stoße auf Jubelgeschichten über den Umzug Hunderter von Elefanten zwischen verschiedenen Parks, heldenhafte Ranger, die es mit rücksichtslosen Wilderern aufnehmen, und verloren geglaubte Naturreservate, die wieder zum Leben erwachen.[2] «Es schien so, als würden [Wilderer] jeden Elefanten im Tschad töten, bis im Jahr 2010 eine private Organisation mit dem Namen African Parks das Management von Zakouma übernahm», schreibt *National Geographic* in einer Reportage über drei Parks in Benin, dem Tschad und dem Kongo.[*] Auch *The Economist* erzählt die Erfolgsgeschichte Zakoumas und hält es für wahrscheinlich, dass sich in Zukunft mehr afrikanische Regierungen an private Organisationen wenden und ihnen die Verwaltung von Wildparks übertragen werden, unter anderem infolge der gesunkenen Einnahmen aus dem Tourismus während der Corona-Pandemie.[3]

Im Jahr 2020 erscheinen in der französischen Presse aber auch zwei kritische Beiträge über AP, in denen es um die Parks Chinko in der Zentralafrikanischen Republik und Pendjari in Benin beziehungsweise um kontroverse Aspekte des Landschaftsschutzes wie etwa die sogenannte Militarisierung von Naturschutz und die Dominanz weißer Führung geht.[4] African Parks reagiert wütend und nimmt in dem in *Le Monde* erschienenen Artikel «vorsätzliche Manipulation der Wahrheit», «grobe Ungenauigkeiten», «extreme Voreingenommenheit», «allgegenwärtige Parteilichkeit», «bösartige Berichterstattung» und «eine Form von Journalismus» wahr, «die der Berufsethik widerspricht». Der Beitrag in *Le Monde diplomatique* enthält AP zufolge «Desinformation», «absichtliche Weglassungen» und «unfundierte Anschuldigungen».

Puh, das kann noch was geben.

Zumal ich beschlossen hatte, nicht nur einen Artikel, sondern ein ganzes Buch über African Parks zu schreiben: wohlwollend, aber kritisch. Mich faszinieren die Größe und die Ziele dieser relativ unbekannten Organisa-

---

* «Kongo» verweist in diesem Buch auf die Demokratische Republik Kongo (DRC) und «Kongo-Brazzaville» auf das kleinere Nachbarland, die Republik Kongo.

tion. Wer sind die Leute, die dahinterstecken? Warum findet ihr Konzept des delegierten Managements so viel Beifall in der Welt des Natur- und Landschaftsschutzes, bei der Politik, der Wirtschaft und bei Spendenorganisationen? Wie sieht solch ein *business approach to conservation* aus, und was sind die Folgen für Tiere *und* Menschen?

African Parks steht für etwas Größeres als die Organisation selbst. Das AP-Modell findet Nachahmer bei anderen Organisationen wie etwa der Wildlife Conservation Society (WCS) aus den Vereinigten Staaten oder Noé aus Frankreich und gilt sogar in zunehmendem Maße als Blaupause für den Naturschutz in Afrika.[5] Das vorliegende Buch handelt von einer privaten NGO, einer Nichtregierungsorganisation, die mit Unterstützung westlicher Länder staatliche Aufgaben nationaler Regierungen übernimmt und damit stellenweise die Souveränität afrikanischer Länder infrage stellt. Der französische Historiker Guillaume Blanc legt in *L'invention du colonialisme vert* (2020) dar, dass Naturschutz eine der letzten Domänen ist, in denen eine Entkolonialisierung kaum stattgefunden hat. Auch African Parks verfolgt eine westlich orientierte – manchen Beobachtern zufolge eine kolonialistische – Strategie für den Naturschutz, bei der Mensch und Tier weitestgehend voneinander getrennt sind, während viele afrikanische Völker gerade auf eine lange Tradition des Zusammenlebens von Mensch und Tier zurückblicken können. Ist es noch zeitgemäß, dass weiße Topmanager über das Schicksal einer schwarzen Bevölkerung in der Nähe von Naturparks entscheiden, die selbst nur wenig zu sagen hat?

Auf einer Café-Terrasse in Amsterdam bespreche ich meine Pläne mit dem Fotografen Kadir van Lohuizen, der auf mein Buchvorhaben begeistert reagiert. Am 16. Dezember 2020 schreiben wir eine E-Mail an den südafrikanischen Vorstandssprecher Peter Fearnhead und den niederländischen Aufsichtsratsvorsitzenden von African Parks Robert-Jan van Ogtrop.

> Lieber Peter Fearnhead und Robert-Jan van Ogtrop,
> wir sind ein Journalist und ein Fotograf aus den Niederlanden und möchten Sie gern darüber informieren, dass wir ein Projekt über den Schutz von Wildtieren vorbereiten, in dem African Parks eine zentrale Rolle spielen wird. Das Ganze soll zu einer Buchveröffentlichung führen.
> Wir halten Ihre Organisation aus mehreren Gründen für interessant. Wie so

viele auf diesem Planeten teilen wir Ihre Sorgen um die Zukunft von Natur und Wildnis in Afrika sowie einige der ikonischsten Geschöpfe, die darin leben. Es ist klar, dass etwas geschehen muss, um das Aussterben von Löwen, Elefanten und anderen Arten zu verhindern. Wir haben gelesen und gehört, dass African Parks eine ausgezeichnete Erfolgsbilanz auf diesem Gebiet aufweist [...].

Wir sind uns der Herausforderungen Ihrer Arbeit vollkommen bewusst: vom Kampf gegen verschiedene Formen der Wilderei bis hin zur Umsiedlung von Nashörnern oder Elefanten über Hunderte von Kilometern hinweg. Manche der Parks, die Sie verwalten, umfassen riesige Gebiete in abgelegenen und instabilen Regionen, die nur schwer zugänglich und daher auch schwer zu schützen sind.

Wir sind beeindruckt von der Anzahl an staatlichen Organisationen, NGOs und Stiftungen, die diesen Kampf unterstützen, nicht zuletzt in unserem eigenen Land, in dem die Postleitzahlenlotterie, unsere Regierung (auch über die EU) und natürlich die Familie Fentener van Vlissingen zu den treuesten Spendern gehören.

Ihr Motto *A business approach to conservation* fasziniert uns. Auf der einen Seite können wir der Argumentation folgen: Schöne Parks voller wilder Tiere locken wohlsituierte Touristen an, was für die lokale Wirtschaft zu mehr Beschäftigung und höheren Einnahmen führt, sodass die Menschen, die in und um die Parks herum leben, erkennen, dass ihr Lebensumfeld *mit* Tieren mehr Wert hat als ohne. Doch auf der anderen Seite sehen wir nicht, wie Parks in Ländern wie dem Kongo und der Zentralafrikanischen Republik auf absehbare Zeit ausreichend Touristen anlocken können, um autark zu werden – das Ziel Ihrer Organisation.

Uns interessiert ebenfalls die Debatte über die Lage der Menschen, die in den oder in der Nähe mancher Parks leben, ein schwieriges Thema für Ihre Organisation. Gibt es in Naturreservaten Raum für Menschen, für Hirten, die mit ihrem Vieh durch einen Park ziehen wollen, oder für Landwirtschaft? Oder sollte unberührte Natur – grundsätzlich – frei sein von jedweder menschlichen Aktivität?

Wir wollen die Geschichte von African Parks erzählen: seine Entstehung, die Motivation der Beteiligten, seinen Ansatz beim Naturschutz, seine Erfolge und Misserfolge, schwierige Entscheidungen, unterhaltsame Anekdoten ... Wir wollen Ranger, Naturschützer und Touristen in den Parks treffen, um ihre Erfahrungen und ihre Perspektiven kennenzulernen.

Wir beabsichtigen, im kommenden Jahr mehrere Parks zu besuchen, und würden zu Interviewzwecken gern Ihrem Headquarter in Südafrika und dem Büro in Amsterdam einen Besuch abstatten [...]. Fürs Erste möchten wir Sie fragen, ob wir während unserer Besuche auf Ihre Mitarbeit zählen können und Sie uns Interviews mit Angehörigen Ihres Personals – und selbstverständlich auch mit Ihnen selbst – gestatten würden.

Hochachtungsvoll,
Olivier van Beemen
Kadir van Lohuizen

Wir bekommen eine höfliche, jedoch abwehrende Antwort der Kommunikationsdirektorin von African Parks, Andrea Heydlauff. Wir könnten uns wahrscheinlich denken, dass AP sich vor allem auf die Verwaltung von Naturreservaten konzentriere, schreibt sie. Daher müsse die Organisation «unglaublich strategisch sein, wenn es um Medienprojekte geht, an denen wir teilnehmen», und genauestens erfahren, «für wen sie gedacht sind und welche Absichten dahinterstecken».

Ein Kennenlerngespräch per Video entwickelt sich zu einem Interview mit vertauschten Rollen: Heydlauff und ihr Kollege sind es, die die meisten Fragen stellen. Manche scheinen logisch: Für welche Medien arbeiten wir? Was ist unser Ansatzpunkt? Was wollen wir recherchieren? Andere sind es dagegen weniger: Wollen wir auch Regierungspartner von AP kontaktieren? Stehen wir bereits in Kontakt mit der Postleitzahlenlotterie oder anderen Spendern? Insgesamt dreimal fragen Heydlauff und ihr Kollege, ob wir das Projekt auch ohne Mitarbeit von African Parks durchführen würden. Sollte es nicht zu einer Zusammenarbeit kommen, könnten wir die Parks jederzeit selbst besuchen, versichert uns Heydlauff. «Die meisten Parks stehen Besuchern offen. Jeder darf hinein.»

In einer anschließenden Mail schreibe ich ihr, mit welchen Verlagen in den Niederlanden, Deutschland, Frankreich und Italien ich zu dem Zeitpunkt bereits Vereinbarungen getroffen habe und welche Medien Interesse an journalistischen Beiträgen und Fotoreportagen bekundet haben. Ich nenne ihr die sechs Parks, die wir besuchen wollen, gehe näher auf unser Anliegen ein und erkläre, dass wir das Projekt auf jeden Fall, also auch ohne Mitarbeit von African Parks, durchführen würden.

Die Organisation findet unsere Pläne noch immer zu ambitiös, bietet jedoch ihre Hilfe bei einem Besuch in Majete in Malawi beziehungsweise Akagera in Ruanda an, zwei Parks, die als die größten Erfolgsgeschichten gelten. Wir stimmen einem ersten Besuch Akageras zu.

Im Mai und im Juni 2021 mailen, telefonieren und whatsappen wir ziemlich ausführlich dazu. Heydlauff ist im Gespräch mit der Parkverwaltung und spricht von Terminen mit «dem Team vor Ort, Regierungskontakten, lokalen Gemeinschaften, usw.». Ich erkläre ihr, dass ich selbst auch auf eigene Faust einiges organisieren möchte, bekomme jedoch zu hören, dass ich Anwohner des Parks nur in Begleitung von AP-Mitarbeitern interviewen könne.

Wir verabreden uns für einen Montag Anfang Juni, um uns auf den aktuellen Stand zu bringen, erhalten jedoch auch auf eine WhatsApp-Nachricht und einen Telefonanruf keine Antwort. «Hi Andrea, wir wollten uns am Montag noch kurz sprechen, aber ich habe nichts von Dir gehört. Könntest Du uns heute noch eine Mail schicken? Wir jonglieren auch mit vollen Terminkalendern. Danke für Dein Verständnis!»

Keine Reaktion.

«Andrea?», hake ich einen Tag später über WhatsApp noch einmal nach.

Immer noch Funkstille. Nach einer Woche maile ich:

Hi Andrea,
ich muss gestehen, dass Kadir und ich etwas verwundert sind, dass Du überhaupt nicht antwortest, obwohl wir abgemacht hatten, am vergangenen Montag Kontakt aufzunehmen, nachdem Du mit Deinen Leuten in Ruanda gesprochen hättest. Auch wenn Du sehr viel zu tun hattest oder etwas Unerwartetes passiert ist, würden wir zumindest erwarten, dass Du uns eine kurze Nachricht schickst. Wir haben unsererseits andere Termine verschoben, um Ende Juni, Anfang Juli reisen zu können.
Kannst Du uns sagen, was los ist, und können wir nach den Sommerferien einen zu hundert Prozent bestätigten Besuch planen? Wir würden dafür die zweite Augusthälfte bevorzugen. Wann können wir ein Gespräch planen, um das Ganze erneut zu besprechen?
Alles Gute,
Olivier

Auch diese Mail bleibt unbeantwortet. Bei früheren kritischen Reportagen, etwa über den Bierbrauer Heineken oder die Supermarktkette Albert Heijn, habe ich mir in den Presseabteilungen auch nicht immer Freunde gemacht, aber eine Kommunikationsdirektorin, die von einer Sekunde auf die andere jegliche Form der Kommunikation einstellt – das ist eine neue Erfahrung für mich.

Für Kadir van Lohuizen ist dieses *silent treatment* Grund genug, sich aus dem Projekt zurückzuziehen: Für ihn als Fotograf ist es einfach unumgänglich, Zutritt zu den Parks zu haben. Für mich stellt es jedoch eine zusätzliche Motivation dar, trotzdem weiterzumachen. Bevor ich nach Ruanda fliege, vertiefe ich mich deshalb zunächst in die bewegte Entstehungsgeschichte von African Parks, die, wie sich herausstellt, mehrere Varianten hat.

5

PAUL VAN VLISSINGEN ÖLMAGNAT, JÄGER, NATURSCHÜTZER

African Parks entstand Anfang dieses Jahrhunderts – darüber sind sich alle Beteiligten einig. In der niederländischen Version der Entstehungsgeschichte spielt der Großindustrielle und Milliardär Paul Fentener van Vlissingen die Hauptrolle – mit Königin Beatrix und Nelson Mandela in Nebenrollen. Im Vorfeld eines Staatsbesuchs des südafrikanischen Präsidenten in den Niederlanden im Jahr 1999 rief Beatrix den Geschäftsmann an: «Die Königin fragte, ob ich nicht mit Nelson Mandela einen Happen essen wolle. Wegen meiner Verbindungen mit Afrika.»

Die Einladung nahm van Vlissingen gern an.[*] Bei dem Treffen mit Mandela kam das Gespräch schon bald auf van Vlissingens Leidenschaft für Südafrikas Naturparks und den dortigen Wildtierbestand. Die Natur war dem Industriellen zufolge «Afrikas wichtigste Ressource, um auf dem Gebiet des internationalen Tourismus konkurrieren zu können», worauf Mandela antwortete, dass er nach Jahrzehnten der Apartheid Themen wie Wohnungsbau, Bildung, Gesundheitsversorgung und andere soziale Dienstleistungen wichtiger fände. «Vielleicht können *Sie* etwas tun», soll Mandela daraufhin angeregt haben.[1]

Van Vlissingen erzählte diese Geschichte gern Journalisten, Naturschützern sowie allen, die sie hören wollten, und gestand sich dabei häufig einige erzählerische Freiheiten zu. Das eine Mal sprach er von einem Diner, bei dem er neben Mandela gesessen habe, später war die Rede von einer anscheinend zufälligen Begegnung während des Staatsbesuchs. «Statt ein fünfminütiges höfliches Schwätzchen zu halten, stieß er mich mit der

* Paul Fentener van Vlissingen nannte sich selbst lieber Paul van Vlissingen und war auch in Afrika unter diesem Namen bekannt. In meinem Buch verwende ich die Kurzfassung seines Nachnamens.

Nase auf die Fakten. Wir haben uns sicher eine Stunde lang unterhalten.»[2]

Das Gespräch artete van Vlissingen zufolge in eine lebhafte Diskussion aus, in deren Verlauf der Geschäftsmann glaubte, den Präsidenten mit einer schneidigen Bemerkung über dessen geringes Interesse am Naturschutz in die Enge treiben zu können. «Sollte der Grund etwa darin bestehen, dass Zebras nicht wählen?» Mandela habe van Vlissingen zufolge laut darüber lachen müssen und geantwortet: «Die Königin hat mir bereits erzählt, dass Sie ein besonderer Mensch sind.»[3]

Caroline Tisdall, die damalige Partnerin van Vlissingens, hat die Sache anders in Erinnerung. Demnach hatte Mandela gesagt: «*It's a white man's hobby, so you get on with it.*»[4]

Van Vlissingen wurde 1941 mit einem – wie er ritterlich zugab – silbernen Löffel im Mund geboren. Zusammen mit seinen Brüdern Frits und John stellte er die neunte Generation eines Unternehmergeschlechts und war vorbestimmt, später einmal im Familienunternehmen SHV Holdings, der Steenkolen Handels-Vereeniging, eine Hauptrolle zu spielen. Er verbrachte seine Jugend in dem Utrechter Örtchen Maartensdijk auf dem luxuriösen Landgut Rustenhoven, wo er stundenlang in den angrenzenden Wäldern umherstreifen konnte. In seinen späten Teenagerjahren entwickelte er eine Leidenschaft fürs Jagen, die er sein Leben lang beibehalten sollte und über die er mehrere Bücher veröffentlichte. Mit seinem Vater Jan und wahrscheinlich auch dessen Freund Prinz Bernhard, dem Vater von Königin Beatrix, reiste er nach Ost- und Zentralafrika, um Großwild zu jagen.[5] «Paul schoss auch Elefanten», so das ehemalige SHV- und AP-Vorstandsmitglied Dick de Kat.[6] «Darüber konnte er tolle Geschichten erzählen, aber die werde ich Ihnen ersparen.»

Die Jagd stand für van Vlissingen nicht im Widerspruch zum Naturschutz, im Gegenteil. «Das Jagen hat immer das Element des Schutzes in sich gehabt», schrieb er als Mitte Zwanzigjähriger in *Roodwild op de korrel*. «Das Jagen ist nicht das Töten wehrloser Tiere, Jagen heißt, einer geheimnisvollen, flüsternden Stimme nachzugeben, ist das Gerührtsein bei der Rückkehr zu Urzeiten, der Anblick so vieler zauberhafter Wälder und Tiere. [...] Es gibt keinen Jäger, der sein Wild nicht liebt, es gibt keinen Jäger, der sein Wild nicht pflegt, es gibt keinen Jäger, der an anderen als jagdbaren Tieren nicht interessiert ist. Ein Jäger ist keiner, der nur schießt.»[7]

Eine Zeitlang schien van Vlissingen von dem für ihn vorgezeichneten Pfad abweichen zu wollen. Als junger Mann träumte er schon mal davon, Fischer zu werden, und überlegte nach eigenem Bekunden, Klavier zu spielen oder sich ans Schreiben zu wagen. Er nahm sich vor, Philosophie zu studieren, schrieb sich dann aber auf Druck seines Vaters schließlich doch brav für ein Wirtschaftsstudium in Groningen ein. Sein Biograph Mathijs Smit bezweifelt, dass der junge Paul die anderen Optionen wirklich ernsthaft erwogen hat, und stellt in seinem Buch *Filosoof-miljardair* fest, dass van Vlissingen seine Vorliebe für kreative Beschäftigungen und seine Zweifel am harten Geschäftsleben vor allem in späteren Interviews betont hat, als er sein Image als habgieriger, rücksichtsloser Industrieller korrigieren wollte.[8]

In der zweiten Hälfte des zwanzigsten Jahrhunderts hatte sich SHV zu einem breiten Konglomerat entwickelt, das nicht nur im Bereich fossiler Brennstoffe, sondern unter anderem auch in der Schifffahrt und im Bausektor tätig war. 1968 kam mit der Gründung der Makro-Märkte der Großhandel in Konsumartikeln hinzu. Im selben Jahr stieg van Vlissingen in das Familienunternehmen ein, als Sekretär der Geschäftsführung in der Ölsparte. Ihm zufolge geschah dies erneut auf Druck seines Vaters. «Bist du es deinen Vorfahren nicht schuldig, wenigstens ein paar Jahre im Familienunternehmen zu arbeiten?»[9]

Daraus wurden fast vier Jahrzehnte. 1974 trat Paul van Vlissingen dem Konzernvorstand bei, und zehn Jahre später löste er seinen älteren Bruder Frits als Vorstandsvorsitzenden ab. Nach seinem Rücktritt im Jahr 1998 nahm er als Aufsichtsratsvorsitzender noch bis 2005 eine Schlüsselrolle im Unternehmen ein. Unter seiner Führung in den Jahren 1984 bis 2005 verzwölffachte sich der Gewinn und wuchs der Umsatz um den Faktor drei.[10]

1980 verlegte das Unternehmen seinen offiziellen Sitz auf die Karibikinsel Sint Maarten, doch das Hauptquartier blieb in Utrecht. Laut der Familie hatte dies nichts mit dem günstigen Steuerklima auf den Niederländischen Antillen zu tun, vielmehr hätten der Entscheidung politische Erwägungen zugrunde gelegen: Das Unternehmen habe befürchtet, dass die Russen Richtung Westen vorrücken könnten.[11] Dennoch gab van Vlissingen in einem Buch, das für Freunde und Familienangehörige bestimmt war, zu, dass er die steuerlichen Belastungen in den Niederlanden als zu hoch empfunden habe, wie sein Biograph Smit herausfand. «Steuerhinterziehung ist die Folge, wenn der Staat zu viel nimmt. Wenn der Schlossherr früher zu viel genommen hat, wurde er konsequent betrogen. Jetzt passiert eigentlich dasselbe.»[12]

Soviel ich weiß, ist man nie der Frage nachgegangen, wie hoch der Betrag war, den die SHV und die Familie Fentener van Vlissingen durch die Verlegung des offiziellen Firmensitzes auf die Antillen und die Nutzung anderweitiger steuerlicher Konstruktionen an Steuern gespart hat. Aber dass es sich um große Summen gehandelt haben muss, steht außer Frage.

In der Nacht vom 16. auf den 17. September 1985, als der Hauptsitz der Makro-Märkte in Duivendrecht, einem Vorort von Amsterdam, in Flammen aufging, begann eine der schwersten Prüfungen in der Karriere Paul van Vlissingens. Rasch stellte sich heraus, dass es sich um einen Anschlag gehandelt hatte, für den die Revolutionaire Anti-Racistische Actie, kurz RaRa, die Verantwortung übernahm. Die RaRa forderte, dass die SHV den internationalen Handelsboykott gegen das Apartheidregime in Südafrika nicht länger ignorieren sollte: Die fünf Makro-Märkte dort müssten schließen und die SHV das Land verlassen.

Van Vlissingen, der gerade erst ein Jahr am Ruder war, machte die niederländische Regierung für den Anschlag mitverantwortlich. Auf Initiative der Europäischen Wirtschaftsgemeinschaft, der späteren EU, hatte die Regierung Unternehmen mit geschäftlichen Aktivitäten in Südafrika darum gebeten, ihr mitzuteilen, wie viele weiße, schwarze und farbige Arbeitnehmer sie beschäftigten, um so zu ermitteln, inwieweit sie an der Apartheidpolitik mitwirkten. Die SHV hatte das abgelehnt, wie die Regierung durchsickern ließ, und deshalb war das Unternehmen nach Überzeugung van Vlissingens nun untendurch. Und das, obwohl er ausschließlich noble Absichten verfolgt habe: Eine nach Ethnien getrennte Liste seiner Beschäftigten erinnere ihn nach eigenem Bekunden an den Ariernachweis der Nazis.[13]

Als unter Beteiligung der RaRa im Dezember 1986 und im Januar 1987 zwei weitere Makro-Filialen bis auf die Grundmauern niederbrannten – jedes Mal nachts, wobei es ausschließlich zu Sachschäden kam, die größtenteils von der Versicherung abgedeckt wurden –, war für van Vlissingen das Maß voll. Der Spitzenmanager forderte Polizeischutz für seine Läden und verlangte, dass der Staat für eventuelle weitere Schäden aufkommen müsse, nun, da sich die Versicherer nicht länger ihre Finger an den Makro-Märkten verbrennen wollten. Sollte die niederländische Regierung nicht auf die Forderung eingehen, drohte er, würde auch das Hauptquartier der SHV seinen Sitz ins Ausland verlegen.[14]

Die Regierung ging darauf jedoch nicht ein, woraufhin sich die SHV aus Südafrika zurückzog. Und das Hauptquartier blieb in Utrecht.

Für van Vlissingen hatten die abgebrannten Makro-Märkte aber einen günstigen Nebeneffekt: Durch die Geschehnisse wurde er von den Medien entdeckt – seine Eloquenz und sein Charisma waren nicht unbemerkt geblieben. In der damaligen Zeit galt er als untypische Erscheinung in einer niederländischen Geschäftswelt, die sich vor allem durch Pragmatismus und ein gewisses Maß an Bescheidenheit auszeichnete. Van Vlissingen schreckte nicht davor zurück, mit seinen Einsichten hausieren zu gehen und ihnen dabei häufig auch noch den Anstrich von Tiefsinn zu geben. «Weisheit ist die Summe verarbeiteter Fehlschläge», schrieb er etwa in *Ondernemers zijn ezels* (1995).[15] Er war Mitglied im Club van Tien Miljoen, dem «Club der zehn Millionen», einem Verein, dessen Ziel es war, mithilfe steuerlicher Anreize für kinderlose Ehen eine drastische Reduzierung der niederländischen Bevölkerung von damals fünfzehn auf zehn Millionen Einwohner zu erreichen. Und er störte sich an der Zügellosigkeit der Konsumgesellschaft, zu der er als Gründer der Makro-Kette und Ölhändler allerdings selbst in nicht geringem Maße beigetragen hatte. «Man kann im Laden zweiundzwanzig Sorten Toaster kaufen, aber im Wald wächst kein Pfifferling mehr.»[16]

Doch nun hatte kein Geringerer als Nelson Mandela ihn gefragt, was *er* für die Natur in Afrika tun könne. Deshalb rief er an einem Sonntagmorgen seine damalige Nummer zwei, Dick de Kat, an und eröffnete ihm den Plan, in Afrika Parks zu gründen. «Paul hatte immer gute Ideen, und ich habe sie immer stark befürwortet», erzählt de Kat an seinem Küchentisch im belgischen Kapellen, gleich hinter der niederländischen Grenze. «Wir wussten, wie es gemacht werden müsste, denn wir haben in achtundzwanzig Ländern Makro-Märkte gegründet. Das hier ist eine andere Nummer, aber sie funktioniert genauso.»

6

MARAKELE, SÜDAFRIKA
EIN PARK UM JEDEN PREIS

«*Well*, alles begann auf der Veranda des Country Clubs in Johannesburg», schreibt der südafrikanische Bankier Michael Eustace in einem Beitrag für die Zeitschrift *African Wildlife & Environment*, in dem er die Geburt von African Parks folgendermaßen schildert. «Peter Fearnhead und ich waren in Simbabwe aufgewachsen, und als junge Männer hatten wir viel Zeit in den dortigen Wildparks verbracht. Wir machten uns Sorgen über den Verfall von Parks in Afrika. Peter arbeitete für South African National Parks (SANParks), und ich war Investor.»[1]

Sie wandten sich an den ehemaligen Freiheitskämpfer Mavuso Msimang vom Afrikanischen Nationalkongress ANC und den Elefantenexperten Anthony Hall-Martin, beides Kollegen von Fearnhead bei der nationalen Parkverwaltung SANParks. Zu viert gründeten sie im Juli 2000 die African Parks Management and Finance Company: ein profitorientiertes Unternehmen mit Sitz in Südafrika, das Naturreservate auf kommerzieller Basis mit dem Schwerpunkt auf Tourismus verwalten wollte.

Auf der Suche nach einem Geldgeber kamen sie in Kontakt mit Paul van Vlissingen, der sofort begeistert war. Seine Bedingung war laut Eustace jedoch, dass er im Gegenzug für sein Geld die Kontrolle über das Unternehmen haben wollte. «Er drohte, seine eigenen African Parks zu gründen, wenn wir die Anteile nicht verkaufen würden», schreibt Eustace.

So wurden die vier Südafrikaner Minderheitsgesellschafter bei der African Parks BV, dem neuen Unternehmen, das van Vlissingen 2003 in den Niederlanden gründete, und begnügten sich mit einer Rolle im Hintergrund.[2] Wer die Musik bezahlt, bestimmt, was gespielt wird – so war es für van Vlissingen bisher immer gewesen, und das sollte sich auch jetzt nicht ändern. In einem khakifarbenen Anzug, mit Sonnenbrille und stets einer Zigarre im Mund, bereiste er den Kontinent auf der Suche nach geeigne-

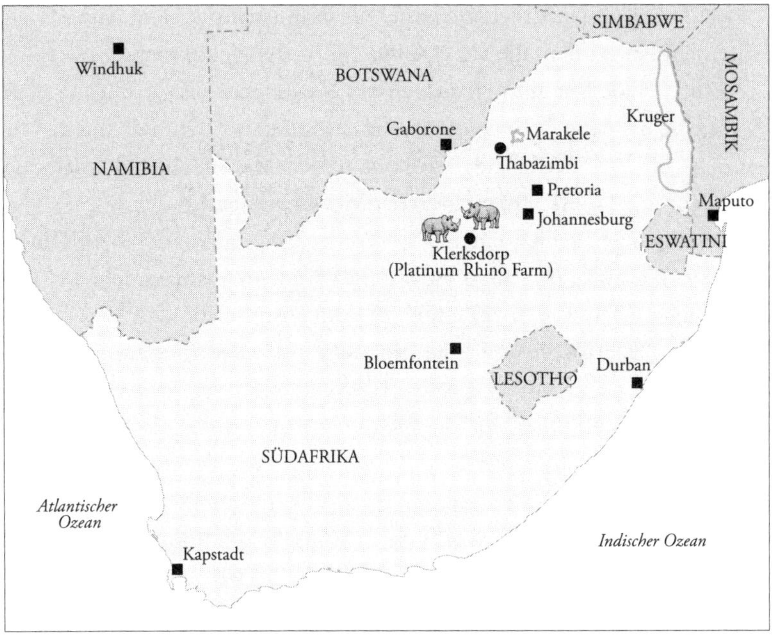

African Parks in Südafrika

ten Naturreservaten, die er übernehmen könnte. «Ich lebe den größten Teil des Jahres zwischen den ärmsten Menschen dort, den Ausgestoßenen dieser Welt», sagte er im Radio.[3]

Für van Vlissingen schien Afrika in diesen Jahren ein Spielplatz zu sein, auf dem er insgesamt etwa fünfzig Millionen Euro für Naturschutz ausgeben sollte. Dank seines Reichtums und seiner Verbindungen bekam er nahezu jeden zu sprechen, den er sprechen wollte, bis hin zum jeweiligen Präsidenten eines Landes. Dennoch ließen sich die zuständigen Stellen anfangs nicht leicht überzeugen.

«Es ist natürlich nicht so, dass einem dort der rote Teppich ausgerollt wird», sagte er in der TV-Talkshow *Barend & Van Dorp*. «Sie betrachten die Tiere als ihr Eigentum, und wenn du sie beschützen willst, fürchten sie um ihre Lebensmittelversorgung.»

«Damit haben sie noch nicht einmal unrecht», antwortete Frits Barend.

«Nun, das ist auch ein Problem.»

«Bieten Sie ihnen denn eine alternative Nahrungsquelle?»

«Man muss ihnen Arbeit geben. Deshalb müssen die Nationalparks zu Unternehmen werden, die auf eigenen Füßen stehen können.»[4]

Auch Dick de Kat erinnert sich an das Misstrauen. «Regierungen sahen in uns eine Art neue Kolonialisten, aber das waren wir natürlich nicht. Wir würden den Park betreiben und dafür sorgen, dass genügend Mittel da sind, denn das konnten die schwarzen Menschen nicht.»

Van Vlissingen schien ein gewisses Vergnügen daran zu haben, seinen Gastgebern grob zu begegnen. Etwa dem Präsidenten von Sambia, der ihn nach seiner Meinung zur Zambia Wildlife Authority (ZAWA) fragte. Wollte das Staatsoberhaupt eine diplomatische oder eine ehrliche Antwort? «Weil er eine ehrliche Antwort wollte, sagte ich, dass die ZAWA mich immer an ein Auto mit vier platten Reifen erinnere.»[5]

In Erwartung eines echten Deals hatte van Vlissingen inzwischen ein erstes Projekt in der Nähe seines Wohnsitzes in Angriff genommen – das heißt: eines seiner Wohnsitze. Denn außer einem Schloss in Langbroek unweit von Utrecht, Wohnungen in London und den Schweizer Alpen sowie Landgütern in Schottland und Südengland gehörte ihm auch die Pitse Lodge im privaten südafrikanischen Wildreservat Welgevonden, gut zwei Autostunden nördlich von Pretoria. Dort hatte er den nahe gelegenen Marakele National Park ins Auge gefasst. Hier, so sein Entschluss, solle das Konzept von African Parks erstmals – mehr oder weniger – in die Tat umgesetzt werden.

Marakele bedeutet «heiliger Ort» in Setswana, der am häufigsten gesprochenen Sprache in der Umgebung. Die östliche Seite des Parks ist bergig mit grünen Hängen und steilen Felsformationen. Am Kransberg, dessen Gipfel sich in gut zweitausend Meter Höhe befindet, haust eine Kolonie Kapgeier. Westlich davon besteht die Vegetation größtenteils aus Buschveld: hohem Grasland mit dichtem Strauchwerk, über das sich Marula- beziehungsweise Elefantenbäume erheben.

In Marakele war noch keine Rede von der vollständigen Übernahme des Parkmanagements. SANParks und die von van Vlissingen gegründete Firma Marakele Park (Pty) gingen im Jahr 2000 eine auf dreißig Jahre angelegte öffentlich-private Partnerschaft ein, in der sie vereinbarten, dass SANParks den existierenden Park unter seine Fittiche nehmen und der niederländische Geschäftsmann sich um die Erweiterung des Naturreservats kümmern sollte.[6] Diese Erweiterung bestand aus Land, das van Vlissingen den Farmern oftmals zu deutlich höheren als den marktüblichen Preisen abkaufte. Wie vermögend er denn nun wirklich sei, wollte die südafrikanische Presse wissen. Seine Antwort: Verglichen mit einem afghanischen Flüchtling sei er steinreich, doch im Verhältnis zu Bill Gates besäße der Milliardär nicht mehr als ein bisschen Kleingeld.[7]

Nach eigenen Angaben investierte van Vlissingen etwa fünfundzwanzig Millionen Dollar in das Projekt. Ob es sich dabei um sein eigenes Geld handele, wurde er in einem Interview gefragt. «Geld von meiner Familie muss ich sagen, ja», antwortete er, während er einen Zug aus seiner Zigarre nahm. «Ich hoffe, dass wir hier Camps eröffnen und über die Touristen Gewinne erzielen können. Diese gehen dann zunächst an den Nationalpark und danach an mich. Warum dieser kommerzielle Ansatz? Weil ich glaube, dass sich Naturgebiete auf längere Sicht nur dann halten werden, wenn sie Geld einbringen.»[8]

Mit Bulldozern ließ der Geschäftsmann alles, was an die Anwesenheit von Menschen erinnerte, dem Erdboden gleichmachen. Farmen, Häuser für das (schwarze) Personal, Zäune und Telefonmasten mussten ebenso dran glauben wie das dichte Buschwerk. «Ich hatte eigentlich gedacht, dass es darum ginge, die Sache aufzubauen, aber diese [Maschine] zerstört nur», bemerkte ein Journalist der Magazinsendung *Netwerk*.

Das sei notwendig, weil Viehzüchter das Land ruiniert hätten, antwortete van Vlissingen. Durch den Mangel an Regen und grasende Kühe sei das Gras verschwunden und an seine Stelle Gebüsch getreten. «Bis auf das Nashorn frisst niemand davon. Wir versuchen, alles wieder zurückzubauen, so wie es vor hundert Jahren gewesen ist.»[9]

Unsinn, urteilt ein ehemaliger Mitarbeiter von Marakele. Da der Naturschutzsektor in Afrika relativ klein ist und jeder jeden kennt, möchte er, wie viele Quellen in diesem Buch, anonym bleiben. «Das dicht bewachsene Buschfeld ist nicht ideal für den Safari-Tourismus, weil man die Tiere nur schwer ausmachen kann. Van Vlissingen wollte daraus eine Savannenlandschaft machen, so wie die Serengeti in Tansania. Das war seine Vorstellung von einer afrikanischen Landschaft. Mit Naturschutz hat das wenig zu tun, und innerhalb SANParks stieß er auf Widerstand, aber er machte einfach, was er wollte.»

Eine der Prioritäten van Vlissingens bestand in der Einführung der sogenannten *big five*: Büffel, Löwen, Leoparden, Nashörner und Elefanten. Der Begriff stammt ursprünglich von Jägern, da diese fünf Tiere als die am schwersten jagdbaren betrachtet werden. Heutzutage ist es jedoch vor allem ein Marketingbegriff, der auf Touristen wie ein Magnet wirkt. Für sie gilt ein Ferienaufenthalt in der Wildnis oft erst dann als wirklich gelungen, wenn diese ikonischen fünf Tiere von ihnen gesichtet worden sind.

Pat Benson – ein Wissenschaftler der Universität von Witwatersrand, der am liebsten mutterseelenallein die Geierkolonie auf dem Gipfel des Kransbergs beobachtet – ist noch immer empört, wenn er an die Eingriffe des niederländischen Milliardärs zurückdenkt. Er weist darauf hin, dass Marakele ursprünglich kein Park mit Raubtieren war, sondern für seine spektakulären Reptilien, die einzigartigen Pflanzenarten und natürlich «seine» Geier bekannt war. «Es gab wunderschöne Wanderrouten, aber die sind jetzt zu gefährlich, weil man auf einen Löwen treffen kann», sagt er. «Die Elefanten haben die schönsten Teile des Waldes verwüstet. Van Vlissingen wollte, koste es, was es wolle, die *big five* haben – in meinen Augen war das Geldverschwendung.»

Für die Tiere wurde der erweiterte Park zu einer Einheit, ohne Zäune, doch das gilt nicht für die Menschen. Südafrikanische Besucher bezahlen heutzutage umgerechnet drei Euro Eintritt und ausländische Besucher einen gleichfalls bescheidenen Betrag von zwölf Euro, aber beide Gruppe erhalten damit noch längst keinen Zutritt zu dem Teil des Parks, den van Vlissingen hinzugekauft hatte. Der ist nur den Gästen der luxuriösen Marataba Safari Lodge zugänglich, die der Geschäftsmann dort errichten ließ. Zufälligerweise genau in dem Gebiet, durch das der Fluss Matlabas fließt und wo Teiche ausgehoben wurden, die nun wichtige Wasserstellen für die Tiere sind. Das Schauspiel, das sich dort beobachten lässt, ist den Besuchern vorbehalten, die etwa dreitausend Euro für einen Aufenthalt von zwei Nächten in einem Zweipersonenzelt hinblättern, inklusive der Mahlzeiten.[10]

So schuf van Vlissingen, jener Unternehmer, der sich mit seinen Makro-Märkten nicht am Boykott des Apartheidregimes beteiligt hatte, nicht lange nach Abschaffung der institutionellen Rassentrennung in Südafrika einen Wildpark, in dem die Menschen nach ihrem Wohlstand getrennt werden. Jeweils mit eigenem Eingang.

Ende August 2003 fand die Eröffnungszeremonie der Parkerweiterung statt. Nelson Mandela, Prinz Bernhard und ein Journalist der konservativen Tageszeitung *De Telegraaf* wurden eingeflogen. «Der zweiundneunzigjährige Prinz strahlte nur so vor Vergnügen», schrieb der Royalty-Experte der Zeitung. «Deutlich in seinem Element, versuchte er so viel wie möglich aus dem Blitzbesuch in Südafrika herauszuholen. Statt eines Mittagsschläfchens also lieber einen Besuch des Schwarzen Nashorns oder die Suche nach einem Elefanten. Kein Moment wurde ungenutzt gelassen.»[11]

Zweifellos frischten der Prinz und van Vlissingen die Erinnerungen an ihre einstigen gemeinsamen Jagderlebnisse in Afrika auf, doch für die Jagd war Bernhard jetzt wahrscheinlich zu alt, und van Vlissingen hatte sein liebstes Hobby widerwillig aufgegeben, weil es seine Glaubwürdigkeit als Naturschützer hätte unterminieren können. Nur in Europa holte er sein Jagdgewehr hin und wieder noch mal aus dem Schrank.[12]

Auch die niederländische Prinzessin Laurentien war zugegen. Van Vlissingen hatte sie als strategische Beraterin von African Parks eingestellt. «Ich bin fürs Geschäftliche hier, aber es ist natürlich unheimlich toll, hier mit meinem Schwiegergroßvater zu sein», sagte die Prinzessin. Der Anwesenheit Nelson Mandelas schenkte der *Telegraaf* sehr viel weniger Aufmerksamkeit. Allerdings meldete die Zeitung, dass sich Bernhard und der – sich inzwischen im Ruhestand befindende – Präsident «als alte Kumpel» begrüßt hätten.

Während der Prinz unter einem Baum an seinem ersten Glas Chardonnay nippte, stand van Vlissingen dem Reporter Rede und Antwort. «Für mich ist es wichtig, dass auch die lokale Bevölkerung profitiert, durch Hunderte von Arbeitsplätzen, die African Parks schafft», sagte er. «Vor zehn Jahren haben im Marakele Park achtzig Leute gearbeitet. In ein paar Jahren sollen es achthundert sein. Dann wird der Park einer der größten Arbeitgeber in der Provinz sein.»

Van Vlissingen zeigte sich begeistert und verwies stolz auf das, was er in Südafrika in relativ kurzer Zeit durchgeboxt hatte. «Wenn ich etwas mache, dann will ich es gut machen. Es wäre leicht gewesen, den Organisationen, die die Nationalparks verwalten, einfach Geld in die Hand zu drücken. Das liegt mir nicht. Geld, das man verschenkt, verdampft. Davon sieht man nichts mehr wieder.»[13]

Zwanzig Jahre später arbeiten nicht achthundert, sondern nur noch etwa fünfzig Menschen für den Park. Hinzu kommen noch etwa dreißig Beschäftigte in der Marataba Lodge.[14] Von einem wirtschaftlichen Aufschwung, für den der Park sorgen sollte, lässt sich verschiedenen Quellen zufolge kaum sprechen. «Die Auswirkungen auf die Beschäftigung sind verschwindend gering», sagt ein Tierarzt aus der Gegend. «Ich sehe hin und wieder ein kleines Flugzeug oder einen Hubschrauber mit steinreichen Gästen vorbeifliegen. Davon hat die Umgegend hier nur wenig.»

Bei manchen hat die Erweiterung des Parks indes tiefe Wunden gerissen. In dem Städtchen Thabazimbi etwa erzählt Mina Mokwena, dass sie zusammen mit ihrem Mann, dem Landarbeiter Nagvoël, auf dem Gelände des Gehöfts Kameeldraai gewohnt habe, wo sie auch geboren sei. Ihr Arbeitgeber, ein weißer Farmer, dem sie den Haushalt führte, wurde gegen seinen Willen enteignet, worauf Mina und ihr Ehemann eine «Umzugsprämie» von zweitausendfünfhundert Rand erhielten, seinerzeit etwa dreihundert Euro. Ihr Haus wurde dem Erdboden gleichgemacht, wobei auch das Grab ihrer früh verstorbenen Enkeltochter Rebecca geschändet wurde. Mokwena: «In unserer Kultur begraben wir einen verstorbenen Säugling im Haus. Es bereitet großen Schmerz, dass das Kind nicht mehr bei uns ist.»

Eine Zusammenkunft (schwarzer) Kritiker der Parkerweiterung, die im Februar 2002 stattfand, wurde einem ebenfalls anwesenden Anführer der Gemeinschaft zufolge brutal von einem Mitarbeiter von Marakele Park (Pty), der Firma van Vlissingens, gestört. Der Anführer erstattete Anzeige bei der Polizei. Der südafrikanische Geschäftspartner van Vlissingens soll die Anwesenden mehrmals auf Afrikaans beschimpft haben. «Ich kann echt nicht mit diesem Haufen betrunkener Kaffer reden.» Und: «Diese Kaffer dürfen hier kein Land besitzen.»[15]

Mina Mokwena lebt jetzt in dem etwas trostlosen Regorogile, einem Viertel in Thabazimbi mit nahezu ausschließlich schwarzen Bewohnern, und etwa sechzig Kilometer vom Grab ihrer Eltern entfernt, das sich jetzt im Park befindet. Für sie ist es wichtig, den Kontakt zu ihren Vorfahren zu halten, etwa, wenn es um ihren Rat bei wichtigen Entscheidungen geht. Doch dafür muss sie eine Woche im Voraus um Erlaubnis bitten. Außerdem kostet die Reise mindestens sechzig Rand.

So wie Nagvoël und Mina mussten Hunderte schwarzer Landarbeiter der neuen Wildnis Platz machen. Einigen Familien wurde ein neues Haus in der näheren Umgebung gebaut, aber die Mehrzahl von ihnen, wie die Mokwenas, bezogen eine Sozialwohnung in Thabazimbi.

Die Farmer, bei denen sie beschäftigt waren, sind in der Regel Buren, weiße Nachfahren niederländischer, französischer und deutscher Kolonisten, die sich ab dem siebzehnten Jahrhundert in Südafrika angesiedelt haben und Afrikaans sprechen, eine Sprache, die mit dem Niederländischen eng verwandt ist. «Mein Gehöft ist mir unrechtmäßig genommen worden», sagt einer von ihnen. «Der Staat – in dem Fall SANParks – darf Landbesitzer nur enteignen, wenn es einem öffentlichen Interesse dient, aber das war hier nicht so: Marakele Park (Pty) ist eine private Organisation in Händen ausländischer Investoren.»

Minas Ehemann Nagvoël Mokwena ließ es nicht dabei bewenden. Er zog mit einundzwanzig Schicksalsgefährten vor Gericht, um eine Klage gegen Marakele Park (Pty) einzureichen. «Ich bin vorsichtig mit der Verwendung des Wortes ‹Rassismus›», sagt ihre Anwältin Louise du Plessis in Pretoria. «Aber hier fehlte es klar und deutlich an gutem Willen. Van Vlissingen hat sich zwar um die weißen Farmer gekümmert, die schwarzen Landarbeiter aber vergessen, denen er Haus und Herd genommen hatte.»

Das Unternehmen bestritt, etwas Unrechtes getan zu haben, stimmte jedoch einem Vergleich zu, bei dem jeder der Kläger fünfundsiebzigtausend Rand (zum damaligen Zeitpunkt etwas weniger als zehntausend Euro) bekommen sollte. Mina Mokwena bekam zwar ihr Geld, aber sie wäre lieber in der grünen Umgebung wohnen geblieben, wo sie ein besseres Leben gehabt hatte. Für ihren Mann Nagvoël kam der Vergleich zu spät – er starb während des Prozesses.

7

MIT EXPANSIONSDRANG, ABER OHNE PLAN UND STRATEGIE

Heutzutage behauptet Spitzenmanager Peter Fearnhead, dass Marakele «nie ein AP-Projekt gewesen ist» und «in keiner Weise» modellhaft für African Parks gewesen sei oder damit «Ähnlichkeiten aufweist».[1] Das aber steht im Widerspruch zu dem Bericht in *De Telegraaf*, in dem es heißt, dass African Parks das Tagesgeschäft im Marakele National Park leite. Auch auf van Vlissingens Buch *Marakele: The Making of a South-African National Park* prangt das Logo von African Parks. Und im AP-Geschäftsbericht für das Jahr 2003 wird Marakele als Modell für die öffentlich-privaten Partnerschaften bezeichnet, die die Organisation abschließen möchte. Der Park sei jedoch «aus technischen Gründen» kein Teil der Organisationsstruktur.[2] Eine nähere Erläuterung fehlt.

Einer der «technischen Gründe» besteht möglicherweise darin, dass Peter Fearnhead, Anthony Hall-Martin und Mavuso Msimang zu dem Zeitpunkt, als sie sich an dem privaten African Parks beteiligten, noch immer hohe Posten in der staatlichen Organisation SANParks bekleideten. SANParks erwies van Vlissingen, der damals ihr Partner war, ausgezeichnete Dienste, als es darum ging, die widerspenstigen Farmer, die ihr Land nicht verkaufen wollten, zu enteignen. Fearnhead hielt im April 2001 sogar ein flammendes Plädoyer für den Ankauf von Farmen, die sonst Inseln in dem erweiterten Park van Vlissingens bilden würden.[3]

Geht es hier um Interessenkonflikte, oder spielen noch andere Dinge eine Rolle? Ich nehme mir vor, der Sache in einem späteren Stadium auf den Grund zu gehen.

Nicht lange nach der Verlegung des Hauptsitzes in die Niederlande im Jahr 2003 verabschiedete sich African Parks von der kommerziellen Ausrichtung des Unternehmens. Die Profitorientierung war einer der Gründe dafür gewesen, dass afrikanische Regierungen so zurückhaltend waren, wenn es darum ging, die Schlüssel ihrer Parks aus der Hand zu geben. Die in den Niederlanden gegründete *besloten vennootschap* (BV), vergleichbar einer deutschen GmbH, blieb zwar noch einige Jahre bestehen, war nun aber Teil einer Stiftung, der African Parks Foundation (APF). Die Organisation hatte ihren offiziellen Sitz an der Rijnkade 1 in Utrecht, das heißt im Hauptquartier der Steenkolen Handels-Vereeniging. Van Vlissingen nutzte dabei die Dienste einer Reihe von SHV-Beschäftigten, unter ihnen Dick de Kat, was zur Folge hatte, dass die Rolle des südafrikanischen Quartetts noch weiter schrumpfte. Die eigentliche Schaltzentrale der afrikanischen Operationen befand sich jedoch im mittelalterlichen Schloss de Lunenburg in dem Utrechter Dorf Langbroek. Also bei van Vlissingen zu Hause, in seinem Kutschenhaus.

In den Jahren 2003 und 2004 gelang es African Parks dann erstmals, afrikanische Regierungen dazu zu bringen, dem Unternehmen die komplette Verwaltung dreier Naturreservate zu übertragen. Malawi ging voran: AP durfte versuchen, dem Majete Wildlife Reserve in der Nähe der zweitgrößten Stadt Blantyre neues Leben einzuhauchen. Kurz darauf folgten die Nationalparks Liuwa Plain und Sioma Ngwezi im Westen Sambias. African Parks sprach von *paper parks,* Gebieten, die auf dem Papier Schutz genossen, praktisch jedoch bereits größtenteils leergewildert waren. Die Ortsansässigen konnten dort ihr Vieh ungehindert weiden lassen und das Land als Ackerfläche nutzen.

Ein Anfang war gemacht, jetzt wollte van Vlissingen mit voller Kraft weitermachen. In seinem Kutschenhaus beugte er sich mit Kollegen, immer auf der Suche nach weiteren Expansionsmöglichkeiten, über die Karte Afrikas. Uganda hatte er schon eine ganze Weile auf dem Radar, genau wie Mosambik, Kongo, Ruanda, Äthiopien, Sudan … Es ist schwer, dabei nicht an die europäischen Machthaber und Entdeckungsreisenden zu denken, die sich im neunzehnten Jahrhundert, auf der Suche nach neuen Kolonialgebieten, ebenfalls über die Karte des Kontinents gebeugt hatten.

Viele Naturschützer erlebten den Eifer van Vlissingens sowie die Leichtigkeit, mit der er einschneidende Entscheidungen traf und enorme Beträge ausgeben konnte, als erfrischend, inspirierend oder sogar visionär. Bei anderen NGOs musste man das Geld oft regelrecht zusammenkratzen, und nicht selten dauerte es Monate, bis man die Genehmigung für eine kleine Anschaffung bekam. Mit van Vlissingen öffneten sich Türen, und Geld schien keine Rolle zu spielen.

«Er leitete die Organisation, als ob es die Makro wäre, fest entschlossen, top-down, impulsiv», sagt ein Manager von einst. «Dann reiste er in den Sudan, sprach ein paar Minister und womöglich den Präsidenten, kam zurück und sagte: Hey, wir haben zwei Parks dazubekommen! Da hatte er einen zweiseitigen Vertrag für zwei Meeresparks mit einzigartigen Korallenriffen unterschrieben.»

Gegen Ende seiner Karriere schrieb van Vlissingen, dass sich die Entscheidungsfindung in einem Unternehmen sehr viel weniger auf die Ratio stütze, als man annehmen möchte, sondern eher auf «Zufall, Glück, Engagement, einem guten Gefühl» beruhe.[4] Bei mehr als der Hälfte seiner wichtigen Entscheidungen habe er sich von seiner Intuition leiten lassen. So sei er nach einem Spaziergang auf seinem schottischen Landgut zu dem Entschluss gelangt, dass die SHV im Jahr 2002 keine IT-Sparte einrichten sollte, wie es Vorstandskollegen gern gewollt hätten. Denn so gut, wie man denke, werde es in dem Sektor nicht laufen.[5]

Auch in «seinen» Parks vertraute van Vlissingen auf die eigene Intuition. Er hielt nichts von Machbarkeitsstudien, strategischen Planungen, detaillierten Kalkulationen oder komplizierten Bewerbungsverfahren. So konnte der Journalist Pierre de Winter, der sich von der Lektüre eines Interviews mit van Vlissingen inspiriert gefühlt hatte, sofort als Ehrenamtlicher loslegen.[6] Er verfügte über keine relevante Berufserfahrung und war noch nie in Afrika gewesen, doch bevor er recht wusste, wie ihm geschah, arbeitete er in Liuwa Plain in Sambia an einer Untersuchung über die lokale Bevölkerung und half mit bei der Konzipierung von Entwicklungsprojekten. «Man macht hier und da sicher nützliche Dinge, und es ist eine Wahnsinnserfahrung, aber nach ein paar Monaten ist man wieder weg», relativierte er seinen eigenen Beitrag. Ob seine Bemühungen etwas bewirkt haben, bezweifelt er. «Das hat mich gestört, denn man weckt schon Erwartungen.»

So wie de Winter waren es vor allem in den Anfangsjahren Dutzende, häufig junge weiße Männer, nicht nur aus den Niederlanden, die sich bei African Parks meldeten. Sie waren auf Abenteuer aus, hatten ein Faible für Wildtiere und betrachteten einen kurzen Aufenthalt in Afrika als eine hübsche Bereicherung ihres Lebenslaufs. In der Regel standen ihnen dabei keine Vorkenntnisse über das Land, in das sie gingen, im Weg.

Jeroen Eichhorn war in Liuwa Plain für die Finanzen zuständig und beschreibt seine Erfahrungen in *Afrika voor beginners* (2007). Ihm war aufgefallen, «dass Sambier ziemlich faul sind», aber wenn «sie glauben, dass sie dich reinlegen können, sind sie ziemlich einfallsreich». Der durchschnittliche Arbeitnehmer sei in seinen Augen eigentlich nur auf mehr Geld aus, «etwa Schmiergeld».[7]

Eichhorn selbst gesteht aber auch eigene Fehler ein. In den vier Monaten pro Jahr, die sein Chef, der Parkmanager von Liuwa Plain, auf dessen Farm in Südafrika zubringt, ist er sein Stellvertreter. «Das gelingt mir etwas weniger gut, denn unter meiner Verantwortung sind ein Boot, ein Traktor mit Anhänger, ein Auto und noch etwas Material gesunken, haben Touristen sich verirrt, und diese Woche ist ein Wilderer von einer unserer Patrouillen erschossen worden.»[8]

Es sei alles ziemlich amateurhaft gewesen, findet Joost Hugo van Son, der Eichhorn 2006 bei der Finanzverwaltung in Liuwa Plain ablöste. «Es gab keinen strategischen Plan für den Park und keine gute Übersicht über die Finanzen. Wir bekamen einfach hunderttausend Euro aus den Niederlanden. Und wenn das Geld alle war, kamen noch einmal hunderttausend. Ich habe hübsch alle Bons gesammelt, aber wir brauchten keinen Haushaltsplan aufzustellen, und es gab nur wenig Kontrolle. African Parks war zu der Zeit ein Herrenclub, der aus der Ferne das Geld verwaltete.»

Van Vlissingens Strategie beruhte vor allem auf *trial and error*. Den sambischen Park Sioma Ngwezi gab African Parks nach knapp einem Jahr schon wieder auf. Hoffnungslos, wie die Organisation feststellte. Es hielten sich zu viele Menschen in dem Park auf, darunter eine große Gruppe von Flüchtlingen aus Angola, es gab Widerstand vonseiten der traditionellen Autoritäten in Westsambia, dem Barotse Royal Establishment, und die Wildtiere waren so gut wie ausgestorben.[9] Auf zum nächsten!

Ende 2005 traf African Parks eine folgenschwere Entscheidung. Es übernahm die Verwaltung des Parc National de la Garamba im Osten Kongos, was einen eklatanten Bruch mit der bisherigen Politik bedeutete. Erstmals gab AP das Ziel eines sich selbst tragenden beziehungsweise gewinnorientiert arbeitenden Parks nun tatsächlich auf.[10] Die Wahrscheinlichkeit, dass man das Ziel im Westen Sambias oder an der Küste Sudans erreichen würde, war schon nicht besonders hoch, aber im turbulenten Ostkongo ging sie gegen null.

Doch nach den zweitrangigen Parks im südlichen Afrika und den noch etwas unbestimmten Zukäufen im Sudan fiel African Parks mit Garamba ein riesiges Stück Land in die Hände, das von der UNESCO als Weltnaturerbe eingestuft worden war. Und bei Garamba handelte es sich nicht um einen Park «auf Papier», sondern um ein Ökosystem, das trotz starker Wilderei noch immer große Elefantenherden und diverse Arten großer Wildkatzen aufwies. Außerdem war es der letzte Ort auf Erden, wo das Nördliche Weiße Nashorn in freier Wildbahn vorkam – African Parks setzte sich zum Ziel, die Art vor dem Aussterben zu bewahren. Garamba erwies sich jedoch als höchst problematisch – unter anderem wegen der Anwesenheit Hunderter Rebellen der Lord's Resistance Army (LRA), der «Widerstandsarmee des Herrn», einer gewalttätigen ugandischen Rebellengruppe unter Führung des brutalen Kriegsherrn Joseph Kony –, doch African Parks blieb bei seiner Entscheidung. Die Übernahme von Garamba steigerte den Bekanntheitsgrad von AP. War man doch schließlich eine Organisation mit Mut und Ambitionen.

Und auch in Äthiopien waren inzwischen zwei Verträge unterschrieben worden, sodass African Parks im Jahr 2005 bereits sieben Parks in fünf Ländern verwaltete. Die Organisation war finanziell nicht länger ausschließlich auf das Vermögen van Vlissingens angewiesen, sondern erhielt zusätzliche Unterstützung von der niederländischen Stiftung Doen und der Familie Walton, den Eigentümern der amerikanischen Supermarktkette Walmart. Außerdem war es van Vlissingen gelungen – der es im Übrigen nur selten vermied, sein Missfallen gegenüber dem niederländischen Staat kundzutun –, beim Außenministerium eine Million Euro an Subventionen loszueisen sowie für AP öffentliche Gelder von der Europäischen Union und bei der USAID der Vereinigten Staaten einzuwerben.

Die Organisation konnte sich ebenfalls einer beeindruckenden Liste an *senior counsellors* rühmen, darunter Cyril Ramaphosa (steinreicher Geschäftsmann und derzeitiger Präsident Südafrikas), Michel Barnier (damals gerade zurückgetretener französischer Außenminister, später EU-Kommissar für den Binnenmarkt und EU-Beauftragter für die Brexit-Verhandlungen), Walter Kansteiner (ehemaliger stellvertretender US-amerikanischer

Minister für Afrikaangelegenheiten), Wim Kok (ehemaliger niederländischer Ministerpräsident), René Hooft Graafland (seinerzeit Finanzvorstand bei Heineken) sowie Lord Simon Cairns (ehemaliger Aufsichtsratsvorsitzender bei British American Tobacco).[11] Eine klar definierte Rolle hatten sie nicht, und für die meisten von ihnen galt, dass sie nicht wirklich an dem Projekt beteiligt waren. Doch African Parks machte dankbar Gebrauch von ihren Namen, um so noch mehr Türen öffnen und noch mehr Geld akquirieren zu können.

So hatte der eigenwillige niederländische Milliardär innerhalb weniger Jahre African Parks hübsch auf die Schiene gesetzt.

Im Mai 2005 nahm van Vlissingen auf denkwürdige Weise endgültig Abschied von der SHV. Während einer Veranstaltung im Konservatorium in Utrecht durfte ihm niemand eine Abschiedsrede halten – nur er selbst ergriff das Wort. Die SHV solle auf dem Gebiet nachhaltiger Entwicklung und sozialorientierten Unternehmertums fortan tonangebend sein – was unter seiner eigenen Führung noch keine Priorität gehabt hätte. Er selbst wolle sich in Zukunft voll und ganz seinen Parks widmen. Auf der Bühne tauschte er sein Jackett gegen eine Safari-Jacke mit dem African-Parks-Logo ein und verschwand. Auch beim anschließenden Lunchbüfett ward er nicht mehr gesehen.[12]

In Interviews aus dieser Zeit ließ er durchblicken, dass ihm ein paar Jahre im Naturschutz mehr bedeutet hätten als die fast vier Jahrzehnte in seinem Familienunternehmen. Die Bewahrung der Natur sei zu seinem eigentlichen Lebenswerk geworden, doch kurz nach seinem theatralischen Abgang begann es im afrikanischen Hinterhof zu rumoren. In Sambia gab es auf hoher Ebene Proteste gegen African Parks, im Sudan ging es nicht voran, und in Äthiopien drohten die Pläne sogar vollkommen zu scheitern.

War eine Parkverwaltung vielleicht doch nicht dasselbe wie die Gründung neuer Makro-Märkte?

8

TIERHÄUTE UND ANDERE GEBROCHENE VERSPRECHEN IN ÄTHIOPIEN

«Uns war nicht klar, was sie hier vorhatten», sagt Olisarali Olibui über den Einzug von African Parks in den Nationalpark Omo im Südwesten Äthiopiens. Der Dolmetscher sollte den Dorfältesten erklären, dass diese ausländische Organisation eine Vereinbarung mit den äthiopischen Behörden über die Verwaltung des Parks getroffen hatte, neben dem sie lebten. Und dass diese Vereinbarung auch im Interesse der Mursi sei, des Volkes, dem Olibui angehörte.

Der Park, der seinen Namen dem Fluss Omo verdankt, besteht aus einer ausgedehnten Hügel- und Savannenlandschaft sowie grün bewachsenen Bergen im Westen. Während eines Erkundungsflugs konnte AP unter anderem kleine Herden von Elefanten, Giraffen sowie Büffeln, verschiedene Antilopen- und mehr als dreihundert Vogelarten ausmachen. Omo steht ebenso wie Garamba auf der UNESCO-Weltnaturerbeliste und ist Teil eines größeren Ökosystems, das sich bis in den Südsudan und die äthiopische Provinz Gambella erstreckt.[1]

Der Park liegt im Omo Valley, einem dünn besiedelten Gebiet, das von einem Dutzend verschiedener Volksgruppen bewohnt wird.* Die Mursi, Nyangatom, Dizi, Kwegu, Hamar, Bodi, Suri, Kara, Mguji und Daasanach sprechen jeweils ihre eigene Sprache und leben vielfach nach ihren eigenen Traditionen. In den zurückliegenden Jahrzehnten waren sie kaum den Einflüssen des Westens oder des eigenen Machtzentrums ausgesetzt. Vielen «Hochländern», wie die Bewohner von Addis Abeba und der umliegenden Hochebene genannt werden, gelten sie als Primitive.

Die Mursi sind bekannt für ihre bemalten Körper sowie die Tonschei-

---

* Auf Englisch bezeichnen sie sich selbst als *tribes*, «Stämme» im Deutschen, doch dieser Begriff ist wegen der negativen, oft rassistischen Konnotation in Verruf geraten.

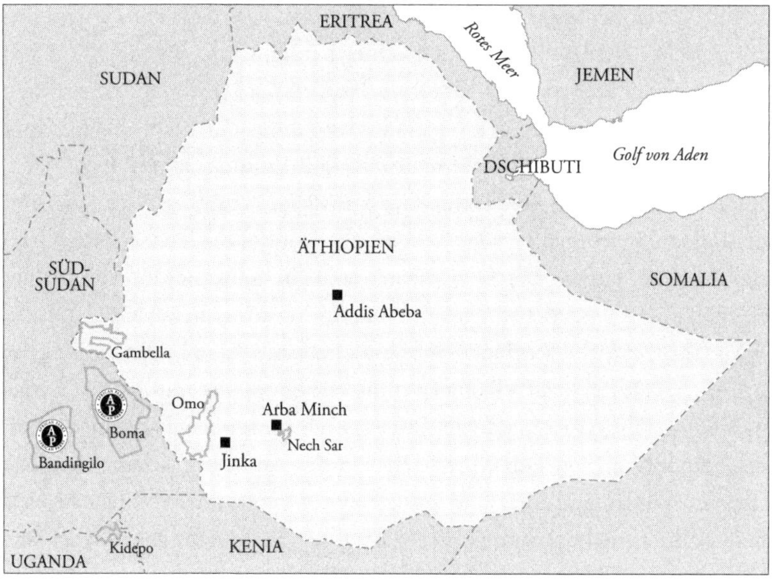

African Parks in Äthiopien

ben, die die Frauen in ihren Ohren und in ihrer Unterlippe tragen. Bis auf den heutigen Tag sind sie nur spärlich bekleidet und leben, umgeben von Vieh, in Hütten aus Zweigen und Stroh. Die Völker leben untereinander oft im Konflikt. Bei den Mursi besteht die Mitgift einer Braut aus achtunddreißig Kühen und einer Kalaschnikow.

Was wollte African Parks im Omo Valley? Seltsamerweise konnte die Organisation es selbst auch nicht recht erklären. «Wir kommen nicht, um euch Lektionen zu erteilen oder um Gewinn zu machen», erklärt der ehemalige SHV-Mann Piet Klaver vor der Kamera in der Serie *Droom van een tycoon* in einem Gespräch mit den Dorfältesten.

Ob er nicht den Verdacht habe, dass die Menschen das trotzdem denken, fragte der Fernsehjournalist.

Klaver: «Ach ja, das ist ganz sicher so. Aber es ist eher Unsicherheit. Diese Menschen leben von der Landwirtschaft und dem Vieh. Und für ihre traditionelle Kleidung und das Fleisch schießen sie im Park Tiere. Wenn diese Einnahmequelle wegfällt, was tritt dafür an ihre Stelle? Das wissen sie nicht. Das wissen wir auch nicht genau.»

Ein Gedankenexperiment: Man stelle sich vor, dass ein Grüppchen äthiopischer Naturschützer ins Utrechter Landgut van Vlissingens oder in die Schafzüchterei von Piet Klaver im Norden der Niederlande einrücken würde. Hintergrund: In den Niederlanden gibt es nur noch wenig Natur, und das Problem der überhöhten Stickstoffbelastung ist derart aus dem Ruder gelaufen, dass eine kleine Gruppe äthiopischer Geschäftsleute mit der Regierung in Den Haag vereinbart hat, künftig die letzten Reste Grün zu verwalten. Für steinreiche Afrikaner wird ein luxuriöses Hotel mit einer eigenen Flugzeuglandebahn gebaut. Die Äthiopier holen zusätzliche Rudel Wölfe ins Land und machen den Braunbären sowie den Luchs dort wieder heimisch, während van Vlissingen ohne Genehmigung sein eigenes Landgut nicht mehr betreten darf und Klaver sich für seine Schafe einen anderen Standort suchen muss. Ihr verliert in der Tat einen bedeutenden Teil eurer Einkünfte und eurer Bewegungsfreiheit, geben die Äthiopier zu. Was man dafür zurückbekommt? «Das wissen wir auch nicht genau, aber vertraut uns nur. Wir machen das zu eurem Besten.»

Im März 2005, gut ein Jahr vor dem Besuch Piet Klavers, fand im Park ein feierliches Treffen bei Bier und Ziegenfleisch statt. Äthiopische Beamte baten die Bewohner, Bäume mit Farbe zu markieren, um die Grenzen des Parks abzustecken. Die Dorfältesten sollten anschließend ein Dokument mit ihrem Fingerabdruck unterzeichnen.

Ob sie eigentlich wüssten, was sie da unterschrieben, fragte die kanadische Anthropologin Shauna LaTosky, die sich für ihr Promotionsvorhaben gerade bei den Mursi aufhielt und in Gesellschaft von Parkwächtern und einigen Beamten zufällig bei der Zeremonie anwesend war. Die Unterzeichnenden bekamen keine Kopie des Dokuments. «Die könnten es sowieso nicht lesen», sagte ein äthiopischer Beamter.[2] LaTosky sah ein Flugzeug in niedriger Höhe vorbeifliegen. Erst später begriff sie, dass Paul van Vlissingen drinsaß.

African Parks hatte da bereits einen Vertrag für den kleineren äthiopischen Park Nech Sar unterschrieben, nachdem der Organisation von der Regierung versprochen worden war, gut zwölftausend Menschen, die in dem Park lebten, umzusiedeln. «Wir haben gesagt, dass wir sehr gut mit den Leuten im Park arbeiten könnten, so wie wir es in Sambia auch tun, aber die Regierung wollte das nicht», sagte van Vlissingen in einem Interview mit *New Scientist.* «Wir wollten nichts mit den Ausweisungen zu tun haben, also habe ich eine Klausel in den Vertrag aufnehmen lassen, in der stand, dass wir den Park nicht übernehmen würden, bevor die Umsiedlung nicht abgeschlossen sei.»[3]

Das ist schon sehr praktisch, meinen Kritiker. «Es ist die am häufigsten gebrauchte Entschuldigung internationaler Naturschutzorganisationen, um bei der Ausweisung einheimischer Völker aus Naturschutzgebieten nichts zu unternehmen», schreibt Mark Dowie in *Conservation Refugees.* «Wenn es erst einmal so weit ist, sagen sie: ‹Es ist nicht unsere Schuld, es ist die der Regierung.›»[4]

Die Ausweisung in Nech Sar traf zwei Völker: die Kore und die Guji-Oromo. Vor allem die zweite Gruppe konnte sich mit dem erzwungenen Umzug nicht abfinden. Schließlich steckten Polizei und Parkverwaltung Ende 2004, kurz vor dem offiziellen Einzug von African Parks, vierhundertdreiundsechzig Häuser der Guji-Oromo in Brand. Ein Teil von ihnen akzeptierte die Umsiedlung, fünftausend andere wurden an den Rand des Parks vertrieben.[5]

«Manche sagen, dass Sie mit Menschenleben spielen, um Ihren eigenen Idealen zu genügen», stellte *New Scientist* fest.

«Vielleicht», antwortete van Vlissingen. «Aber ich bin stolz darauf, dass ich in Teilen Afrikas den Unterschied mache, dass ich das Leben vieler verbessere.»[6]

Die Mursi und die meisten anderen Bewohner des Omo Valley lebten zwar nicht im Nationalpark, waren aber für ihren Lebensunterhalt in hohem Maße auf das angewiesen, was ihnen der Park zu bieten hatte. Auch bei ihnen gab es also Grund zur Sorge. Der britische Anthropologe David Turton und Will Hurd, ein amerikanischer Historiker, der zufällig gerade zu der Zeit in dem Gebiet Urlaub machte, als AP dort Einzug hielt, schwangen sich zu Verteidigern der einheimischen Bevölkerung auf. Turton sprach sich vergeblich dafür aus, in dem Vertrag zwischen African Parks und der Regierung nachträglich die Landrechte der Völker rund um den Park festzuschreiben.

Als van Vlissingen begriff, dass auch der Einstieg bei Omo nicht konfliktfrei ablaufen würde, beschloss er, Shauna LaTosky um Hilfe zu bitten.[7] Die junge Anthropologin unterbrach ihre Feldstudien, lieh sich einen zwei

Nummern zu großen Anzug und bestieg ein Flugzeug in die Niederlande, wo sie sich wie eine Figur in einem *James-Bond*-Film vorkam. Ein Chauffeur in einem schwarzen Mercedes brachte sie nach Langbroek zum Schloss aus dem dreizehnten Jahrhundert, wo man ihr einen der Aussichtstürme als Gästedomizil zuwies. Paul van Vlissingen kam, «wie Sean Connery», eine Wendeltreppe herunter und beteuerte, dass er ihren blonden Pferdeschwanz wiedererkenne, der ihm schon von seinem Flugzeug aus aufgefallen sei.

LaTosky kam aus dem Staunen gar nicht mehr heraus. Ihr Gastgeber kündigte an, dass der berühmte (weiße) kenianische Naturschützer und Paläoanthropologe Richard Leakey an dem Abend beim Dinner anwesend sein werde, ebenso wie ein bekannter Giraffenexperte. Er zeigte ihr das Menü. LaTosky: «Seeteufel und Champagner.»

Vor dem Dinner, das an einem Teich in dem üppig bewachsenen Schlossgarten stattfinden sollte, präsentierte sie der Gesellschaft eine Videonachricht der Dorfältesten der Mursi. Ihre Botschaft: «Wenn man mit uns ins Geschäft kommen will, muss man auch mit uns reden und nicht nur mit der Regierung.»

Der Giraffenexperte gab sich nicht interessiert. «Ich sehe, dass dir viel an den Mursi liegt, aber gibt es einen Unterschied zwischen Nashörnern oder Giraffen, die aussterben, und den Mursi?», habe er LaTosky gefragt. Leakey und van Vlissingen hätten dagegen mehr Empathie gezeigt. Der Geschäftsmann, der es kaum erwarten konnte, wieder ins Omo Valley zu reisen, überredete LaTosky, für ihn zu arbeiten. So erhielt die Anthropologin die Verantwortung für die Beziehungen zwischen African Parks und den Mursi.

Der Unternehmer hielt Wort. Gemeinsam mit seiner damaligen Partnerin Suzanne Wolff nahm er sich drei Tage Zeit für Gespräche mit lokalen Führern. Auf einem Holzschemel oder einer Rindshaut kauernd, hörte er sich ihre Sorgen an. So etwas kannte LaTosky von Vertretern der Regierung bislang nicht.

Dennoch stieß er auf Unverständnis. Warum durften die Mursi in ihrem eigenen Park kein Wild mehr jagen – sie lebten doch bereits seit Jahrhunderten in Gemeinschaft mit den Wildtieren? «Wir kennen die Tiere, und sie kennen uns. Wir tragen keine Kleider, sondern die Felle von Antilopen. Wie soll das gehen?»[8]

Van Vlissingen versprach den Mursi, ihnen unter der Bedingung, dass sie aufhören würden zu jagen, Felle aus seinem Park in Südafrika zukommen zu lassen.

Die Führer: «Aber wir sind zu Tausenden. Gibt es denn genügend für alle?»

Van Vlissingen bejahte das und fügte hinzu, dass dieses Versprechen nicht nur für die Mursi, sondern auch für die Bodi und die Suri gelte. Aber die Ältesten waren noch nicht überzeugt. «Was sollen wir essen? In einer Hungerperiode töten wir einen Büffel, eine Kuhantilope, einen Kudu, ein Dikdik oder ein Nilpferd. Wenn jemand krank ist, kochen wir als Heilmittel Suppe aus Wildfleisch.»

Daraufhin kam es zu einer lebhaften Diskussion. «Wir werden das Vieh impfen und es so gesünder machen. Wir schaffen Arbeitsplätze und werden dabei helfen, Unternehmen zu gründen», erinnert sich Olibui an die Versprechen van Vlissingens. «Es wird Getreidemühlen geben, und wir richten für jedes Volk einen Fonds mit viertausend Birr pro Monat ein, die ihr nach eigenem Gutdünken verwenden könnt.» Das waren gut dreihundertfünfzig Euro, seinerzeit ein Riesenbetrag im Omo Valley.

In Begleitung Olibuis fahre ich gut fünfzehn Jahre später in einem Jeep von dem Städtchen Jinka aus ins Land der Mursi. Olibui erzählt mir von den Kriegen zwischen den verschiedenen Völkern, die das Tal über lange Zeit unsicher gemacht haben. Er selbst sei ebenfalls Krieger gewesen und habe eine eigene Kalaschnikow besessen, aber jetzt, wo sich die Situation entspannt habe, arbeite er an einem Dokumentarfilm sowie an einem Projekt, das die Sprache der Mursi standardisiere.

Wir fahren erst durch den angrenzenden Park Mago. Eine Gruppe von Pavianen schaut uns von einem Bergrücken aus hinterher. Wir überholen vier nackte Mursi-Jungen mit zebraartigen Farbstreifen auf ihren Körpern. Sie klatschen und tanzen, als wir vorbeifahren, in der Hoffnung, dass wir ihnen ein bisschen Geld zuwerfen. Traditionell verzieren die Mursi ihren Körper für bestimmte Rituale oder bei Festen, jetzt tun sie es für Touristen, die oft schnell ein Foto schießen und dann sehen, dass sie wegkommen. Olibui hat einmal bei der Produktion einer belgischen Fernsehsendung mitgewirkt, in der eine Familie eine Weile in einem Mursi-Dorf lebte. Der Name der Sendung war ihm nicht mitgeteilt worden – es handelte sich um *Toast Kannibaal*.

Nach einigen Stunden Autofahrt erreichen wir ein Dorf, wo wir mit einem ehemaligen Parkwächter verabredet sind. Unter einem Mangobaum liegen sieben Männer, von denen drei ein Gewehr bei sich tragen. Im Seitenspiegel unseres Jeeps kontrollieren zwei junge Männer, ob ihre Frisur auch gut sitzt.

Wir gesellen uns zu ihnen und legen uns eine Weile auf eine Rindshaut unter dem Baum. Irgendwann lädt man uns ein, in der Hütte bei den Frauen und Kindern etwas zu essen. Das Grundstück ist mit dornigen Ästen umzäunt, um Hyänen und Löwen fernzuhalten. Olibui zeigt mir einen Pfeil und Bogen. «Den Pfeil benutzen wir, um den Kühen Blut abzunehmen, eine wichtige Nahrungsquelle für die Mursi.» In der Hütte und um sie herum sitzen oder spielen sechs Kinder. In der ganzen Gegend gibt es nur eine einzige Schule, betrieben von Missionaren, aber da gehen sie nicht hin. «Die finden, dass wir vom Satan besessen sind», sagt Olibui.

Endlich erscheint der ehemalige Parkwächter, auf den wir gewartet haben, Kakade Munikwesi. Er hat graue Haare, sein Gesicht ist vom Leben gezeichnet, und er trägt ein fahles gelbes T-Shirt mit einer Aufschrift, die nur noch teilweise lesbar ist. «Save Wildlife Save …» Er arbeitet in einer nahe gelegenen Zuckerfabrik, die auf Initiative der Regierung hier gebaut wurde, um die Wirtschaft zu fördern und Arbeitsplätze zu schaffen. Die Natur musste den Zuckerrohrplantagen weichen, wobei auch einige heilige Stätten der Mursi zerstört wurden.

Wehmütig denkt Munikwesi an seine Zeit als Ranger zurück. «Es war eine harte Arbeit, und wir waren manchmal bis zu zehn Tage auf Patrouille. Wir haben im Busch geschlafen, um Wildtiere zu beschützen. Langweilig war es nicht, und ich habe mehr verdient als heute.»

«African Parks hätte den Bau der Zuckerfabrik wahrscheinlich verhindern können», erzählt Olibui.

Aber African Parks war nicht mehr da. Was war schiefgegangen?

Hartnäckige Gerüchte machten die Runde, dass auch in Omo Tausende von Einwohnern rigoros aus dem Park vertrieben worden seien. Das habe für so viel Empörung gesorgt, dass African Parks kein anderer Ausweg geblieben sei, als sich im Jahr 2008 endgültig aus dem Park zurückzuziehen, nach nicht einmal drei Jahren, in denen AP dort die Verwaltung innegehabt hätte. Doch das Gerücht stimmt nicht. «Ich habe nie etwas von

Zwangsvertreibungen oder Häusern gehört, die niedergebrannt worden sind», sagt Olibui. «Das hat es nur in Nech Sar gegeben.»

Allerdings herrschte – auch nach dem Besuch van Vlissingens – noch immer Misstrauen hinsichtlich der Absichten von African Parks. Die Tatsache, dass die Organisation selbst nicht recht erklären konnte, was sie vorhatte, sowie ihre Weigerung, den Vertrag mit der Regierung offenzulegen, nährte den Argwohn weiter. In diesem Vertrag hatte sich African Parks das Recht ausbedungen, mit Gemeinschaften oder lokalen Autoritäten Verhandlungen über ihr Land aufzunehmen. Ziel sei es dabei, «dieses Land so zu verwalten, als wäre es Teil des Parks». Die Regierung müsse AP dabei unterstützen, heißt es in der Übereinkunft. Das hätte die Skepsis unter den Einwohnern wahrscheinlich noch weiter befeuert, wenn es ihnen bekannt gewesen wäre. AP solle, «soweit es praktisch möglich ist», die Interessen der Gemeinschaften berücksichtigen.[9]

Bis heute erhalten Bürger, die in der Nähe eines Naturreservats leben, das African Parks untersteht, keinen Einblick in die Bedingungen, unter denen die ausländische Organisation das Land verwaltet. Auch anderswo wird das als problematisch angesehen, wie noch deutlich werden wird.

Will Hurd, den die Mursi faszinierten und der während einer seiner Reisen ihre Sprache erlernt hatte, leitete von den Vereinigten Staaten aus eine Kampagne gegen African Parks. Er suchte den Kontakt zu einem Senator, der Spendenorganisation USAID und der Aktivistengruppe Survival International, die sich für die Rechte ethnischer Minderheiten einsetzt.[10] Und auch der Anthropologe Turton rührte sich. «Die Menschen im Omo National Park laufen vielleicht nicht Gefahr, dass sie unter Androhung von Schusswaffengebrauch aufgegriffen und auf Lastwagen verfrachtet oder dass ihre Häuser in Brand gesetzt werden», schrieb er. «Aber sie riskieren durchaus, nicht länger Zutritt zu ihren wesentlichen Existenzquellen zu haben, ohne dafür eine Kompensation zu erhalten.»[11]

Die Anthropologin LaTosky sah sich in der Klemme. Sie dachte, dass African Parks aus den früheren Fehlern in Nech Sar gelernt hätte und nun in Omo alles richtig machen wolle, aber der Druck von außen erschwerte das. Sie selbst wurde von Anthropologenkollegen dafür kritisiert, dass sie ihre Seele dem Teufel verkauft habe, indem sie für van Vlissingen arbeite. LaTosky: «African Parks hat nicht mal gut bezahlt!»

Ebenso wie Olibui glaubt sie, dass African Parks die groß angelegten Projekte für die Landwirtschaft im Park hätte stoppen können. «Sich zurückzuziehen war das denkbar schlechteste Szenario für den Park. AP hat zu schnell aufgegeben.»

Gleichzeitig muss sich die Organisation aber auch Kritik gefallen lassen, gibt sie zu. Äthiopien ist ein stolzes Land, das niemals von europäischen Imperialisten kolonialisiert worden ist und sich noch immer nicht gern Lektionen erteilen lässt. LaTosky: «Das Modell von AP war kolonialistisch – das war ein Problem. Dieses Dinner mit van Vlissingen, Richard Leakey und dem Giraffenexperten in einem niederländischen Schlossgarten ...» Wir erinnern uns.

Was sie vielleicht am meisten störte, waren jedoch die einseitigen Belehrungen. Jahrhundertelang hatten die Mursi ihr Vieh in der Nähe von Büffeln und anderen Wildtieren gehalten, und jetzt kamen Fremde daher, die ihnen, ohne jegliche Kenntnis davon, wie man vor Ort das Zusammenleben mit Wildtieren managte, erzählten, was sie zu tun und zu lassen hätten. «Die Mursi lachen darüber. Ich glaube nicht, dass African Parks für einen Ansatz auf Augenhöhe zu haben war – die Ansichten waren konservativ. Van Vlissingen wollte als der Mann in Erinnerung bleiben, der die Nashörner an die Orte zurückgebracht hatte, an denen sie ausgestorben waren – das Wohlergehen lokaler Gemeinschaften interessierte ihn weniger.»

Die Mission hätte womöglich trotzdem ein Erfolg werden können, wenn African Parks seine Versprechungen eingelöst hätte. Aber: «Die Felle kamen nicht, und wir haben nie auch nur einen Birr aus diesem Fonds erhalten», erzählt Olisarali Olibui. «Wir waren froh, als sie gingen.»

Die Nyangatom machten ähnliche Erfahrungen. African Parks sollte für dieses Volk eine Schule sowie ein Gesundheitszentrum bauen und für sauberes Wasser sorgen, doch Elias Lasbuk, der für die Beziehungen zwischen AP und den Nyangatom zuständig war, merkte, dass der Bau eines Hotels Priorität besaß, obwohl kaum Touristen kamen. Sein Volk fühlte sich ebenfalls nicht ernst genommen.

Aber nicht jedem bleibt African Parks in schlechter Erinnerung. Ein Dorfältester in der Nähe des Parks etwa wurde als Informant, dessen Aufgabe darin bestand, potenzielle Wilderer bei der Parkleitung anzuzeigen, gut bezahlt. «Das war eine schöne Zeit – sie haben mich sogar einmal in ihrem Flugzeug zu einem Flug über den Park mitgenommen. Wenn AP etwas brauchte, kamen sie zu mir.»

Wilderer erfuhren ihm zufolge eine knallharte Behandlung. «Wir haben mal drei oder vier Jugendliche auf frischer Tat ertappt, als sie eine Antilope getötet hatten. Sie bekamen von uns Stockschläge auf den Rücken, und wir haben sie kopfüber an den Ast eines Baums gehängt, um ein Exempel zu statuieren: Das passiert, wenn man den Tieren Schaden zufügt. Als sie nach vier Jahren Haft zurück ins Dorf kamen, haben wir ihnen noch einmal Stockschläge verabreicht, sonst lernen sie es nie.»

Ein derart harter Umgang mit Wilderern kommt häufiger vor, wie im Weiteren noch deutlich werden wird.

2007 stellte AP die Verwaltung der äthiopischen Parks ein und tat dasselbe im Sudan, wo sich die Zusammenarbeit mit der Regierung als schwierig entpuppte. Jetzt stand der Zähler wieder auf drei. Paul van Vlissingen erlebte dieses Fiasko nicht mehr. Er starb am 30. August 2006 auf seinem Schloss in Langbroek.

9

TURBULENTE JAHRE

Das Schicksal ereilte van Vlissingen während eines Besuchs im Kongo Ende 2005, als er im Verlauf der Übernahmefeierlichkeit von Garamba erkrankte. Ein tropisches Virus, dachte er zunächst, doch bei seiner Rückkehr nach Europa stellte sich heraus, dass er an Bauchspeicheldrüsenkrebs erkrankt war. Ende der 1970er-Jahre hatte er den Krebs schon einmal besiegt, doch dieses Mal wollte er sich nicht mehr behandeln lassen.

Die Monate, die ihm noch blieben, nutzte er, um seinen Nachlass zu regeln, auch bei African Parks. Im Januar 2006 übertrug er die Geschäftsleitung an seine Geliebte Suzanne Wolff und den Vorsitz des internationalen Vorstands an den SHV-Topmanager Piet Klaver – van Vlissingen selbst hatte beide Funktionen noch in Personalunion bekleidet.

In einem Interview mit dem *Telegraaf*, das auf seine Initiative hin zustande gekommen war, nahm er ein weiteres Mal die Rolle des tiefsinnigen Weltverbesserers ein. «Testament voor een leefbare wereld», Testament für eine lebenswerte Welt, titelte die Zeitung. Nicht der Handel mit fossilen Brennstoffen bei SHV, sondern African Parks sei sein eigentliches Lebenswerk, und dieser Organisation gehe es phantastisch. «Alle Regierungen in Afrika kennen uns inzwischen, und sie wollen unheimlich gern, dass wir kommen, um ihnen zu helfen», übertrieb er. «Und dann sieht man also, dass man Menschen hilft, indem man Tieren hilft. Alles greift ineinander.»

Auch wenn van Vlissingen da schon zerbrechlich wirkte, rhetorisch war er noch ganz auf der Höhe. Reichtum bestehe für ihn nicht aus materiellen Dingen, verkündete die Nummer vier unter den fünfhundert reichsten Niederländern mit einem geschätzten Vermögen von über zwei Milliarden Euro. Es gehe darum, dass man einen schönen Sonnenaufgang, die Vögel auf den Loosdrechtschen Plassen, einer Seenplatte zwischen Amsterdam und Utrecht, und die Blüte im Garten genießen könne. Das sei wahrer Reichtum.[1] Er finde, dass jeder, der mehr als zehn Millionen Euro besitze, mindestens fünf Prozent davon abgeben müsse. «Reiche sollten sich klarmachen, dass sie nichts verlieren.»[2]

Für ihn selbst traf das sicherlich zu. Im Laufe seines Lebens gab er etwa fünfzig Millionen Euro für Naturschutz aus, davon die eine Hälfte als Investition in Marakele Park (Pty), ein privates, auf Profit ausgerichtetes Unternehmen, und die andere als Spende an African Parks. Das sind insgesamt gut zwei Prozent seines Vermögens. Wenn ein niederländischer Durchschnittsverdiener mit einem Jahreseinkommen von 28 500 Euro im Jahr 2005 dasselbe gemacht hätte, wäre er auf etwa 680 Euro gekommen. Außerdem galt für van Vlissingen, dass seine Spenden für die Natur und andere gute Zwecke zweifellos steuerliche Vorteile mit sich brachten und seine Familie und er selbst seit 1980 zusätzlich Steuerzahlungen vermieden, da sie den offiziellen Firmensitz der SHV auf die Antillen verlegt hatten.

Es folgten einige turbulente Jahre für African Parks. Die Führung durch Suzanne Wolff, die im Ahold-Konzern und The Body Shop hohe Managementfunktionen ausgeübt hatte, stieß auf großen Widerstand, wobei möglicherweise auch die Tatsache, dass sie eine Frau ist, eine Rolle gespielt hat: Männer waren – und sind – sehr dominant in der Welt des Naturschutzes. Ihr Umfeld warf ihr Inkompetenz vor. «Nach Pauls Tod wollte sie überall mitreden», so Dick de Kat. «Zusammen mit Piet Klaver kamen wir zu dem Schluss, dass wir sie absägen müssten, und das haben wir dann auch gemacht.» Wolff selbst möchte sich inhaltlich nicht dazu äußern, wie sie per E-Mail mitgeteilt hat.

Piet Klaver übernahm Ende 2006 ihre Aufgaben, und in Abstimmung mit de Kat beschloss man, Peter Fearnhead zu fragen, ob nicht er die Leitung von African Parks übernehmen wolle. Schließlich gehörte er zu den südafrikanischen Gründern der African Parks Management and Finance Company, allerdings war es um ihn etwas stiller geworden, nachdem die Van-Vlissingen-Show so richtig in Fahrt gekommen war. De Kat: «Peter und Paul haben sich nicht so gut verstanden. Peter fand, dass Paul zu viel selbst machen wollte, und wies darauf hin, dass man besser von Afrika aus operieren könne. Ich bin damals mit Zustimmung von Piet Klaver nach Südafrika geflogen und habe Peter eingestellt. Der war bereit, den Karren zu ziehen.»

Fearnhead drückte der Organisation dann auch gleich seinen Stempel auf, die nun African Parks Network (APN) hieß und deren Schwerpunkt in Südafrika lag. Das Headquarter zog vom ländlichen Utrechter Umland in das glitzernde Geschäftsviertel Sandton um, den reichsten Stadtteil nicht nur Johannesburgs, sondern ganz Südafrikas. Klaver wurde Vorstandsvorsitzender des APN, zuständig für das Management und die Strategie, und keine Geringeren als Mavuso Msimang und Cyril Ramaphosa saßen mit im Aufsichtsrat, sodass dieser größtenteils mit Afrikanern besetzt war.[3]

Die Rolle Ramaphosas bestand vor allem darin, Türen zur schwarzen Community zu öffnen. «Ein sehr fähiger Mann», urteilt de Kat, der sich enttäuscht darüber zeigt, dass Südafrika unter Ramaphosas Präsidentschaft nicht wirklich aufgeblüht ist. «Südafrika ist natürlich ein einziges Chaos. Die Schwarzen schaffen es nicht. Wir hatten gehofft, dass Ramaphosa für Ordnung sorgen könnte, aber er schaffte es auch nicht. Sie haben die Mehrheit, aber es wird doch eine Regierung kommen müssen, in der die Weißen auch etwas zu sagen haben, sonst geht es schief mit dem Land.»

Die niederländische Stiftung African Parks Foundation bekam eine unterstützende Rolle innerhalb von AP, vor allem was die Akquisition von Finanzmitteln betraf, aber reibungslos verlief der Übergang nicht. Ein Teil der Niederländer hatte nur wenig Vertrauen in Fearnhead und war der Meinung, dass er AP zu sehr an sich ziehe, obwohl das Projekt aus ihrer Sicht doch vor allem dank dem Geld und der Tatkraft van Vlissingens zustande gekommen war. Fearnhead seinerseits äußerte sich kritisch zum Ansatz van Vlissingens, der ausschließlich Vertraute um sich gesammelt und versucht habe, die südafrikanische Expertise beim Naturschutz und im Parkmanagement auf Abstand zu halten.[4]

African Parks stagnierte. Mit West Lunga in Sambia strandete erneut ein Projekt bereits in der Anfangsphase, und trotz jahrelanger Verhandlungen bekam AP auch in Uganda, Mosambik und dem Senegal keinen Fuß in die Tür.

Nach außen hin tat AP so, als sei alles in bester Ordnung – man sprach sogar von einem rasend schnellen Wachstum. «African Parks hat fünf Parks unter seiner Verwaltung, und hier werden jährlich drei bis fünf hinzukommen», bluffte die Organisation Ende 2008 gegenüber dem niederländischen Ministerium für Entwicklungszusammenarbeit in einer Reaktion auf einen abgelehnten Förderantrag.[5] Die knapp zwei Millionen Euro Subventionen, die AP im Auge hatte, waren für junge, innovative Organisationen gedacht und sollten der Armutsbekämpfung dienen. African Parks wollte es für Infrastruktur und die Wiederansiedlung von Tieren ausgeben. Man argumentierte, dass erst hohe Investitionen notwendig seien, um einen Park finanziell unabhängig zu machen. Anschließend sollten fünfzig Prozent des Gewinns an die lokale Bevölkerung gehen, sodass es sich um einen nachhaltigen Beitrag zur Armutsbekämpfung handeln würde.[6] Allerdings: Bis zum heutigen Tag hat noch kein einziger Park im Portfolio von African Parks auch nur einen Euro Gewinn gemacht.

Doch das Ministerium ließ sich nicht zum Narren halten und bemängelte die fehlende Ergebnisorientierung und Nachprüfbarkeit der versprochenen Leistungen. African Parks verfüge nicht einmal über einen Businessplan.[7] Es waren peinliche Feststellungen für eine Stiftung, die sich mit ihrem kommerziellen Ansatz brüstete.

«Die niederländische African Parks Foundation, APF, gleitet, wie es scheint, immer weiter ab», schrieb ein Mitarbeiter der Niederländischen Botschaft in Äthiopien Anfang 2008, als African Parks gerade dabei war, das Land wieder zu verlassen. «Ich bedauere es inzwischen, dass ich mich [...] positiv über die Arbeit von African Parks geäußert habe [...], denn AP zeigt sich immer mehr als ein unzuverlässiger, schlecht kommunizierender Partner.»[8]

Es sollte jedoch noch schlimmer kommen. Im Dezember 2008 starteten die Streitkräfte Ugandas, des Kongo und des südlichen Sudan – das spätere Südsudan war noch nicht unabhängig – eine gemeinsame Operation gegen Hunderte von Rebellen der Lord's Resistance Army (LRA), die sich im Westen von Garamba verschanzt hatten. Die Truppen des Kriegsherrn Joseph Kony waren bekannt für ihre extreme Gewalttätigkeit und flüchteten in verschiedene Richtungen, wobei sie drauflos mordeten, plünderten, vergewaltigten und kidnappten. Eine Gruppe von fünfzig bis hundert Rebellen überfiel am 2. Januar 2009 auf der Suche nach Lebensmitteln und Munition das Headquarter des Nationalparks. Die Ranger wehrten sich beherzt, unterlagen jedoch, wobei es zehn Tote und dreizehn Verwundete zu beklagen gab sowie einige Kinder entführt wurden. Die Gebäude, die noch aus der Kolonialzeit stammten, fielen der Zerstörung anheim, der Schaden ging in die Millionen. Bei späteren Angriffen der LRA sollte es noch mehr Tote unter AP-Mitarbeitern und ihren Familien geben, im Jahr

2009 belief sich die Zahl auf insgesamt zweiundzwanzig. Drei Jahre harter Arbeit von AP im Kongo waren damit so gut wie umsonst gewesen.[9]

Im Juni 2009 kam es zu einer persönlichen Tragödie, die unmittelbare Folgen für African Parks hatte. Der Bankier und fanatische Jäger Huibert Boumeester, ein Cousin Paul van Vlissingens und Nachfolger Piet Klavers im Vorstand von African Parks Network, hatte sich in den Wäldern von Windsor, westlich von London, das Leben genommen, mit einem Jagdgewehr und vermutlich infolge einer Depression zu Zeiten der Kreditkrise. Robert-Jan van Ogtrop, der sich einst bei Bols einen Namen in der Alkoholindustrie gemacht hatte und danach verschiedene Aufsichtsratsmandate und Leitungspositionen innehatte, wurde zu seinem Nachfolger bestimmt.

Für African Parks hatte die Finanzkrise spürbare Auswirkungen: Kapitalkräftige Spender hatten viel Geld verloren und mussten nun ihre Groschen zusammenhalten. Die beiden Töchter Paul van Vlissingens durften feststellen, dass sich vierzig Prozent ihres Vermögens einfach in Luft aufgelöst hatten, was zumindest teilweise ihren spekulativen Kapitalanlagen im Pyramidensystem des US-amerikanischen Meisterbetrügers Bernard Madoff geschuldet war.[10] Peter Fearnhead und Dick de Kat zufolge hatten die Verluste jedoch keine negativen finanziellen Folgen für African Parks.[11]

Es gab aber auch Lichtblicke. 2008 und 2009 schloss African Parks endlich wieder zwei neue Langzeitverträge. Im Osten Sambias übernahm die Organisation die Verwaltung der Bangweulu Wetlands, und in Ruanda fügte sie dem Netzwerk Akagera hinzu. Das ist das Naturschutzgebiet, das AP mir hatte zeigen wollen, bevor die Kommunikationsdirektorin Andrea Heydlauff jede Form der Kommunikation mit mir einstellte. Im August 2021 reise ich dorthin.

10

ERFOLGSGESCHICHTE MIT SCHATTENSEITEN IN RUANDA

Akagera ist *die* Erfolgsgeschichte von African Parks, hier wird das Konzept der Organisation wahrscheinlich am deutlichsten sichtbar. Das Naturreservat im Osten des Landes, an der Grenze zu Tansania, konnte bereits auf eine längere Geschichte zurückblicken, als AP im Jahr 2009 die Verwaltung von der Regierung übernahm. Nach dem Ende eines vier Jahre dauernden Bürgerkriegs (1990–1994), der in einem Genozid gipfelte, kehrten viele Tutsi aus ihrem Exil in den Nachbarländern in die Heimat zurück, aus der sie aus Angst vor Gewalt und Unterdrückung durch die Hutu-Mehrheit, die in Ruanda lange Zeit das Sagen hatte, geflohen waren. In dem kleinen, dicht bevölkerten und gebirgigen Land erhielten sie die Erlaubnis, sich mit ihrem Vieh auf den Weideflächen des Parks niederzulassen, einer der wenigen Orte in Ruanda, die ausreichend Raum für Neuansiedlungen boten. Der kümmerliche Bestand an Löwen und Elefanten, der die vier Jahre Krieg überlebt hatte, machte nun Platz für dreißigtausend Kühe. Dadurch büßte der Park etwa zwei Drittel seiner Fläche ein. Eine Kolonie Paviane hielt in dem einzigen Hotel des Parks Einzug.[1]

African Parks sorgte für Ordnung und brachte Hunderte von Wildtieren in den Park. Mit der Ankunft von achtzehn Schwarzen Nashörnern im Jahr 2017 waren die *big five* komplett. Um Problemen der lokalen Bevölkerung mit Wildtieren zu begegnen und eine zusätzliche Barriere gegen Wilderer zu schaffen, ließ AP einen einhundertzwanzig Kilometer langen Elektrozaun errichten.

Akagera liegt drei Autostunden von der Hauptstadt Kigali entfernt und ist über gut befahrbare Straßen besser erreichbar als abgelegene Parks in größeren Ländern. In und um den Park herum entstanden neue Hotels und Camps, was dazu führte, dass die Zahl der Touristen, die im Jahr 2010 noch bei fünfzehntausend lag, bis 2022 auf dreiunddreißigtausend anwuchs, wobei laut AP ungefähr die Hälfte von ihnen aus Ruanda kam. Die selbst erwirtschafteten Erträge beliefen sich 2022 auf knapp vier Millionen Dollar, womit AP zufolge zweiundneunzig Prozent der operativen Kosten gedeckt werden konnten.[2] Auf die Frage, ob damit *alle* Kosten gemeint seien, also beispielsweise auch der Schutz von Nashörnern, und ob AP mir eine Kostenübersicht zusenden könne, erhalte ich keine Antwort.

APs Partner bei der Regierung, das einflussreiche Rwanda Development Board (RDB), war gut auf das von AP bisher Geleistete zu sprechen und vertraute der Organisation 2020 die Verwaltung eines zweiten Parks an, die Regenwälder des Nyungwe National Park. Im Gegensatz zu vielen anderen staatlichen Organisationen in Afrika investiert das RDB selbst ebenfalls in die Parks und zeigt sich engagiert, was ihre Verwaltung betrifft.

African Parks ist gern in Ruanda tätig, weil die staatlichen Behörden recht effizient arbeiten und die sichtbare Korruption nahezu verschwunden ist. «Die technische Kompetenz und das Dienstleistungsniveau in Ruanda sind nicht mit denen anderer afrikanischer Länder zu vergleichen, in denen wir aktiv sind», erklärt ein ehemaliger Manager. «In Ruanda bestimmt die Regierung die Regeln und den Rahmen, in dem wir operieren, und wir sind die ausführende Instanz. Anderswo in der Region liegen die Dinge komplizierter.»

Akagera entwickelte sich zu einem Aushängeschild für die Regierung Paul Kagames und spielte auch eine wichtige Rolle in der Kampagne, mehr Touristen nach Ruanda zu locken, eine der Säulen der nationalen Entwicklungspolitik. Das Land sorgte für Aufsehen, als es 2018 und 2019 Sponsorenverträge mit den europäischen Spitzenclubs Arsenal und Paris Saint-Germain schloss, deren Fußballer seither Trikots mit dem Slogan *Visit Rwanda* tragen.

Für mein Buch *Heineken in Africa*, in dem es um die geschäftlichen Aktivitäten des Heineken-Konzerns in Afrika geht, bin ich zuvor schon ein paarmal in Ruanda gewesen. Ohne lokale Kollegen vor Ort um Unterstützung bitten zu müssen und ohne dass mich staatliche Stellen daran gehindert hatten, sprach ich mit vielen gut informierten Quellen. Sie erzählten mir unter anderem, dass der berühmte niederländische Brauer während des Genozids von 1994, eines beispiellosen Völkermords, dem schätzungsweise achthunderttausend Menschen zum Opfer fielen, weiterhin sein Bier gebraut und seine Gewinne gemehrt habe.

Diesmal möchte ich Informanten außerhalb der Städte treffen, die wahrscheinlich kein Französisch oder Englisch sprechen. Auf Anraten eines Kollegen nehme ich Kontakt zu einer Journalistin auf, die, wie sich herausstellt, mit einem belgischen Kollegen, einem Flamen, zusammenarbeitet. Die zwei legen mir ans Herz, vor meiner Abreise online eine Presseakkreditierung zu beantragen. Obwohl ich mit meinem Stift und dem Notizblock ziemlich leicht unter dem Radar bleiben kann und für gewöhnlich auch lieber keine schlafenden Hunde wecke, folge ich ihrer Empfehlung. Die beiden beteuern, dass es nur eine Formalität sei, insbesondere, wenn sie mich unterstützen würden.

Als ich in der Hauptstadt Kigali ankomme, wird mir schon bald klar, dass es ein Fehler war, sich mit ihnen einzulassen. Sie unterhalten enge Beziehungen zu dem autoritären Regime in Ruanda und verlangen viel Geld für ihre Dienste – «CNN-Tarife», wie sie unter Journalisten genannt werden. Der Flame erzählt von früheren Kooperationen mit Kollegen, die ihm zufolge selten problemlos verlaufen seien. «Kus mijn kloten», küss meine Eier, verflucht er mehrere meiner Berufskollegen. Als wir uns über die Länder unterhalten, in denen African Parks aktiv ist, nennt er die Zentralafrikanische Republik ein «Affenland» und den Tschad einen «Sandkasten». Obwohl ich nicht mit ihm, sondern mit seinem Kollegen zusammenarbeiten soll, ist mir die Situation zuwider, und ich habe sowieso zu wenig Budget – die Zusammenarbeit kommt nicht zustande.

Allerdings: Mein Antrag auf Akkreditierung als Pressevertreter läuft noch … und wird kurz darauf ohne Angabe von Gründen abgelehnt. Die Niederländische Botschaft glaubt anfangs an ein Missverständnis und fragt nach, doch der Status bleibt Tag für Tag derselbe: Abgelehnt. Da sitze ich also in Kigali, die Behörden haben mich auf dem Schirm, doch mir fehlt die Presseakkreditierung. «Küss meine Eier», höre ich den Flamen in Gedanken sagen.[3] Ich halte es sowohl für potenzielle Gesprächspartner als auch für mich selbst für zu gefährlich, trotzdem Interviewtermine zu machen, und wage es noch nicht einmal, als Tourist eine Safari nach Akagera zu buchen. Schließlich verbringe ich zwei Wochen in Kigali, hauptsächlich in meinem Hotel. Zum Glück habe ich noch genügend andere Schreibarbeiten zu erledigen.

Die ruandische Erfolgsgeschichte von African Parks hat auch eine Kehrseite. Paul Kagame, der in Ruanda praktisch schon seit 1994 (als Vizepräsident und Verteidigungsminister) das Sagen hat und im Jahr 2000 zum Präsidenten gewählt wurde, duldet keinen Widerspruch – bürgerliche Freiheitsrechte sind unter seiner Führung stark eingeschränkt worden. Politische Gegner können sich sogar außerhalb Ruandas ihres Lebens nicht sicher sein, wie die Ermordung des ehemaligen Leiters des ruandischen Geheimdienstes 2014 in einem Hotel in Südafrika zeigt.

Auch der ehemalige Direktor des berühmten Hôtel des Mille Collines, der während des Genozids etwa tausendzweihundert verfolgten Tutsi Unterschlupf geboten und so ihr Leben gerettet hatte, kann davon ein Lied singen. Paul Rusesabagina, von dem der Film *Hotel Ruanda* handelt, entwickelte sich nach dem Völkermord zum Kritiker des Regimes und floh ins Ausland. 2020 sollte er einen Vortrag im Nachbarland Burundi halten und dafür mit einem Charterflugzeug aus Dubai abgeholt werden. Doch das erwies sich als Falle: Das Flugzeug flog im Auftrag der ruandischen Regierung nach Kigali, wo Rusesabagina wegen terroristischer Aktivitäten zu einer fünfundzwanzigjährigen Gefängnisstrafe verurteilt wurde. Auf amerikanischen Druck hin wurde er 2023 wieder freigelassen.

African Parks lässt sich davon jedoch kaum beeindrucken. «Ich kenne die Geschichten über das autoritäre Regime, aber ich habe nie einen Beweis für das gesehen, was die Leute behaupten», betont Craig McIntosh, der im Headquarter arbeitete, als African Parks Akagera übernahm, und Ruanda häufig besuchte. «Ich weiß nicht, ob es wirklich wahr ist. Ruanda ist das einzige Land in Afrika, das funktioniert, wo man Dinge geregelt bekommt – in mancherlei Hinsicht noch besser als in Südafrika. Der Flughafen ist sauber, das Transportband läuft, die Computer funktionieren … Und wenn man eine Verabredung um elf Uhr hat, meint man auch elf Uhr.»

African Parks betont, unpolitisch zu sein, doch das hält die Organisation nicht davon ab, Kagame ausgiebig zu loben. Dass in Akagera nunmehr wieder Schwarze Nashörner herumlaufen, sei etwa «dem Weitblick und der Hingabe seiner Exzellenz Paul Kagame» zu verdanken.[4] Einem internen Medienkonzept zufolge setzte AP es sich zum Ziel, ihn als «einen Vorkämpfer für den Naturschutz» zu präsentieren.[5]

Im selben Jahr, 2017, gewann Kagame die Präsidentschaftswahlen mit 98,8 Prozent der Stimmen, nachdem zuvor drei Gegenkandidaten von der

Teilnahme ausgeschlossen worden waren. Zwei Jahre zuvor hatte er eine Verfassungsänderung durchgeführt, die es ihm ermöglicht, bis 2034 an der Macht zu bleiben.

Bei African Parks war jedoch nicht jeder glücklich über die herzlichen Beziehungen zum Regime. «Für mich war Ruanda immer problematisch», soll mir Mavuso Msimang, der ehemalige ANC-Freiheitskämpfer im Vorstand von AP, später während eines stundenlangen Interviews bei sich zu Hause in Johannesburg offenbaren. Den Mangel an Interesse für Menschenrechtsfragen bezeichnet er als die «Achillesferse» von African Parks.

Zurück in den Niederlanden, bereite ich mich auf die nächste Reise vor, die mich in den Kongo führt, wo ich endlich meine erste Feldstudie für dieses Projekt hoffe durchführen zu können.* Während der Vorbereitungen dazu lese ich, dass eines der vorrangigen Ziele von African Parks, die Rettung des Nördlichen Weißen Nashorns, fehlgeschlagen ist. Die Art sei, wie es heißt, «funktional ausgestorben»: Es lebten nur noch zwei Weibchen in einem kenianischen Reservat. Die ebenfalls ernsthaft bedrohte Kordofan-Giraffe, die etwas kleiner ist als die meisten anderen Giraffenarten und hauptsächlich wegen ihres flachsartigen Schwanzes gewildert wird, kann im Park zwar fürs Erste noch überleben, doch die Population zählt weniger als hundert Tiere.

Obwohl die nahe gelegenen Länder Südsudan und Zentralafrikanische Republik von komplexen und langwierigen internen Konflikten heimgesucht werden, ist die Situation in und um Garamba – sicher für kongolesische Begriffe – relativ stabil. Die gute Nachricht ist, dass die Lord's Resistance Army kein sonderlich großer Machtfaktor mehr in der Region ist. Der aufgescheuchte Kriegsherr Joseph Kony ist zwar nicht festgesetzt worden, soll sich aber aktuell in der Region Darfur im Westen des Sudan aufhalten, also weit weg vom kongolesischen Park, den er jahrelang unsicher gemacht hat.[6]

Nach einer dreitägigen Reise – ein Tag im Flugzeug nach Uganda, ein Tag im Bus zur kongolesischen Grenze und ein Tag in einem Jeep – komme ich in Faradje an, dem Eingangstor nach Garamba.

---

* Die Reisen nach Südafrika und Äthiopien, wo ich Recherchen unter anderem für die vorangegangenen Kapitel 6 und 8 durchgeführt habe, haben zeitlich später stattgefunden.

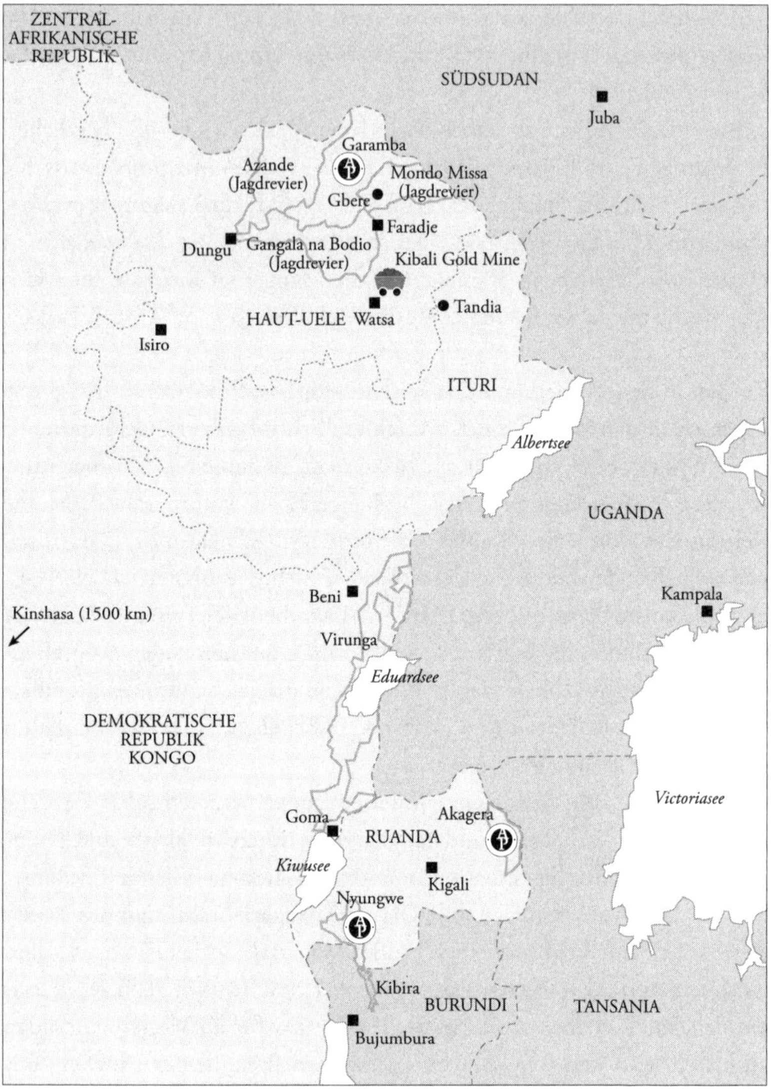

African Parks im Kongo und in Ruanda

11

ENTWICKLUNGSPROJEKTE «SCHÖNE VERSPRECHUNGEN»

Garamba ist ein ausgedehnter Park ohne Umzäunung im Nordosten des Kongo an der Grenze zu Südsudan. Bei ihm handelt es sich um eines der ersten Naturschutzgebiete Afrikas, das zum Nationalpark erklärt wurde. Das war 1938, als der Kongo noch unter belgischer Kolonialverwaltung stand. Seit 1980 prangt es auf der Weltnaturerbeliste der UNESCO.

African Parks ist es im Kongo gelungen, die Fläche des von der Organisation verwalteten Parks stark auszudehnen, so wie man es laut Vertrag auch in Äthiopien angestrebt hatte. Im Jahr 2005 wurde AP die Verfügungsgewalt über die fast fünftausend Quadratkilometer des Parks übertragen – inzwischen ist das Gebiet auf die fast dreifache Größe angewachsen, und AP spricht vom «Complexe de la Garamba», zu dem auch drei Jagdreviere *(domaines de chasse)* gehören.[1]

In unmittelbarer Nähe des Parks leben gut zweihunderttausend Menschen, verteilt über kleinere Städte wie Faradje und Dungu sowie Dutzende von Dörfern. Ihre Bewohner dürfen den Park unter keinen Umständen betreten, wohl aber – unter strengen Auflagen – die ihn umgebenden Jagdreviere. In ihnen befinden sich ebenfalls einige Dörfer, in denen in begrenztem Umfang Ackerbau und Viehzucht erlaubt sind. Theoretisch lassen sich Jagdlizenzen erwerben, um zu angeln oder Kleinwild zu fangen, doch die Kriterien sind oft unklar, die Beantragung ist mühsam und das Verfahren zeitraubend.

Das Verhältnis zwischen der Bevölkerung und African Parks ist angespannt, wie in Dutzenden von Gesprächen mit den Einwohnern deutlich wird. Das Problem, kurz zusammengefasst: AP hat den Anwohnern aus ihrer Sicht etwas genommen, nämlich den Zutritt zu wesentlichen Produkten, mit denen sie ihren Lebensunterhalt bestreiten können, wie etwa Obst, Fleisch, Heilpflanzen und Holz. Selbst das Goldschürfen auf niedrigstem Niveau – lokale Goldgräber, die Gruben ausheben und sich dann mit Schaufel und Sieb auf die Suche nach dem Edelmetall machen – ist verboten.[2]

Tja, argumentiert AP, wir setzen nur im Auftrag der Regierung das nationale Recht um. Dass wir das ernsthafter und erfolgreicher angehen als der kongolesische Staat, kann man uns schwerlich übel nehmen. Außerdem führen wir eine ganze Reihe von Entwicklungsprojekten durch, die euer Leben verbessern.

Diesen schönen Versprechen kommt ihr allerdings nur selten einmal nach, kontern die Bewohner. Außerdem müssen wir tatenlos zusehen, wie Elefanten und Nilpferde unsere Äcker verwüsten oder sich an unseren Ernten gütlich tun. Und ihr weigert euch, uns dafür zu entschädigen. Wir dürfen uns nicht einmal gegen Wildtiere schützen, die uns angreifen – vor allem Nilpferde sind lebensgefährlich. Der Park nimmt uns so viel, gibt uns kaum etwas zurück, und dafür sind wir jetzt auch noch zusätzlichen Gefahren ausgesetzt.

Auf einer Holzbank in einer Hütte vor einem Haus erzählt Moparapara Gamodo von der Elefantenherde, die kürzlich seinen Acker zerstört hat. Gemeinsam mit einigen Nachbarn aus der Gegend baut er Maniok, Bananen, Zuckerrohr, Yamswurzeln und Süßkartoffeln an, teilweise zur Eigenversorgung, teils für den Markt. Parkwächter kamen, um den Schaden aufzunehmen, und machten Fotos, doch jetzt wartet er nach eigenem Bekunden schon ein halbes Jahr auf eine Rückmeldung aus der ein paar tausend Kilometer entfernt gelegenen Hauptstadt Kinshasa, um eine Entschädigung zu bekommen.

Gamodo hat nur materiellen Schaden erlitten, auf den vierzehnjährigen George Matikuli, der Anfang 2021 im Uelle schwamm, während seine Mutter Thérèse in dem Fluss gerade Wäsche wusch, trifft das nicht zu. Sie erschrak sich fast zu Tode, als ihr Sohn von einem Nilpferd gepackt wurde, und sprang ihm sofort hinterher, um ihn zu retten. Sein rechtes Bein war mehrfach gebrochen – die Knochen ragten aus dem Fleisch. Der Arzt in Faradje drängte auf Verlegung in ein besseres Krankenhaus in der größeren Stadt Goma oder eines in Uganda, doch dafür hatte die Familie kein Geld. «Keine einfache Sache», stellte eine Delegation des Parks fest, die sich laut Mutter Thérèse weigerte, für die Kosten aufzukommen. Die einzig machbare Lösung war die Klinik der nahe gelegenen Kibali Gold Mine achtzig Kilometer entfernt in Durba. «Gott sei gesegnet», sagt seine Mutter. «Er lebt noch und kann einigermaßen laufen, aber er wird sein Leben lang behindert bleiben – eine Belastung für die Familie.»

Ich selbst besuche im Hôpital Général von Faradje den ehemaligen Parkwächter Martin Singa. Er ist Haut und Knochen, liegt auf einer hauchdünnen Matratze in einem kleinen Zimmer, das er für sich allein hat, und ist unter dem Moskitonetz kaum zu erkennen. Zwei schmuddelige Handtücher dienen ihm als Laken. Von außen wirkt das Krankenhaus sauber und adrett, doch drinnen ist es schmutzig und verwohnt. Im Zimmer schwirren Fliegen, und in der Luft hängt der Geruch des Todes. Der Patient hat gerade Besuch von seiner jüngsten Tochter.

Singa war fast dreißig Jahre lang für den Park tätig, erzählt er, kämpfte jedoch schon seit einiger Zeit mit gesundheitlichen Problemen. Als er im Basiscamp von African Parks in Nagero, wo es ein eigenes Dorf für die Ranger und ihre Familien gibt, angeln war, wurde er von einem Nilpferd überrascht, das ihn erst in seine Hand und dann in sein Hinterteil biss, sodass er schwere Verletzungen erlitt. «Ein Kollege vom Park ist gekommen, um mich zu befragen. Sie haben mir fünftausend Francs [zwei Euro] gegeben, aber meine Rechnung hier geht sicher schon in die hunderttausend Francs [vierzig Euro].» Von der Parkverwaltung ist ihm noch nicht mitgeteilt worden, ob sie ihn weiterhin unterstützen werden. Allerdings soll er in ein besseres Krankenhaus in der Nähe der Goldmine verlegt werden, wobei sich die Frage stellt, ob sein geschwächter Körper die vierstündige Fahrt über eine Buckelpiste wird durchstehen können.

Ein anderer Konfliktherd sind Jäger und Wilderer – der Unterschied ist oft gering. Denn wie schon gesagt, Jagdlizenzen sind ein rares Gut, sodass manch ein Bewohner es darauf ankommen lässt, ohne die entsprechenden Papiere etwa eine Antilope zu schießen oder ein Fischernetz auszuwerfen. Ob Gule Lalibe im Besitz einer Lizenz war, als er mit seinem Freund Kalo Mbilawu auf die Jagd ging, ist nicht geklärt. Seine Frau Jeanne sagt ja, seinem Freund zufolge war über den Antrag noch nicht entschieden. Doch in dieser Geschichte ist das nicht von Belang.

Es war kurz vor Ostern 2020, als die beiden Faradje verließen, um die Nacht im Jagdrevier zu verbringen, wo sie früh morgens angeln wollten.

Papa Gule, wie Lalibe auch genannt wurde, hoffte zudem, noch ein wenig Wild für seine Familie schießen zu können, doch dazu kam es nicht mehr. Sie trafen auf eine Parkpatrouille, die sie festnahm und nach einem kurzen Zellenaufenthalt in der Basis von African Parks der Polizei in Faradje übergab. Das nächste Ziel war das Gefängnis in Isiro, der Hauptstadt der Provinz Haut-Uele.

Sie seien Tag und Nacht gefoltert worden, erzählt Mbilawu, mit Peitschenschlägen und einfallsreicheren Praktiken wie bei dem einen Mal, als sie in Unterwäsche auf den scharfen Rändern der Kronkorken von Bierflaschen knien mussten, zwei Stunden lang, mit erhobenen Armen. «Wir bekamen kaum Essen oder Trinken, nur einen Löffel Reis pro Tag und ein bisschen Wasser», erzählt er. «Wir schliefen auf dem Boden zwischen den Exkrementen. Manchmal wurden wir sogar in den Kot gestoßen. Es herrschte eine Krätzeepidemie – ich war davon auch betroffen.»

Mbilawu wurde ungefähr sieben Monate festgehalten, bis er sich für fast eine halbe Million kongolesische Francs, umgerechnet gut hundertfünfzig Euro, freikaufen konnte. Die Familie von Papa Gule wollte den gleichen Weg beschreiten, doch das Geld landete seiner Frau Jeanne zufolge in den Händen des Gefängnisdirektors, der es unterschlagen und ihn einfach weiter im Gefängnis habe schmoren lassen. «Sie behandelten ihn wie einen Boxball, schlugen ihn mit Waffen, und er musste auf dem Boden liegen, während die Wärter über ihn hinwegliefen», erzählt seine Frau.

Mit seiner Gesundheit ging es zusehends bergab, aber medizinische Betreuung wurde ihm nicht gewährt. Da African Parks sich seiner Frau zufolge zunehmend besorgt darüber zeigte, dass sich sein Tod negativ auf das Image des Parks auswirken könnte – der bei einem Großteil der Bevölkerung ohnehin schon äußerst unbeliebt war –, sei Papa Gule auf Druck der Parkleitung freigelassen und in die hundertfünfzig Kilometer von Faradje entfernt gelegene Kleinstadt Dungu gebracht worden – der Bus braucht dafür einen ganzen Tag. Als auch seine Frau dort eintraf, war es bereits zu spät.

Papa Gule war gestorben.

Faradje ist voller himmelschreiender Geschichten, in denen der Park von Garamba eine Hauptrolle spielt. Der Schuhhändler Charles Litima etwa erzählt, dass er ohne irgendwelche Beweise des Elfenbeinhandels bezichtigt und im Gefängnis gefoltert worden sei, unter anderem mit Tritten in seinen Unterleib. Er hatte Blut im Urin und bekam Nierenprobleme. Nach zwei Monaten ließ man ihn frei, doch eine Entschädigung erhielt er nicht. Er vermutet, dass ihm ein Konkurrent mit einer falschen Anschuldigung ein Bein stellen wollte.

Die Restaurantbetreiberin Molisho Basuko soll mit Wildfleisch gehandelt haben. Sie wurde zusammen mit ihrem Baby in einem Dorf unweit Faradjes verhaftet und musste die Nacht auf der Basis des Nagero-Parks verbringen. Man gab ihr weder etwas zu essen noch durfte sie sich waschen, und der Toilettengang war ihr nur in Begleitung eines mit einer Kalaschnikow bewaffneten Rangers gestattet. Sie glaubt, dass sie das Opfer von Prämienjägern geworden ist: Wenn Mitarbeiter des Parks Wilderer festnehmen, bekommen sie dafür eine Prämie. Auch gegen sie lagen keine Beweise vor, berichtet sie. Die Polizei erzählte ihr angeblich, dass sie Recht auf eine Entschädigung habe, doch der Park zahlte nichts.

Unter einer Palme erzählt Talaguma Ogambita die traurige Geschichte seines Cousins Prosper Adrupiako («Papa Pélé»), der im Februar 2019 mit einem Freund angeln ging und hoffte, mit einem gut gefüllten Eimer Tilapia zurückzukommen. Im Jagdrevier stießen sie auf eine Patrouille. Dem Cousin zufolge waren sie im Besitz einer Lizenz, wurden aber trotzdem verhaftet und verhört. Die Ranger töteten eine Schlange, befahlen Papa Pélé, sie festzuhalten, und machten dann ein Foto von ihm.

Sie wurden unter Anklage gestellt. Kurze Zeit später stieß die Patrouille auf eine Gruppe von – in den Worten Ogambitas – «echten Wilderern». Einer der Parkwächter blieb bei Papa Pélé und seinem Freund, während die anderen die Verfolgung aufnahmen. Dabei kam es zu einem Schusswechsel. Ogambita: «Papa Pélé bekam Angst und floh. Der zurückgebliebene Ranger schoss ihm in den Rücken. Er war auf der Stelle tot. Als die anderen Wächter zurückkamen, vertrat der Anführer die Ansicht, dass man seinen Freund auch töten müsse, aber die anderen protestierten. ‹Dann kriegen wir Probleme mit der Bevölkerung.› Sein Freund wurde nach acht Tagen Gefängnisaufenthalt freigelassen.»

Eine Trauerfeier hat noch nicht stattgefunden, weil die sterblichen Überreste Papa Pélés noch immer im Busch liegen. Laut Ogambita ist es wegen der Patrouillen zu gefährlich, danach zu suchen, aber in der Trockenzeit will man doch versuchen, seine Knochen zu finden, um ihn bei seiner Familie beerdigen zu können. «Er war Vater von sechs Kindern und spielte eine wichtige Rolle im Kirchenvorstand.»[3]

Hinten auf einem Motorrad fahre ich nach Gbere, einem Dorf, in dem ich hoffe, Goldschürfer sprechen zu können. Die vierstündige Fahrt führt erst über eine holprige Straße in Richtung der Grenze zu Südsudan und dann über schmale Waldwege durch den Busch, wobei wir das Jagdrevier Mondo Missa durchqueren. Unterwegs sehen wir eine Pythonschlange, Gruppen von Pavianen sowie diverse Antilopenarten.

Gbere ist ein lang gestrecktes Dorf mit Hütten und Äckern beiderseits der Straße. Chief Dieudonné Ngotega erzählt, dass schon sein Großvater mit dem Park zu tun hatte und seinerzeit noch klare Regeln geherrscht hätten. «Der Garamba-Fluss war die Grenze. Kleinwild auf unserer Seite durften wir jagen, auf der anderen Seite waren alle Tiere geschützt. Jetzt darf man gar nichts mehr: Man darf nicht angeln, keine Paviane töten, die die Ernte plündern, keine Wildschweine jagen. Der Park verbietet nur.»

Eine der wenigen noch verbliebenen spärlichen Einnahmequellen sind die Goldminen, doch ihre Ausbeutung ist seit dem Erlass aus dem Jahr 2019 ebenfalls verboten. African Parks will außerhalb des Naturschutzgebiets einzelne Zonen für kleinräumigen Bergbau schaffen, doch die Bewohner fürchten, dass dort dann nur wenige Menschen arbeiten können. Außerdem möchten sie nicht aus Gbere weg. Ihrem Oberhaupt zufolge sind das Dorf und die lokale Kultur ohne Goldgewinnung dem Tode geweiht.

Mit einer kleinen Gruppe von Dorfbewohnern mache ich mich zu den Minen auf, die sich im Busch, etwa fünfzehn Gehminuten außerhalb des Dorfs, befinden. Der Bergbau wird hier vorläufig noch toleriert, doch die Parkleitung passt auf, dass die Bewohner keine weiteren Ausgrabungen vornehmen. Zwischen den Bäumen sehen wir einen mit der Hand ausgehobenen, etwa fünf mal zehn Meter großen Schlammtümpel, in dem drei Goldsucher mit einer sogenannten Goldschleusenbox den Schlamm filtern. Sie behaupten, kein Quecksilber oder andere umweltschädliche Stoffe einzusetzen. Es steht dort nur ein Aggregat, das mit einer Pumpe verbunden ist und vor sich hin brummt. Der Boden enthält hier nur noch wenig Gold: Nach einem ganzen Tag Arbeit haben sie durchschnittlich vielleicht ein halbes Gramm gewonnen, für das sie kaum zwei Euro bekommen. Die teilen sie sich dann zu dritt, abzüglich der Miete für ihre Apparatur.

Ein Stück weiter graben drei Frauen – Solange, Bienvenue und Claudine – mit einer Schaufel den Boden der Grube um, als würde ihr Leben davon abhängen. Sie arbeiten in der sengenden Hitze und ohne jeglichen Schutz vor der Sonne. Solange macht kurz Pause und nimmt ihren einjährigen Sohn Michaël vom Rücken, um ihm die Brust zu geben. «Wir verdienen so gut wie nichts, gerade genug, um davon Seife zu kaufen», erzählt sie. «Eigentlich arbeiten wir lieber auf den Feldern, aber es gibt keinen Markt in der Nähe, um unsere Waren zu verkaufen. Meine Reisernte ist dabei zu verkümmern.»

Trotzdem denken sie nicht daran, in die Sonderzone umzuziehen, die AP schaffen will. «Hier ist unser Zuhause, und hier wollen wir sterben, bei unseren Vorfahren», sagt Solange.

Laut den Geschäftsberichten von African Parks handelt es sich dabei um Entwicklungsprojekte für die Bevölkerung, die Priorität genießen. Doch in der Praxis rangieren sie meist unter «ferner liefen». «Manchmal machen sie schon gute Dinge», sagt das traditionelle Oberhaupt Constant in Dungu. So seien kürzlich mit Unterstützung des Parks einige Brunnen angelegt worden, und die Organisation habe einen Beitrag zum Bau von Schulen und örtlichen Gesundheitszentren geleistet. «Aber wenn man sich klarmacht, wie wenig der Park in all den Jahren für die Bevölkerung getan hat, ist es beschämend.»

Ehemalige Mitarbeiter des Parks erkennen sich in dieser Kritik wieder. Sicherheit und der Kampf gegen Wilderer stehen im Vordergrund, Gemeinschaftsprojekte sind allenfalls eine Nebensache. Es fehlt vor allem an Kontinuität und Perspektiven. «Wir haben eine kleine Schule hier und ein Gesundheitszentrum da gebaut. Dann haben wir wieder ein Landwirtschaftsprojekt durchgeführt und danach etwas für die Viehzucht gemacht. Fundamentale Probleme sind wir nicht angegangen, und wir haben bei Weitem nicht jeden erreicht», erzählt ein Ex-Manager von Garamba, der an den Projekten beteiligt war.

Auch ausländischen Gästen fällt auf, wie wenig African Parks in all den Jahren zustande gebracht hat. «Es muss eine wehrhafte Bevölkerung geben, und dabei ist Nahrungssicherheit von großer Bedeutung. Das erfordert sehr intensive Programme», sagt Marianne Moor von der niederländischen Friedensorganisation PAX. «Jetzt bekommen manche Bewohner ein kleines Trinkgeld. Nur die, die direkt profitieren, äußern sich positiv über den Park. Es ist wie früher, als man ihnen Spiegel und Perlen im Tausch gegeben hat.»

Ein Wissenschaftler, der sich mit AP befasst hat, äußert sich ebenfalls kritisch. «Auf dem Gebiet von Gemeinschaftsprojekten macht African Parks wirklich keinen guten Job, was zu der eskalierten Beziehung zwischen dem Park und der Bevölkerung beigetragen hat. Die ist inzwischen geradezu feindselig.»

Im Oktober 2019 spitzte sich die Situation dramatisch zu. Viele Bewohner hatten genug von dem harten Vorgehen gegen lokale Wilderer. Ob sie nun schuldig waren oder nicht, die Strafen waren unverhältnismäßig: Wie konnte der Fang eines Fisches oder der Abschuss einer Antilope Folter oder sogar den Tod rechtfertigen? Außerdem hatte der Park in den Augen vieler Bewohner schon wieder ein wichtiges Versprechen gebrochen: Von der Geschäftsführung war eine Machbarkeitsstudie zum Bau eines Staudamms angekündigt worden, damit die Bevölkerung endlich über eine stabile Stromversorgung verfügen könnte. Konkrete Formen hatte das Projekt noch nicht angenommen, aber in der öffentlichen Wahrnehmung war der Staudamm beschlossene Sache. Endlich Entwicklung!

Lange hielt die Begeisterung jedoch nicht an. Die Machbarkeitsstudie kam zu dem Ergebnis, dass das Projekt undurchführbar sei. Zwar gab es dann Solarmodule, doch die hatten einen schlechten Ruf: «Energie für die Armen». Die Module versorgen zum Zeitpunkt meines Besuchs nur einige Dutzend Häuser im Zentrum Faradjes mit Strom.

Die schlechten Nachrichten häuften sich. Von der Regierung in Kinshasa wurde ein Verbot für kleinräumigen Bergbau im Jagdrevier ausgesprochen. Die Aktivitäten der Goldgräber *(orpailleurs)* seien schädlich für das Ökosystem, hieß es, aber dass Kibali Gold Mine, einer der Sponsoren des Parks, in der Nähe eine riesige Mine ausbeutet, was sehr viel größere Auswirkungen auf die weitere Umgebung hat, war offenbar kein Problem. Den Vorsitzenden einer Reihe von örtlichen zivilgesellschaftlichen Vereinigungen zufolge stand African Parks als Triebfeder hinter dem Verbot, obwohl beide Parteien im Februar 2019 noch eine Vereinbarung unterzeichnet hatten, wonach der Park in Zukunft wichtige Entscheidungen im Dialog mit der Bevölkerung treffen sollte.[4]

Die lokalen Oberhäupter verfassten ein Memorandum, in dem sie ihre Beschwerden detailliert darlegten. Sie bedauerten es, dass AP ihre Klagen über vernichtete Ernten nicht ernst nehme und sich den traditionellen Autoritäten wie auch den Bewohnern gegenüber geringschätzig zeige. Das Verhalten des belgischen Managers, mit dem sie den meisten Kontakt hätten, lasse alte Kolonialzeiten wiederaufleben. Sie seien unzufrieden damit, dass die Bewohner der Gegend nur selten für Tätigkeiten im Park berücksichtigt würden, Parkwächter aus ihrer Sicht willkürlich Verhaftungen vornähmen und Entwicklungsprojekte, die der Bevölkerung zugutekämen, keine Priorität hätten. Interessant ist schließlich, dass es ihnen auffiel, dass sie nie Auditoren sähen, die im Auftrag der Spender, wie etwa der Europäischen Union, kontrollierten, wie die Fördergelder verwendet würden und was sie bewirkten.[5] Gab es eigentlich überhaupt jemanden, der African Parks kontrollierte? Eine relevante Frage, auf die ich am Ende des Buchs eine Antwort zu finden versuche.

Die Oberhäupter formulierten eine Reihe von Empfehlungen: Fahrzeuge und Ranger mit einem sichtbaren Logo von African Parks hätten Faradje und Dungu zu meiden, Opfer willkürlicher Verhaftungen müssten freigelassen werden, die «kolonialistischen Manager» sollten das Feld räumen, und die traditionellen Oberhäupter sowie die Zivilgesellschaft müssten künftig *tatsächlich* an den Entscheidungen beteiligt werden. Aus Protest gegen den Park kündigten sie einen zweitägigen *ville morte*, einen Generalstreik, an, der am 14. und 15. Oktober ohne größere Probleme verlief.[6]

Einen Tag später, am 16. Oktober 2019, bekam Jean-Claude Malitano einen Anruf von einem General der kongolesischen Armee. Es handelte sich um eine dringende Aufforderung.

12

DREI MONATE GEFÄNGNIS FÜR KRITIK AM PARK

Jean-Claude Malitano ist der einflussreiche Führer der Action pour la Promotion Rurale (APRu), einer Organisation in Faradje, die sich für das Wohl der Bevölkerung einsetzt. Der General der kongolesischen Streitkräfte forderte ihn in einem Telefonat auf, im Lokalradio Rhinocéros Blanc die Bevölkerung dazu aufzurufen, die Fahrzeuge von African Parks künftig wieder durchzulassen. Der Park warte auf neue Vorräte, und eine alternative Strecke gebe es nicht. Wenne Malitano nicht kooperiere, werde der General Soldaten mitschicken – die möglichen Folgen dürften ihm klar sein.

Malitano stimmte nach eigenem Bekunden widerwillig zu, was ihm scharfe Kritik aus seinem Umfeld eintrug: Hatte er sich vom Park bestechen lassen, war er etwa korrupt? Wie auch immer, sein Appell wurde in den Wind geschlagen. Wütende Bewohner stoppten am 31. Oktober 2019 einen Lastwagen und plünderten seinen Inhalt – dem Park zufolge lag der Schaden bei fast fünfunddreißigtausend Euro.

Einen Tag später stand in Faradje der Besuch des Vize-Gouverneurs der Provinz Haut-Uele an, der sich über die Lage informieren wollte. Malitano zufolge war er willkommen, doch die Bevölkerung forderte, dass er allein kommen solle, ohne eine Delegation des Parks. Malitano: «Was machte er? Er ließ sich in einem Auto des Parks in Begleitung einer Gruppe bewaffneter Ranger herumfahren.»

Jugendliche in Faradje betrachteten das als eine Provokation und empfingen den Besuch mit Steinen. Die Parkwächter antworteten mit Kugeln – es war ein Wunder, dass niemand verletzt oder getötet wurde.

Malitano selbst war nicht dabei, als dies geschah – er hatte sich gerade zu einer langen Reise aufgemacht, die ihn über Kampala in Uganda und Kinshasa im Kongo zum Africa Museum Tervuren nahe Brüssel führen sollte, wo er an einem Erinnerungsprojekt teilnehmen wollte, das sich zum Ziel gesetzt hatte, die Gewalttaten der Lord's Resistance Army zu dokumentieren. Er war schon in Uganda, als er zusammen mit Etienne Tandele, einem Kollegen von einer anderen Organisation, bezichtigt wurde, der «intellektuelle Anstifter» der Gewalt und der Plünderung gewesen zu sein. Und das, obwohl er, ganz im Gegenteil, im Radio dazu aufgerufen hatte, die Fahrzeuge durchzulassen.

Malitano – inzwischen in Kinshasa angekommen – unterbrach seine Reise, um der Vorladung des Gerichts von Watsa, nicht weit entfernt von Faradje, zu folgen. «Nach der Plünderung war bei uns eine Klage des Parks eingegangen», erzählt mir Ankläger Bienvenu Nier am Telefon. In Watsa trafen Malitano und Tandele neben zwei Anwälten von African Parks auch auf einen Mitarbeiter des Parks.

Zu ihrem Erstaunen – und zu ihrer großen Empörung – wurden Malitano und Tandele ins Gefängnis geworfen, wegen des Verdachts auf Plünderung, Bandenbildung, böswillige Zerstörung, Urkundenfälschung, Beteiligung an einer strafbaren Handlung und Diebstahl, verübt von der Bevölkerung. Laut Malitano wurden sie besonders streng bewacht, weil man sie als politische Häftlinge betrachtete. Sie saßen mit mehr als sechzig Mann in einer vielleicht fünfundzwanzig Quadratmeter großen Zelle, die sie nur abends verlassen durften, um ihre Notdurft zu verrichten, denn eine Toilette gab es nicht. Zwei Zellengenossen starben in dem Monat, in dem sie dort interniert waren. «Es war ein Sterbehaus.»

African Parks wusch seine Hände in Unschuld und schickte dem Gericht einen doppeldeutigen *lettre de désistement*, eine Klagerücknahme, in der das Unternehmen mitteilte, dass es niemals eine Klage eingereicht habe. «Die Klage von African Parks hat es sehr wohl gegeben. Ich habe darüber mit dem stellvertretenden Geschäftsführer Ghislain Somba gesprochen», bestätigt mir Ankläger Nier auf meine diesbezügliche Frage.

«Wie kann man eine Klage zurückziehen, wenn man sie nicht eingereicht hat?», fragt sich Malitanos Anwalt Christophe Saleh. «Und was wollte African Parks dann vor dem Gericht in Watsa?»[1]

Die bereits erwähnte Organisation PAX, die die APRu unterstützte, schlug unter anderem bei der Regierung, der EU-Delegation und westlichen Botschaften in der Hauptstadt Kinshasa, bei Amnesty International sowie bei der UN-Mission im Kongo Alarm. Außerdem suchte PAX, die schon zuvor angeboten hatte, eine Vermittlerrolle in dem schwelenden Konflikt zwischen dem Park und der Bevölkerung einzunehmen, noch einmal den Kontakt zur Parkdirektion, doch die winkte erneut ab.

Malitano und sein Kollege wurden in die Provinzhauptstadt Isiro überstellt, wo der Prozess gegen sie stattfinden sollte. Die Bedingungen im dortigen Gefängnis waren noch erbärmlicher als in Watsa. Zusammen mit etwa hundert weiteren Männern war er in einem vierzig Quadratmeter großen Raum eingesperrt – wenn er auf dem Boden schlafen wollte, musste er dafür bezahlen. Den Tag, an dem die Gefängnisleitung Verdacht geschöpft hatte, dass eine Schusswaffe ins Gefängnis geschmuggelt worden sei, wird er so schnell nicht vergessen. Ordnungshüter warfen sechs Tränengasgranaten in die Zelle – Malitano glaubte, ersticken zu müssen. Gerade noch rechtzeitig öffnete sich die Zellentür, sodass frische Luft hineinströmen konnte.

Auf dem Weg zu einer Anhörung wurden Malitano nach eigenem Bekunden die Hände besonders fest hinter seinem Rücken zusammengebunden. «Wenn du auch nur einen Versuch unternimmst, schieß ich auf dich und brech dir die Beine», soll ihn der Polizist angeschnauzt haben. Im Gericht landete er zusammen mit Tandele in einem Raum, der so dunkel war, dass sie einander, noch immer gefesselt, nicht einmal sehen konnten. Malitano sagt, dass er die harte Behandlung bis auf den heutigen Tag in seiner Schulter spüre.

Wegen der Misshandlungen wollte er eigentlich nicht vor Gericht erscheinen, aber der Staatsanwalt bestand darauf, dass der Fall verhandelt wurde. Und das war auch gut so, denn der Richter sah keinen Grund, die beiden Angeklagten noch länger festzuhalten. Am 3. März 2020, nach fast drei Monaten Gefängnis, wurden sie in allen Punkten freigesprochen.

In seinen Geschäftsberichten von 2019 und 2020 geht African Parks mit keinem Wort auf diesen Fall ein, und auch die Unzufriedenheit in der Bevölkerung bleibt unerwähnt. «Garamba ist die wichtigste Quelle der Stabilität für die (aufgrund der komplexen Sicherheitslage in der weiten Umgebung) außerordentlich verletzlichen Gemeinschaften, die in und um den Park herum leben», heißt es. «Nachhaltige Entwicklung ist der Kern unserer Gemeinschaftsarbeit.»[2]

Ich würde gern wissen, wie African Parks auf diesen juristischen Fall zurückblickt beziehungsweise was die Organisation zu den Beschwerden der Bevölkerung sagt. Und jetzt, wo ich nach meiner langen Reise schon einmal in der Nähe von Garamba bin, möchte ich – wenn ich ehrlich bin – dieses Weltnaturerbe auch gern mit eigenen Augen sehen. Seit African Parks während der Vorbereitungen zu meinem Ruanda-Besuch die Kommunikation mit mir abgebrochen hat, habe ich fast ein halbes Jahr nichts mehr von ihnen gehört. AP ist vorab von mir nicht über diese Reise informiert worden, weil ich nicht das Risiko eingehen wollte, dass die Organisation versuchen könnte, mein Visum zu blockieren oder mir auf anderem Wege Knüppel zwischen die Beine zu werfen.[3] Doch jetzt, wo ich schon einmal da bin und bereits eine Menge Informationen gesammelt habe, schicke ich einem der Manager im Park eine WhatsApp-Nachricht und schreibe gleichzeitig eine Mail ans Headquarter.

> Liebe Andrea,
> ich bin momentan in der DR Kongo und würde gern Eure Hauptbasis in Nagero besuchen, um dort das Management zu treffen. Könntest Du das für den kommenden Montag oder Dienstag regeln? Auch würde ich den Park gern als Tourist besuchen. Du kannst mich unter meiner niederländischen Nummer erreichen.
> Vielen Dank und mit freundlichen Grüßen,
> Olivier van Beemen

Dieses Mal reagiert die Kommunikationsdirektorin Heydlauff umgehend.

> Lieber Olivier,
> da wir noch keine deutliche Beschreibung dessen erhalten haben, womit Du beschäftigt bist, welches Buch, welche Artikel oder welchen Film Du gerade über African Parks machst, können wir Dir keinen Zugang zu einem Treffen mit jemandem von unserem Management in Garamba oder anderen Parks unter unserer Verwaltung verschaffen. Wie gesagt, wir brauchen einen klaren und detaillierten Vorschlag, und wenn wir damit einverstanden sind, unterschreiben wir einen Vertrag mit klaren Bedingungen über den Inhalt der Zusammenarbeit. Wir haben weder das eine noch das andere.
> Des Weiteren haben wir gehört, dass Du ohne Journalistenvisum in Ruanda

warst, um über African Parks und Akagera zu recherchieren. Wir arbeiten mit äußerster Transparenz, Integrität und Professionalität und erwarten dasselbe auch von Journalisten oder Dritten, mit denen wir arbeiten.
Wegen der Covid-Vorsorgemaßnahmen und der derzeitigen Renovierung der Lodge und weil Du nicht als Tourist hier bist, können wir Dich nicht als Touristen zulassen.
Mit freundlichen Grüßen,
Andrea Heydlauff

Leider. Ich erhalte keinen Zutritt, nicht einmal als Tourist, und das gleich aus drei Gründen. In Faradje habe ich gehört, dass kurz vor mir belgische Touristen den Park problemlos hatten besuchen können.

Liebe Andrea,
wie Du weißt, haben [Kadir van Lohuizen und ich] Dir unser Projekt am 16. Dezember letzten Jahres angekündigt, am 19. Januar ein langes Gespräch mit Dir und [Deinem Kollegen] geführt, um es zu erläutern, und Dir am 23. März alle Details geschickt, um die Du gebeten hattest. Im Mai und im Juni warst Du mit den Vorbereitungen unseres Besuchs in Akagera beschäftigt, was bedeutet, dass Deine Organisation zugestimmt hatte, mit uns zusammenzuarbeiten. Wir wollten am 7. Juni erneut beraten und konkrete Absprachen treffen, doch trotz mehrerer Telefonate und Erinnerungen unsererseits (darunter eine E-Mail vom 15. Juni mit dem CEO im Cc) hast Du uns nie geantwortet und den Hörer nicht abgenommen.
Kannst Du uns sagen, warum Du jegliche Kommunikation ohne Erklärung abgebrochen hast und weshalb Du jetzt noch einmal um «eine deutliche Beschreibung» unseres Projekts bittest?
Im Verlauf unseres Gesprächs hast Du erklärt, dass es uns – auch wenn [African Parks] sich entschließen sollte, nicht mitzuarbeiten – jederzeit freistünde, die Parks selbst zu besuchen. Garamba ist für Besucher geöffnet, und ein Aufenthalt in der Lodge ist für mich nicht notwendig.
Mit freundlichen Grüßen,
Olivier

Danach herrscht erneut Schweigen.

Die Arbeitsbedingungen im Kongo sind ziemlich schwierig. Ich verbringe lange Tage hinten auf einem Motorrad, unter sengender Sonne, und so sehr ich mich abends auch bemühe: Der Foufou (eine Kugel aus Maniokteig) mit Sesamöl und einer Art Schmorfleisch schmeckt mir nicht. Was ist das eigentlich für Fleisch, frage ich schließlich. «Das ist unterschiedlich, wahrscheinlich ist das hier *damant*», sagt die Köchin. Ein wildes Nagetier aus dem Jagdrevier ... Mein Hotelzimmer teile ich mit Fledermäusen und einigen etwas zu groß geratenen Insekten.

Ich merke, dass mich die Mail von African Parks, die meine Integrität und Professionalität in Zweifel zieht, doch mehr trifft, als es unter normalen Umständen vermutlich der Fall gewesen wäre. Einen Tag später liegt eine tote Schlange vor der Tür meines Hotelzimmers, was Kongolesen zufolge ein Zeichen dafür ist, dass dich jemand verhexen will. Zufall oder nicht: Ich fühle mich an dem Tag ziemlich krank. Die Symptome ähneln denen der Malaria, einer Krankheit, die ich mir früher schon einmal zugezogen hatte. Dass ich bloß nicht in dem Krankenhaus lande, in dem ich den Ex-Ranger gesprochen habe, der von einem Nilpferd angegriffen worden war ...

13

IM PARK GELTEN KEINE MENSCHENRECHTE

Glücklicherweise habe ich keine Malaria, und es geht mir am nächsten Tag schon wieder besser. Es stellt sich heraus, dass die Köchin auf Bestellung auch Hähnchen zubereiten kann, serviert mit Gemüse und Reis oder wahlweise Pommes frites. Und es bleibt bei *einer* Schlange auf der Fußmatte.

In den vorangegangenen zwei Kapiteln kamen mutmaßliche Opfer des Parks zu Wort. Aber was ist mit den «Tätern»? Mir ist aufgefallen, dass viele Bewohner die Parkwächter – und um die geht es – als bloße Bösewichte betrachten, während sie für uns im Westen, ganz im Gegenteil, unerschrockene Helden sind, die ihr Leben aufs Spiel setzen, um ikonische Tierarten vor dem Aussterben zu bewahren, ein Bild, das African Parks und andere Naturschutzorganisationen sorgsam kultivieren und verbreiten. Anwohner der Parks klagen jedoch über die Machtdemonstration der Parkwächter, wenn sie etwa singend durch die Straßen paradieren. Sie prangern auch das Prämiensystem an, mit dem African Parks seine Ranger belohnt, wenn sie Bewohner im Besitz von Wildfleisch oder anderen verbotenen Produkten erwischen. In den Augen der Bevölkerung ist es zudem ein perverser Anreiz, Bürger in der Hoffnung auf zusätzliche Einkünfte zu Unrecht der Wilderei zu bezichtigen. Regelmäßig nehmen Parkwächter mitten in der Nacht Hausdurchsuchungen vor, die den Bewohnern zufolge jedoch nur selten erfolgreich sind und als einschüchternd empfunden werden.

«Die Bevölkerung hat noch immer Angst vor mir», sagt Etienne Koliwa, dessen gut zehnjährige Karriere als Ranger vor Kurzem ein Ende fand. «Ich habe dadurch keine Freunde innerhalb der Gemeinschaft.»

Als Ranger bekam er es mit Wilderern jeglicher Couleur zu tun, von ortsansässigen Anglern bis hin zu schwer bewaffneten Profis. Seine Sprache ist von Militärjargon durchdrungen, den die Parkwächter von ihren weißen, in der Regel aus Frankreich, Israel oder Südafrika stammenden Ausbildern lernen. Ein Wilderer ist der «Feind» und muss «neutralisiert» werden, was häufig so viel bedeutet wie «getötet».

Ebenso wie in der Armee gibt es auch bei Rangern verschiedene Ränge und Positionen. Gute Waffen waren anfangs ein Problem – für den Kongo gilt ein internationales Waffenembargo –, doch inzwischen sind die Ranger mit Kalaschnikows, Granatwerfern und kleinen Maschinengewehren ausgestattet.[1]

Das Grundgehalt eines Parkwächters in Garamba beträgt zum Zeitpunkt meines Besuchs hundertachtzig Dollar. Davon wird man – auch im Kongo – nicht reich, doch im Vergleich zu dem, was die anderen (nur spärlich vorhandenen) Arbeitgeber in der Region zu bieten haben, ist es kein schlechter Verdienst. Ebenso wie in der freien Wirtschaft kann man sich Prämien und Boni dazuverdienen. Für jeden Tag auf Patrouille gibt es laut meinen Informationen zusätzliche fünf Dollar. Aber richtig interessant wird es, wenn es zu einer bewaffneten Konfrontation kommt: Sie bringt der gesamten Patrouille fünfhundert Dollar ein, geteilt durch die Anzahl ihrer Teilnehmer, zumeist acht. Ein ausgeschalteter Wilderer – tot oder lebendig – bringt der Patrouille ebenfalls fünfhundert Dollar ein, für eine in Beschlag genommene Kalaschnikow gibt es zweihundert Dollar. Auch für beschlagnahmtes Elfenbein oder Wildfleisch erhalten die Ranger eine Prämie.

Interviews mit mutmaßlichen Wilderern lassen vermuten, dass African Parks Misshandlungen und Folterpraktiken größtenteils den kongolesischen Behörden überlässt. Im Zellenblock der Nagero-Basis werden Gefangene in der Regel gut behandelt. Was Polizei und Justiz anschließend mit ihnen machen, fällt nicht mehr, wie die Organisation sagt, in die Zuständigkeit von AP.

Trotzdem foltern Parkwächter von African Parks selbst auch, wie sie bereitwillig zugeben. «Im Park gelten andere Gesetze als außerhalb», sagt Koliwa. «Wenn man einen Feind im Jagdrevier festnimmt, muss man intelligent sein und strategisch nachdenken, um die Bevölkerung nicht noch wütender zu machen. Man sollte sie [die Wilderer] jedenfalls nicht gleich erschießen, sondern verhaften und zur Basis in Nagero mitnehmen, wo sie ein Bußgeld bezahlen und wieder freikommen. Dann bleiben alle ruhig.»

Er fährt mit eindringlicher Stimme fort, seine Geschichte zu erzählen. «Aber wenn man im Nationalpark jemanden auf frischer Tat ertappt, ist das eine andere Sache. Da gelten die Menschenrechte nicht mehr.» Mehr noch: «Wenn man den Menschenrechten Vorrang einräumt, bekommt man einen schlechten Ruf bei den Kollegen und riskiert die Kündigung.»

«Im Park entscheiden die Ranger, was dann passiert?», frage ich nach.

«Wir haben das Sagen, denn wir arbeiten da. Einfache Zivilisten verstehen nicht, was sich dort abspielt.»

Omer Mawa Lukudu, der von 1989 bis 2017 für den Park gearbeitet hat, bestätigt das und spricht von *conservation intégrale*, ganzheitlichem Naturschutz. «Den Nationalpark darf niemand betreten außer den Parkwächtern und Forschern. Da darfst du mit einem Wilderer machen, was du willst – das ist unser Recht.»

Er gibt zu, dass es außerhalb des Parks regelmäßig zu willkürlichen Festnahmen gekommen ist und dies wahrscheinlich noch immer geschieht. «Manche Ranger halten sich nicht an die Regeln: Man darf die Bevölkerung nicht misshandeln, bestehlen oder erpressen, aber sie tun es dennoch. Sie können, in der Hoffnung auf eine Prämie, sogar ein Verbrechen mit gefälschten Beweisen inszenieren.»

2014, als Garamba bereits seit gut acht Jahren in der Zuständigkeit von African Parks lag, verabschiedete die kongolesische Regierung ein Gesetz zum Schutz der Natur, in dem auch die Achtung der Menschenrechte verankert war. Bevor das Gesetz in Kraft trat, hatten die Ranger fast völlig freie Hand im Umgang mit ihren Gefangenen. «Wenn uns ein Wilderer in die Hände fiel, wo auch immer, musste er wegen unserer Foltermethoden um sein Leben fürchten», erzählt Mawa. «Jetzt werden sie in unserem Gefängnis in Nagero sehr gut behandelt. Sie bekommen eine Mahlzeit wie in einem Hotel!»

Nicolas Bandatunga, der von 1976 bis 2009 für den Park arbeitete, erinnert sich noch, wie es vor der Jahrhundertwende zuging, als African Parks noch nicht vor Ort war. Wenn sich Wilderer weigerten zu sagen, wo sie ihre Waffen versteckt hatten, wurden sie mit einem heißen Bügeleisen auf ihrem Rücken zum Reden gebracht. «Das hat immer funktioniert.»

Die Ranger in Garamba haben es jedoch auch mit Wilderern eines ganz anderen Kalibers als lokalen Anglern oder Vätern zu tun, die für ihre Familie eine Antilope oder ein Wildschwein schießen. In den knapp zwanzig Jahren, in denen African Parks für Garamba zuständig ist, waren der Park und seine Umgebung über lange Zeit hinweg Schauplätze außerordentlich brutaler Gewalt. Nicht nur Konys LRA verbreitete Angst und Schrecken, auch die Dschandschawid aus der Region Darfur im Sudan und die südsudanesischen Kämpfer der Sudan People's Liberation Army (SPLA), um nur zwei Beispiele zu nennen, mischten sich in die Auseinandersetzungen ein. Einer der Tiefpunkte war ein Gemetzel an zweiundzwanzig Elefanten, die aus einem Hubschrauber der ugandischen Armee abgeknallt wurden. Die Beute hatte einen Wert von mehr als einer Million Euro.

«Wir verhandeln nicht und geben keine Warnung. Wir schießen sofort», erzählte Paul Onyango, der an der Spitze der Ranger stand, als das Abschlachten von Elefanten seinen Höhepunkt erreicht hatte, 2012 der *New York Times*. Über einen Zusammenstoß mit der Lord's Resistance Army sagte er: «Die meisten Wilderer sind zurückhaltend mit ihrer Munition, aber diese Typen haben geschossen, als ob sie im Irak wären. Plötzlich waren wir *outgunned and outnumbered*», waffentechnisch und zahlenmäßig unterlegen. Seine Ranger seien dem nur mit knapper Not entkommen.[2]

Auch nach dem bereits erwähnten LRA-Angriff auf die Basis in Nagero 2009, bei dem zweiundzwanzig Ranger und Familienmitglieder ums Leben kamen, gab es noch mehrfach Opfer auf dem Schlachtfeld von Garamba zu beklagen.

So auch am 23. April 2016, als eine Erkundungspatrouille im Park Schüsse hörte und dies über Funk an das Headquarter in Nagero meldete, wo zu dem Zeitpunkt ein gewisser Erik Mararv die Leitung innehatte.

14

ERIK DER NORMANNE, HELD VON GARAMBA

Parkdirektor Erik Mararv ist heute einer der einflussreichsten Manager bei African Parks – mehrere Quellen sprechen sogar von einer «Mararv-Mafia». Doch davon kann damals noch keine Rede sein. An jenem Samstagvormittag im Frühjahr des Jahres 2016 ist der Schwede dreißig Jahre alt und leitet den wahrscheinlich schwierigsten und prestigeträchtigsten Park im Portfolio von African Parks. Nach eigenem Bekunden hat er kaum Schulbildung genossen, *«but I've learned a lot the hard way»*.[1]

Als Kind von Missionaren, die sich später zu Unternehmern bekehrten, wuchs er in der Zentralafrikanischen Republik auf.[2] Ebenso wie Paul van Vlissingen hatte er eine tief verwurzelte Leidenschaft für die Jagd entwickelt und gründete 2006 für abenteuerlustige Trophäenjäger, die bereit waren, mehr als zwanzigtausend Euro für den Abschuss eines Löwen auf den Tisch zu blättern, mithilfe seines Vaters Roland und seiner Schwester Charlotte die Reisegesellschaft Central African Wildlife Adventures.[3] Im Naturreservat Chinko im Südosten der Zentralafrikanischen Republik stand ihm ein Jagdgebiet zur Verfügung, das so groß war wie Mecklenburg-Vorpommern.

Auf der Website africahunting.com stellte er Hunderte Fotos von toten Löwen, Leoparden, Büffeln, Elchen, Bongos, Kudus und anderen Tieren ein, die von seinen Kunden ins Jenseits befördert worden waren. Manchmal posierte er selbst lächelnd neben den Tieren. Hin und wieder postete er auch Fotos von lebenden Tieren wie etwa einem jungen Löwen, der ihm zufolge überhaupt keine Angst zeige, weil er noch nie Menschen gesehen habe. «Er ist ein bisschen jung, um ihn zu erschießen, aber in zwei Jahren ist er eine Schönheit. Wenn du mehr über die Löwenjagd im Herzen Afrikas erfahren willst, schick mir eine Nachricht», lautete sein Kommentar.[4]

Der Schutz von Wildtieren kam kaum zur Sprache. Mararv hielt es für eine «Sünde», dass er mit seiner Firma keine «ganz großen Krokodile» und Leoparden jagen durfte, von denen es ihm zufolge seinerzeit viele gab. «Mit ein bisschen Glück haben wir in Kürze für amerikanische Bürger sowohl eine Quote für Leoparden als auch für Krokodile.»[5]

2012 stieß der britische Leiter des Jagdunternehmens, David Simpson, in der Nähe einer illegalen Goldmine auf dreizehn Leichen mit eingeschlagenen Schädeln und Hieb- beziehungsweise Stichwunden von Macheten – wahrscheinlich das Werk der Lord's Resistance Army. Simpson und Mararv schlugen bei den zentralafrikanischen Behörden Alarm, gerieten aber, zusammen mit elf lokalen Mitarbeitern, selbst in Verdacht – und wurden ins Gefängnis geworfen. Sechs Monate saßen sie in einer überfüllten Zelle, bevor man sie freisprach.[6]

Dass er in einem Land, das eine tiefe humanitäre Krise durchmachte, die Trophäenjagd ermöglichte, trug Mararv viel Kritik ein. Aber es gab auch Beifall, da sein Jagdgebiet einigermaßen Stabilität in schwierigen Zeiten bot.[7] Das Ruder müsse herumgerissen werden, entschied der Schwede. Chinko wurde bedroht, und er werde für den Schutz sorgen. Er bat African Parks um Unterstützung, und gemeinsam bekamen sie die schwache zentralafrikanische Regierung so weit, einen Managementvertrag mit einer Laufzeit von gut fünfzig Jahren, bis 2064, zu unterzeichnen. Er selbst war 2014 noch in einem Video zu sehen, in dem er einen Pavian erlegte, den er anschließend von einem schwarzen Helfer hinter sich herschleifen ließ.[8]

Noch im selben Jahr kündigte er an, seine Jagdaktivitäten auszusetzen. David Simpson übernahm die Leitung des Naturreservats, während Mararv bei African Parks an die Spitze von Garamba rückte.

An besagtem Vormittag im April 2016 trifft Mararv eine impulsive Entscheidung mit weitreichenden Folgen: Er geht höchstpersönlich gegen die Wilderer vor, gemeinsam mit dem südafrikanischen Hubschrauberpiloten Frank Molteno. «Er war der Ansicht, dass wir unsere Patrouillen nicht gut durchführten und das Geld von African Parks verschwendeten», erzählt der ehemalige Ranger Etienne Koliwa. «Er wollte zeigen, wie es gemacht werden müsste.»

Der Hubschrauber nimmt erst eine Patrouille im Park auf und macht sich dann auf die Suche nach den Wilderern. Es handelt sich um Soldaten der Sudanesischen Volksbefreiungsarmee SPLA, ursprünglich eine Rebellengruppe, die gegen die sudanesischen Machthaber in Khartum gekämpft hat, dann aber nach der Unabhängigkeit Südsudans die dortigen Streitkräfte stellten. Das hindert jedoch manche der Soldaten nicht daran, ihren Sold mit Einkünften aus dem Elfenbeinhandel aufzubessern.[9] «Ich sehe ganz Südsudan als eine bewaffnete Gruppe», so Erik Mararv in einem Interview.[10]

Die Wilderer hören den Helikopter schon aus der Ferne. Sie hatten noch keine Zeit gehabt, den getöteten Elefanten die Stoßzähne abzusägen, und versuchen, einen von ihnen mit Blättern zu bedecken, damit er von den Rangern nicht gesehen wird. «Aus der Luft sahen wir Menschen, die sich versteckten, und zwei tote Elefanten», erzählt Molteno während eines Gesprächs bei ihm zu Hause in Kapstadt.

Der Hubschrauberpilot setzt die Patrouille und Mararv nahe bei dem toten Elefanten ab und steigt dann rasch wieder auf, um Verstärkung zu holen. «Ich spürte, dass sie ein wenig zögerten, also ging ich selbst mit», erklärt Mararv gegenüber der BBC seine ungewöhnliche Entscheidung, als Parkmanager am Kampfgeschehen teilzunehmen.[11]

Das Zögern hatte seine Berechtigung: Mararv und seine Ranger wissen nicht genau, wo sich die Wilderer verborgen halten. «Wir sprangen heraus, und der Hubschrauber hatte praktisch noch nicht wieder abgehoben, als die Wilderer das Feuer auf uns eröffneten», erzählt der Schwede. Zwei Ranger traf es in die Brust, ihn selbst am Bein.

«Ich bin getroffen worden und blute stark», gibt er über Funk an Molteno im Hubschrauber durch. Der hat gerade die Verstärkung abgesetzt und landet in einem Kugelhagel neben seinem schwedischen Chef. Um ein Haar hätte eine Kugel auch Molteno erwischt. «Zum Glück war ich ziemlich mager», sagt er. «Wenn ich ein Bäuchlein gehabt hätte, könnte ich dir jetzt wahrscheinlich die Geschichte nicht mehr erzählen.» Er steigt aus dem Helikopter und feuert zurück. Wie Mararv es geschafft hat, weiß Molteno nicht, doch dem Parkmanager gelingt es irgendwie, seinen verwundeten Körper in den Hubschrauber zu hieven. «Er schrie mich an, dass ich losfliegen solle. Das habe ich gemacht», erzählt Molteno. Die verwundeten Ranger lassen sie zurück.

Molteno legt Mararvs Bein einen Knebelverband an und kehrt zu der nur wenige Flugminuten entfernt gelegenen Basis zurück. Dort setzt er seinen Chef ab, nimmt eine neue Patrouille auf und holt anschließend die beiden anderen Verwundeten vom Schlachtfeld – inzwischen ist ein weiterer Ranger erschossen worden. Die beiden Verwundeten ringen um ihr Leben. Zusammen mit Mararv bringt man sie zu einer Militärbasis in Südsudan. Die zwei Kongolesen werden von dort in ein UN-Hospital und Mararv in ein Krankenhaus in der Zentralafrikanischen Republik verlegt.

Die beiden Ranger erliegen ihren Verletzungen, ebenso wie ihr Kollege im Einsatz. Mararv hat dagegen Glück gehabt: Eine Kugel hat einen Knochen in seinem Bein zertrümmert, jedoch die Schlagader verfehlt. Zwei Tage nach der Schießerei verschickt African Parks eine Pressemitteilung zu der Tragödie und verbindet sie mit einem Aufruf, die Organisation gerade jetzt finanziell zu unterstützen.[12]

Diese Form der Mittelakquise wird intern von manch einem als geschmacklos empfunden.

Nach außen hin hüllen sich alle in Schweigen, doch innerhalb von African Parks sehen viele die Operation unter der Führung Mararvs kritisch. «Taktisch gesehen war es nicht optimal», sagt Pilot Molteno mit Sinn für Understatement.

«Eric war ein Zivilist ohne militärischen Background», meint Etienne Koliwa. «Er hätte niemals den Auftrag geben sollen, so nahe beim Feind zu landen.»

«Ein strategischer Fehler», urteilt auch sein Kollege Omer Mawa Lukudu.

«Er ist ein *fucking idiot*», sagt eine etwas weniger diplomatische Quelle in einer hohen Funktion bei African Parks. «Er hatte keinerlei Ausbildung auf dem Gebiet, musste aber unbedingt den Helden spielen. Das Ergebnis: Er hat drei seiner eigenen Männer in den Tod gejagt, und es hätten sogar noch mehr sein können.»

Lernt AP aus solchen Aktionen, möchte ich wissen. Hat man beispielsweise untersucht, was hier genau schiefgegangen ist? Wurden Disziplinarmaßnahmen gegen Mararv eingeleitet, oder hat es andere Folgen für ihn gehabt?

«Untersuchungen? Folgen?», wiederholt die Quelle ironisch meine Frage. *«The guy's a fucking hero!»*

Von seinem Krankenhausbett aus steht Mararv nicht einmal eine Woche nach dem Blutbad der britischen Zeitung *The Times* Rede und Antwort, und kurz darauf unter anderem auch *The New Yorker*, The Associated Press sowie der BBC.[13]

«Ist das der Job wert?», möchte die BBC wissen.

«*Absolutely, yeah*», antwortet Mararv, ohne ein Wort der Anteilnahme für seine Kollegen. «Das ist der einzige Weg, ein Gebiet wie dieses zu schützen. Man kann nur versuchen, die Konfrontation aufzunehmen, um sie zu stoppen.»

«Das klingt nicht wirklich nach Naturschutz, eher nach Kriegsführung», bemerkt der Journalist, worauf Mararv antwortet, dass seine Arbeit im Gegenteil in «sehr hohem Maße Naturschutz» sei. Leider würden die Umstände AP jedoch dazu zwingen, in manchen afrikanischen Regionen einen harten Kampf zu führen.

Die Lehre, die AP aus dem Vorfall zieht, besteht darin, dass die Organisation neue Kalaschnikows kauft und das Training der Ranger intensiviert. Dafür wird ein ehemaliger Soldat der britischen Armee mit Afghanistan-Erfahrung angeheuert.[14]

Die Geschichte vom heldenhaften Wikinger, der sein Leben riskiert, um Elefanten im Kongo zu schützen, ist aber nicht nur ein Medienereignis. Mararv wird vom WWF nach Hongkong, dem weltweit wichtigsten Transithafen für Elfenbein, eingeladen, um dort an einer Kampagne gegen den Elfenbeinhandel teilzunehmen. Er spricht vor dem dortigen Gesetzgebenden Rat und hält einen Vortrag vor der Royal Geographical Society. «Was wir jetzt zum Schutz von Elefanten und Menschen im Kongo an vorderster Front versuchen, ist vergleichbar damit, einen Tsunami aufzuhalten, indem man die Hände ausstreckt», erklärt er der *South China Morning Post*.[15] Nur wenn die Nachfrage nach Elfenbein aus China abnehme, könne die Mission gelingen, will er damit wahrscheinlich sagen. Unbewusst scheint er dabei die Betonung zugleich auf sein eigenes Heldentum wie auch auf die Sinnlosigkeit seiner Aktion zu legen.

Im Gesetzgebenden Rat hält er eine emotionale Rede. «Das ist Richard Ndingba», sagt er, während er ein Foto in die Höhe hält. «Er war Ranger in Garamba. Und ein Freund. An diesem Morgen des 23. April 2016 bereitete ihm seine Frau das Frühstück früher als üblich zu. Er teilte es sich mit seinen beiden kleinen Kindern und machte sich dann, zusammen mit seiner Patrouille, schnell auf zum Hubschrauber, wo ich auf ihn wartete. Es war seine Mission, Elefantenherden zu beschützen. Am selben Morgen um elf Uhr kämpfte Richard um sein Leben. Seine Lungen liefen voll Blut, Wilderer hatten ihm mit automatischen Waffen mehrmals in die Brust geschossen, und er fiel zu Boden, zwanzig Meter von mir entfernt, wo ich in dem Moment ebenfalls verwundet lag. Ich habe überlebt. Richard, Dieudonné und Rigobert nicht.»[16]

Über seine eigene Rolle schweigt er. «Es ist eine Situation ohne Sieger, mit ausschließlich Verlierern: Die Elefanten sind tot, wir sterben, und die Wilderer sterben.»[17]

Das stimmt nicht ganz. Mararv ist der glorreiche Sieger und entwickelt sich – nicht zuletzt dank einer unbesonnenen Tat, die drei seiner Männer das Leben kostet – zu einer Schlüsselfigur bei African Parks.

Im Park gelten die Gesetze des Parks.

15

EINE WÜTENDE E-MAIL

Meine Rückreise aus Garamba verläuft nicht reibungslos. An der Grenze zwischen den kongolesischen Provinzen Haut-Uele und Ituri werde ich stundenlang auf einer kahlen, steinigen Fläche festgehalten, auf der einige Container stehen, die als Büros des Nachrichtendienstes, der Einwanderungsbehörde und anderer staatlicher Stellen dienen. Meine Papiere sind in Ordnung, aber es gibt – so höre ich – Signale aus Faradje, dass ich mich noch mit anderen Dingen beschäftigt haben soll als mit Recherchen über die Beziehung zwischen dem Park und der Bevölkerung, wie es in meiner *ordre de mission* steht, einem Dokument, in dem festgehalten ist, was man im Kongo vorhat. Was ich sonst noch so alles gemacht haben soll, wird mir nicht klar, doch bevor ich weiterreisen darf, muss ein Vorgesetzter aus einer anderen Stadt herkommen, und der wird nicht vor dem morgigen Vormittag eintreffen. Ich werde also die Nacht an diesem undefinierbaren Ort verbringen müssen. Versucht hier jemand, mir Geld abzuluchsen? Hat African Parks etwas damit zu tun, oder geht es um etwas anderes?

Die Beamten sind freundlich, bieten mir einen Plastikstuhl im Schatten eines Containers an und lassen mich mein Smartphone aufladen. Sie sehen zwar das Problem auch nicht, haben aber Angst, dass sie eines bekommen, wenn sie mich gehen lassen.

Was genau vor sich geht, bleibt auch hier ein Mysterium, doch Telefonate mit Kontaktpersonen, die ich in Faradje und dem niederländischen Konsulat in Goma habe, verschaffen Abhilfe. Nach einem dreistündigen Aufenthalt darf ich meine Reise fortsetzen. Der Jeep mit einigen NGO-Mitarbeitern, die mich mitgenommen hätten, ist, nachdem er noch eine Weile auf mich gewartet hatte, inzwischen abgefahren, sodass ich einen überfüllten Bus zur ugandischen Grenze nehme. Die Schotterpiste ist gut in Schuss, weil sie von der Goldmine unterhalten wird, die AP finanziell unterstützt. Der Dienstweg zwischen den beiden Unternehmen ist kurz: Der ehemalige Hauptgeschäftsführer der Goldmine, Charles Wells, ist jetzt Mitglied des Topmanagements von African Parks in Johannesburg.

Zurück in der niederländischen Kälte – es ist Dezember 2021 –, erhalte ich eine E-Mail der Kommunikationsdirektorin Heydlauff von African Parks.*

> Lieber Olivier,
> es ist fast ein Jahr her, dass Du wegen Deines Buchprojekts erstmals den Kontakt zu African Parks (AP) gesucht hast, und ich glaube, dass es wichtig ist, einige Schlüsselmomente in unserer Kommunikation näher zu beleuchten, die zu dem Punkt geführt haben, an dem wir uns heute befinden.
> In einer E-Mail an uns vom 16. Dezember 2020 hast Du einfach eine «Ankündigung» Deines Projekts gemacht. [...] Die Nachricht enthielt unberechtigte Forderungen, unseren CEO und Vorsitzenden zu interviewen, sowie Erwartungen, dass wir all Deinen Bitten entsprechen sollten, ohne dass Du uns irgendwelche Informationen über Dich selbst oder die Ernsthaftigkeit Deines Projekts geben wolltest. Trotz des ungebührlichen Stils habe ich Dir geantwortet und ein Telefonat vorgeschlagen. [...]
> In [der darauf folgenden] Projektskizze stand, dass Du vorhättest, sechs der von AP verwalteten Parks zu besuchen, sowie Interviews mit unserem CEO, Vorsitzenden, Präsidenten, wichtigen Mitarbeitern und Rangern führen wolltest. Doch es fehlte an Professionalität und journalistischer Integrität, weil Du nicht angegeben hast, um welche Themen es in den Interviews gehen sollte.
> Unter der Überschrift «Zusammenarbeit?» hast Du erklärt: «Natürlich würden wir es vorziehen, dieses Projekt in Zusammenarbeit mit Euch durchzuführen, aber wir werden auch damit fortfahren, wenn Ihr davon abseht.» Dieselbe Drohung hast Du in unserem Gespräch am 19. Januar geäußert, in Deiner Projektskizze vom 23. März, und Du hast sie noch einmal in einem Gespräch am 2. Juni wiederholt. Deine aggressive Vorgehensweise war beunruhigend, obwohl wir seit Januar mit Euch darüber beraten haben, wie wir Euch helfen könnten, und nach einer Möglichkeit Ausschau gehalten haben,

* Wegen ihrer Länge wird die E-Mail hier gekürzt wiedergegeben.

einige unserer Parks zu besuchen und einige wichtige Mitarbeiter von AP zu interviewen. [...]
Ein Punkt, an dem Deine Kritik vielleicht berechtigt ist, ist die Tatsache, dass ich nicht auf Deine Nachricht vom 7. Juni oder Deine E-Mail vom 15. Juni, in der Du um Aufschluss über Deinen Besuch im Juni batst, reagiert habe, obwohl Du stattdessen auch um einen Besuch Ende August batst. Im Nachhinein betrachtet hätte ich reagieren und absolut deutlich machen müssen, dass AP erst Mitte September einen Besuch anbieten konnte, sodass es darüber zu keinem Missverständnis hätte kommen müssen.
Dies vorausgeschickt, waren wir also bereit, Dir im September den Zutritt zu Akagera zu gewähren. Deine Ablehnung dieses Angebots, das wir in gutem Glauben gemacht haben, sowie Deine darauf erfolgte Forderung eines Besuchs im August zeigten, dass Du nicht bereit warst, flexibel und kooperativ zu sein. Angesichts der Tatsache, dass Du Ruanda schließlich im August einen Besuch abgestattet hast und ihn weder uns noch der Regierung angekündigt hast, trotz des Versprechens, dass Du das Gegenteil tun würdest, stellt sich eine wichtige Frage: «Warum konntest Du nicht noch zwei Wochen mit Deinem Besuch in Akagera warten, um Dir unsere Arbeit anzusehen – auf eine transparente und kooperative Weise?»

African Parks hatte weder auf meine WhatsApp-Nachrichten noch auf Telefonanrufe oder E-Mails reagiert und schreibt nun, dass *ich* ein (nicht existierendes) Angebot abgelehnt hätte.

Während dieser Reise nach Ruanda hast Du journalistische Interviews geführt, obwohl Du das Land als sogenannter Tourist besuchtest. Du hast auch bei der Regierung eine Drehgenehmigung beantragt, um einen Dokumentarfilm über AP und Akagera zu machen, die, soweit ich weiß, nicht erteilt worden ist. In Eurer Projektskizze vom 23. März hieß es: «Wir haben darüber nachgedacht, einen Dokumentarfilm zu drehen, doch im Moment haben wir noch keine konkreten Pläne. Falls sich das ändert, werden wir Dich natürlich vorab darüber informieren», was Du nicht getan hast.
[Aus dem Kongo] hast Du mir am 27. November eine E-Mail geschickt, in der Du um Zutritt zu Garamba batst, um am 29. oder 30. November das Management zu interviewen und um den Park als Tourist zu besuchen. Aber wir hörten, dass Du während Deines Aufenthalts im Kongo

- Gespräche mit Personen führst, die vom Park festgenommen und für ihre Verbrechen angeklagt worden sind, in der ausdrücklichen Absicht, Anti-AP-Informationen zu sammeln
- Gesprächspartner unterbrichst, die während der Interviews etwas Positives über AP oder unsere Arbeit in Garamba sagen
- die Absicht Deiner Anwesenheit verschleierst, indem Du dem Hotel, in dem Du Dich aufhältst, erzählst, dass sie Deine Aktivitäten geheim halten müssen
- Dich als Tourist ausgibst, obwohl Garamba zurzeit kein touristisches Angebot hat und der Zweck Deines Besuchs darin besteht, über den Park zu berichten [...].

Da ist nichts in Deinem Verhalten, von der ersten E-Mail an uns bis zu Deinem Vorgehen in Ruanda und im Kongo, das für professionellen oder unvoreingenommenen Journalismus spricht oder darauf hindeutet, dass Du eine faktisch stimmende Geschichte erzählen willst. Dass Du AP um Mitarbeit oder Hilfe bittest, ohne dass Du Dir auch nur den Anschein von Transparenz oder journalistischer Integrität gibst, ist schlichtweg unzumutbar.

Wir wissen, dass Du ohne die Mitarbeit von AP an Deinem Buch, an Artikeln und – möglicherweise – einem Film arbeitest. Obwohl wir Dich nicht davon abhalten werden, werden wir nicht auf Deine Bitten eingehen, Dir Zutritt zu Parks, die von AP verwaltet werden, oder Interviews mit unseren Mitarbeitern zu gestatten.

Freundliche Grüße,
Andrea

Obwohl ich frühere Stellungnahmen von African Parks auf kritische Artikel, die in der französischen Presse erschienen waren, kannte und somit ungefähr wusste, was ich erwarten durfte, bin ich dennoch ein weiteres Mal erstaunt: so viele Vorwürfe und Anschuldigungen, bevor ich auch nur einen Buchstaben zu Papier gebracht habe. African Parks lässt mich außerdem wissen, dass man mich im Blick behalten wird. Und was soll man von dem «Obwohl wir Dich nicht davon abhalten werden ...» halten? Will AP damit sagen, dass die Organisation es schon könnte, wenn sie wollte? Ist das nicht eine Drohung gegen meine Person?

«Gewöhn dich nur daran. African Parks will alles kontrollieren, und sie sind total paranoid», warnte mich ein Wissenschaftler, der in einem der Parks geforscht hatte. «Sie praktizierten nordkoreanische Methoden.»

Ich bin schon im Begriff, eine entrüstete Antwort zu formulieren, in der ich alle Falschbehauptungen widerlege, beschließe dann aber, die Sache fürs Erste ruhen zu lassen. Ich bin zu dem Zeitpunkt intensiv mit den Vorbereitungen für eine neuerliche Reise in eine schwierige Region beschäftigt, den Norden Benins, und möchte meine Energie lieber darauf verwenden.

In diesem westafrikanischen Land betreibt African Parks zwei Parks, Pendjari und Parc W, benannt nach den Schleifen des Niger, die aus der Luft betrachtet ein «W» formen. Beide Parks sind Teil des grenzüberschreitenden Nationalparkkomplexes WAP (W – Arly – Pendjari), der sich über Burkina Faso, Niger und Benin erstreckt und in seiner Gesamtheit in die Weltnaturerbeliste der UNESCO aufgenommen worden ist.

Vor meiner Abreise lese ich den im Juni 2021 erschienenen Bericht «Laws of Attraction: Northern Benin and risk of violent extremist spillover» des Clingendael-Instituts, verfasst von dem Konfliktforscher Kars de Bruijne. Der Den Haager Thinktank für internationale Beziehungen sieht eine stark wachsende Gefahr extremistischer Gewalt in Nordbenin, die aus den Nachbarstaaten Burkina Faso und Niger herüberschwappt, Ländern, in denen dschihadistische Gruppierungen schon länger kräftig an Boden gewonnen haben. Die Zunahme der Anschläge lasse sich der Clingendael-Studie zufolge nicht losgelöst von dem rigorosen Auftreten von African Parks betrachten, das die Bevölkerung gegen sich aufgebracht und manche dabei in die Arme von Extremisten getrieben habe. Die Parkwächter befänden sich im Kampf gegen die dschihadistische Gewalt an vorderster Front, und im Park führe AP das Kommando über die nationale Armee Benins, heißt es in der Clingendael-Studie. Um die Gefahr zu verringern, so die Empfehlung des Berichts, *müssten* die Regierung Benins und die internationalen Spender zu einer kritischeren Betrachtung der zentralen Rolle finden, die AP in diesem Konflikt einnehme. Und die Organisation selbst werde sich bei Fragen der Sicherheit und der schlechten Beziehungen zu den Anwohnern transparenter und klarer positionieren müssen.[1]

Starke Worte und handfeste Empfehlungen eines Instituts, das nicht dafür bekannt ist, dass es polarisiert. Sollten sie African Parks dazu bewegen können, ein wenig in sich zu gehen?

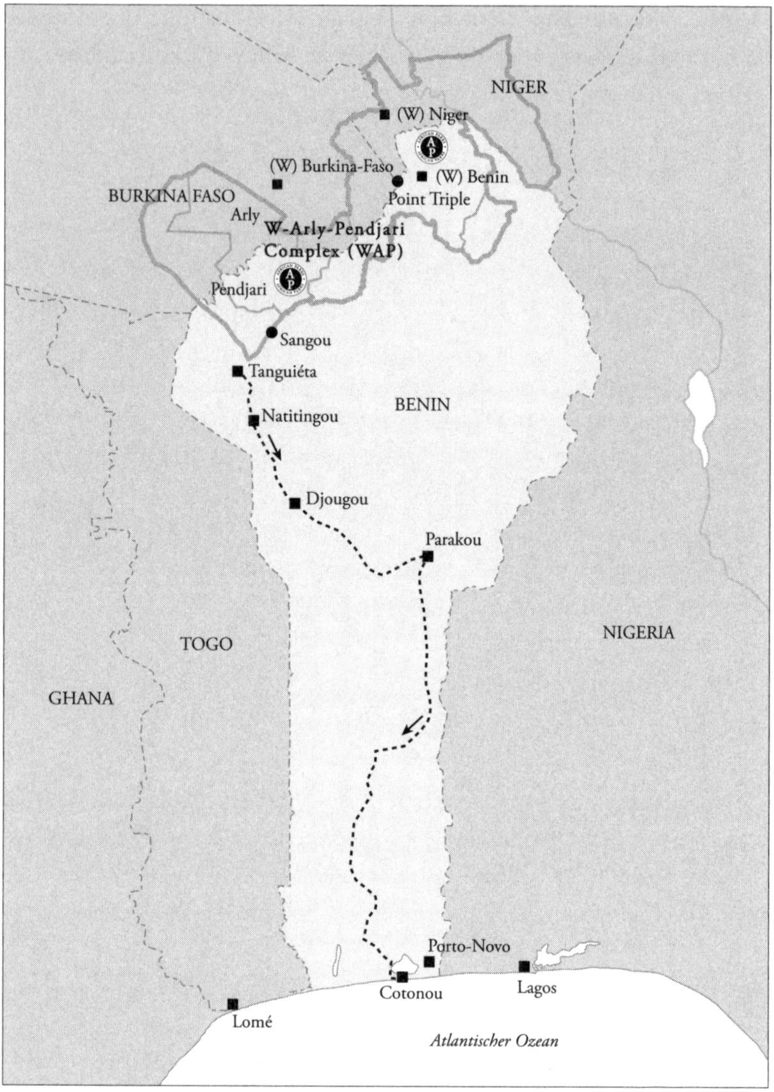

African Parks in Benin. Eingezeichnet ist die Strecke von Tangniéta nach Cotonou, die Flore Nobime und der Autor in der Haft zurücklegten

16

VOLLSTÄNDIGE KONTROLLE IN BENIN

Drei Wochen lang blieb es nach der Veröffentlichung des Berichts still, dann brach es aus African Parks heraus: Die Clingendael-Studie sei «nicht transparent» und stecke «voller inhaltlicher Fehler». Außerdem: «Der Ansatz weckt Zweifel an der Professionalität der Wissenschaftler, der Glaubwürdigkeit Clingendaels als Institution, und führt zu der Frage, ob es sich hier um eine Agenda aus vorgefassten Meinungen handelt.» Die Feststellung, dass sich die Naturschützer von AP in eine Einheit verwandelt hätten, die gefährliche Dschihadisten bekämpfe und die Armee anführe, sei «kategorisch falsch». AP fegt die Empfehlungen der Clingendael-Studie vom Tisch und kommt selbst zu dem Schluss, dass «die gut geführten Naturreservate Pendjari und W eine Insel der Stabilität in einer Region mit anhaltender Gewalt darstellen».[1]

Tja.

Anfang 2022 reise ich selbst nach Benin. Hat der Clingendael-Autor recht? Kommt den Rangern von African Parks inzwischen tatsächlich eine bedeutsame Rolle im Kampf gegen die vorrückenden Dschihadisten mit engen Verbindungen zu Al-Qaida und dem Islamischen Staat zu?

Zur Einordnung: Die Geschichte von African Parks in Benin begann im August 2016 mit einem Staatsbesuch Präsident Talons, der gerade einmal vier Monate an der Macht war, in Ruanda. Er selbst, ein Geschäftsmann, der im Baumwollhandel ein Vermögen angehäuft hatte und, wie man hört, der reichste Mann Benins ist, sprach von einer «Pilgerreise»:[2] Er wolle sich von den wirtschaftlichen Fortschritten und dem unternehmensfreundlichen Klima unter Paul Kagame inspirieren lassen. Ebenso wie in Ruanda müsse der Tourismus zu einem Schwerpunkt in der Entwicklung Benins werden, und Löwen wie Elefanten sollten dabei eine zentrale Rolle spielen. Unter dem Eindruck des Erfolgs von Akagera lud Talon African

Parks ein, die Leitung des berühmtesten Parks Benins, Pendjari, und später auch die von Parc W zu übernehmen.

Dabei überging der «Baumwollkönig» sein eigenes Ministerium für Umwelt und Nachhaltige Entwicklung sowie die staatliche Organisation Cenagref, die bis dahin für die Parkverwaltung in Benin verantwortlich gewesen war, und vertraute den Vorgang stattdessen José Pliya an, einem Autor von Theaterstücken und Leiter einer Agentur zur Förderung des nationalen Erbes und Tourismus (ANPT), die Talon kurz nach seinem Amtsantritt per Dekret ins Leben gerufen hatte.

Während African Parks in manchen Ländern jahrelang um zweitrangige Naturreservate betteln musste und manchmal erst eine Probezeit auferlegt bekam, woraufhin Deals dann nachträglich doch noch scheiterten, wurden sich in Benin beide Seiten rasch einig. Innerhalb weniger Monate lag ein Vertrag auf dem Tisch, der vorsah, dass der Staat zehn Jahre lang auf die Verwaltung des schönsten Parks des Landes – und vielleicht ganz Westafrikas – verzichten würde. Hatte die öffentlich-rechtliche Vorgängerin Cenagref sich noch mit knappen Budgets bescheiden müssen, stellte die Regierung Talons African Parks noch einen dicken Batzen Geld zur Verfügung, genauer gesagt sechs Millionen Dollar für fünf Jahre, und das, obwohl African Parks sich selbst sehr gut auf Fundraising verstand. AP und die Regierung vereinbarten außerdem, dass die NGO keine Steuern bezahlen müsse und alle Einkünfte an sie fließen sollten, nicht nur die aus dem Kartenverkauf und dem Tourismus, sondern auch jene aus dem Verkauf lebender Tiere, von denen es nach Ansicht von AP zu viele im Park gebe. Insgesamt schien es also kein besonders guter Deal für den Geschäftsmann zu sein.

Günstig für Benin ist allerdings, dass African Parks laut dem Vertrag verspricht, «ein treuer Ratgeber der Regierung zu sein», der jederzeit die Interessen des Staates Benin gegenüber Dritten verteidigt.[3] Dass AP dies durchaus ernst nimmt, bewies die Organisation im Herbst 2018, als sie nach eigenem Bekunden «die Ehre» hatte, «Seine Exzellenz Präsident Patrice Talon in New York City zu empfangen», am Rande der Generalversammlung der Vereinten Nationen.[4] In seinem eigenen Land wuchs zu dem Zeitpunkt die Kritik an den autoritären Zügen Talons, doch das hinderte Peter Fearnhead und Investor David Bonderman, seit 1996 Vorstandsvorsitzender bei Ryanair und Gründer der Wildcat Foundation, nicht daran, den Präsidenten vollmundig für seine Tatkraft und seinen Weitblick zu loben.[5]

Ebenso wie in Äthiopien und im Kongo gehen die Ambitionen von African Parks auch in Benin über die bloße Verwaltung des Nationalparks hinaus. AP integrierte auch hier angrenzende Jagdreviere und Pufferzonen zu einem «Komplex». Die Regierung stimmte laut Vertrag zu, die Organisation dabei zu unterstützen, das ihr unterstehende Gebiet weiter zu vergrößern, sollte dies ökologische, soziale und finanzielle Vorteile versprechen. Falls nötig und gerechtfertigt, übernehme es der Staat, «Menschen umzusiedeln, die vorübergehend oder permanent illegal eine ökologisch sensible Zone besetzen».[6]

Der Übernahmeprozess verlief in großer Eile und unter Ausschluss der Öffentlichkeit – die Bevölkerung wurde nicht daran beteiligt, berichten meine Quellen. African Parks bestand darauf, alles zu übernehmen, auch die touristischen Aktivitäten. Als neue Parkdirektorin hatte AP Markéta Antonínová ins Auge gefasst, eine erfahrene Kraft, die sich ihre Sporen im Kongo und im Tschad verdient hatte. Ihr Ehemann James Terjanian tat sich verschiedenen Quellen zufolge jedoch schwer mit der Vorstellung, als Mann unter der Leitung seiner eigenen Frau operieren zu müssen. Wenn African Parks sie haben wolle, bekomme die Organisation ihn dazu, allerdings als Direktor, während sich Antonínová mit der Funktion eines assistierenden *special projects manager* begnügen müsse. Das Headquarter von AP zeigte sich nach Auskunft meiner Quellen damit einverstanden.[7]

Eine Entscheidung mit negativen Folgen. Die Führung von African Parks unter Terjanian stand in direktem Widerspruch zu der der Vorgängerin Cenagref, die in den Jahren zuvor große Anstrengungen unternommen hatte, die Beziehungen zu den Anwohnern zu verbessern. So hatte es bis dato keine strikte Grenze zwischen dem Park und der Außenwelt gegeben, die ohnehin angesichts fehlenden Personals nicht zu kontrollieren gewesen wäre. Dorfbewohner durften im Jagdrevier in begrenztem Umfang Holz sammeln, Medizinmänner heilige Stätten besuchen und Heilpflanzen pflücken, zudem zeigte die Parkleitung ein gewisses Verständnis für halbnomadische Hirten mit ihren Herden, die auf der Suche nach fruchtbarem Weidegrund und Trinkwasser durch den Park zogen.

Doch diese Zeiten waren nun vorbei. Für African Parks galten fortan strenge Betretungsregeln mit einer strikten Grenze und null Toleranz bei Verstößen gegen diese Anordnung. Stolz meldete die Organisation in ihrem Geschäftsbericht 2017, dass nun «dank einer engen Zusammenarbeit mit der Justiz von Natitingou» hundert Prozent der Verdächtigen verfolgt würden. Ein Jahr später fanden zur Freude von AP auch die «zu vernachlässigenden Strafen» für Wilderer ein Ende. «Wir arbeiten mit Mitgliedern der Justiz zusammen, was geholfen hat, Haftstrafen bis zu vier Jahren zu gewährleisten.»[8]

«Mit dem Einzug von African Parks fingen die Probleme an», seufzt Moussa Tamimou, Mitglied eines örtlichen Jagdvereins, der dreimal im Jahr eine traditionelle Jagd auf Kleinwild veranstaltet. Bewaffnet mit Messern, Knüppeln und Katapulten sowie mithilfe von Hunden werden Kaninchen, Eichhörnchen, Ratten und Perlhühner gejagt. Cenagraf hatte das erlaubt. «Wir haben uns gegenseitig zugehört, und wenn es etwas zu klären gab, haben wir hier in der Stadt bei ihnen im Büro vorbeigeschaut.»

Unter African Parks ist zwar die Trophäenjagd in Pendjari erlaubt, doch die lokale Jagd ist der Organisation ein Graus. Bei einer Jagd im Jahr 2018 hätten Parkwächter Tamimou zufolge die Motorräder und Fahrräder der Jäger konfisziert und ihr Büro auf den Kopf gestellt. «Die Bevölkerung hat wütend reagiert», erzählt er. «Sie haben daraufhin die Büroräume von African Parks gestürmt, die Scheiben eingeschlagen und das Gebäude in Brand gesteckt.»[9]

Ich muss an die Revolte gegen African Parks in Faradje nahe Garamba denken. Später höre ich, dass auch AP-Büros in Kongo-Brazzaville und Sambia das Ziel von Volksaufständen gewesen sind. Handelt es sich dabei um Einzelfälle, oder ist es ein strukturelles Problem, verursacht durch die Vorgehensweise von African Parks?

Für halbe Sachen war der Park nicht zu haben. African Parks beschloss, Tanguiéta, wo sich bislang die Basis befand, größtenteils zu verlassen und das Camp mitten im Park wiederaufzubauen. An der Grenze zu den Dörfern und einem der Jagdreviere wurde ein Elektrozaun errichtet, wobei AP an der Außenseite, auf einem Stück Land, das die Bewohner als Ackerland nutzten, eine neue Sicherheitszone einrichtete. Vage Versprechen über Entschädigungen für Pflanzen, die dabei aus dem Boden gerissen wurden, sind nach Aussagen meiner Informanten nie eingelöst worden.

Der Umzug führte zu Stirnrunzeln: Im Namen der Natur verwehrte AP der lokalen Bevölkerung den Zugang zum Park, setzte dann aber selbst ein komplettes neues Dorf mitten in den Dschungel. Elefanten und Geparden sahen in ihrem Habitat zahllose Betonpfeiler in den Himmel ragen und ein Netz aus neuen Straßen, einen Parkplatz und eine Landebahn, die groß genug für einen Airbus wäre, entstehen – und das, obwohl es im nächstgelegenen Jagdrevier bereits einen Flugplatz gab. «Es war wenig *eco-friendly*», wie ein ehemaliger Manager zugibt.

Während eines Besuchs im Park fand ein Beniner Wissenschaftler «eine riesige Baugrube» vor, erzählt er bei einem Treffen in Cotonou. Im Auftrag zweier Geldgeber, der deutschen Entwicklungsbank KfW und der Fondation des Savanes Ouest-Africaines (FSOA), führte er in den Jahren 2019 und 2020 gemeinsam mit einem Team eine soziale und ökologische Evaluation durch.[10] Er zählte gut vierzig Gebäude und zeigt sich erstaunt über die Größe des Bauprojekts und die Auswirkungen auf Flora und Fauna. «Sie hatten bei der UNESCO nicht um Erlaubnis gefragt, und ich bezweifle, ob sie die bekommen hätten. Sie sagten, dass das zu lange dauern würde.»[11]

So zog African Parks sich in den Park zurück, quasi mit dem Rücken zur Außenwelt. Es ist ein Paradebeispiel für die sogenannte *fortress conservation*, einen Ansatz im Naturschutz, bei dem der Verwalter eine harte Grenze zwischen dem Park und der Außenwelt zieht und den Park wie eine Festung verteidigt. Doch dazu später mehr.

Einer der ersten öffentlichen Kritiker der neuen Parkverwaltung in Pendjari war Patrice Trekpo, ein Hauptmann mit paramilitärischem Status, der in der Direktion Wasser, Wälder und Jagd des Umweltministeriums tätig war. Er sprach in einem Online-Fernsehkanal über African Parks und nannte die Organisation «ein Mafia-Netzwerk», das niemandem gegenüber Rechenschaft abzulegen brauche. Er prangerte den Bau des neuen Flugplatzes im Park an und drückte seine Befürchtung aus, dass AP einen Handel mit Wildtieren aufnehmen wolle, was in der Vergangenheit in Benin schon öfter geschehen sei. Angesichts der Klausel im Vertrag, die es AP erlaubte, Tiere zu verkaufen und den Gewinn für sich zu behalten, kein ganz abwegiger Gedanke, auch wenn African Parks verspricht, dass die Erträge stets in den Park zurückfließen. Trekpo kündigte an, dass er Maßnahmen ergreifen werde, um dies zu verhindern, notfalls mit Waffengewalt.[12]

Die Staatsgewalt war *not amused.* Zwei Tage nach der Sendung wurde Trekpo wegen des Verdachts der Anstiftung zur Rebellion und Gefährdung der Sicherheit verhaftet. Er saß zwei Monate in Haft und wurde dann seines Amtes enthoben. Auch auf dem Gebiet autoritärer Herrschaft ließ sich Talon von Ruanda inspirieren: Für Kritik gab es keinen Raum.

Die Sorgen des Hauptmanns bezüglich dubioser Deals waren offenbar nicht aus der Luft gegriffen. Im Jahr 2021 wurde eine Vereinbarung zwischen African Parks und der Société de Financement et de Participation bekannt, einer Familienholding Präsident Talons, in der es um die Übernahme der Pendjari Safari Lodge ging.[13] Lionel Talon, ein Sohn des Präsidenten, leitet dieses Projekt, das auf ein sehr reiches Gästepublikum zielt. Die Lodge soll zu einer Fünf-Sterne-Unterkunft umgebaut werden.

Ist die Übernahme der Lodge, die der Familie Talon eine hübsche Stange Geld einbringen wird, wenn es African Parks gelingt, mehr Touristen anzulocken, etwa eine «Gegenleistung» für all das Tamtam, mit dem der Präsident die ausländische Nichtregierungsorganisation empfangen hat? Muss Talon junior, wie es bei Hotels in einem Park üblich ist, Konzessionsgebühren bezahlen? Hat es eine Ausschreibung gegeben? Kann man von Interessenkonflikten oder Korruption sprechen? «Du stellst verschiedene Fragen über Transaktionen, die zwischen African Parks und anderen stattgefunden haben sollen oder auch nicht», antwortet AP. «Zu keiner von ihnen wollen wir einen Kommentar abgeben.»

Das African-Parks-Management in Benin war in den ersten Jahren desaströs – das wird sogar intern nicht anders gesehen. «Wir haben ein Konfliktmodell betrieben», erzählt ein Manager Wissenschaftlern, die ihn im Auftrag der Konrad-Adenauer-Stiftung interviewen. Ein Kollege spricht von einem «misslungenen Start» und «anderthalb Jahren Verzögerung wegen Unfähigkeit».[14]

Ein Beispiel aus dieser Zeit ist das Vorgehen gegen eine Rinderherde, die sich regelwidrig im Naturschutzgebiet befand. Die Parkverwaltung richtete ein wahres Massaker an, indem sie mit automatischen Gewehren etwa vierhundertfünfzig Tiere abknallen ließ.[15] Der finanzielle Schaden für die Eigentümer lag bei umgerechnet mehr als einhunderttausend Euro. «Dadurch ist der Konflikt völlig eskaliert», erinnert sich Laura Sanders, eine amerikanische Beraterin, die die Spannungen in Nordbenin untersucht. «African Parks versteht nicht, dass das Töten einer Kuh für einen Hirten dem Anzünden seines Hauses oder der Vergewaltigung seiner Frau gleichkommt. Sie sehen offenbar keine andere Lösung: einfach und billig. Aber Hirten und Jäger spielen in dieser Region traditionell eine wichtige Rolle im Naturschutz. Es ist enttäuschend, dass African Parks sie als Feinde betrachtet.»

Nach außen hin tat die Organisation so, als sei nichts geschehen – Kritik wurde einfach beiseitegewischt. Der Geschäftsbericht 2018 erwähnte den Angriff auf die AP-Basis oder andere Vorfälle mit keinem Wort. Stattdessen heißt es: «Wir sehen jetzt schon, dass Mitglieder der lokalen Gemeinschaft Pendjari als ‹ihren Park› beschreiben, in dem sie erstmals eine Rolle für sich selbst in der nachhaltigen Entwicklung dieser Landschaft sehen und unmittelbar von dem profitieren, was der Park erbringen kann.»[16]

Auch meine Kollegin Flore Nobime bekam eine schöngefärbte Geschichte zu hören, als sie 2019 einen Artikel schrieb. «Man hat immer ein paar Leute, die unzufrieden sind, weil wir ihnen in die Quere kommen», sagte der damalige stellvertretende Direktor Jean-Yves Koumpogue.[17] «Aber in den Dörfern sind mindestens neunzig Prozent der Bevölkerung froh, dass wir da sind.»

Die ausführliche Evaluation des Beniner Wissenschaftlers (der sich über die Baugrube gewundert hatte) kam zu einem anderen Ergebnis. Sein Team war anfangs in einem Dorf, das man besuchen wollte, nicht willkommen, weil die Bewohner glaubten, es mit einer Delegation von African Parks zu tun zu haben. Als das Missverständnis aufgeklärt war, hagelte es Beschwerden. AP bestand in der Folge darauf, einen Manager mitzuschicken. Das Team besuchte einige Dörfer mit ihm zusammen und einige ohne ihn. «In seiner Anwesenheit trauten sich die Bewohner nicht zu reden, war er nicht dabei, beklagten sie sich über all die gebrochenen Versprechen.»

Die erste Fassung des Berichts war äußerst kritisch. Sowohl in sozialer als auch in ökologischer Hinsicht weise der Ansatz von African Parks schwere Mängel auf, so die Schlussfolgerung.

«Wie haben sie reagiert?», frage ich den Leiter der Untersuchung.

«‹Gewalttätig› ist das Wort, das ich dafür benutzen würde. Sie waren mit nichts in dem Text einverstanden. Und herablassend. Als ob man ein Student wäre, dessen Arbeit korrigiert wird. Wenn man, wie African Parks, glaubt, dass die eigene Sicht von vornherein richtig ist, ist es schwer, Kritik zu akzeptieren. Zum Glück standen die KfW und die FSOA hinter uns.»

Bis dahin war er von African Parks freundlich empfangen worden und brauchte etwa seine Mahlzeiten auf der Basis nicht zu bezahlen. Doch nachdem man den Entwurf seines Berichts bekommen hatte, schlug die Stimmung vollkommen um. «Sie wurde schlichtweg feindselig», erzählt er. «Ein Kollege begann sogar, sich Sorgen um mich zu machen, als ich dort zu Besuch war, und riet mir davon ab, allein in den Park zu gehen.»

Die Wissenschaftler fühlten sich unter Druck gesetzt, Passagen zu streichen, beispielsweise wo es um die Klagen der Bevölkerung und das Ausbleiben von Entschädigungen nach vernichteten Ernten ging. Sie hatten Geschichten über Bauern gehört, die beim Pflügen ihres Ackers festgenommen und kurzerhand ins Gefängnis geworfen worden waren. Und dass es bei Verhaftungen sogar Tote gegeben habe. «Aber das durften wir nicht erwähnen, weil harte Beweise dafür fehlten. Der endgültige Text ist stark abgeschwächt worden.»[18]

Dennoch war der Abschlussbericht durchaus kritisch und schloss – ebenso wie der des Clingendael-Instituts – mit einer Reihe von Empfehlungen. «Und was hat AP damit gemacht?», frage ich.

Der Wissenschaftler: «Soweit ich weiß, gar nichts.»

African Parks behauptet von sich, äußerst transparent zu sein, mag in Wirklichkeit aber keine kritischen Zaungäste – zu diesem Schluss bin ich inzwischen selbst auch schon gekommen. Doch wie ist es mit institutionalisierten Kontrolleuren? Die meisten Parks haben ein Gremium, bestehend aus Vertretern von African Parks selbst, der Regierung und anderen Beteiligten, das nach dem Rechten sieht. In Pendjari hat AP dafür sogar zwei Organe geschaffen: einen Verwaltungsrat und einen Kontrollausschuss. Beide kontrollieren, ob die Geschäftsführung ihre Arbeit ordnungsgemäß macht. Das Management ist vollständig in den Händen von African Parks, doch auch die Zusammensetzung des Verwaltungsrats wird ausschließlich von AP festgelegt. Im Kontrollausschuss, der sich in etwas größerer Distanz zum Management befindet, sitzen Vertreter der Regierung Benins.

Der siebenköpfige Verwaltungsrat tritt zweimal im Jahr zusammen und soll das Management beraten beziehungsweise ihm strategische Unterstützung bieten. Der Vorsitzende ist aktuell Baudouin Michel, Sondergesandter französischsprachiger Länder und Vorstandsmitglied der Mutterorganisation in Johannesburg. Wenn kein Konsens erzielt wird, gibt seine Stimme den Ausschlag. Ein weiteres AP-Schwergewicht, Jean Marc Froment, leistet Michel im Verwaltungsrat Gesellschaft. Froment steht zwar nicht mehr auf der Gehaltsliste der Organisation, ist jedoch weiterhin als Berater für sie tätig. African Parks verbietet es den Mitgliedern von Parkräten, mit mir zu sprechen, womit die Organisation selbst indirekt eingesteht, dass diese nicht unabhängig arbeiten.

Einer der wenigen kritischen Vertreter des Verwaltungsrats von Pendjari, der zu einem Interview bereit ist, erwartet stündlich, dass man ihn vor die Tür setzt, wie er mir anvertraut. «Vielleicht halten sie es in meinem Fall für zu grotesk, weil ich in dieser Region eine einflussreiche Person bin.»

Diesem Informanten zufolge sind die Interessen der Bevölkerung denen von African Parks untergeordnet. Als Beispiel führt er den Bau des Zauns an. «Ich habe von Anfang an gesagt: inakzeptabel. Jahrhundertelang hat es eine Wechselbeziehung zwischen dem Dorf und dem Naturreservat gegeben, lange bevor überhaupt ein Park existierte. African Parks hat den Zaun als Wunsch der Einheimischen präsentiert, ich aber habe festgestellt, dass die meisten Anwohner überhaupt keine Umzäunung wollten und ihn aus Protest oft sabotieren.»

Seinen Kollegen im Verwaltungsrat, die die Interessen der Bevölkerung verteidigen müssen, fehlt es in seinen Augen häufig an Erfahrung, um ihre Sicht der Dinge in einem formellen Gremium in Worte zu fassen. Oder sie lassen sich von der Aufwandsentschädigung locken, etwa vierhundert Euro, die sie für die Teilnahme an einer Sitzung erhalten und die sie nicht verlieren wollen.

Er bedauert es, dass das Management nur wenige Informationen weitergibt. So erhielt er weder Einblick in einen Bericht über die Einführung neuer Tierarten noch in eine Studie zu den Folgen der Bauarbeiten. «Obwohl wir mit darüber nachdenken sollen. Sie kommunizieren nicht.»

Seine Schlussfolgerung: «Der Verwaltungsrat ist ein Instrument, das kaum Einfluss auf die Politik von African Parks hat. Die Manager tun so, als würden sie zuhören, doch in Wirklichkeit machen sie einfach weiter wie bisher.»

Ein ehemaliges Verwaltungsratsmitglied, das ebenfalls einen kritischen Blick wagte, bestätigt die Erzählungen seines Ex-Kollegen. «Informationen waren rar. Ich weiß nicht mal, warum sie mich aus dem Rat befördert haben. Ich bekam einen freundlichen Brief – das war alles.»

Was diese Quelle allerdings schon weiß, ist, dass Anwohner vor der Ankunft von AP von «unserem Park» sprachen und ihn jetzt den «Park der Weißen» nennen.

African Parks legte in Benin wahrlich keinen Traumstart hin. Aber dass die Situation derart aus dem Ruder laufen würde, dass der Park im Frühjahr 2019 sogar international für Schlagzeilen sorgen sollte, kam dann doch unerwartet.

17

RANGER GEGEN DSCHIHADISTEN IN BENIN WER JAGT HIER WEN?

Ihre Erwartungen sind hochgesteckt. Laurent Lassimouillas (46 Jahre) ist Klavierlehrer und Dirigent in einem Vorort von Paris, Patrick Picque (51) entwirft und verkauft Schmuck in einer Boutique im vierten Arrondissement der französischen Hauptstadt. Im April 2019 machen die beiden ihre Hochzeitsreise nach Benin. Sie besuchen ein paar touristische Orte im Süden des Landes wie etwa die Stadt Ouidah, ein ehemals bedeutendes Zentrum des Sklavenhandels, und die königlichen Paläste von Abomey. «Laurent hat afrikanische Wurzeln und träumte schon lange von dieser Reise», erzählt ein Freund.[1]

Sie wollen aber auch die Schönheiten der Natur genießen und fahren in den Norden des Landes, um den Pendjari-Nationalpark zu besuchen, der vom französischen Außenministerium zu dem Zeitpunkt mit der Warnstufe Gelb belegt worden ist. Das bedeutet, dass man, was die eigene Sicherheit betrifft, auf der Hut sein muss, nicht aber, dass von einem Besuch dringend abgeraten wird. Es halten sich zu der Zeit häufiger Touristen im Park auf.

Bei der Parkverwaltung hat man allerdings Zweifel, ob es noch zu verantworten ist, den Park geöffnet zu halten. Diplomaten westlicher Botschaften im Süden des Landes machen sich bereits seit geraumer Zeit Sorgen um die Sicherheitslage im Nationalpark Arly in Burkina Faso, der direkt an Pendjari angrenzt und der inzwischen von Banditen kontrolliert wird. Die Gefahr, dass die Gewalt auf den Park in Benin überspringt, halten sie für relativ groß.

Einige Mitarbeiter äußern gegenüber dem Leiter des Parks, James Terjanian, ihre Besorgnis. Dessen Frau Markéta Antonínová reagiert mit den Worten, dass ein Untergraben der Autorität nicht wünschenswert sei, jedes Team einen Führer brauche und sie ihrem Guide James vertrauen sollten.

Pendjari sei der sicherste Ort in ganz Benin, mit den am besten ausgebildeten Rangern, der am besten geschützten Grenze und einer Luftüberwachung, die die *bad guys* abschrecke. Wer in der Folge den Anschein erweckte, dass eine Konfrontation mit kampferprobten Mördern, die sich im Besitz automatischer Schusswaffen befinden, etwas anderes sei als die Verfolgung von Dorfbewohnern mit Jagdgewehren, wurde einem Insider zufolge ausgelacht.

Zwei Tage später, am 1. Mai, checken Laurent Lassimouillas und Patrick Picque in ihrer Lodge im Park ein. Mit von der Partie ist auch Fiacre Gbédji (29), Vater von sechs Kindern und trotz seines jugendlichen Alters ein erfahrener Guide mit einem ausgezeichneten Ruf. In seinem weißen Toyota 4Runner unternehmen sie an dem Nachmittag einen ersten *game drive*, also eine Pirschfahrt, auf der Suche nach Elefanten, Löwen und Geparden.

Sie fahren in Richtung des Flusses Pendjari, der die Grenze zu Burkina Faso bildet, wo sich einige kleine Moorseen befinden, die die Tiere oft zum Trinken aufsuchen. An einer Straßenverengung geraten sie in einen Hinterhalt von Banditen. Diese töten den Führer Gbédji und lassen seine Leiche zum Fraß für die Wildtiere im Busch zurück. Die beiden Franzosen nehmen sie in dem weißen Toyota ihres ermordeten Guides mit und fliehen über den Fluss, der in der Trockenzeit kaum Wasser führt und somit leicht zu durchqueren ist, nach Burkina Faso.

In der Lodge ist man an dem Abend ziemlich beunruhigt, weil das Trio nach Sonnenuntergang noch immer nicht zurückgekehrt ist, und meldet es an die AP-Basis. Eine Autopanne, wie sie häufiger vorkommt, vermutet man zunächst. Also machen sich Ranger auf die Suche entlang der üblichen touristischen Routen, finden jedoch keine Spur von den Vermissten. Am nächsten Tag wird ein Flugzeug auf einen Erkundungsflug geschickt, ebenfalls ohne Erfolg. Während manche bereits an eine Entführung denken, macht ein hochrangiger Mitarbeiter noch, wie zu erfahren ist, einen Scherz, indem er die Vermutung äußert, dass das schwule Ehepaar sicher irgendwo im Busch eine Sexorgie veranstalte.[2]

Am Samstag, drei Tage nach ihrem Verschwinden, wird die übel zugerichtete Leiche Gbédjis gefunden, zerrissen von Hyänen. Seine sterblichen Überreste werden an Ort und Stelle begraben, in der Nähe der Landebahn. Einige Dutzend Kilometer entfernt, auf der anderen Seite der Grenze, findet man auch das Auto des Guides – ein ausgebranntes Wrack.

Die Entführer übergeben die beiden Franzosen ihren Helfershelfern, die sie über kleinere, unbefestigte Straßen durch den Osten Burkina Fasos verschleppen, in der Absicht, sie in Mali der extremistischen Gruppierung Katiba Macina auszuhändigen. Dank abgehörter Telefonate und mit amerikanischer Hilfe kann die französische Armee den Konvoi lokalisieren, muss jedoch darauf warten, dass er irgendwo zum Stehen kommt. Das geschieht erst kurz vor der Grenze zu Mali, wo die Geiselnehmer ein Zeltlager errichten.

Die Franzosen sehen mittlerweile ihrer neunten Nacht in Geiselhaft entgegen, als zwanzig ihrer Landsleute eine Befreiungsaktion für sie starten. Ihr Lager befindet sich auf offenem Gelände, und das Einsatzkommando geht besonders umsichtig vor, um das Risiko so gering wie möglich zu halten, dass die Geiseln bei der Aktion ums Leben kommen. Unterstützt durch Drohnen und Hubschrauber – die sich außer Hörweite befinden – schaltet die Einheit einen Bewacher aus, doch dann wird der Angriff bemerkt. Die Soldaten werden beschossen, zwei von ihnen sind auf der Stelle tot. Ihren Kameraden gelingt es jedoch, die Geiseln zu befreien. Dabei stoßen sie zu ihrer Verwunderung auf zwei weitere Gefangene, eine Amerikanerin und eine Südkoreanerin, die nicht als vermisst gemeldet worden waren und von denen unklar ist, wer sie überhaupt sind und was sie dort machen.

Nach diesem Vorfall ist für jedermann klar, dass der Norden Benins, einschließlich Pendjaris, zum Aktionsradius der Dschihadisten aus Burkina Faso und Niger gehört. Terjanian wird durch einen Franzosen ersetzt, der aber auch nicht lange bleiben wird. Für die Ranger von AP bricht eine neue Zeit an: War es bis dahin ihre Aufgabe, Medizinmänner und Hirten aus dem Wald zu vertreiben, droht nun Gefahr von schwer bewaffneten Dschihadisten. «Die Rollen haben sich vertauscht», sagt ein Ranger. «Jetzt jagen sie uns.»[3]

Ein leitender AP-Angestellter in Benin widersetzt sich der geplanten Militarisierung der Parkwächter: Das sei ihm zufolge nicht die Aufgabe von Rangern, die für eine NGO arbeiten. «Sie werden als Spezialkräfte der Armee eingesetzt, sind dafür aber nicht ausgebildet. Ich werde die Jungs nicht nach zwei Monaten Training in den Kampf schicken. Dann klebt Blut an meinem Lebenslauf.»

Trotz internen Widerstands entwickelt African Parks sich nach der Ermordung des Guides und der Geiselnahme der beiden Franzosen zu einer Streitmacht gegen den Terrorismus und zugleich zum wichtigsten Wachtposten an der Grenze zu Burkina Faso. «Auf dem Papier bestand meine Rolle aus dem Kampf gegen die Wilderei», berichtet ein Informant, der seinerzeit als Pilot für AP arbeitete. «Aber in Wirklichkeit war ich zu achtzig Prozent meiner Zeit mit der Grenzkontrolle beschäftigt. An der Grenze flogen wir immer besonders hoch, um außerhalb der Reichweite von Kalaschnikows zu bleiben. Eigentlich durfte man nicht über Burkina Faso fliegen, aber ein kleines bisschen war nicht so schlimm. Benin hat African Parks mit der Grenzsicherung beauftragt.»[4]

Die neue Rolle der Ranger geht auch aus einem durchgesickerten Bericht von African Parks zur Sicherheitslage hervor.[5] Darin heißt es, dass am 9. Juni 2020 im Parc W sechs Motorräder mit zwölf Mann Besatzung gesichtet worden seien. Die offizielle Übergabe der Verwaltung dieses Parks findet erst zweieinhalb Wochen später statt, doch AP setzt bereits seit dem Oktober 2019 einen *plan d'intervention prioritaire* um, also einen Plan mit klaren Prioritäten im Falle von Interventionen, um den Park zu sichern, und hat dabei faktisch die Zügel fest in der Hand.

Die zwölf sehen aus, als führten sie wenig Gutes im Schilde. Sie sind zwischen fünfundzwanzig und fünfundvierzig Jahre alt, mit Kalaschnikows bewaffnet und tragen Turbane. Ihr Gepäck lässt vermuten, dass sie einige Zeit im Busch verbringen wollen. Einer von ihnen hat ein großes Funkgerät bei sich, die anderen haben kleinere Apparate. Etwa sechzig Kilometer vor dem Dreiländereck Burkina Faso, Niger und Benin stößt der Motorradkonvoi, der von der Grenze aus in südöstliche Richtung fährt, auf einen Jeep des Parks, in dem sich neben dem Fahrer ein Ranger und eine Naturschützerin befinden. Einer der Männer beginnt eine Unterhaltung mit der Naturschützerin und sagt, nichts gegen Benin zu haben – sie seien einfach nur so unterwegs. Sie wollen, dass der Ranger aus dem Wagen steigt, doch der bleibt sitzen. Die Motorradfahrer setzen ihren Weg fort.

Das Parkteam beeilt sich, zu einer Stelle zu gelangen, wo man eine Netzverbindung hat, um die Sicherheitszentrale von African Parks zu alarmieren. Denn wahrscheinlich handelt es sich bei den zwölf Motorradfahrern um einen Erkundungstrupp von Dschihadisten, der die Reaktionsschnelligkeit der Ordnungs- und Sicherheitskräfte auf Beniner Seite testen will. In Zusammenarbeit mit der Armee und der Polizei koordiniert die Naturschutzorganisation dann die Verfolgung der Männer sowohl über Land als auch aus der Luft. «Unser letztendliches Ziel ist es, die Bewegungen des Feindes einzugrenzen, ihn zu lokalisieren, einzukesseln und eine Offensivoperation zu starten, um ihn zu neutralisieren», schreibt der Parkdirektor.

Doch der Plan misslingt. Die Motorräder werden auf ihrem Weg noch zweimal von Dorfbewohnern gesichtet, bevor sie in einem Wald verschwinden, der außerhalb des von AP verwalteten Gebiets liegt. AP bleibt jedoch weiterhin für die Luftüberwachung zuständig, da der Armee weder ein Flugzeug noch ein Hubschrauber zur Verfügung stehen. Erst als die mutmaßlichen Extremisten die Grenze zu Niger überqueren, wird die Mission beendet.

Obwohl der «Feind» entkommen ist, zeigt AP sich mit dem eigenen Auftreten zufrieden. Die Koordination mit Armee und Polizei lasse sich allerdings noch optimieren, schreibt der Parkdirektor. Und das Waffenarsenal müsse um Granatwerfer erweitert werden. Seine Schlussfolgerung: «Die preiswerteste und effektivste Lösung zur Beseitigung der Mängel, die bei dieser Operation ans Licht gekommen sind, wäre zweifellos die Schaffung einer ‹schnellen Interventions-/Kommandoeinheit› sowie die Anschaffung von speziellem Material. Diese Spezialeinheit, unterstützt von der Armee, der Polizei und Anti-Wilderei-Einheiten im Busch, würde ein taktisches Instrument darstellen, das in der Lage wäre, auf Bedrohungen verschiedener Art zu reagieren, in erster Linie auf Bedrohungen im Zusammenhang mit Terrorismus.»

Die Verfolgung des Motorradkonvois, bei der Parkwächter – wenn sich die Möglichkeit dazu ergeben hätte – einen tödlichen Angriff auf mutmaßliche Dschihadisten hätten vornehmen müssen, spielte sich ein Jahr vor dem Erscheinen der Clingendael-Studie ab. Trotzdem bezeichnet African Parks die Feststellung, dass die Organisation mehr sei als eine Naturschutz-NGO, als «Falschbehauptung». Und dass African Parks auch in der Terrorismusbekämpfung tätig wäre, sei «kategorisch unwahr».[6]

Das Außenministerium in Den Haag und die Niederländische Botschaft in Cotonou beobachten 2021 die Lage in Nordbenin und die Rolle von

African Parks mit größtem Interesse. Manche Beamte sehen die Clingendael-Studie kritisch und sind geneigt, African Parks im Kampf gegen die Dschihadisten finanziell zu unterstützen. Einer dieser Beamten betätigt sich nach der harschen Reaktion von AP auf den Bericht sogar als Kommunikationsberater. «Es ist besser, positiver zu reagieren. Versuch, jemanden zu finden, der positiver und ausgewogener über AP in Benin schreiben kann. Lade *Le Monde* und *Jeune Afrique* ein», rät der Beamte African Parks. «Wenn Du willst, können wir uns telefonisch weiter unterhalten.»[7]

Dieser Gruppe Beamter stehen andere gegenüber, die die Naturschützer so weit wie möglich auf Abstand halten wollen. «Das ist ‹CT› [*counter-terrorism*, also Terrorismusbekämpfung] der niederträchtigsten Form», mailt ein Beamter.[8] Er warnt Kollegen, die in Kürze Gespräche mit African Parks aufnehmen wollen. «Um die Parks ‹sicher› zu halten, wird [die] Bevölkerung vertrieben, was auch für Mangel an anderer Stelle sorgt. African Parks betreibt Projekte, die auf *community engagement* zielen, aber es gibt weiterhin Opfer unter Zivilisten. African Parks stärkt den Nährboden für bereits anwesende Mitglieder von Al-Qaida und ISIS [Islamischer Staat im Irak und in Syrien]. Außerdem sollte der Staat Benin langfristig seine eigenen Grenzen bewachen und für Stabilität sorgen müssen. Das alles [steht] der [Terrorismusbekämpfung], die den Niederlanden vorschwebt, mit Prävention und Menschenrechten, diametral entgegen. [Daher empfehlen wir], in den Gesprächen mit African Parks nicht den Eindruck zu erwecken, dass die Niederlande ihren Ansatz unterstützen, geschweige denn erwägen, einen Beitrag dazu zu leisten.»[9]

Auch in Den Haag herrschen also offenbar wenig Zweifel an der wahren Natur der Mission von African Parks in Benin beziehungsweise daran, dass AP die Grenzbewachung in dem Gebiet vom Staat übernommen hat. Allerdings sind die Beamten unterschiedlicher Meinung darüber, ob die Parkwächter ihre Unterstützung im Kampf gegen die Dschihadisten verdienen oder ob sich die Niederlande besser davon fernhalten sollten. Letztendlich sitzt das zweite Lager am längeren Hebel. Die Regierungen Deutschlands und Frankreichs unterstützen African Parks in Benin dagegen weiterhin.

Am 3. Februar 2022 mache ich mich selbst auf, um in der Nähe des Parks zu recherchieren. In der Gesellschaft des Ex-Militärs Kinto Sylla begeben

Flore Nobime und ich uns auf zwei Motorrädern von Tanguiéta zu Syllas Haus in Sangou, das sich in ein paar Kilometern Entfernung vom Haupteingang des Parks befindet. Die Fahrt führt an Baumwollfeldern entlang, an denen große Ballen zum Abtransport für den Handel bereitliegen, der vollständig in den Händen des Präsidenten ist. Wir passieren einen Wasserfall, unter dem sich Kinder waschen, und begegnen einem Fahrzeug von African Parks. Unauffällig sind wir nicht, auf einem Motorrad, aber niemand hält uns auf.

Wir sehen Dörfer, eingezwängt auf einem Streifen von wenigen Kilometern Breite zwischen dem Park auf der einen Seite, der durch einen Zaun abgegrenzt ist, und einem kahlen Bergrücken auf der anderen. Das Problem ist deutlich erkennbar: Die Bevölkerung in den Dörfern wächst, während auch der Park wachsen will, aber der Raum, den es dazu bräuchte, fehlt.

Kinto parkt das Motorrad, das er *le savoir vivre* nennt, auf seinem Grundstück und holt das lebende Perlhuhn fürs Abendessen vom Lenkrad. Er zeigt uns den Karitébaum im Innenhof, unter dem er geboren wurde, ein imposanter Baum mit grünen Nüssen, aus denen man Butter herstellen kann, die sich in der Kosmetikindustrie bewährt hat. Zu seiner Schule war es ein Fußweg von einer Stunde, erzählt er, wenn man unterwegs nicht von Elefanten oder Pavianen belästigt wurde.

Kinto berichtet, dass er aus Unzufriedenheit mit African Parks «in den permanenten Widerstand» gegangen sei. Selbst werde er allmählich zu alt, um noch zu wildern, aber er gebe anderen den Auftrag, es an seiner statt zu tun. Sie würden ausschließlich kleine Tiere jagen, von denen dort genug vorhanden seien, wie er versichert: Fische, Maulwürfe oder Perlhühner.

Er zeigt uns ein Messer. «Damit kann man ganz leicht ein Loch in den Zaun schneiden. *Un opposant est un opposant* – ein Oppositioneller ist ein Oppositioneller. Ich, Kinto Sylla, lasse mir von ihnen nicht sagen, was ich tun darf und was nicht. Als ich jung war, schossen wir Kleinwild mit Pfeil und Bogen, aber Büffel, Löwen, Antilopen und Elefanten haben wir immer in Ruhe gelassen. Die Beute wurde von uns mit allen Dörfern geteilt – davon haben Leute wochenlang gelebt.»

Nach dem Lunch – Couscous mit Moringa, den Blättern des gleichnamigen Baums, denen Heilkräfte zugeschrieben werden – spreche ich mit einem Parkwächter, der für African Parks arbeitet. Er entkräftet einen Mythos, den Organisationen wie AP gern pflegen, nämlich dass Ranger Idealisten seien, die ihrem Ruf aus Liebe zu den Wildtieren folgten. «Es gibt hier schlichtweg keine andere Arbeit, und ich besitze kein Land, um etwas anzubauen», begründet er seine Berufswahl.

Zu Beginn hätte er es vor allem mit Wilderern aus der Gegend zu tun gehabt, doch seit 2019 seien Dschihadisten die hauptsächlichen Gegner, die manchmal von örtlichen Wilderern unterstützt würden. Der «Krieg gegen die Terroristen» bereitet ihm Sorgen. «Die Dschihadisten sind gut bewaffnet und verfügen sogar über Sprengstoff. Neulich erst haben sie bei einem Angriff zwei Soldaten getötet.»

Die Ranger arbeiten eng mit den Forces Armées Béninoises zusammen, der nationalen Armee Benins, häufig sogar in gemischten Patrouillen. Laut Vertrag zwischen African Parks und der Regierung ist der Direktor des Parks – wie es auch schon in der Clingendael-Studie anklang – die oberste Instanz im Park und steht dort somit über dem Kommandanten der Armee. In der Praxis hätten die Parkranger und die Einsatzkommandos der Armee jeweils ihren eigenen Führer, erzählt der Ranger.

Aus seinem Bericht geht hervor, dass African Parks das eigene Mandat ausgedehnt hat. Immer öfter werde er auf Patrouille jenseits der Grenze geschickt, in den Nationalpark Arly in Burkina Faso, um zu checken, was dort vor sich gehe, häufig für zwei Nächte, manchmal aber auch für vier oder fünf. Solche Patrouillen außerhalb der Park- (und Landes-) Grenzen nennt man *unités fantômes*, Geistereinheiten, die das Ziel haben, terroristische Aktivitäten zu beobachten, und manchen zufolge auch, «feindliche Elemente zu neutralisieren», so wie es der Fall bei den zwölf Männern auf den Motorrädern war. Internen Quellen zufolge gibt es Abmachungen mit Burkina Faso, wonach African Parks bis zu einigen Kilometern jenseits der Grenze das Recht hat, Wilderer zu verfolgen. Doch ein tagelanges Biwakieren auf der anderen Seite der Grenze fällt nicht darunter.[10]

Außerdem hielten sich die Patrouillen nicht an die Begrenzung auf wenige Kilometer, wie der Ranger erzählt. Sie drängen auch weiter landeinwärts vor, was äußerst gefährlich sei. Eine ehemalige Führungskraft bestätigt dieses Vorgehen: «Wir verfolgen Wilderer auch jenseits der Grenze in Burkina Faso, so weit wir wollen. Es gibt da niemanden, der das Sagen hat. Wir ersetzen die staatlichen Autoritäten.» Das Headquarter in Johannesburg äußert sich nicht zu meiner Frage, worin genau die Aufgabe dieser Geisterpatrouillen besteht und ob es sie auch in anderen Ländern gibt.

Trotz des erhöhten Risikos verdient der Ranger nach eigener Aussage weniger als vorher – er fühlt sich deshalb, was das Finanzielle betrifft, von AP reingelegt. «Als sie hierher kamen, haben wir einen Brief bekommen, wonach das Grundgehalt für Ranger bei zweihunderttausend Francs [300 Euro] liege und jedes Jahr kräftig steigen würde. In Wirklichkeit waren es hunderttausend Francs, inzwischen bekomme ich hundertfünfundzwanzigtausend.» Ein beträchtlicher Teil seines Gehalts bestand anfänglich aus Prämien, die er, nach demselben Prinzip wie im Kongo, bei Konfrontationen mit Wilderern erhielt. Doch seit dem Bau des Zauns sind solche Begegnungen selten geworden. «Außerdem dauern die Patrouillen immer länger und werden gefährlicher», gibt er zu bedenken. «In der Basis im Park schlafen die Chefs in komfortablen Häusern, während Parkwächter in Zelten liegen.»

Der vierundzwanzigstündige Besuch in Sangou und Umgebung verläuft wie geplant. Neben dem Ranger treffe ich noch weitere ehemalige und derzeitige Mitarbeiter von African Parks sowie verschiedene andere Dorfbewohner, die mir von ihrer Beziehung zu Parkverwaltern berichten, die sie fast ausnahmslos als problematisch beschreiben. Ich spreche mit einem Farmer, der aufgrund der neuen Sicherheitszone, die AP eingerichtet hat, einen Teil seines Ackers verloren hat, und mit einem Hirten, der den Park nicht mehr betreten kann, um seine Herde zu tränken. Nahe dem Parkeingang treffe ich einen Dorfvorsteher und einen Medizinmann *(féticheur)*, die erzählen, dass sie in der Durchführung ihrer Rituale gestört würden, weil sie nicht mehr spontan den Park betreten könnten, sondern Tage im Voraus einen Antrag stellen müssten.

Zurück in Tanguiéta, beginnen dann die Probleme von Flore Nobime und mir mit der Beniner Polizei, die in unseren viertägigen Freiheitsentzug und meine Ausweisung am 8. Februar 2022 münden.

Zufällig ist, wie sich später herausstellt, dieser Tag, ein Dienstag, auch einer der schwärzesten in der Geschichte von African Parks. «Tief betrübt teilen wir mit, dass gestern Nachmittag ein Team von Rangern im Parc National du W in Benin während einer Patrouille an der nördlichen Seite des Parks nahe der Grenze zu Burkina Faso und dem Niger in einen Hinterhalt geraten ist», heißt es bei African Parks auf der Website. Die Rede ist von sechs Toten und zehn Verwundeten. Zwei Tage später kommt es zu einem weiteren tödlichen Zwischenfall im Park. Die Zahl der Toten wird auf acht korrigiert – vier Ranger, zwei Fahrer und ein Soldat, alle aus Benin, sowie der französische Ausbildungsleiter der Ranger. Die Zahl der Verwundeten erhöht sich auf zwölf.[11]

Was genau ist am 8. und 10. Februar geschehen? Der Angriff sei African Parks zufolge «extrem komplex» gewesen, doch die Organisation nennt keine weiteren Details. Am Nachmittag des 8. Februar sei eine Patrouille über eine sogenannte *improvised explosive device* (IED), eine improvisierte Bombe, gefahren. Einem internen Informanten zufolge hätten die Terroristen bereits auf der Lauer gelegen. Unklar ist, ob sie die Bombe ferngezündet haben oder ob diese, wie bei einer Landmine, automatisch explodiert ist. Die Terroristen eröffnen das Feuer auf die Patrouille. Ein Unterstützungsteam unter der Leitung des französischen Ex-Soldaten Jérôme Lidoyne will der Patrouille am Abend mit vier Fahrzeugen zu Hilfe eilen, gerät aber in denselben Hinterhalt. Der Hubschrauber kann, wie zwei Informanten berichten, keine Unterstützung bieten, da er zu dem Zeitpunkt außer Betrieb ist.

African Parks zufolge wird am 10. Februar ein militärisches Einsatzkommando erneut Opfer einer solchen unkonventionellen Sprengfalle. Unklar ist, ob es an derselben Stelle oder anderswo im Park geschah. Meine Quellen berichten, dass der AP-Fahrer Elysée Assondou, der die Soldaten transportieren sollte und als Einziger bei dem Anschlag umkommt, vorher heftig protestiert habe, weil ihm klar gewesen sei, wie gefährlich seine Mission war. Er habe einem Kollegen zufolge vor allem in Cotonou und in Dörfern außerhalb des Parks gearbeitet und kaum Erfahrungen im Naturreservat selbst gehabt.

«Sie haben ihr Leben für den Naturschutz geopfert», lässt African Parks als Inschrift auf ein Denkmal für die Toten setzen, das in der Parkbasis aufgestellt wird. «Möge uns jede Erinnerung an euch inspirieren, diese noble Aufgabe des Naturschutzes mit Mut, Ehre und Stolz fortzusetzen.»[12]

Auf eine Vergeltung für die Anschläge muss African Parks nicht lange warten. Bereits am Donnerstag, dem 10. Februar 2022, also dem Tag, an dem der Fahrer sein Leben verliert, startet die französische Armee einen Angriff auf die Terroristen. Zu dem Zeitpunkt läuft bereits die französische Operation Barkhane in Westafrika, die das Ziel hat, den vorrückenden Dschihadismus in der Region einzudämmen. Laut dem französischen Verteidigungsministerium gelingt es den Truppen schon bald, zehn Täter auf fünf Motorrädern aufzuspüren. Als sie die Grenze zu Burkina Faso passieren, setzt Frankreich, nachdem es von den burkinischen Stellen die Erlaubnis dazu bekommen hat, eine bewaffnete Drohne ein, um sie auszuschalten. Eine Staffel Jagdflugzeuge vom Typ Mirage 2000 kommt ebenfalls zum Einsatz. In drei Angriffswellen schaltet die französische Armee nach eigenem Bekunden gut dreißig Terroristen aus und zerstört einen Pritschenwagen sowie einige Motorräder. Insgesamt werden an dem Tag etwa vierzig mutmaßliche Dschihadisten getötet.[13]

Die Ermordung von Kollegen sorgt intern natürlich für einige Aufregung. «Ich habe es nicht von African Parks selbst gehört, sondern die erste Meldung dazu in einer Facebook-Gruppe von Expats in Benin gelesen», erzählt ein Manager, der zu dem Zeitpunkt in Cotonou war. Normalerweise hat das Management bei solchen Vorfällen Zugang zu einem Sicherheitsbericht – diesmal allerdings nicht. «African Parks tut immer geheimnisvoll, doch in diesem Fall noch mehr als sonst. Auch intern ist darüber kaum kommuniziert worden. Es musste geheim bleiben.»

Für einen anderen Mitarbeiter in Benin ist das Blutbad Anlass, seine Stelle bei African Parks zu kündigen, wie ich aus gut unterrichteter Quelle erfahre. Seine Arbeit sei für ihn moralisch nicht länger zu rechtfertigen gewesen. «Ich mache mir große Sorgen um die Art und Weise, in der African Parks die eigenen Leute behandelt, und um die Risiken, denen sie ausgesetzt werden. Ich glaube, dass sie [die Verantwortlichen bei AP] es akzeptieren, dass es im Kampf für die Natur zu Opfern kommt. Dass es dazugehört. Ich finde das inakzeptabel.»

Ein Expat in Benin, der mit den Rangern arbeitet, hat etwas mehr Verständnis für die Haltung von AP. «Es ist nicht die Aufgabe von Parkwächtern, Terrorismus zu bekämpfen, und sie sind dafür auch unzureichend ausgebildet – das steht fest. Aber es ist die neue Realität. Der Schutz der Fauna ist jetzt sekundär. Ich denke nicht, dass AP von hier weggehen sollte. Dann gibt man sich geschlagen.»

Ihm zufolge sei den Rangern bewusst, dass sie sich an der Kriegsfront befänden und Kämpfern gegenüberstünden, die «wie in Afghanistan, dem Irak und in Mali die Dorfbewohner zu radikalen Moslems zu bekehren versuchen.» Die Kämpfer seien nicht an Wildtieren interessiert, und wenn, dann höchstens wegen der Proteine. Der Park diene ihnen lediglich dazu, Geländegewinne zu erzielen.

Nach den Anschlägen in Parc W stellt sich eine Reihe von Fragen: Wie konnte es sein, dass die Mitarbeiter des Parks zwei- oder sogar dreimal in denselben Hinterhalt gerieten? Wie innig ist die Beziehung von African Parks zur französischen Armee, die nach eigener Aussage in kürzester Zeit sowohl die Täter als auch ihre Handlanger aufspürte und ausschaltete? Und weshalb ist gerade African Parks das Ziel der Terroristen?

Auf die ersten beiden Fragen finde ich nicht wirklich eine Antwort. African Parks weigert sich, nähere Details zu nennen. Und die Handlungsbereitschaft der französischen Armee hat vermutlich mit dem Tod des französischen Ex-Militärs zu tun, glauben meine Informanten.

Dass die Terroristen AP zum Hauptangriffsziel machten, war wahrscheinlich kein Zufall. «Für sie ist African Parks ein gefürchteterer Feind als die Beniner Armee», glaubt ein Expat. «Sie wollen zeigen, dass sie Benin betreten können, wann immer sie wollen, und AP nicht der Herr im Park ist. Ohne die Unterstützung der Armee, fürchte ich, wird es ein verlorener Kampf sein.»

Ein ausländischer Analyst, der mehrere Berichte über die Terrorgefahr in Benin und Umgebung verfasste, vermutet, dass die Dschihadisten die Bewegungen von African Parks schon länger beobachtet hatten und genau wussten, was sie taten. «Ihnen ist bekannt, worin die vornehmlichste Schwäche von AP besteht: in seinem eigenen Übermut, dem felsenfesten Glauben, dass man die Dinge unter Kontrolle hat. Hier hat sich auf schmerzhafte Weise gezeigt, dass dem nicht so ist.»

18

ERFOLGE BIBLISCHEN AUSMASSES

Nach meiner Ausweisung aus Benin versuche ich erst einmal durchzuatmen. Dann reagiere ich auf die Mail von African Parks nach meinem Besuch im Kongo, in der mir die Kommunikationsdirektorin Heydlauff und der Vorstandsvorsitzende Fearnhead deutlich zu verstehen geben, dass sie mich und mein Tun im Auge behalten würden.

Liebe Andrea, lieber Peter,
zunächst einmal möchte ich Euch nach dem abscheulichen Angriff auf Eure Organisation vorige Woche in Parc W in Benin meine aufrichtige Anteilnahme und mein Mitgefühl aussprechen. Ich wünsche Euch viel Kraft und Zuversicht in diesen schwierigen Zeiten.
Und vielen Dank für die ausführliche E-Mail. Manche Erklärungen und Zuschreibungen in der Nachricht kamen für mich ziemlich überraschend. Ich werde versuchen zu erklären, warum.
In meiner langen (mehr als 20-jährigen) beruflichen Laufbahn als Journalist und Autor, in der ich Hunderte von Personen interviewt und mit Dutzenden von Organisationen zu tun gehabt habe, sticht diese Erfahrung heraus. Ich habe allem, worum Ihr mich gebeten hattet, in vollem Umfang entsprochen, Euch alle Informationen übermittelt und alle Fragen beantwortet, obwohl es normalerweise die Aufgabe des Journalisten ist, die Fragen zu stellen.
Du [Andrea] hattest unseren detaillierten Vorschlag akzeptiert und selbst vorgeschlagen, dass wir Akagera besuchen könnten. Wir waren einverstanden, und Du hast mit der Planung eines Besuchs begonnen. Doch dann hast Du plötzlich nicht mehr reagiert – weder auf WhatsApp-Nachrichten und Erinnerungsschreiben vom 7., 8. und 9. Juni noch auf Telefonanrufe von verschiedenen Nummern aus sowie auf eine E-Mail, mit dem CEO im Cc, die ich am 15. Juni verschickt hatte. [...]
In dieser Mail haben wir unsere Bereitschaft bekundet, zu warten, bis Du uns

im August oder September empfangen könntest, doch anstatt uns zu antworten, hast Du uns fast sechs Monate lang ignoriert. Das änderte sich erst, nachdem ich Dich (am 26. November) darüber informiert hatte, dass ich in der Gegend von Garamba war. In Deiner Antwort (vom 27. November) hast Du behauptet, dass unser Projektvorschlag noch immer nicht deutlich und detailliert genug sei, obwohl Du im Juni bereits damit beschäftigt warst, auf der Grundlage desselben Vorschlags eine Reise für uns zu organisieren. Am 6. Dezember schriebst Du, dass – wenn wir nur geduldig gewesen wären – Du die Reise nach Ruanda im September für uns organisiert haben würdest. Aber Du hast zu der Zeit nicht einmal mit uns kommuniziert …

Abgesehen davon verstehe ich nicht, warum es für einen Journalisten «ungebührlich» sein soll, ein Projekt anzukündigen und um Interviews zu bitten. Eure Organisation spielt eine wichtige Rolle im Naturschutz in Afrika und hat, über verschiedene staatliche Programme und EU-Beiträge, eine beträchtliche Finanzierung von niederländischen und weltweiten Steuerzahlern erhalten. Ein Journalist hat das Recht, die Aktivitäten unter die Lupe zu nehmen, und benötigt dafür keine Erlaubnis.

In einem höflichen Schreiben haben wir Euch über unsere Pläne informiert, unser Interesse erläutert und um Mitarbeit und Interviews gebeten. Kannst Du mir erklären, warum diese Anfragen «unberechtigt» waren und der Stil «ungebührlich»? Du nennst es eine «Drohung» und eine «aggressive Vorgehensweise», dass ich gesagt hätte, dieses Projekt mit oder ohne Eure Beteiligung durchführen zu wollen. Doch im Verlauf unseres Gesprächs vom 19. Januar 2021 haben [Dein Kollege] und Du uns drei Mal (!) gefragt, ob dieses Projekt auf alle Fälle durchgeführt werden würde. Meine Bestätigung war nichts anderes als eine ehrliche Antwort auf Eure Frage. […] Ich hatte gehofft (mehr noch, ich hoffe es immer noch), dass Ihr mitarbeiten und Transparenz, Integrität und Professionalität an den Tag legen würdet, die Werte, von denen Ihr sagt, dass Ihr ihnen anhängt.

Aus Deiner letzten Mail geht hervor, dass African Parks mich beobachtet, während ich meiner Arbeit im Ausland nachgehe. Die meisten Informationen sind jedoch falsch:

Ruanda

- Ich habe in Ruanda keine Drehgenehmigung beantragt.
- Ich habe während meines Besuchs im Land keine Interviews zu Akagera geführt.

- Ich habe noch immer keinen konkreten Plan für einen Dokumentarfilm über AP.

Demokratische Republik Kongo

- Ich habe jedes Recht dazu, zu sprechen, mit wem ich will, und von allen Seiten Informationen einzuholen.
- Ich habe niemals Interviews mit Informanten abgebrochen, die Positives über AP berichtet haben. Ich habe jedoch speziell nach solchen Erzählungen gefragt.
- Ich habe meine Lodge nicht gebeten, meine Aktivitäten geheim zu halten. Und selbst wenn ich es getan hätte, kannst Du mir dann erklären, warum das ein Problem sein sollte?
- Während unseres Gesprächs am 19. Januar hast Du uns ausdrücklich erklärt, dass es immer eine Option wäre, die Parks als Tourist zu besuchen, dass die meisten Parks öffentlich zugänglich seien und es jedem freistünde, sie zu betreten. In Garamba wurde zum Zeitpunkt meines Besuchs Touristen der Eintritt gewährt, doch trotz dieser früheren Erklärung hat es mir Eure Organisation nicht gestattet, den Park zu besuchen.

Ich bedauere Eure Entscheidung, nicht auf meine Bitten eingehen zu wollen, mir den Zutritt zum Park oder Interviews mit Euren Mitarbeitern nicht zu gestatten. Natürlich habt Ihr das Recht dazu, aber meines Erachtens wäre es professionell, transparent und höflich gewesen, wenn Ihr uns das einfach mitgeteilt hättet, anstatt fast sechs Monate zu schweigen und anschließend unglaubwürdige Entschuldigungen und unbegründete Anschuldigungen vorzutragen. Der Satz «Obwohl wir Dich nicht davon abhalten werden …» klingt sehr viel bedrohlicher als alles, was ich Euch im zurückliegenden Jahr geschrieben oder gesagt habe.
Von meiner Seite möchte ich Euch wissen lassen, dass ich noch immer offen für eine Zusammenarbeit und bereit bin, darüber zu reden.
Mit freundlichen Grüßen,
Olivier

Es erfolgt keine Reaktion.

Im Frühjahr 2022 erscheint der neue Geschäftsbericht von African Parks, den ich selbstverständlich mit größtem Interesse lese. Mit einiger Verwunderung entnehme ich ihm, dass die Organisation Garamba in diesem Jahr als Erfolgsgeschichte präsentiert, mit dem Foto eines kleinen Jungen, der in einem dunklen Zimmer bei Lampenlicht aus Solarenergie seine Hausaufgaben macht. «Und es wurde Licht», lautet die Überschrift über dem Artikel, ein Zitat aus der Bibel. Vollständig heißt es im Buch Genesis: «Im Anfang erschuf Gott Himmel und Erde. Die Erde war wüst und leer und Finsternis lag über der Urflut und Gottes Geist schwebte über dem Wasser. Gott sprach: Es werde Licht. Und es wurde Licht. Gott sah, dass das Licht gut war. Und Gott schied das Licht von der Finsternis.»

Es ist nicht das erste Mal, dass African Parks das Alte Testament zitiert. Peter Fearnhead verglich seine Organisation auch schon mal mit der Arche Noah, als es um Majete in Malawi ging.[1] Offenbar glaubt AP, dass der eigene Erfolg biblische Dimensionen annimmt. Über den Park im Kongo heißt es in dem Bericht: «War Garamba einst ein Synonym für Verzweiflung, ist es heute ein lebendiges Symbol des Fortschritts und der Möglichkeiten für Menschen und für Wildtiere.»

Das ist alles nicht besonders subtil. Wenn man in der kongolesischen Dunkelheit darüber spricht, Licht zu bringen, werden natürlich bewusst oder unbewusst Assoziationen zu dem Roman *Herz der Finsternis* (1899), dem Klassiker von Joseph Conrad, geweckt. Der Roman spielt an einem fiktiven Ort, der stark an den Kongo unter dem belgischen König Leopold II. erinnert. Dort, im «Herzen der Finsternis», hofft der Elfenbeinhändler Kurtz, den «Wilden» im Urwald Zivilisation beizubringen und sie davon zu überzeugen, dass sie ihn verehren müssen. Doch zum Schluss dreht er vollkommen durch und will jeden um sich herum abschlachten. Die Grenze zwischen zivilisiert und wild verschwimmt dabei völlig. «Das Grauen! Das Grauen!», sind Kurtz' berühmte letzte Worte.

Im selben Geschäftsbericht heißt es unter der Überschrift «Anker der Stabilität und Nachhaltigkeit», dass es die Organisation in Garamba in weniger als zwanzig Jahren geschafft habe, den Naturschutz zu einem Wirtschaftsfaktor zu machen, «der Menschen wirkliche Optionen für eine bessere und hellere Zukunft bietet».[2] AP behauptet, vierzehntausend Haushalte an das solarbetriebene Stromnetz angeschlossen zu haben. Als ich Jean-Claude Malitano, den lokalen NGO-Leiter, der monatelang im Gefängnis saß, per WhatsApp danach frage, reagiert er mit drei Smileys, die sich vor Lachen kringeln. Laut Malitano handelt es sich in Wahrheit nur um einen Bruchteil der genannten Zahl, stattdessen gebe es zahlreiche Haushalte, die zwar bezahlt hätten, aber bereits seit einem Jahr auf ihren Anschluss warteten.

Was der Jahresbericht ebenfalls nicht erwähnt, ist ein Skandal aus dem Jahr 2021, bei dem es um Waffen- und Munitionsschmuggel ging, an dem die damalige Nummer zwei von Garamba, Ghislain Somba, sowie eine Reihe von Parkwächtern beteiligt waren. Hintergrund war, dass man dreiundachtzig Schachteln Munition für Kalaschnikows sowie Waffen beschlagnahmt hatte, die möglicherweise für den Verkauf an bewaffnete Gruppen bestimmt gewesen waren. Laut einer «Group of Experts», die dem Sicherheitsrat der Vereinten Nationen Bericht erstattete, habe Somba gestanden, einem seiner Ranger den Auftrag erteilt zu haben, bei einer Militärbasis in der Nähe seines Hauses in Beni in der Provinz Nord-Kivu Munition zu kaufen. Dem UN-Bericht zufolge sei das AP-Parkmanagement, dem Somba selbst angehörte, nicht über diesen speziellen Einkauf informiert gewesen, die Direktion habe jedoch eingeräumt, dass «inoffizielle Ankäufe von Munition» häufiger vorkämen, da offizielle Anfragen nicht beantwortet würden.

Somba hatte achtundsiebzig Schachteln Munition bei sich zu Hause aufbewahrt. Als die restlichen fünf Schachteln bei einem Hauptmann der Armee konfisziert wurden, brachte er «seine» Schachteln zu einem Kollegen, der in dem für seine Berggorillas berühmten Nationalpark Virunga arbeitete. Die Group of Experts fand zwar keinen direkten Beweis dafür, dass die Schachteln tatsächlich für bewaffnete Gruppen bestimmt gewesen waren, die schon seit Jahrzehnten den Osten des Kongos unsicher machen, doch der Vorgang zeigt, dass Ranger Käufe tätigen, bei denen die Vorschriften umgangen werden, und sich somit das Risiko erhöht, dass Munition in die falschen Hände gerät.[3]

Solch ein Skandal ist ärgerlich für African Parks, doch eine «äußerst transparente» Organisation würde es schon in ihrem Geschäftsbericht erwähnen, vorzugsweise in Verbindung mit einer Maßnahme, die getroffen wurde, um zu verhindern, dass so etwas in Zukunft noch einmal geschieht. Die vier Ranger wurden auf unbekannte Dauer eingesperrt, Somba bekam eine Stelle in einem anderen Park.

Ich selbst sehne mich nach drei harten Reisen – keine Presseakkreditierung in Ruanda, stundenlanges Festhalten an einer Provinzgrenze im Kongo und vier Tage in polizeilichem Gewahrsam mit anschließender Ausweisung aus Benin – nach etwas ruhigerem Fahrwasser. Das hoffe ich im Majete Wildlife Reserve im südostafrikanischen Malawi zu finden, einem Land, das für seine Stabilität und Gastfreundschaft bekannt ist. Sollte es dort möglich sein, ohne Behinderungen zu recherchieren?

19

MAJETE, MALAWI
WO ALLES BEGANN

«Zwei Malawier, ein internationaler Besucher und ein Fahrzeug», bestätigt der Rezeptionist beim Majete Wildlife Reserve. «Das macht dann zweiunddreißig Dollar. Möchten Sie einen Geländeplan dazu?»

Den nehme ich gern. Zwei Jahre nach meinem Entschluss, ein Buch über African Parks zu schreiben, besuche ich im Sommer 2022 erstmals einen Park unter AP-Verwaltung.* Dann zeigt mal her, die *big five*. Wir bekommen den Tipp, dass sich die Geparden häufig bei der Landebahn für Privatflugzeuge aufhalten. Und, ach ja, im Norden des Parks befindet sich eine Zone, die wir nicht betreten dürfen, sie ist ausschließlich den Gästen der Mkulumadzi Lodge vorbehalten, in der ein Doppelzimmer in der Hochsaison gut tausend Dollar pro Nacht kostet.

Wir begeben uns auf einen *game drive* durch den Busch, der zumeist aus niedrigem Strauchwerk besteht, und fahren am Shire entlang, einem Fluss, an dem wir eine Gruppe Nilpferde und einige große Krokodile ausmachen, die auf einem Stein im Wasser liegen und in der Sonne dösen. Gleichzeitig fällt unser Blick auf ein imposantes Bauwerk aus Beton, das gerade mit chinesischer Hilfe errichtet wird und der Bewässerung dienen soll. Ich muss an Paul van Vlissingen und seinen Traum denken, die Uhr in Afrika um hundert Jahre zurückzudrehen.

Die *big five* halten sich heute allesamt vor uns verborgen – sie sind natürlich bei den reichen Touristen. Doch wir sehen verschiedene Antilopenarten – ich finde den Kudu mit seinem gestreiften Fell und den langen, gekrümmten Hörnern bei den Männchen besonders schön. Und das einzige Rudel Wildhunde, das es im Park gibt, überquert direkt vor uns die Straße.

---

* Vorher war ich allerdings schon in Jagdrevieren und Schutzzonen gewesen, über die AP ebenfalls die Kontrolle hat.

Die Tiere haben sich gerade an einem Wasserbock gütlich getan, dessen Kadaver noch einer ganzen Reihe weiterer Tiere als Festmahl dienen wird.

Es fühlt sich als etwas Besonderes an, endlich einmal einen «African Park» zu besuchen, doch zugleich wird mir bewusst, dass sich meine Recherchen vor allem in der *Umgebung* des Naturreservats abspielen und nicht *in* ihm.

Anders als der Kongo und Benin hat Malawi keine nennenswerten Sicherheitsprobleme, und zum ersten Mal verläuft die Reise problemlos – ohne unerwarteten Kontakt mit den Hütern des Gesetzes. Wegen seiner Stabilität und Sicherheit ist das Land bei Hilfsorganisationen beliebt. Die wohl bekannteste ist Raising Malawi, gegründet von der Sängerin Madonna, die nicht nur vier malawische Kinder adoptiert, sondern außerdem begeistert angekündigt hat, eine beachtenswerte Mädchenschule bauen zu wollen – die allerdings bis heute nicht existiert. In Blantyre, der zweitgrößten Stadt des Landes, anderthalb Autostunden von Majete entfernt, liegen die Büros der NGOs aufgereiht wie an einer Perlenkette: Save the Children, Feed the Children, Women for Fair Development, Development Aid from People to People … Trotz all der Unterstützung zählt Malawi noch immer zu den zehn ärmsten Ländern der Erde.

Auch African Parks leistet dort, bereits seit 2003, Hilfe. Majete war das erste von AP verwaltete Naturreservat und dient der Organisation seitdem als Aushängeschild. Wo zuvor Öde herrschte, findet man heute ein blühendes Naturschutzgebiet vor, das jährlich knapp zehntausend Touristen aus dem In- und Ausland anzieht und allmählich etwas mehr Einnahmen aus eigener Kraft generiert. Die Bevölkerung rund um den Park profitiert davon in vollem Umfang mit, versichert AP. Die Entwicklungsprojekte in Majete hat African Parks seit 2012 größtenteils an die amerikanische Organisation The Hunger Project vergeben, was angesichts der mäßigen Leistungen von AP auf dem Gebiet sicherlich eine kluge Entscheidung war.

Die international tätige NGO The Hunger Project geht auf systematischere Weise vor, als es African Parks für gewöhnlich tut. Die Organisation hat die umliegenden Dörfer in Zonen aufgeteilt, die jeweils ein «Epizentrum» in Form eines Gebäudes für die Gesundheitsversorgung und den Schulunterricht sowie für Mikrofinanzierung und Ernährungsberatung haben.[1] Eine Evaluation im Jahr 2018 war relativ positiv, wies jedoch darauf hin, dass sich die Nachhaltigkeit des Projekts erst beweisen müsse und es noch viel zu tun gebe, bevor jede Zone mit einem solchen Epizentrum ausgestattet sei.[2] Eines der wesentlichen Probleme von Entwicklungsprojekten ist es, dass sie nach ihrer Beendigung oft noch eine Weile gut weiterlaufen, sich dann aber im Weiteren schwer damit tun, die Arbeit fortzuführen.

Meine Recherchen in Majete bestätigen Beobachtungen und Feststellungen, die ich bereits im Hinblick auf andere Parks gemacht hatte. Auch hier erweist sich African Parks als Kontrollfreak. So bekam Brenda Kanyika-Zuka, die in Majete eine umfangreiche wissenschaftliche Untersuchung durchführte, einen Mitarbeiter der Organisation als Begleitung an die Seite gestellt, als sie auf dem Motorrad von Dorf zu Dorf fuhr, um dort Bewohner zu interviewen.[3] Er führte sie jedoch ausschließlich zu Dorfvorstehern und Organisationen, die direkt von der Anwesenheit von African Parks profitierten beziehungsweise zu Eltern von Kindern, die ein Schulstipendium erhalten hatten. In Gesprächen, bei denen ihr Begleiter nicht anwesend war, vernahm sie auch viel Negatives, manchmal sogar von denselben Interviewpartnern.

Der Lebensstandard in der Umgebung des Parks ist laut Kanyika-Zuka in den zurückliegenden zwanzig Jahren nicht gestiegen. Zwar hätten einige wenige profitiert, doch vielen gehe es sogar schlechter, weil ihnen jetzt der Zugang zu den Ressourcen des Parks fehle.

Um Besucher zu animieren, ihren Aufenthalt im Park zu verlängern, versucht AP, mehr Unterhaltung zu bieten. Touristen werden etwa in die Dörfer geschickt, in denen Bewohner traditionelle Tänze aufführen. Die meisten Einnahmen, so Kanyika-Zuka, bleiben beim Dorfoberhaupt und dem Dorfrat hängen, aber auch die Tänzer gehen nicht leer aus. «Ist das Kultur oder Marketing? In meinen Augen sieht African Parks die Dorfbewohner als Material, das sich ausbeuten lässt», sagt sie.

Sie sieht eine klaffende Lücke zwischen den Erfolgsgeschichten, die AP über sich selbst verbreitet, und der Wirklichkeit. «Niemand kontrolliert, was sie machen. Wenn African Parks eine Sitzung mit Politikern oder Beamten abhält, wird für eine Vergütung gesorgt. Wir in Malawi betrachten das nicht als Korruption – so läuft das hier nun mal. Aber es führt dazu, dass sie selten einmal kritische Fragen stellen. Denn sonst werden sie beim nächsten Mal nicht mehr eingeladen.»

African Parks habe in all den Jahren nur wenig aufgebaut, findet Kanyika-Zuka. «Die Idee, dass die Organisation den Park nach fünfundzwanzig Jahren an die Regierung zurückgibt, die ihn dann selbst verwalten kann, ist eine Fata Morgana. Wenn AP jetzt wegginge, würde alles innerhalb von sechs Monaten zusammenbrechen.»

Auch in Majete liegt der Schwerpunkt der Arbeit auf dem Kampf gegen die Wilderei und der Aufrechterhaltung von Ruhe und Ordnung, auch wenn die Gefahren hier erheblich geringer sind als beispielsweise im Kongo oder in Benin. In Majete trifft man ausschließlich auf lokale Wilderer, und viele von ihnen sind vor allem daran interessiert, Holz zu schlagen – was ebenfalls als Wilderei betrachtet wird. Trotzdem verfolgt der Park auch hier eine äußerst restriktive Politik, wie ehemalige Mitarbeiter von African Parks berichten.

Mike Shawa hat zwischen 2004 und 2010 für African Parks gearbeitet und ging, als Träger und Koch, oft mit auf Patrouille. Wenn sie am Fluss auf menschliche Fußspuren stießen und man erkennen konnte, dass die Person barfuß oder in Slippern unterwegs gewesen war, wussten sie, dass sie einem Wilderer gehörten. Denn sie waren für gewöhnlich zu arm, um sich festes Schuhwerk leisten zu können, erzählt er. Hatte man ihre Spur verloren, sah man sich von einem kleinen Hügel aus um, ob irgendwo aus dem Busch eine Rauchfahne aufstieg.

Er habe eine ganze Menge Festnahmen miterlebt, erinnert er sich. «Wilderer jagen oft mit einem Hund – den erschießen wir zuerst. Die Wilderer nehmen wir mit zur Basis, wo wir sie einsperren – die Polizei ist zu weit weg. Wenn ein Wilderer abstreitet, dass es sein Hund ist, foltern wir ihn so lange, bis er es zugibt. Das Management von African Parks hat das gefördert. ‹Sorgt dafür, dass ihr ein Geständnis bekommt, um jeden Preis›, haben sie gesagt.»

Ein solches Geständnis sei laut Shawa sehr wichtig, weil die Polizei die Erklärung ohne weitere Ermittlungen akzeptiere und von African Parks übernehme. «Die Ranger haben die Rolle der Polizei eingenommen. Sie führen keine unabhängigen Verhöre durch.» Andere ehemalige Mitarbeiter bestätigen das.

Der Ex-Wilderer Albert Ziyano – fast fünfzig Jahre alt – kann da ein Wörtchen mitreden. Er stammt aus einer großen Familie mit drei Brüdern und drei Schwestern und hatte gehofft, bei African Parks Arbeit zu finden. Doch das Auswahlverfahren war streng und die Zahl der zu vergebenden Posten begrenzt: Er würde es nie schaffen. Nach eigenem Bekunden begann er deshalb zu wildern, um sich seinen Lebensunterhalt zu verdienen – hier lagen seine Talente. Er verfügte über ein Netz an Handlangern, die ihm halfen, die Beute zu verstecken. Und er fing fast jedes Mal etwas: Impalas, Äffchen, Wildschweine, Hasen, Perlhühner …, aber, wie er sagt, niemals Vertreter großer, bedrohter Tierarten.

Die Einzäunung des Parks erschwerte Ziyano die Arbeit, doch ganz aufhören konnte er damit nicht. Eines Vormittags hatte er gerade ein Wildschwein gefangen, als er von einer Zaunwache erwischt wurde. Er bekam nach eigenem Bekunden ein paar gezielte Schläge mit einem Metallrohr, schlug zurück, konnte fliehen und tauchte in Blantyre unter. Sein Leben verlief in der Folge rastlos, bis seine Mutter ihn schließlich überzeugte, sich zu stellen. Man brachte ihn nach Majete, wo ihn nach seinen Aussagen schwere Misshandlungen erwarteten. So musste er, während er mit dem Kopf nach unten von der Decke hing, schreiend bis hundert zählen und hundert Meter über verbranntes Gras mit spitzen Steinen im Boden laufen. Nach ein paar Tagen, so Ziyano, ließ man ihn frei, und er kam mit einer Geldstrafe davon.

Wieder zu Hause, führte er lange Gespräche mit seiner Mutter. Sie verkaufte daraufhin zwei Kühe, damit ihr Sohn von dem Geld einen kleinen DVD-Handel aufbauen konnte. Leider bringt das seit Kurzem nicht mehr genug ein, dennoch rät Ziyano seinen Freunden bis heute vehement davon ab zu wildern.

Für Ziyano gibt es keinen wesentlichen Unterschied zwischen Wilderern und Rangern. «Dieselben Leute können beide Rollen einnehmen. Beide sind vom Park abhängig: Der eine jagt Tiere, um seinen Lebensunterhalt zu bestreiten, der andere jagt Menschen. Es ist eine Möglichkeit, um zu überleben. In meinen Augen sind wir alle gute Menschen. Man kann außerhalb der Umzäunung eine respektable Person sein und innerhalb des Zauns ein Wilderer.»

Lawrence Chikafa arbeitete zwischen 2006 und 2013 als Zaunwache, doch seine Karriere fand ein jähes Ende, nachdem man ihn des Diebstahls beschuldigt hatte: Er sollte Solarpaneele des Parks entwendet haben, was er selbst bestreitet. «Sie haben mich neun Tage auf der Basis eingesperrt, und ich bekam dieselbe Behandlung wie die Wilderer. Mein Folterer schlug mich mit einem Plastikschlauch und einem Holzstock auf den Rücken und gegen die Waden. Sie haben mich an einem Ring aufgehängt, in Handschellen, und mich aufs Neue geschlagen, immer auf dieselben Stellen.»

Der Leiter der Rangertruppe beteiligte sich Chikafa zufolge selbst auch an den Quälereien. «Sie schienen Vergnügen daran zu haben. Ich habe nie gestanden, und ich bin auch nicht verurteilt worden, aber sie haben mir einfach den Vertrag nicht verlängert. Sie zahlten mich für die letzten zwei Monate aus, und das war's.»

Chikafa zufolge könnten die Methoden zwar variieren, aber Folter komme im Park bis auf den heutigen Tag vor. «Wilderer werden ausgepeitscht. Oder Ranger zwingen einen Wilderer, die Backen aufzublasen und verpassen ihm dann einen Faustschlag oder schlagen ihm mit der flachen Hand ins Gesicht. Manchmal werden sie krankenhausreif geprügelt. Dann können sie nicht mehr laufen und bluten aus der Nase oder aus dem Mund. Bei jemandem, der ein Wildschwein gefangen hatte, habe ich sogar Blut aus den Ohren kommen sehen. Und selbst wenn man die Beweise schon gefunden hat, geht die Folter weiter, als Botschaft an andere, um sie zu entmutigen.»

Es gibt auch schon mal Widerspruch dagegen. Chikafa erzählt, dass manchen Mitgliedern des Managementteams das Verhalten der Ranger zu weit gegangen sei, doch die Direktion habe betont, dass jedes Mittel recht sei, um ein Geständnis zu erzwingen. «Es war allgemein akzeptiert. Wir waren nun mal im Krieg und mussten wie Soldaten handeln, mit Wilderern als unserem Feind.»

Chikafa zufolge kommt es, wegen der Jagd auf Prämien, auch bei African Parks in Malawi zu unschuldigen Opfern. «Der Wilderei verdächtige Personen werden morgens früh aus dem Bett geholt und unbekleidet mitgenommen. Das ist sehr einschüchternd. Manchmal trifft es dabei Unschuldige, auf die sie so lange einprügeln, bis sie gestehen.»

Auch ein Sicherheitsmann, der zwischen 2012 und 2018 für African Parks arbeitete, berichtet, dass der Polizei in seiner Zeit mehrmals Unschuldige übergeben worden seien. «AP klagt sie an und übergibt sie der Polizei, wo sie regelmäßig geschlagen werden. Der Park bezahlt die Polizisten, also sind sie sehr hilfsbereit. Wenn man ihnen Geld oder Benzin gibt, tun sie genau, worum man sie bittet.»

Eine richtige Zelle gibt es nach Auskunft des Sicherheitsmanns auf der Basis von African Parks nicht, als Ersatz dient die Werkstatt, in der Reparaturen durchgeführt werden. «Da sperren sie die Verdächtigen maximal für einen Tag ein», berichtet er. «Wenn sie sich weigern zu kooperieren, bekommen sie mit einem Plastikknüppel Schläge auf den Rücken. Nicht auf den Kopf – das ist nicht gestattet. Jeder Wilderer wird knallhart behandelt, ob er nun Holz gesammelt oder einen Elefanten getötet hat. Ich selbst habe sie auch geschlagen. Wenn die Ranger zum Essen gingen, war es meine Aufgabe, gut auf die Gefangenen aufzupassen. Alles ist erlaubt, um die Ordnung aufrechtzuerhalten. Manchmal bekamen wir den Auftrag, sie zu schlagen, um ihnen Angst zu machen.»

Auch dieser Mitarbeiter kann bestätigen, dass die Leitung des Parks bestens darüber informiert ist, wie die Parkwächter die Verdächtigen behandeln. «Wir wurden von den Weißen trainiert. Die bringen den Rangern bei, wie sie einen Wilderer festnehmen müssen: Man muss sofort Stärke zeigen, sonst kann er dich töten.»

In solchen Schulungen lernen Ranger theoretisch auch etwas über die Bedeutung von Menschenrechten, aber dieser Teil der Ausbildung geht offenbar manchmal unter. Darüber hätte ich mich gern einmal mit African Parks selbst unterhalten, doch auf meine letzte Mail, in der ich die Organisation auf Falschbehauptungen hingewiesen und eine Reihe von Fragen gestellt hatte, habe ich bis heute keine Antwort erhalten.

20

AFRICAN PARKS MÖCHTE REDEN

Zweieinhalb Monate nach meiner letzten Nachricht an African Parks schicke ich ein Erinnerungsschreiben und bekomme daraufhin von der Kommunikationsdirektorin Andrea Heydlauff eine kurze Antwort: «Wie wir bereits in unserer E-Mail vom 6. Dezember deutlich gemacht haben, sind wir fest davon überzeugt, dass ein Großteil Deiner Recherchen über AP einen Mangel an Faktizität und Transparenz offenbart hat. Deshalb werden wir nicht auf Deine Bitten als Journalist eingehen, Dir Zugang zu den Parks zu gewähren, die unter der Verwaltung von AP stehen, oder zu unseren Mitarbeitern, um Interviews zu führen.» Meine Fragen, was in meiner vorangegangenen Kommunikation mit ihr «ungebührlich», «unberechtigt» und «bedrohlich» gewesen war, bleiben unbeantwortet.

Nach unserem Besuch im Norden Benins hält es meine mutige Kollegin Flore Nobime für geboten, mit dem, was uns widerfahren ist, an die Öffentlichkeit zu treten. Sie weigert sich, die Einschränkung der Pressefreiheit in ihrem Land zu akzeptieren, und ist bereit, die Risiken einer Veröffentlichung zu tragen. Auf Französisch, Englisch und Niederländisch publizieren wir Artikel über die Bezichtigung der Spionage und unseren gesetzeswidrigen Freiheitsentzug.[1] Außerdem reichen wir beim Büro des Hochkommissars der Vereinten Nationen für Menschenrechte eine Klage gegen den Staat Benin ein.

Vor der Veröffentlichung stelle ich African Parks, das in diesen Artikeln nicht wirklich eine Rolle spielt, einige Fragen über seine eventuelle Beteiligung an diesen Vorfällen. Die Organisation, schreibt mir Heydlauff, habe nicht einmal gewusst, dass ich in Benin gewesen sei, und daher auch nichts mit der Sache zu tun. Ich bekomme auch gleich einen neuen Vorwurf zu hören, nämlich dass ich AP aufgefordert hätte, binnen vierundzwanzig Stunden auf mein Schreiben zu reagieren. Was im journalistischen Alltag für vier relativ einfache Fragen ein nicht ungewöhnlicher Zeitrahmen ist,

ist bei mir jedoch *yet again a sign of your uncollaborative pattern of engagement with us* (wieder einmal ein Zeichen für Dein unkooperatives Verhalten uns gegenüber). Außerdem habe Flore, «wie Du vielleicht weißt», vor drei Monaten bei dem AP-Parkmanager um ein Interview gebeten. Dabei habe sie jedoch meinen Namen und meine Absichten nicht erwähnt.

Ich bekomme einen Schreck, denn danach hatte ich Flore überhaupt nicht gefragt – ich wollte schließlich keine schlafenden Hunde wecken. Aber ein weiteres Mal zeigt sich, dass AP falsch liegt: Flore hatte den Manager, den sie 2019 selbst interviewte, tatsächlich kontaktiert, weil sie ihm Fragen zu einem Angriff stellen wollte, der kurz zuvor in der Nähe von Pendjari stattgefunden hatte und bei dem zwei Soldaten umgekommen waren. Mit mir hatte das jedoch nichts zu tun gehabt.

Wir schreiben unsere «Spionagegeschichte» wahrheitsgetreu auf und erwähnen ausdrücklich, dass AP nach eigenen Angaben nicht über unseren Besuch oder unsere Verhaftung informiert gewesen war.

Mit Edjan van der Heide, dem Lodge-Betreiber in Sambia, der meine Begeisterung für African Parks weckte, unterhalte ich mich nach der Veröffentlichung unseres Artikels über mein schlechtes Verhältnis zu der Organisation, auf die er so große Stücke hält. Das wundert ihn. Er kennt den Vorstandsvorsitzenden Peter Fearnhead ziemlich gut und verspricht, die Sache mit ihm zu besprechen. Unabhängig davon nehme ich noch einmal Kontakt zu Robert-Jan van Ogtrop, dem Vorsitzenden des Verwaltungsrats, auf und schreibe ihm am 11. Oktober 2022 Folgendes:

> Lieber Robert-Jan van Ogtrop,
> wie Ihnen vielleicht bekannt ist, bin ich als Journalist mit einem Buchprojekt beschäftigt, bei dem es um Naturschutz in Afrika und insbesondere um die Organisation African Parks geht. […] Die Kommunikationsabteilung hielt meine Anfrage, Peter Fearnhead und Sie zu interviewen, für «unjustified», unberechtigt – warum, wurde mir nicht näher erläutert. Allerdings sagte AP mir nach einer ausführlichen Erläuterung des Projekts zu, mich bei der Vorbereitung eines Besuchs des Akagera-Nationalparks zu unterstützen. Als wir im Juni 2021 dabei waren, diesen Besuch konkret zu planen, brach AP von einer Sekunde auf die andere und ohne irgendeine Erklärung jegliche Form der Kommunikation ab. Ich fand mich in der bemerkenswerten Situation wieder, dass ich als Journa-

list sehr viele Fragen beantwortet und meine Pläne bis ins Detail erläutert hatte, ohne selbst auch nur eine einzige Frage stellen zu können.
Ich hoffe, Sie verstehen, dass dies kein Grund für mich war, das Projekt aufzugeben. Als ich AP ein paar Monate später über meine Anwesenheit in Faradje in der Nähe des Garamba-Nationalparks informierte und fragte, ob ich – da ich schon mal da war – den Park besuchen und das Management sprechen könne, erhielt ich eine Antwort voller Beleidigungen. Ich wäre unprofessionell, nicht integer, voreingenommen … Meine Bestätigung, dass ich das Projekt auch ohne die Mitarbeit von AP durchführen würde, sei eine «aggressive Vorgehensweise» gewesen (obwohl es einfach nur die Antwort auf die Frage war, die die Kommunikationsabteilung mir mehrfach gestellt hatte: Machst Du das Projekt auch, wenn wir nicht mitmachen?).
Meine Integrität und meine Ernsthaftigkeit als Journalist sind relativ einfach zu verifizieren. Für meine Arbeiten in der Vergangenheit wurde ich mit einem «Tegel» ausgezeichnet, dem höchsten niederländischen Preis für journalistische Arbeit, und ich war für verschiedene weitere Preise nominiert. Auf der Basis meiner geleisteten Arbeit und ausgereiften Konzepte wurden mir mehrere Stipendien zuerkannt. Zudem habe ich in den zurückliegenden Jahren Gastvorlesungen und Seminare an so prestigeträchtigen Universitäten wie Harvard, Princeton und der NYU sowie Vorträge im niederländischen Außenministerium, beim Rijksdienst voor Ondernemend Nederland, im Rahmen einer Nachhaltigkeitsplattform des französischen Premierministers und bei der Royal African Society in London gehalten. Ich sage es in aller Bescheidenheit, aber ich bin unter Journalistenkollegen und darüber hinaus als seriöser und vertrauenswürdiger Journalist bekannt und nicht als jemand, der auf billige Sensationsgeschichten aus ist.
Um es kurz zu machen: Ich würde Sie noch immer gern sprechen. Sollen wir uns in Kürze mal auf eine Tasse Kaffee treffen?
Mit freundlichen Grüßen,
Olivier van Beemen

Eine Woche später bekomme ich eine Antwort.

Lieber Olivier,
vielen Dank für Ihre Mail und den Vorschlag, einmal eine Tasse Kaffee zu trinken. Ich werde in den nächsten Monaten, nach dreizehn phantastischen Jahren, als Vorsitzender von African Parks zurücktreten.

Ich würde gern noch ein paar Dinge zu den Details in Ihrer Mail anmerken. Alle Anfragen von Journalisten werden standardmäßig von unserem Marketing- und Kommunikationsteam bearbeitet. Ihnen ist natürlich klar, dass wir nicht allen Wünschen entsprechen können, daher müssen wir gut schauen, auf welche wir eingehen und auf welche nicht – dabei geben das Ziel und der Umfang der Anfrage den Ausschlag. In Ihrem Fall fanden wir das Ziel nicht klar, doch Ihre Forderungen waren beträchtlich, und das Team hat daher beschlossen, nicht mitzuwirken. Natürlich kann jeder Journalist anschließend selbst entscheiden, ob er dennoch seiner/ihrer eigenen Wege gehen will.
Ihre Referenzen werden gewiss nicht in Zweifel gezogen. Wir sind jedoch nicht in Gänze von Ihren professionellen Absichten überzeugt. Im letzten Jahr haben wir zahllose Nachrichten von Staatsbediensteten, aus lokalen Gemeinschaften, von unseren Kollegen in den Parks, von anderen Naturschützern sowie auch von ehemaligen Beschäftigten erhalten. Sie haben alle aus eigenem Antrieb Kontakt zu uns aufgenommen, um uns mitzuteilen, dass sie Ihre Vorgehensweise als aggressiv empfinden würden und es so scheine, als wollten Sie eine rein negative Geschichte über African Parks erzählen. Sie haben in Ihren Interviews und Ihren Begegnungen kein Interesse an der ganzen Geschichte oder an positivem Feedback gezeigt und den Eindruck vermittelt, dass «sie bestimmt etwas zu verbergen» hätten. Außerdem haben Sie African Parks fälschlicherweise bezichtigt, in Ihre Verhaftung in Benin involviert gewesen zu sein, und Sie haben unter Vorspiegelung falscher Tatsachen Kontakt zu Personen gesucht. Alles deutet bisher darauf hin, dass Ihr Projekt eine einseitige Geschichte zu sein bezweckt, und ich hoffe, Sie verstehen, dass wir deshalb zögern, mit Ihnen Gespräche aufzunehmen. Wir sind nämlich nicht davon überzeugt, dass sie dazu führen würden, dass Sie ein ausgewogeneres Bild von African Parks zeichnen.
Sollten Sie dennoch eine Tasse Kaffee trinken wollen, bringe ich Sie gern in Kontakt mit meinem Vorstandskollegen bei African Parks, Valentine Chitalu, der in Lusaka lebt. Er ist bereit, sich mit Ihnen zu treffen und Ihre Sichtweise zu erfahren. Möglicherweise würde das zu einem besseren Verständnis des Ziels und der Vorgehensweise in Ihrem Projekt führen.
Mit freundlichen Grüßen,
Robert-Jan

Erneut bekomme ich also eine Menge Anschuldigungen zu hören, aber van Ogtrop bietet einen kleinen Ausweg aus der festgefahrenen Situation:

eine Tasse Kaffee in Lusaka, der Hauptstadt Sambias, mit dem Vorstandsmitglied Valentine Chitalu.

Lieber Robert-Jan van Ogtrop,
vielen Dank für Ihre ausführliche Antwort – ich weiß das sehr zu schätzen. Und wie schön, dass Sie dreizehn phantastische Jahre als Vorsitzender von African Parks gehabt haben. Ich hoffe, eines schönen Tages mehr darüber zu erfahren ...
Selbstverständlich habe ich volles Verständnis dafür, dass meine Anfrage zunächst von der Kommunikationsabteilung bearbeitet worden ist, mich reizt es, ein Projekt wie dieses gleich auf höchster Ebene anzukündigen. Nach nochmaligem Lesen meines ersten Briefes glaube ich jedoch, dass er etwas zurückhaltender hätte formuliert werden können, tastender, aber dennoch: Es war ein höflicher Brief, in dem der renommierte Fotograf Kadir van Lohuizen und ich unser Vorhaben erläutert haben. Der Brief war gewiss nicht «unbecoming», ungebührlich, wie Andrea Heydlauff später schrieb. Ich habe auch keine «Forderungen» gestellt, sondern um Interviews und Mitarbeit gebeten. Die Interviewanfrage eines Journalisten ist allerdings niemals «unberechtigt». AP hat selbstverständlich das Recht, eine solche Anfrage abzulehnen, ebenso wie die Organisation das Recht hat, die Mitarbeit zu verweigern. Es ist jedoch ungewöhnlich und unprofessionell, dass eine Organisation – nach ausführlicher, sowohl mündlicher als auch schriftlicher Erläuterung meinerseits – die Mitarbeit zusagt und dann nichts mehr von sich hören lässt, trotz mehrerer Erinnerungsschreiben, wie in meinem Fall. [...]
Ich vermute, dass Ihre Zweifel an meinen professionellen Absichten auf weitgehend unkorrekten Informationen beruhen, die ebenfalls über die Kommunikationsabteilung und im Besonderen über Andrea Heydlauff zu Ihnen gelangt sind. Die Mails von Frau Heydlauff an mich enthalten zahlreiche Falschbehauptungen und unfundierte Anschuldigungen, die in Ihrer Mail teilweise widerhallen. Ich habe das alles in der [beigefügten] E-Mail-Korrespondenz widerlegt. [...]
Sie schreiben, dass ich AP fälschlicherweise der Beteiligung an meiner Festnahme in Benin bezichtige. Das ist eine schwerwiegende Anschuldigung gegen mich, die ich gern mit Beweisen untermauert sähe. Ich habe [in der Berichterstattung über den Vorfall] wahrheitsgemäß geschrieben, dass ich über African Parks recherchiert und mir die Organisation auf Nachfrage mitgeteilt

hätte, weder über meine Anwesenheit in Benin noch über meine Verhaftung informiert gewesen zu sein. Aus meinem Bericht geht klar und deutlich hervor, dass die Regierung Benins für die Festnahme verantwortlich war. Und können Sie mir auch Beispiele von Personen nennen, zu denen ich unter Vorspiegelung falscher Tatsachen Kontakt gesucht hätte? Das ist ebenfalls eine schwere Beschuldigung, für die ich gern Beweise sehen würde.

Ich bin sicher nicht darauf aus, eine einseitige Geschichte zu schreiben. Ich habe Ihre Organisation im Zusammenhang mit einer Reportage kennengelernt, die ich im Kafue National Park in Sambia gemacht habe. Dort wurde ich darauf aufmerksam, dass zwei niederländische Lodge-Betreiber sich, obwohl sie miteinander heftig im Clinch lagen, in *einem* Punkt einig waren: Sie wollten beide nichts lieber, als dass African Parks das Management des Parks übernähme. Für mich war es das erste Mal, dass ich etwas von dieser Organisation hörte, und die starke niederländische Beteiligung daran faszinierte mich ebenso wie die Tatsache, dass AP – inzwischen – zweiundzwanzig Parks in zwölf Ländern betreibt, ohne einem breiten Publikum wirklich bekannt zu sein.

Das war für mich der Ausgangspunkt, mich in den Naturschutz in Afrika zu vertiefen, und weckte eine alte Leidenschaft von mir zu neuem Leben: Ich bin in meiner Jugend ein aktiver «Ranger» gewesen (Jugendmitglied der niederländischen Sektion des WWF), und meine Tochter ist es nun ebenfalls. Daher stehe ich auch den Zielen von AP, die Fauna und die Biodiversität zu schützen, sehr positiv gegenüber und beobachte mit großem Interesse das in vielen Parks erfolgreiche Anwachsen von Tierpopulationen und die gelungene Umsiedlung von Elefanten, Nashörnern und anderen ikonischen Tierarten.

Aber ich beobachte die Aktivitäten von AP schon mit einem kritischen Blick – das ist meine Aufgabe als Journalist. Dazu suche ich den Kontakt zu den unterschiedlichsten Akteuren, die mit Ihnen oder für Sie gearbeitet haben beziehungsweise viel über den Naturschutz in Afrika wissen, sowohl Quellen, die wahnsinnig begeistert von AP sind, als auch Personen mit einer kritischeren Einstellung. Dass ich als Journalist ebenfalls auf der Suche nach den Schattenseiten bin, scheint mir eine Selbstverständlichkeit. Und dass darauf in manchen Gesprächen ein stärkerer Akzent gelegen hat als auf den positiven Aspekten, sollte ebenfalls nicht verwundern. Die positive Seite der Geschichte ist nun einmal, etwa über die eigene Kommunikation von AP, leichter zugänglich, als es die kontroverseren Seiten sind. Ich frage im Übrigen immer danach. Allerdings muss ich zugeben, dass die Haltung Ihrer Kommunikationsabteilung bei mir zu einigem Argwohn geführt hat. Die Tatsache, dass AP über sechs Monate hinweg nichts von sich hat hören lassen, obwohl mir von der Organisation zugesagt worden war, einen Besuch Akageras organisieren zu wollen, fand und finde ich eigenartig. Die Aggressivität und die Anschuldigungen, mit denen ich es dann zu tun bekam, als ich mitgeteilt hatte, in der Nähe von Garamba zu sein, machten die Sache nicht besser. Was das betrifft, bin ich übrigens nicht der Einzige: Auch andere Journalisten und Wissenschaftler haben über ähnliche Erfahrungen mit Ihrer Kommunikationsabteilung berichtet, die zum Teil auch auf Ihrer Website nachzulesen sind.

Es scheint, dass AP am liebsten ausschließlich Geschichten erzählen möchte, bei denen er selbst die Regie führt. Es ist in Ordnung, wenn manche Journalisten bereit sind, sich damit zu arrangieren, doch meine Auffassung von Journalismus ist eine andere. Ein hoher Baum fängt viel Wind, wie man in den Niederlanden sagt, und AP ist inzwischen ein hoher Baum. Wenn die Organisation für das stünde, was sie tut, würde sie ihre Angelegenheiten offenlegen und, wo immer es möglich ist, ihre Mitarbeit anbieten. Jedenfalls würde sie nicht von einer Sekunde zur anderen und ohne irgendeine Erklärung die Kommunikation abbrechen.

Als Journalist möchte ich ein ausgewogenes und ehrliches Bild von African Parks zeichnen und damit einem breiten Publikum Einblick in die aktuellen Debatten über den Naturschutz in Afrika geben. Ich glaube, dass Ihre Mitarbeit der Sache zugutekäme und auch in Ihrem Interesse wäre. Ich würde gern den schönen und oftmals spannenden Geschichten Ihrer Mitarbeiter vor Ort sowie den strategischen Überlegungen, schwierigen Entscheidungen und dem breiten Sachverstand bei der Geschäftsführung einen Platz einräumen.

Aber lassen Sie uns in der Tat, wie Sie es vorgeschlagen haben, mit einer Tasse Kaffee mit Valentine Chitalu beginnen. Ich habe zurzeit leider keine konkreten Pläne für eine Reise nach Lusaka, sodass es nur eine Tasse Kaffee vor den Bildschirmen werden würde. Dürfte ich Sie fragen, ob die Medienabteilung das organisieren könnte? Bereits im Voraus vielen Dank!

Mit freundlichen Grüßen,
Olivier van Beemen

Dann geht es plötzlich ganz schnell.

Die Kommunikationsdirektorin Andrea Heydlauff ist im Sommer durch Carli Flemmer ersetzt worden, und sie stimmt mir zu, dass es an der Zeit für einen Neuanfang unserer Beziehung wäre. Zufälligerweise bin ich eine Woche später, im Zusammenhang mit einer Diskussionsveranstaltung auf der African Investigative Journalism Conference, in Johannesburg und schlage vor, dass sie und ich und uns dann gleich auf eine Tasse Kaffee treffen könnten. Damit ist sie nicht nur einverstanden, sondern sie will auch ihren Chef Peter Fearnhead mitbringen. Wir verabreden uns in einer Cafeteria nicht weit von ihrem Headquarter entfernt und vereinbaren, dass ich die Unterhaltung nicht aufzeichnen und den Inhalt auch nicht für mein Buch benutzen werde.

Offenbar bin ich keine Enttäuschung für sie, denn unser Gesprächsfaden wird wieder aufgenommen. African Parks schlägt vor, die Beziehungen zu normalisieren, und bietet mir ein *on the record*-Interview mit Fearnhead sowie den begleiteten Besuch eines von AP ausgewählten Parks an. Dort darf ich *einen* der Manager interviewen und bekomme eine Führung durch die Zentrale des Parks. Die Fragen für beide Interviews muss ich eine Woche im Voraus übermitteln. «Um eines klarzustellen: Wir glauben nicht, dass Deine Buchveröffentlichung in unserem Interesse ist», schreibt Flemmer. «Unter den oben genannten Bedingungen stimmen wir einer Zusammenarbeit zu, doch das bedeutet nicht, dass wir hinter Deinem Buch stehen.»

Eine solche Rückenstärkung brauche ich auch nicht. Ich stimme zu und frage, ob sie mich nicht in eines der Länder einladen könnten, in denen ich schon gewesen bin, und schlage die Parks Chinko in der Zentralafrikanischen Republik und Zakouma im Tschad vor, die ohne die logistische Unterstützung von African Parks nahezu unerreichbar sind. Wir vereinbaren ferner, dass die Organisation es ehemaligen Mitarbeitern, die ich kontaktiere, freistellt, ob sie mit mir reden wollen oder nicht.

Im Dezember 2022 teilt AP mir mit, dass man sich für Liuwa Plain in Sambia entschieden habe, das sich aber erst frühestens ab Mai des darauffolgenden Jahres besuchen lasse. Damit wären wir zumindest schon mal ein halbes Jahr weiter. Peter Fearnhead könne ich Ende Januar interviewen. Das Ganze kommt noch nicht von Herzen, aber es ist ein Fortschritt.

Im Vorfeld dieses Gesprächs plane ich weitere Interviews in Südafrika, unter anderem mit zwei Mitbegründern von African Parks, Michael Eustace und Mavuso Msimang. Der pensionierte Bankier Eustace reagiert begeistert: «Es ist mir ein großes Vergnügen, Sie zu treffen.» Wir verabreden uns bei ihm zu Hause in einem hübschen grünen Viertel Johannesburgs.

Von Eustace weiß man, dass er stolz auf das ist, was AP erreicht hat. Ich erwarte von ihm kein abfälliges Wort über die Organisation, höchstens einen pikanten Kommentar auf die flamboyanten Auftritte Paul van Vlissingens, mit dem er nicht immer einer Meinung war. Doch darum geht es mir nicht: Ich bin vor allem neugierig auf seine Pioniergeschichten, die ersten Erfolge und auf die frühen Probleme, mit denen die African Parks Finance and Management Company zu kämpfen hatte beziehungsweise wie man sie zu lösen versucht hat.

Zwei Tage vor dem vereinbarten Interview schickt er mir eine E-Mail. «Ich habe gerade eine Nachricht vom AP-Headquarter bekommen, wonach die Organisation alle Informationen, die öffentlich gemacht werden sollen, selbst kontrollieren möchte. Das muss ich respektieren, und deshalb möchte ich unseren Termin am Sonntag absagen», schreibt er. «Verzeihen Sie den späten Zeitpunkt, aber ich habe es selbst auch erst vor wenigen Minuten erfahren.»

Ich falle fast vom Hocker: Nicht einmal der Mitbegründer von African Parks, der längst keine bedeutende Rolle mehr in der Organisation spielt, darf mit mir reden. Ich schreibe der Kommunikationsdirektorin Flemmer eine Mail, in der ich mich beschwere: Gerade jetzt, wo sich unsere Arbeitsbeziehung normalisiere, verbiete sie meinem Gesprächspartner im Voraus den Mund und halte sich somit nicht an unsere Abmachung, dass ehemalige Mitarbeiter selbst entscheiden dürften, ob sie mit mir reden wollen. Das sieht Flemmer anders: Da Eustace einen Sitz in einem lokalen Parkrat in Sambia habe, falle er noch unter die Entscheidungsgewalt von AP.

Das ist also ein Nein.

Wie vereinbart schicke ich AP eine Woche im Voraus die Themen, die ich besprechen möchte, doch meine ausdrückliche Bitte, Peter Fearnhead im Headquarter zu interviewen, wird abgewiesen. Für das Buch wäre es natürlich nett gewesen, einen kleinen Eindruck des Ambientes zu vermitteln, in dem er arbeitet: Ist Fearnheads Büro luxuriös oder eher spartanisch eingerichtet? Hängt bei ihm tatsächlich, wie jemand mir erzählte, eine große Landkarte von Afrika an der Wand, mit Stecknadeln in den Parks von AP? Laufen dort vor allem Weiße herum, oder ist die Belegschaft gemischt?

Die Beantwortung dieser Fragen ist mir nicht vergönnt. Um zu verhindern, dass ich das Headquarter zu sehen bekomme, mietet African Parks einen Sitzungsraum in einem anonymen Bürokomplex. Dort setzt das Uber-Taxi mich an diesem Dienstagmorgen ab, einem sonnigen Tag im südafrikanischen Sommer.

21

«KEINE FRAGEN MEHR ZU PETERS GEHALT» EIN INTERVIEW MIT DEM CHEF

Der Vorstandsvorsitzende Peter Fearnhead und die Leiterin der Kommunikationsabteilung Carli Flemmer sind bereit zum Interview, beide tragen ein blütenweißes Hemd mit dem grünen African-Parks-Logo. Ich überreiche Fearnhead ein Exemplar meines Buches «Heineken in Africa», und er bedankt sich höflich, warnt mich aber, dass er nicht mehr als zwei Bücher pro Jahr lese. Flemmer sieht mich mit einem etwas verhaltenen Blick an, als bedauere sie es jetzt schon, dass sie mich eingeladen hat. Wir trinken löslichen Kaffee, wie im Busch. Angesichts der knappen Zeit lasse ich den Small Talk weg.

Was bereitet Ihnen so viel Angst, dass Sie einem der Gründer verbieten, mit mir zu sprechen?*

Fearnhead: Das ist ein Standardverfahren. Wir sind eine transparente und professionelle Organisation. Wenn jemand im Namen von AP spricht, liegt die Koordination bei der offiziellen Vertretung.

Journalisten und Wissenschaftler, die ich gesprochen habe, teilen meine Erfahrung, dass AP sich nach außen abschottet. Von einer Organisation, die sehr viel Geld aus öffentlichen Kassen und von Wohltätigkeitsorganisationen bekommt, erwartet man, dass sie Rechenschaft ablegt und Offenheit pflegt.

Wir legen unsere Ergebnisse, Finanzen und die Berichte aus den Parks auf eine sehr transparente Art und Weise offen, aber das bedeutet nicht, dass sich die Organisation jedem Hans und Franz gegenüber öffnet. Wir sind eine kleine Organisation. Wir haben unseren Spendern versprochen, dass

---

* Die Antworten auf meine Fragen (fett) stammen von Fearnhead, sofern Flemmer nicht ausdrücklich genannt wird. Es handelt sich wie üblich nicht um eine wortwörtliche Wiedergabe des vollständigen Gesprächs.

jeder Dollar, den wir einnehmen, vor Ort für den Naturschutz ausgegeben wird. Dadurch können wir nicht jeder Bitte entsprechen. Wir gehen eine Beziehung zu Journalisten ein, die professionell und integer sind, aber wenn dem nicht so ist, Olivier, sind wir weniger offen. Wenn Sie das so empfinden, sollten wir vielleicht beide einmal darüber nachdenken.

Warum sitzen wir hier in einem angemieteten Sitzungsraum und nicht im Headquarter?

Hier können wir ungestört reden. Mein Büro ist wie ein Bahnhof, in dem ein Kommen und Gehen ist, weil meine Tür immer offen steht.

Zurück zu den Anfangstagen. Es gibt im Hinblick auf African Parks ein paar Unklarheiten über den Status des Marakele-Projekts in Südafrika. Worum handelt es sich genau? War es ein Pilotprojekt?

Paul van Vlissingen sah darin vielleicht ein Pilotprojekt, denn er hat viel Zeit, Geld und Energie hineingesteckt. Aber African Parks ist in keinerlei Hinsicht nach dem Modell von Marakele konzipiert worden oder damit vergleichbar. Es ist einfach ein Naturschutzprojekt, an dem er beteiligt war, aber es war nie Teil von AP und wird es wahrscheinlich auch nie werden.

Können Sie mir mehr über die Verhandlungen erzählen, die Sie mit Regierungen führen? Wie überzeugt African Parks ein Land, die Verfügungsgewalt über einen Park aus der Hand zu geben?

Zu Beginn waren wir eine neue Organisation mit einem neuen Ansatz, einer neuen Methodik und neuen Leuten, ohne etwas vorweisen zu können. Dann bittet man für gewöhnlich konservative Regierungen, zu überlegen, alles anders zu machen. Wir haben mit vielen verschiedenen Regierungen Gespräche geführt, und in Malawi merkten wir, dass unsere Argumente dort ankamen. Und danach auch in Sambia. So baut man allmählich etwas auf. Erst waren wir diejenigen, die die Initiative ergriffen haben, jetzt kommen Regierungen fast immer auf uns zu.

Manche Länder, so wie Kenia, haben sich nicht überzeugen lassen.

Wir glauben an unser Konzept und sind nicht der Meinung, dass wir auf eine andere Weise erfolgreich sein können. Wir sind nicht darauf aus, die Regierungspolitik zu ändern, denn wir finden, dass das ein souveränes Recht ist. Was wir wollen, ist eine vollständige Übernahme des Managements, mit einem langfristigen Vertrag und Einnahmen, die in den Park zurückfließen. Eine Regierung muss bereit sein, dieses Gesamtpaket zu akzeptieren.

Wenn nicht, sind wir nicht böse, aber aus der Sache wird dann nichts. In Kenia wollte eine lokale staatliche Instanz die Einnahmen für sich behalten. Das ist ihr gutes Recht, aber es ist nicht das, was wir anbieten. Wenn es eine Regierung wirklich will, so wie in Benin, kann es sehr schnell gehen.

In Benin und anderswo haben Sie es mit autoritären Regierungen zu tun. Gibt es für African Parks eine rote Linie? Einen Punkt, an dem Sie sagen: Mit so einem Regime will ich nicht zusammenarbeiten?

Schwierige Frage. Welche Regierung in Afrika erfüllt alle Kriterien, die es braucht, um Geschäfte mit ihr zu machen? Und zu welchem Zeitpunkt? Beim Naturschutz sprechen wir von hundert Jahren. Es geht um die Nachhaltigkeit von Ökosystemen, von der die Menschen für immer profitieren. Man kann eine Regierung haben, die heute integer ist und gut agiert, aber das kann sich ständig ändern.

Es gibt also keine rote Linie, weil schlechte Regierungen sich bessern können?

Es gibt immer Raum für Verbesserungen, bei der afrikanischen Regierung und bei uns. Wir sagen gern, dass der Raum für Verbesserung der größte Raum in jedem Haus ist.

Manche politischen Führer, wie in Ruanda und Benin, benutzen African Parks, um ihren Ruf zu verbessern. Fühlen Sie sich dabei unbehaglich?

Alle afrikanischen Regierungen haben sich für die COP15 angemeldet [den Biodiversitätsgipfel der Vereinten Nationen, der gut einen Monat vor dem Interview in Montréal stattgefunden hat], was bedeutet, dass sie an eine blühende Zukunft für Ökosysteme und die Biodiversität glauben, von denen wir als Art abhängig sind.

Afrika ist ein schwieriger Ort zum Arbeiten. Die existierenden staatlichen Mechanismen sind oft unglaublich schwach und bringen allerhand Probleme mit sich. Wir können nur Veränderungen auf diesem Kontinent zustande bringen, wenn wir unsere Arbeit integer und mit vollem Einsatz machen. Ein gutes Management ist gut für Menschen, Wildtiere und die Ökosysteme.

Akagera hat sich dank AP zum Stolz Ruandas entwickelt. Fragen Sie sich selbst schon mal, ob Sie nicht dazu beitragen, einen Diktator im Sattel zu halten? Wird das diskutiert?

Nein, aber uns sind die Argumente bekannt. Wenn man so argumentiert, wird man, glaube ich, in keinem einzigen afrikanischen Land operieren können. Man kann immer Gründe finden, etwas nicht zu tun. Wir wollen gerade ein Beispiel dafür sein, wie es auch gemacht werden kann.

In Ländern mit einer schwachen Regierung, wie etwa in der Zentralafrikanischen Republik, dem Kongo und seit Kurzem in Südsudan, übernimmt AP sehr viele Zuständigkeiten vom Staat. Nicht nur, was die Durchsetzung von Gesetzen anbetrifft, sondern auch das Informationswesen, die Kontrolle des Luftraums und die Bewachung der Grenzen. Ist das die Rolle einer Naturschutzorganisation?

Wir befassen uns nicht mit der Grenzüberwachung.

In Pendjari und Garamba bewacht AP die Grenze. Die Organisation führt zwar keine Passkontrollen durch, versucht aber, unerwünschte Personen fernzuhalten.

Das ist die Rolle eines Parks. Ob ein Park nun an einer Grenze liegt oder mitten im Land – unsere Rolle bleibt dieselbe. Wir handeln nach den Gesetzen des jeweiligen Landes.

Kritiker finden, dass AP sich wie ein Staat im Staate verhält.

Ganz ehrlich: Ich sehe das nicht. Wir haben auch keine Kontrolle über den Luftraum. Ich bin neulich noch über unseren Park Liuwa Plain in Sambia geflogen. Der Pilot von Lufthansa hat uns nicht um Erlaubnis gefragt.

Sie wissen, was ich meine. In Garamba bewacht AP den Luftraum.

Darüber habe ich nie sonderlich nachgedacht. Wenn wir mit einem Hubschrauber aus Uganda konfrontiert werden, aus dem heraus Elefanten beschossen werden, stellen wir fest, dass dieser Hubschrauber etwas Illegales tut – und das wollen wir verhindern. Wenn das die Interpretation von «Kontrolle des Luftraums» ist, dann ist das so. Ich glaube, dass es naiv und sinnlos ist, so zu argumentieren.

Und Terrorismusbekämpfung wie in Benin?

Benin ist extrem komplex – es stellt jeden auf die Probe. Was machen wir, was nicht, wie weit gehen wir? Es ist ein Lernprozess, und wir stehen noch immer am Anfang. Ich bin mit der Qualifizierung «Terrorismusbekämpfung» nicht einverstanden. Wir spielen eine Rolle beim Schutz des Parks, und eine der Bedrohungen geht vom Terrorismus aus. Wir fragen uns also: Was können wir tun? Es ist die Rolle der Armee, nicht unsere, den Terrorismus zu bekämpfen, und wir sind nicht besonders gut ausgerüstet, um das auch nur zu versuchen. Aber wenn in unserem Park etwas passiert, muss es eine Koordination zwischen den verschiedenen Streitkräften geben. Das Letzte, was man möchte, ist, dass wir uns aus Versehen gegenseitig beschießen, weil es an Abstimmung mangelt. Da sich das buchstäblich in unserem «Hinterhof» abspielt, muss man die Dinge integrieren und miteinander verbinden, sonst hat man ein Riesenproblem.

AP berichtet oft stolz, dass zweiundzwanzig Parks in zwölf Ländern auf zwanzig Millionen Hektar von der Organisation verwaltet werden. Das mutet manchen kolonialistisch an, auch weil der Vorstand fast zur Gänze weiß ist.

Ich kann diese Begrifflichkeit und die Charakterisierung überhaupt nicht verstehen. Jeder, der ein wenig Gespür für diesen Kontinent und die Folgen des Kolonialismus hat, sollte äußerst vorsichtig mit diesem Begriff umgehen, weil er den tatsächlichen Kolonialismus bagatellisiert. Es ist das absolute Gegenteil dessen, was wir machen. Kolonialismus bedeutet, dass ein Staat seine Macht einem anderen Staat aufzwingt – wirtschaftlich, kulturell und politisch. Wir sind kein Staat. Unsere Anwesenheit ist ganz und gar abhängig vom Willen des Gastlandes. Es ist jedoch neokolonialistisch zu glauben, dass eine Regierung ihr eigenes Land nicht auf die Weise lenken darf, die sie für die beste hält.

Das Argument lautet, dass Sie als ausländische Organisation große Stücke Land übernehmen und sie unter weiße Verwaltung stellen. Darin lassen sich Ähnlichkeiten zur Kolonialzeit erkennen.

Die sehe ich nicht. Wir bieten im Namen der Regierung eine Dienstleistung an. Das machen wir gut, professionell und hoffentlich integer. Wir nehmen niemandem etwas weg. Die lokale Bevölkerung bekommt durch uns im Gegenteil mehr Gelegenheit, an ihrem Park beteiligt zu werden.

Sie scheinen der Hautfarbe viel Wert beizumessen. Ich mag zwar weiß sein, abgesehen von ein paar Sommersprossen, aber als ich bei African Parks anfing, hatte ich lediglich einen simbabwischen Pass. Ich bin da geboren und aufgewachsen und habe dort viel gelernt.* So ist es nun mal. Mavuso Msimang ist so schwarz wie ein Afrikaner nur sein kann, aber ich bin mir sicher, dass er der Erste wäre, der sagen würde, dass er nicht afrikanischer ist als ich.

* Fearnhead wurde 1969 in Rhodesien geboren, der früheren Bezeichnung Simbabwes. Offiziell war Rhodesien keine britische Kolonie mehr, sondern ein Land mit einer weißen Minderheitsregierung, so wie in Südafrika. International war es nicht anerkannt.

Finden Sie es nicht problematisch, dass Naturschutz eine merkwürdig weiße und männliche Angelegenheit ist?
Im Allgemeinen schon, aber ich glaube, dass wir *on a journey*, also unterwegs sind, das zu ändern. Die erforderlichen Qualifikationen für eine Parkverwaltung sind komplex. Es ist eine extrem schwierige Aufgabe. Man muss Finanzen verwalten, den Spendern gegenüber Rechenschaft ablegen, man ist für die Einhaltung von Gesetzen zuständig und hat die Leitung über Personal, das bewaffnet und gut trainiert ist, man unterhält Beziehungen zu lokalen Gemeinschaften, man muss Ahnung von Infrastruktur, Technik und Kommunikation haben. Wir legen Weltklassestandards an, und es ist eine enorme Herausforderung – ungeachtet der Hautfarbe –, die richtigen Leute dafür zu finden.

Flemmer: Es gibt auch ein Missverständnis. Wenn man sich unsere Organisation anschaut, vom Vorstand bis zu den Mitarbeitern ganz unten, sieht man Diversität: Siebenundneunzig bis achtundneunzig Prozent unseres Personals stammt aus dem Land selbst. Es ist weitgehend eine Frage der Wahrnehmung.

Fearnhead: Die Hälfte unserer Parks – und ich glaube, sogar mehr – wird von Leuten aus der Gegend verwaltet.*

Sprechen wir über Leute aus der Gegend. Anwohner von Parks, die unter Ihrer Verwaltung stehen, klagen häufig darüber, dass African Parks sie von den natürlichen Ressourcen abschneidet, die sie für ihren Lebensunterhalt benötigen. Versprechen, sie zu entschädigen, hält AP selten ein.
Das würde mir Sorgen bereiten.
Sie erkennen das nicht? Geht das nicht aus Ihren eigenen Untersuchungen hervor?
Wir sind immer äußerst vorsichtig damit, nicht zu viel zu versprechen und zu wenig zu liefern – aber das vorweg. Es leben unglaublich viele Menschen in diesen Gebieten. Es ist unmöglich, jeden zu erreichen. Man kann nicht allen zweihundertfünfzigtausend Menschen, die in der Umgebung eines Parks leben, eine Beschäftigung anbieten. Was den Zugang zu Rohstoffen betrifft: Wir arbeiten im Auftrag des Staates und setzen seine Ge-

---

* Laut der Website von African Parks sind zum Zeitpunkt des Gesprächs 59 Prozent der Parkdirektoren weiß.

setzgebung und seine Politik um. Wenn die Regierung sagt: Es ist illegal, einen Elefanten oder ein anderes Tier zu wildern, Bäume zu fällen oder Goldminen zu graben, versuchen wir das zu verhindern. Das ist der Kern unserer Arbeit. In manchen Parks ist die Nutzung von Ressourcen gesetzlich geregelt. Dann ist es unsere Aufgabe, dafür zu sorgen, dass die Regeln zugunsten der lokalen Bevölkerung implementiert werden. Ein Teil unserer Aufgabe in Liuwa Plain ist es, dafür zu sorgen, dass die Fischteiche von der lokalen Bevölkerung und nicht von Außenstehenden genutzt werden, die so einen Teich mit einem großen Netz leerfischen.

In Garamba klagen Bewohner über Elefanten, die ihre Pflanzen vernichten. Ranger sehen sich den Schaden an, aber in der Folge geschieht nichts. African Parks kümmert sich mehr um die Tiere als um die Menschen, so die Schlussfolgerung der Betroffenen.

Das ist wieder so eine unsinnige Schlussfolgerung. Jeder, der uns objektiv betrachtet, weiß, dass dem nicht so ist.

Anwohner haben nicht dieselbe Sicht auf die Dinge wie Sie.

Das ist verständlich. Deshalb hört man eine solche Meinung.

Für jemanden in Garamba ist es keine Meinung, sondern es geht um sein Leben.

Wer sein Brot mit illegalen Aktivitäten im Park verdient hat, wird sagen: Ich mag den Park nicht, weil ich nicht mehr wildern kann. Aber man muss das von einer gesellschaftlichen Warte aus sehen. Uns gibt es, weil wir grundsätzlich daran glauben, dass Ökosysteme und Biodiversität gut für die Menschen sind. Gleichzeitig stellen Menschen eine Herausforderung dar. Wir müssen mit ihnen zusammenarbeiten, um diese Herausforderungen zu meistern. Das ist ein integraler Bestandteil unserer Denkweise.

Sie sprechen die Konflikte zwischen Mensch und Tier an. Ich bin der Meinung, dass niemand als Einzelperson die negativen Folgen eines übergeordneten gesellschaftlichen Interesses tragen sollte, aber es ist kompliziert, denn man steht vor der Frage: Wie kompensiert die Gesellschaft die von Elefanten verursachten Schäden? In den meisten Ländern können Menschen sich selbst schützen, auch wenn sie die Tiere nicht töten dürfen. Es geht darum, dass wir alles daransetzen, Methoden zu entwickeln, welche die Konflikte begrenzen können. Man kann sein Vieh schützen, indem man es im Kral hält und so verhindert, dass es nachts von Löwen gefressen wird. Deshalb ziehen wir rund um die Parks auch Zäune.

Ich habe eine Frage für Sie, um Ihr Wissen zu testen: Warum glauben Sie, haben Parks Zäune?

Na ja, um die Tiere vor Wilderern und Menschen vor Wildtieren zu schützen.

Ihre zweite Antwort ist korrekt, Ihre erste Antwort ist völlig irrelevant. Es gibt keinen Zaun, der Menschen vom Eindringen abhält.

Ein Zaun hält vielleicht nicht jeden davon ab, einzudringen, aber er nützt natürlich schon.

Der Zaun markiert eine deutliche Grenze, mehr nicht. Ich werde einen politisch inkorrekten Vergleich ziehen. Sehen Sie sich Donald Trump an und den Mist, den er an der Grenze zu Mexiko angerichtet hat, wo er riesige Summen in buchstäblich dreißig Meter hohe Mauern investiert hat.* Innerhalb von vierundzwanzig Stunden, nachdem so eine Mauer gebaut worden war, sind die Mexikaner … Es gibt keinen Zaun, der Menschen davon abhält, ihn zu überwinden.

Bei dieser Äußerung muss ich im Stillen an Kinto Sylla in Benin denken, der in «permanenter Opposition» zum Park steht, und an sein Messer, mit dem er den Zaun sabotiert. Er lässt sich tatsächlich nicht aufhalten. Andererseits erzählte mir ein Ranger aus der Gegend, dass kaum noch gewildert werde, seit es den Zaun gebe. Und ich erinnere mich an den Wilderer Albert Ziyano in Malawi, für den der Zaun eine Behinderung seiner illegalen Tätigkeit darstellte. Er wurde schließlich von einer Zaunwache festgenommen, woraufhin er begann, DVDs zu verkaufen.

Die Tatsache, dass es Einzelnen trotz des Zauns gelingt, in den Park zu gelangen, macht ihn noch nicht völlig irrelevant. Sie sagen, dass Zäune rund um ein Naturschutzgebiet niemals dazu gedacht sind, Menschen am Eindringen zu hindern?

In der Tat. Es ist unglaublich teuer, einen Zaun zu errichten und ihn instand zu halten. Er ist eine Investition, um Konflikte zwischen Mensch und Tier zu verhindern – um Elefanten davon abzuhalten, die Ernte zu vernichten. Es hat keinen Sinn, darüber zu diskutieren.

---

* In Wirklichkeit sind sie neun Meter hoch.

Sprechen wir dann über etwas anderes. Laut dem Finanzbericht des letzten Jahres lagen die «Vergütungen des Direktors» bei 252 000 Dollar. Ist das Ihr Gehalt?
Das müsste ich mir ansehen.
Können Sie mir sagen, wie hoch Ihr Gehalt ist?
Nein, das ist vertraulich. Alle Gehälter in unserer Organisation beruhen auf einer vertraulichen Vereinbarung zwischen dem Vorstand, einem speziellen Ausschuss innerhalb des Vorstands und dem Einzelnen.
Normalerweise sind die Gehälter der Spitzenmanager von NGOs öffentlich.
Wo findet man die denn in Ihrem Teil der Welt?
In den Niederlanden sind große NGOs dazu verpflichtet, das Gehalt des Direktors offenzulegen. Bei den Vergütungen des Direktors handelt es sich also nicht um Ihr Gehalt?
Nein, das glaube ich nicht.
Sie wollen mir nicht sagen, wie viel Sie verdienen?
Das ist vertraulich. Rechtlich, nach den Bedingungen meines Vertrags, ist es mir nicht gestattet, es Ihnen zu sagen. Es ist eine Verwaltungsangelegenheit zwischen dem Vorstand … Und übrigens, es schwankt auch stark, weil es von den Leistungen der Organisation sowie einer Matrix mit einer Vielzahl von Variablen abhängt. Ich glaube, dass Transparenz bei solchen Dingen sehr wertvoll ist. Das System sollte idealerweise vollkommen transparent sein, aber das ist es hier nicht.

Flemmer: Ich glaube …

Beziehen Sie einen Teil Ihres Gehalts, das von anderer Stelle kommt, aus den USA, oder kommt alles aus Südafrika?
Mein Gehalt beruht auf einer vertraulichen Beziehung zwischen mir und dem Vorstand. Sie fordern mich auf, die Vertraulichkeit zu verletzen – das macht es zu einem Problem. …

Flemmer: Was mehr in Richtung Deiner Frage ginge, wäre, welcher Prozentsatz des Budgets ans Headquarter geht und welcher an die Parks. Wir benchmarken diesen Prozentsatz sehr klar, nämlich auf zehn Prozent, der Rest geht an die Parks.

Haben Sie noch andere Bezüge oder Interessen, die mit African Parks oder dem Naturschutz verbunden sind?
Nein, null. Unsere Politik ist es, dass das im Prinzip auch nicht sein darf:

Wer für African Parks arbeitet, arbeitet nur für uns. Wir wollen nicht, dass man an einem Tag Berater ist und am nächsten Arbeitnehmer. Wir haben einen oder zwei Mitarbeiter, die aus unterschiedlichen Gründen nicht Vollzeit beschäftigt sind und mehrere Gehälter und Einnahmequellen haben, aber das sind Ausnahmen. Meine einzigen anderen Einkünfte sind Zinsen aus Bankguthaben, Rentenfonds und Ähnlichem.

Sie haben also keine Interessen bezogen auf Unternehmen, die mit AP oder Naturschutz zusammenhängen?

Nein … Um die Frage korrekt zu verstehen: Meinen Sie eine Lodge oder Ähnliches?

Ich nicke.

Flemmer: Noch fünf Minuten.

Fearnhead: Ich sitze im Vorstand *einer* anderen Organisation und informell in zwei weiteren Vorständen. Ohne Vergütung. AP hat mir dafür die Zustimmung erteilt, weil die Arbeit dieser Organisationen unserer ähnelt.

Welche Organisationen?

Ich werde nicht eine von ihnen im Speziellen … Das ist irrelevant. Aus guten Gründen, nicht aus solchen der Geheimhaltung. Mir ist klar, was Sie denken. Jeder, der im Vorstand einer anderen Organisation sitzen möchte, auch ehrenamtlich, muss die offizielle Zustimmung eines speziellen Ausschusses innerhalb des Vorstands einholen.

Flemmer: Ich möchte Dich jetzt bitten, keine Fragen mehr zu Peters Gehalt und seinen finanziellen Interessen zu stellen. Ich hatte nicht erwartet, dass sie Teil Deines Interviews sein würden.

Fearnhead: Vielen Dank, Carli.

Das war tatsächlich auch meine letzte Frage dazu. Ich habe nie behauptet, dass AP hinter meiner Verhaftung in Benin steckte, aber trotzdem frage ich Sie: Hatten Sie wirklich nicht gehört, dass zwei Journalisten in der Nähe Ihres Parks in Benin festgenommen worden waren?

Ich hatte keine Ahnung, dass Sie sich dort befanden oder verhaftet worden waren, bis ich den Artikel darüber gelesen habe. Ich möchte Ihnen Folgendes sagen, Olivier, von Mann zu Mann: Sie können behaupten, was Sie gesagt und auch nicht gesagt haben, aber es gibt eine deutliche Implikation.*

---

* Er meint, dass mein Artikel über den Vorfall suggerieren würde, dass African Parks hinter unserer Verhaftung stecken würde.

Sie können sich auf Formalitäten zurückziehen, und das ist Ihr gutes Recht als Investigativjournalist, aber das bedeutet nicht, dass das, was Sie tun, professionell und gut ist. Das ist, wie ich darüber denke, und das sage ich ganz offen.

APs Methode, eine harte Grenze zwischen dem Park und der Außenwelt zu ziehen, kennt man als *fortress conservation*, mit einer starken Betonung auf der Durchsetzung geltender Rechtsvorschriften. Kritiker sprechen auch von einer Militarisierung des Naturschutzes. Erschwert es dieser Ansatz nicht, den Park schließlich wieder an die Regierung zurückzugeben? Muss man dafür nicht gerade eine gute Beziehung zu den Anwohnern haben? Manche haben den Eindruck, dass die Arbeit Ihrer Organisation nicht in diese Richtung geht.

Ich weiß nicht, wie Leute auf eine solche Idee kommen und ob es eine sinnvolle oder fundierte Kritik ist. Haben wir eine solche Rhetorik schon öfter gehört? Ja, sicher. Aber sie ist unsinnig, wenn man die Sache nicht im richtigen Kontext betrachtet. Noch mal, wir tun nur, was wir tun müssen.

African Parks verwaltet Majete bereits seit 2003, und das Mandat endet im Jahr 2028, was nicht mehr in sehr weiter Ferne liegt. Wenn AP sich dort zurückziehen würde, steht die Sache dann? Kann die Regierung die Verwaltung übernehmen?

Das hängt noch immer von uns ab, auch wenn wir gern hätten, dass es anders wäre. Was die Militarisierung und die *fortress conservation* betrifft, möchte ich Sie darauf hinweisen, dass neunzig Prozent der Gefahr in unserem maritimen Park Bazaruto in Mosambik von illegalem Fischfang durch ortsansässige Fischer ausgeht. Im Kampf gegen sie benutzen wir keine Waffen – das ist nicht nötig. Wenn aber nachts große chinesische Fischerboote kommen, haben wir schon ein speziell bewaffnetes Interventionsteam, weil die Fischer ebenfalls oft bewaffnet sind.

In Garamba im Kongo operieren wir in einem der instabilsten und unsichersten Teile des Kontinents, mit schwer bewaffneten Gruppen, die manchmal extrem gut ausgebildet und diszipliniert sind, so wie die Dschandschawid, die LRA und die SPLA. Ich halte nichts von der Terminologie des militarisierten Naturschutzes und glaube nicht daran. Es geht um professionellen, zielgerichteten Naturschutz. Wenn man unausgebildete oder unbewaffnete Ranger ins Feld schickt, erweist man ihnen damit keinen Dienst, denn auch sie haben das Recht auf Leben. Ironischerweise ist es so, dass es, je besser die Ranger ausgebildet und ausgerüstet sind, desto weniger Tote unter Rangern, Wilderern und unter Elefanten gibt. Es ist eine Win-win-win-Situation. *Das* ist die Professionalisierung des Naturschutzes. Außerdem droht die Gefahr auch von den Tieren selbst. In Majete haben wir zwei oder drei Ranger durch Elefanten verloren. Auch in solchen Situationen muss man gut ausgerüstet sein. Wir kennen die Kritik, aber ist sie sinnvoll? Nein.

Wollen Sie damit sagen, dass fortress conservation für immer notwendig bleiben wird? Kollegen auf Ihrem Fachgebiet sprechen sich für «gemischte Landschaften» aus, in denen es Raum für Mensch und Tier gibt, beziehungsweise für Co-Management in enger Zusammenarbeit mit den Gemeinschaften. Sie argumentieren, dass Wildtiere, Menschen und Vieh jahrhundertelang nebeneinander gelebt haben.

Das ist eine komplizierte Sache. Für die IUCN, die Internationale Union zur Bewahrung der Natur, stellt der Schutz eines Naturreservats die zentrale Strategie für den Naturschutz dar. Gesetzlicherseits gibt es Beschränkungen, was in einem solchen Gebiet erlaubt ist und was nicht. An Orten wie Garamba wird es immer eine, wie Sie es nennen, *fortress conservation* geben – ich selbst benutze diesen Begriff nicht, weil er nicht sinnvoll ist. Aber in Bazaruto liegt die Sache anders.

Der Grund dafür, dass wir Klimavereinbarungen abschließen, ist der, dass die Welt plötzlich wachgerüttelt worden ist und begriffen hat, dass wir etwas unternehmen müssen, jetzt, wo die Ressourcen der Menschheit erschöpft sind. Wir haben das Ziel, bis zum Jahr 2030 dreißig Prozent der Erde als Naturschutzgebiete auszuweisen. Auf dem Papier liegt dieser Prozentsatz in Afrika jetzt bei fünfzehn Prozent, aber in Wirklichkeit ist es höchstens ein Drittel dessen, weil Menschen so sehr in diese Gebiete eingegriffen haben, dass nichts mehr davon übrig ist. Was 196 Länder, unterstützt durch die Wissenschaft, jetzt sagen, ist: Wir müssen etwas unternehmen. Ein Laissez-faire-Ansatz führt zu Problemen. Und wenn man sich ansieht, wer am verletzlichsten ist, dann sind es die Menschen vor Ort. Die Natur ist ihr Sicherheitsnetz.

Nach zwei Stunden ist das Interview vorbei. Zum Abschied macht Fearnhead noch einen Scherz. «Zum Glück ist mein bescheidenes Gehalt gesetzlich geschützt, sodass niemand Einblick hat.»

22

«ES BLEIBT BEIM ALTEN KOLONIALISTISCHEN DENKEN»

Der Kurs, den AP im Umgang mit Kritik fährt, ist von höchster Stelle vorgegeben, so viel ist nach diesem Interview klar. Ob es sich um die schlechten Beziehungen zu den Anwohnern, die Betonung der (militärischen) Durchsetzung von Gesetzen oder die Bemerkungen zum weißen Topmanagement handelt: Nahezu jede Kritik ist Fearnhead zufolge falsch, irrelevant oder auch unsinnig. Wer die Dinge anders sieht als er, versteht nichts von der Sache.

Bemerkenswert ist seine Antwort auf die Frage, wie wünschenswert es eigentlich ist, dass es sich beim afrikanischen Naturschutz um eine Hochburg weißer Männer handelt. Die Arbeit eines Parkdirektors sei derart kompliziert und erfordere so viele Fertigkeiten, dass man dann schließlich doch oft bei einem Weißen lande, scheint er sagen zu wollen. Dass sich allerdings hinter den Weißen, die diesen hohen Anforderungen genügen, auch viel Inkompetenz verbirgt, wie sich am Beispiel Pendjaris zeigte, und viele Parkmanager, wie wir später noch sehen werden, aus dem Netzwerk Erik Mararvs, des Helden von Garamba, stammen, nimmt er offenbar hin.

Eigenartig sind auch seine Weigerung, die Organisationen zu nennen, in deren Vorständen er sitzt, das Lavieren bei den Fragen nach seinem Gehalt und die – vermeintliche oder tatsächliche – Verwunderung darüber, dass die Gehälter von NGO-Vorständen anderswo auf der Welt veröffentlicht werden. Sollte dieser Mann, der ständig rund um den Erdball reist, um die Erfolgsgeschichte von African Parks zu erzählen, wirklich nicht wissen, wie es «in meinem Teil der Welt» zugeht? Auch in Südafrika gibt es übrigens, und das schon seit 2008, ein Gesetz, das eine große Zahl von Unternehmen, einschließlich Non-Profit-Organisationen, dazu verpflichtet, die Höhe der Gehälter ihrer Spitzenfunktionäre offenzulegen.[1] African Parks fällt zwar formal nicht unter diese Regelung, doch es gibt

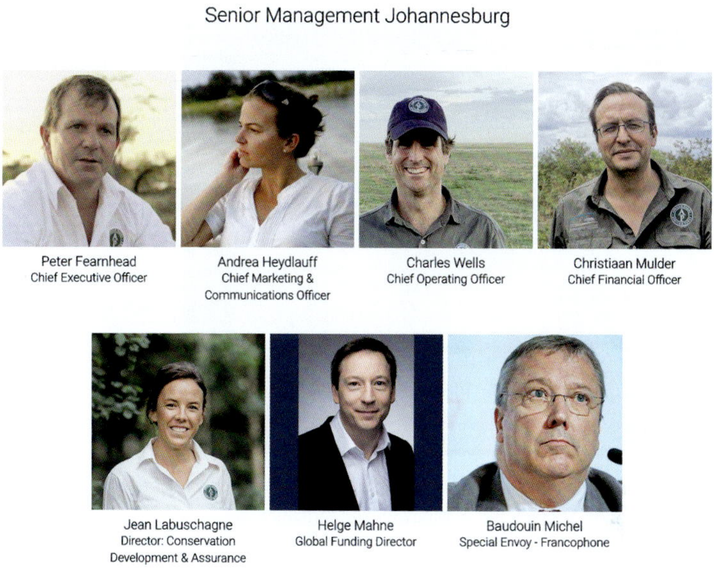

Wie man auf der Website von African Parks sieht, war Mitte des Jahres 2022 die komplette Geschäftsführung weiß. Andrea Heydlauff erhielt 2019 für ihre Tätigkeit ein Gehalt in Höhe von knapp 230 000 Dollar.

Ranger in Liuwa Plain, Sambia

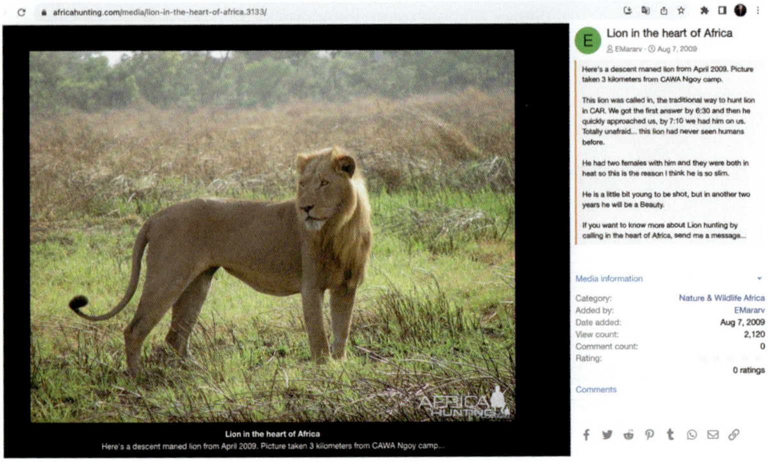

Erik Mararv hielt diesen Löwen noch für zu jung, um ihn schon zu schießen. Doch in zwei Jahren sei er «eine Schönheit». Screenshot von africahunting.com

Erik Mararv (rechts) mit einem Kunden, der soeben einen Leoparden erlegt hat. Screenshot von africahunting.com

Zambia **Trophy Hunt $**

Bangweulu Wetlands

** 600 000 ha/1.4 million acres Open Area = No Fences **
** *Can add another hunt in Zambia's Kafue Basin* **
** Lusaka Airport: start & end of Safari**
Observers/wives/non-hunters: $475 per night

UMLILO SAFARIS
HUNT SOUTHERN AFRICA

Package 1	**Package 2**	**Package 3**	**Package 4**
$22 750	**$26 450**	**$26 750**	**$8 750**
5 Days/6 Nights	5 Days/6 Nights	5 Days/6 Nights	2 Days/3 Nights
Buffalo	Buffalo Black Lechwe	Sitatunga Black Lechwe	Black Lechwe

Pricelist for additional Species - $			
Black Lechwe	4000	Common Duiker	675
2nd Black Lechwe	3150	Oribi	1450
Bush Pig	850	Tsessebe	2850

Included in all packages (no hidden costs

- **Animals as listed per Package**
- Personal Airport pick-up/drop-off plus all road transport during stay
- Services of Professional Hunter, trackers & skinners, hunting vehicle
- Field preparation of Trophies & delivery to our local taxidermy studio after the hunt!
- Hunting Lodge En-suite Accommodation & open bar
- All snacks, meals & drinks (including all Restaurants & Coffee Shops)

Excluded from all packages

- Any personal document costs
- Rifle Hire & Ammo
- Any Taxidermy Service
- Any Hotel Accommodation
- Tips for PH, Trackers & Skinners and Camp Staff

UMLILO SAFARIS
HUNT SOUTHERN AFRICA

[redacted]
Cell: [redacted]
Email: [redacted]
Web: www.umlilosafaris.co.za

[redacted]
Cell: [redacted]
Email: [redacted]
Web: www.umlilosafaris.co.za

WhatsApp Viber Facebook Messenger Instagram facebook YouTube

Tarife von Umlilo Safaris für die Trophäenjagd in Bangweulu Wetlands im Jahr 2024. Wer seine Ehefrau mitnehmen will, zahlt einen Aufpreis von 475 Dollar die Nacht. Der Abschuss einer Schwarzen Lechwe, einer Antilopenart, ist in den meisten Paketen mit enthalten, ein weiteres Exemplar kostet 4000 Dollar und ein drittes 3150 Dollar.

Aus einer Präsentation von Peter Fearnhead im Jahr 2014

«Kampelwa», die Schaukel. © Amnesty International

Die Bevölkerung von Faradje in der Nähe des Garamba-Nationalparks im Kongo hoffte auf einen Staudamm und erhielt stattdessen einige Solarpaneele.

African Parks errichtete in den Dörfern von Liuwa Plain Getreidemühlen. Die meisten sind jedoch mittlerweile außer Betrieb.

Erweiterungsmöglichkeiten in der Umgebung bestehender Parks. Die Folie stammt aus der AP-internen Managementpräsentation «Growth Update» vom September 2022.

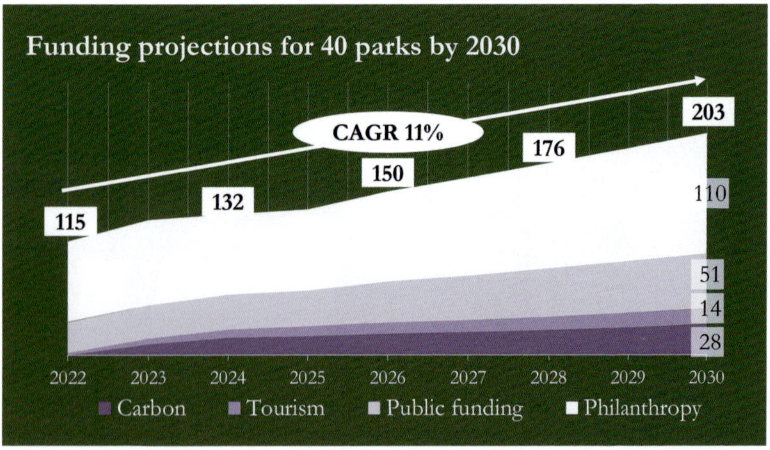

African Parks ging 2022 von einem Szenario aus, bei dem es bis zum Jahr 2030 insgesamt 40 Parks in seinem Portfolio haben würde, für deren Verwaltung schätzungsweise gut 200 Millionen Dollar im Jahr erforderlich wären. Diese und die beiden nächsten Folien stammen aus der internen Präsentation «African Parks' contribution to the ‹161› 2030 strategy and beyond».

Das Wachstum von 25 auf 50 Parks ist «lediglich eine Kapazitätserweiterung».

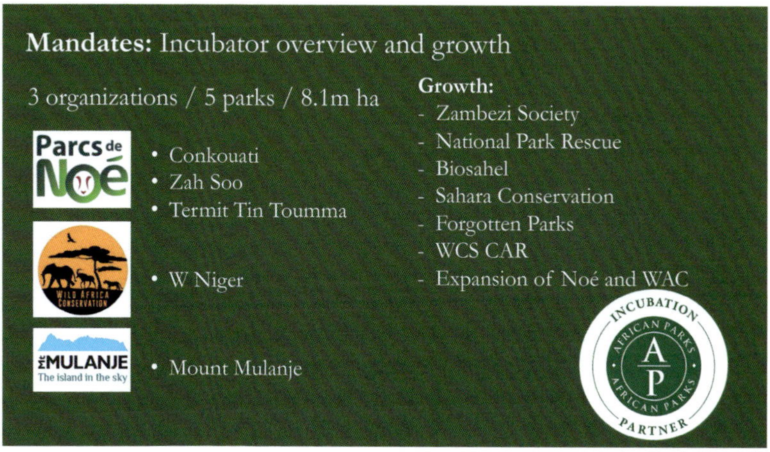

Bei African Parks sieht man die Organisationen in der rechten Spalte als Wachstumschancen.

Von links nach rechts: Flore Nobime, der Autor und Kinto Sylla zu Besuch in Sangou in der Nähe des Eingangs zum Nationalpark Pendjari in Nordbenin.

Nach einer Konfrontation mit Parkwächtern in Liuwa Plain in Sambia ist Nosiku Simasiku für den Rest seines Lebens auf einem Auge blind.

sicher kein Gesetz, das es der Organisation verbieten würde, hier die Transparenz walten zu lassen, die Fearnhead selbst für wünschenswert hält.

Kurzum, es hat – ein weiteres Mal – den Anschein, dass Fearnhead nicht alles sagt, was er weiß. Verdient er exorbitant viel, oder geht es hier um etwas anderes? Und in welchen Vorständen sitzt er? Nach meiner Rückkehr aus Südafrika werde ich dem nachgehen.

Doch so weit ist es noch nicht. Erst treffe ich Mavuso Msimang, der als einer der Gründer von African Parks seit den Anfangstagen dabei ist und siebzehn Jahre lang Mitglied des internationalen Vorstands der Organisation war. Ich besuche ihn in seinem Haus im Stadtteil Bryanston, nicht weit vom African-Parks-Headquarter entfernt. Der ehemalige Freiheitskämpfer ist einundachtzig Jahre alt, als ich ihn spreche, aber daran, in Ruhe sein Rentnerdasein zu genießen, denkt er vorläufig noch nicht. Er schreibt an seinen Memoiren, die einiges an Sprengkraft versprechen, und hat an diesem Vormittag noch eine Videokonferenz mit einem Ausschuss der Partei, der er nach wie vor treu ist, dem ANC.*

Zwanzig war er, als er sich Anfang der 1960er-Jahre der Partei anschloss. Er hatte gerade sein Studium an der renommierten University of Fort Hare im heutigen Ostkap aufgenommen, der Universität, die auch die späteren Präsidenten Nelson Mandela, Julius Nyerere (Tansania), Robert Mugabe (Simbabwe) und Kenneth Kaunda (Sambia) hervorbrachte. Ein Jahr nach seiner Immatrikulation befürchtete die ANC-Führung, dass man ihn verhaften könne, und schickte ihn zusammen mit fünf weiteren Studenten nach Tansania, um dort sein Studium (und den Kampf) fortzusetzen.

Kurz danach, im Juli 1963, spürte die südafrikanische Regierung das geheime Hauptquartier des ANC auf und ließ eine Reihe von Festnahmen durchführen. Nelson Mandela saß damals bereits ein Jahr in Haft. Die Aussicht, Jahre in einer wissenschaftlichen Einrichtung zu verbringen, während die Apartheidpolitik immer brutalere Formen annahm, störte Msimang, lieber bot er seine Dienste Umkhonto we Sizwe (MK), dem bewaffneten Arm des ANC, an. Dieser war im Jahr 1961 von Mandela ge-

* Anfang Dezember 2023 kündigte Msimang desillusioniert an, dass er seine ANC-Mitgliedschaft aufgeben werde, doch gut eine Woche später änderte er seine Meinung und blieb.

gründet worden, nach dem Massaker im Township Sharpeville, bei dem eine Anti-Apartheid-Demonstration in einem Blutbad endete: Die Polizei tötete neunundsechzig schwarze Bürger, darunter zehn Kinder. MK empfing Msimang mit offenen Armen und schickte ihn nach Moskau, wo er ein Jahr lang in den Feinheiten der Stadtguerillataktiken geschult wurde. Nachdem er wieder nach Tansania zurückgekehrt war, übertrug man ihm die Aufgabe, ein Kommunikationssystem für den ANC aufzubauen und ein Team von Funkern zu leiten. 1967 trat er dann dem Oberkommando von MK bei.[2]

In den Siebzigerjahren schloss er, in Sambia, sein unterbrochenes Studium ab und arbeitete anschließend von dort aus für verschiedene NGOs und die Vereinten Nationen. Wie so viele ANC-Mitglieder im Exil hatte er sich in Sambia niedergelassen und war erst nach der Aufhebung der Apartheid mit seiner Familie nach Südafrika zurückgekehrt, wo er verschiedene hohe Ämter bekleidete. Unter anderen hatte er die Leitung von SANParks inne, der Organisation, die die südafrikanischen Parks verwaltet, und stand somit an der Wiege von African Parks. Von der Stadtguerilla zum militarisierten Tierschutz …

Msimang ist bekannt für seine Offenherzigkeit, auch wenn es um ANC-Kameraden geht. Unter der Präsidentschaft Jacob Zumas (2009–2018) habe eine «Verwüstung» stattgefunden, und er äußert ebenfalls Kritik an der heutigen Regierung unter der Führung seines Parteigenossen Ramaphosa, mit dem er im Vorstand von African Parks saß. Msimang hatte Ramaphosa – der in einen Skandal um etwa vier Millionen Dollar Bargeld verwickelt war, die bei ihm auf seiner Wildfarm gefunden worden waren – den Rat gegeben, sein Amt vorübergehend ruhen zu lassen, um sich voll und ganz auf seine Verteidigung konzentrieren zu können, doch Ramaphosa schlug den Rat in den Wind.[3]

Wie Msimang mit AP in Berührung kam? Peter Fearnhead kannte ihn von SANParks und bat ihn, den Vizevorsitz von AP zu übernehmen, da Msimang ohnehin im Begriff war, SANParks zu verlassen. «Ich habe natürlich viele Kontakte in politische Kreise. Mein Profil als Freiheitskämpfer hatte für afrikanische Regierungen etwas Beruhigendes. Es zeigte: Das ist ein gutes afrikanisches Projekt. Ich war der Garant dafür, dass wir nicht darauf aus waren, uns die Parks anzueignen und sie leer zu rauben.»

Wie man mit Paul van Vlissingen in Kontakt kam, kann Msimang nicht mehr genau sagen. «Ich mochte Paul sehr gern, aber er hatte oft verrückte, völlig unrealistische Ideen, denen Peter dann einen Riegel vorgeschoben hat. Paul hat viel Geld in das Projekt gesteckt, das er auch auf andere Weise hätte ausgeben können. Fearnhead ist das Wunderkind. Ihm ist es zu verdanken, dass die Organisation so erfolgreich geworden ist. Er hat eine klare Vision, die er mit Leib und Seele verfolgt. Er ist auch ein phantastischer Akquisiteur.»

Msimang sah als ehemaliger Freiheitskämpfer kein Problem darin, mit jemandem zusammenzuarbeiten, der den Boykott des Apartheidregimes ignoriert hatte. «Unternehmen wie Makro waren innerhalb der Anti-Apartheidbewegung nicht beliebt, aber als Paul hier ankam und mit dem Naturschutz anfing, ging es um den Menschen Paul. Er erzählte begeistert von seiner Begegnung mit Mandela. Nach der Befreiung 1994 schauten wir nach vorn.»

Msimang beginnt das Interview außerordentlich positiv, wird jedoch nach und nach immer kritischer. So sah er sich, als er die Leitung von SANParks innehatte, damit konfrontiert, dass der Naturschutz eine weiße Angelegenheit war – und es im Übrigen noch immer ist. Hinter seinem Rücken wurde er bei dieser staatlichen Organisation schon mal als eine *alien species* bezeichnet, eine fremde Spezies, was ihm zufolge auch damit zu tun haben könnte, dass er keine Erfahrungen im Naturschutz hatte. «Es arbeiten nicht viele Schwarze an der Spitze von African Parks – das ist ein Kritikpunkt, und der stimmt. Wir müssen uns anstrengen, mehr Afrikaner zu bekommen, um eine wirkliche afrikanische Organisation daraus zu machen. Ich denke manchmal, Peter ist derart auf Erfolg fokussiert, dass er vergisst, dass man ein besseres Gleichgewicht herstellen muss.»

Der Grund, weshalb manche Länder lieber nichts mit African Parks zu tun haben möchten, liegt Msimang zufolge vor allem darin, dass die Organisation als eine südafrikanische angesehen wird. Afrikanische Länder, die selbst gut funktionierende staatliche Behördenstrukturen haben, zögerten, die Kontrolle vollständig aus den Händen zu geben. Er erinnert sich, dass African Parks mit James Lembeli mehr als zehn Jahre lang einen ehemaligen tansanischen Parlamentsabgeordneten im Verwaltungsrat hatte, dem es aber nicht gelang, seine Regierung davon zu überzeugen, mit AP zusammenzuarbeiten. «Sie haben ihre eigenen Leute und brauchen African Parks nicht. In französischsprachigen Ländern bestand das Problem darin, dass wir zu sehr als eine englischsprachige Organisation gesehen wurden.»

Wie denkt er über die Zusammenarbeit mit autoritären Führern?

«Für mich war Ruanda immer problematisch», antwortet Msimang, wie in einem früheren Kapitel bereits deutlich wurde. In Sitzungen habe er nach eigenem Bekunden darauf gedrängt, dass African Parks die Menschenrechtsfragen stärker beachten müsse, «aber Peter sah das Problem nicht».

Als höchster Beamter im Innenministerium (2007–2010) wusste Msimang nur allzu gut, was auf dem Spiel stand, denn Südafrika hatte zwei Dissidenten aus Ruanda Asyl gewährt. «Ich wusste, dass die Menschenrechtsverletzungen real waren. Kagames Leuten war es gelungen, einen von ihnen hier auf südafrikanischem Territorium zu ermorden, und bei dem zweiten haben sie es versucht. Wir haben nach einem Mordversuch im Jahr 2010 unseren Botschafter zurückgerufen. Jemand mit meinem Hintergrund kann das natürlich nicht so einfach ignorieren. Während der Apartheid haben wir die Welt auf die Menschenrechtsverletzungen des nationalistischen Regimes aufmerksam gemacht und Länder zum Boykott Südafrikas aufgerufen. Ich finde nicht, dass man hier mit zweierlei Maß messen sollte.»

Ich muss an die AP-Mitarbeiter denken, für die Ruanda das beste Land des Kontinents ist, weil beispielsweise das Gepäckkarussell im Flughafen ordnungsgemäß funktioniert. «Ruanda ist ein Fall, bei dem Leute sich fragen: Steht ihr der Menschenrechtsfrage denn völlig gleichgültig gegenüber?», so Mavuso Msimang. Er erzählt, dass er Peter und Robert-Jan van Ogtrop vor ein paar Monaten einen kritischen Artikel über Ruanda mit dem Titel «Ruandas Nashörner sind sicherer als seine Dissidenten» geschickt hat.[4] «Ich glaube nicht, dass African Parks dachte, dass Geschäfte mit Ruanda falsch wären. Peter und Robert-Jan war es darum zu tun, dass es den Tieren gut ging, die neu eingeführt worden waren, und die Regierung *damit* verantwortungsbewusst umging.»

Benutzt Kagame African Parks für seine eigene Propaganda?

«Ja, mit Sicherheit. Es gibt keine internationalen Sanktionen, aber das Land begeht schwere Menschenrechtsverletzungen. Wir hatten im Vorstand auch eine Weile ein ruandisches Mitglied, das dort im Namen der Regierung Kagames saß. Ich weiß nicht, wo AP die Grenze zieht.»

Msimang bestätigt, dass man bei AP keine rote Linie definiert hat. «African Parks will neutral sein und sich aus der Politik raushalten. Ich glaube, dass das die Achillesferse ist: Ich verstehe, dass man als Naturschutzorganisation nicht *zu* politisch sein möchte, aber bei Menschenrechtsfragen muss man Position beziehen. Es ist naiv zu glauben, dass sie keine Rolle spielen.»

Er verfolgt die Lage in den einzelnen afrikanischen Ländern nicht mehr bis ins Detail und weiß wenig über den aktuellen Stand der Dinge in Benin, sodass er darüber nicht sprechen will. Aber ihm ist bekannt, dass Südsudan, in dem African Parks gerade zwei Parks übernommen hat, äußerst korrupt ist, ein Land, in dem nichts ohne Schmiergeld läuft. «Ich würde mich auf andere Gebiete konzentrieren, die Hilfe brauchen. Es gibt genügend, die es besser machen. Je mehr AP in Ländern wie Ruanda und Südsudan operiert, desto größer ist das Risiko, dass der eigene Ruf Schaden nimmt.»

Der ehemalige ANC-Kämpfer hatte auch Probleme damit, dass African Parks die Dienste der Wirtschaftsprüfungsgesellschaft KPMG in Anspruch nahm (und im Übrigen immer noch nimmt), um den Jahresabschluss zu prüfen, nachdem bekannt geworden war, dass das Unternehmen unter Zuma in das *state capture*, das Plündern von Staatseigentum – in großem Stil – involviert war. «Ich fand, dass wir in solchen Dingen Prinzipien befolgen und keine Geschäfte mehr mit ihnen machen sollten, aber damit stieß ich nicht auf Beifall», erzählt er. «Es gibt einen fast ausschließlichen Fokus auf die Parkverwaltung und den Erhalt der Biodiversität, sodass fast alles andere ausgeblendet wird. Jetzt, wo ich nicht mehr dem Vorstand angehöre und solche Fragen gestellt bekomme, denke ich im Rückblick, dass wir in unserem Leitbild Kriterien hätten definieren müssen, die darüber entscheiden, ob wir eine Einladung in ein bestimmtes Land akzeptieren, unabhängig von den ökologischen Faktoren. Das steht nicht in unseren Leitlinien. Sie können subtil und apolitisch sein, aber es muss deutlich werden, dass African Parks keine Menschenrechtsverletzungen billigt.»

Msimang sieht die kolonialistischen Assoziationen, die AP bei manch einem wachruft, als ein reales Problem. Er bezeichnet die Hauptpersonen bei AP als «Teil des alten Südafrika» und «noch immer sehr weiß». Wolle man andere Akteure haben, müsse man woanders suchen. «Im Aufsichtsrat war es ein Thema, dass alle Manager weiß waren. Wo waren die afrikanischen Manager? Peter sagte, dass er auf der Suche nach ihnen sei, aber man hat sich vor allem nicht-operativ tätige Ratsmitglieder gesucht.»

Während unseres Gesprächs macht Msimang hin und wieder einen gequälten Eindruck – es scheint ihm wirklich nahezugehen. «Je länger wir darüber reden, desto mehr denke ich über meine eigene Rolle nach. Ich hätte mehr tun müssen. Das ist keine Entschuldigung, es ist ein furchtbares Versäumnis.» Auch die Finanzquelle hätte Msimang Sorgen bereitet. Aus den Vereinigten Staaten sei viel Geld von der Familie Walton gekommen – «ich weiß nicht, wo sie politisch steht» –, und der rechte Republikaner Walter Kansteiner habe eine wichtige Rolle als Vorsitzender der amerikanischen Stiftung von African Parks gespielt. Dabei war mir gar nicht wohl.»

Kansteiner war Anfang der Nullerjahre stellvertretender Minister für Afrikaangelegenheiten unter George W. Bush und wurde später zum Direktor des Afrikageschäfts beim Ölgiganten ExxonMobil ernannt. Er betrachtete den Widerstand des ANC gegen das Apartheidregime Ende der Achtzigerjahre als einen «ungerechtfertigten» und «marxistischen» Kampf ohne Mandat des südafrikanischen Volkes. Bei den ersten demokratischen Wahlen im Jahr 1994 stellte er die Befreiungsbewegung ANC und die Nasionale Party, die für mehr als vier Jahrzehnte Apartheid verantwortlich war, auf eine Stufe: Beide waren in seinen Augen gewalttätig, wenig tolerant und kompromisslos.[5]

APs Wohltäter Rob Walton, der mit Paul van Vlissingen befreundet war, ist ein Sohn des Gründers der Walmart-Supermarktkette Sam Walton. Die Waltons sind die reichste Familie der USA, und Rob unterstützt mit seinem Vermögen nicht nur African Parks und andere NGOs, sondern auch Politiker, bei denen es sich manchmal um Demokraten, meist aber um rechte Republikaner handelt, die für Trump, Waffen und fossile Brennstoffe sind und die Homo-Ehe, Abtreibung und soziale Rechte ablehnen. So erhielt die Lobbygruppe Americans for Prosperity, die sich scharf gegen jede Form von Umweltschutzgesetzgebung wendet, im Jahr 2023 von ihm und seinem Bruder Jim zehn Millionen Dollar. Diese Lobbygruppe half nach dem Wahlsieg Barack Obamas mit, die populistische Tea-Party-Bewegung groß zu machen, die dann dafür sorgte, dass die Republikanische Partei nach rechts driftete.[6]

Das ist nicht die Art Menschen, der sich der Freiheitskämpfer Msimang besonders nahe fühlt. Er seufzt mehrfach, nachdem ich ihm eine Frage gestellt habe. Wir sprechen über *fortress conservation* und den andauernden «Krieg», den schwer bewaffnete Ranger – auch in stabilen Ländern – gegen die Wilderer führen. «Als ob es Israel wäre …», sagt er, einige Monate bevor der Krieg im Gazastreifen ausbricht.

Denkt African Parks darüber nach, wie es zu einem friedlichen Miteinander kommen kann?

«Nein, aber das wäre schon notwendig. Wir müssen akzeptieren, dass der Park nicht am Zaun aufhört, aber manche Gemeinschaften stehen uns oft feindselig gegenüber. Wir haben keine Philosophie entwickelt, wie wir damit umgehen können. Es bleibt beim alten kolonialistischen Denken, und es fehlt an Leuten mit neuen Ideen dazu. Das Curriculum des Naturschutzes braucht Veränderung.»

Als ich Msimang frage, ob es bei AP Raum für Kritik gibt, seufzt er tief.

«Sie scheinen für Kritik und andere Sichtweisen offen zu sein», sage ich. «Viele Ihrer ehemaligen Kollegen dagegen nicht.»

Msimang: «Das ist das Drama. Sie sind ein mitreißender Interviewer. Ich habe immer eine Schwäche für Niederländer gehabt, mit Ausnahme vielleicht von Robert-Jan van Ogtrop. Er ist kein Rassist, pflegt aber eine kolonialistische Mentalität. Als ich mit ihm über Ruanda sprach, zuckte er mit den Achseln und fragte, ob ich im Begriff sei, African Parks zu einem politischen Akteur zu machen.» An Paul van Vlissingen bewahrt er dagegen positivere Erinnerungen, aber «wenn es an Paul gelegen hätte, würde sich das Headquarter noch immer in den Niederlanden befinden».

Ich frage ihn, ob man jemals darüber nachgedacht habe, das Headquarter an einem «afrikanischeren» Ort anzusiedeln als in einer der weißesten Enklaven Südafrikas.

Darauf hin bricht Msimang in Lachen aus.

23

BANKGESCHÄFTE AUF DER ISLE OF MAN UND ANDERE ZWIELICHTIGKEITEN

Es war eine fruchtbare Reise, die neben Informationen und Erkenntnissen jedoch auch viele neue Fragen aufgeworfen hat. Zurück in Europa, will ich als Erstes wissen, wie es sich mit den Spitzengehältern bei African Parks verhält, und dabei weitere finanzielle und geschäftliche Aspekte der Organisation unter die Lupe nehmen.

Eine ehemalige interne Quelle bestätigt, was im Finanzbericht nachzulesen ist, nämlich dass es sich bei den «Vergütungen des Direktors», die 2021 gut eine Viertelmillion Dollar betrugen, tatsächlich um Peter Fearnheads Jahresgehalt handelt – oder zumindest um einen Teil davon. Die Summe liegt oberhalb der «Balkenendenorm», einer in den Niederlanden geltenden Richtlinie, die die maximale Höhe der Vergütung von Arbeitnehmern in Einrichtungen regelt, deren Gehalt ganz oder zum größten Teil aus öffentlichen Mitteln finanziert wird. Der Vorstand von African Parks verdient also mehr als der niederländische Premierminister, wobei die Lebenshaltungskosten in Südafrika erheblich niedriger sind als bei uns.

Aber diese Norm gilt natürlich nicht für Südafrika, und obwohl African Parks in der Vergangenheit viel Geld aus den Niederlanden bekommen hat – und noch immer über die Europäische Union bekommt –, ist die Organisation nicht auf niederländische Steuergelder angewiesen. Außerdem ist eine Viertelmillion zwar ein großzügiges Entgelt, aber heutzutage auch wiederum kein schwindelerregend hoher Betrag. Die inzwischen ausgeschiedene Kommunikationsdirektorin von AP, Andrea Heydlauff, verdiente im Jahr 2019 übrigens nahezu dasselbe. Aus einer Aufstellung für das amerikanische Finanzamt geht hervor, dass sie für ihre Tätigkeit von der African Parks Foundation of America fast zweihundertdreißigtausend Dollar bekommen hat. Bei dieser Foundation handelt es sich um eine «nonprofit corporation», die ebenso wie die niederländische Stiftung vor allem zum Ziel hat, Fördermittel einzuwerben. Toni Condon, bis vor Kurzem Leiter der Fundraising-Abteilung in den Vereinigten Staaten, wurden jährlich sogar über dreihunderttausend Dollar, zwanzig Prozent mehr als Fearnhead, gutgeschrieben. Das sind sehr hohe Beträge auf der Funktionärsebene, die sich nur schwer mit dem Mantra der Organisation in Einklang bringen lassen, dass jeder Dollar, den man an AP spendet, für die Arbeit vor Ort verwendet wird.

Das Gehalt Condons ist bemerkenswert, und es ist schwer vorstellbar, dass der Vorstandsvorsitzende Fearnhead in der Organisation weniger verdient als er. Bei großen internationalen Playern wie dem World Wide Fund For Nature (WWF) und der Wildlife Conservancy Society verdient der jeweilige CEO gut eine Million Dollar; die höchsten Gehälter bei der African Wildlife Foundation (AWF) und der Conservation International (CI) liegen beide bei etwas über einer halben Million Dollar.[1] African Parks entlohnt seine Mitarbeiter nach eigener Aussage «kompetitiv», sodass für hoch qualifiziertes Personal eine Karriere im Naturschutz attraktiv ist, und betreibt «Benchmarking», was bedeutet, dass die eigenen Gehälter mit denen in ähnlichen Organisationen verglichen werden. Deshalb liegt es nahe, dass Fearnheads Gehalt sich der halben Million zumindest nähert, dem Salär eines Spitzenverdieners bei der ungleich kleineren AWF. Doch auf Basis des eigenen Berichtswesens ist unklar, wie viel Fearnhead genau bekommt und woher das Geld stammt.

«Der Hauptgrund, dies nicht weiter zu kommentieren, ist der, dass angesichts der Länder, in denen wir aktiv sind, private Informationen über einzelne Personen ein unmittelbares Sicherheitsrisiko für sie darstellen würden», erläutert African Parks in einer schriftlichen Stellungnahme. «Wir möchten Dich bitten, darauf Rücksicht zu nehmen.» Ungewollt gibt die Organisation hier einen kleinen Einblick in ihr eigenes Weltbild, in dem die Bewohner von «Ländern, in denen wir aktiv sind», offenbar als geldgierige Afrikaner gesehen werden, die «ein unmittelbares Sicherheitsrisiko» für Naturschützer mit einem guten Gehalt darstellen.

In dieser Stellungnahme erklärt AP ferner, dass Ausgaben für das Headquarter nicht auf Kosten des Naturschutzes vor Ort gehen, da diese aus einem Sonderfonds finanziert würden. Technisch gesehen mag das vielleicht stimmen, aber wenn der CEO hunderttausend Dollar weniger verdienen würde, stünden diese hunderttausend Dollar für zusätzliche Naturschutzmaßnahmen oder Entwicklungsprojekte zur Verfügung, da viele Spender African Parks die Freiheit einräumen, das Geld nach eigenem Gutdünken zu verwenden.

Die Schwammigkeit bei African Parks im Umgang mit finanziellen Angelegenheiten geht jedoch über die Geheimhaltung der Vergütungen für das Spitzenpersonal hinaus. Ein Großteil des Zahlungsverkehrs läuft über die Isle of Man, die ebenso wie die Kanalinseln nicht zum Vereinigten Königreich gehört, sondern den Status eines britischen Kronbesitzes hat. African Parks unterhält Geschäftsbeziehungen zur südafrikanischen Nedbank Private Wealth und lässt Spenden und Fördergelder, auch die der niederländischen Regierung, auf ein Konto dieser Bank bei ihrer Zweigniederlassung auf der Isle of Man überweisen.[2] Gäste, die sich in den Lodges von African Parks einquartieren, werden ebenfalls gebeten, die Übernachtungskosten auf ein Konto auf der Isle of Man zu überweisen. Die Insel genießt international den Ruf einer Steueroase, in der Geldflüsse nur schwer nachzuverfolgen sind. In den Niederlanden steht sie auf einer Liste von «Niedrigsteuerländern und nicht-kooperativen Rechtsterritorien». Auf die Frage, weshalb AP gerade dort mehrere Konten unterhält, bekomme ich keine Antwort.[3]

Die Isle of Man zählt nur vierundachtzigtausend Einwohner, und einer davon ist Peter Whitney Fearnhead, der Vater des AP-Vorstands, der dieselben Vornamen wie sein Sohn trägt und seinen Wohnsitz in Douglas, dem Hauptort der Insel, hat. Dass er dort tatsächlich lebt oder zumindest regelmäßig vor Ort ist, beweisen unter anderem sein Eintrag im Telefonbuch und die Tatsache, dass er auf der Insel mehrfach mit Trunkenheit am Steuer erwischt wurde.[4]

Der Name Fearnhead senior taucht auch in den sogenannten Panama Papers auf, den Millionen aufgrund eines Datenlecks an die Öffentlichkeit gelangten Dokumenten des panamaischen Offshore-Dienstleisters Mossack Fonseca, einer Rechtsberatungsfirma, die Unternehmen weltweit dabei half, Geld am Fiskus vorbei in Steuerparadiese zu schleusen. Laut den bekannt gewordenen Dokumenten war der Vater von Peter Fearnhead an einer Konstruktion beteiligt, mit der man Zahlungen an Topmanager der Zimplats Holdings leistete, eines Bergbaugiganten aus Simbabwe, dem Land, aus dem auch die Fearnheads stammen.

Wie dieses Konstrukt funktionierte? Es nahm seinen Anfang bei der Northern Wychwood, einer kleinen Firma für unternehmensbezogene Dienstleistungen unter der Leitung von Susanne Fearnhead, der Gattin von Simon Fearnhead, einem Bruder des Vorstands von African Parks. Fearnhead senior wiederum ist Direktor der Northern Wychwood, die auf der Isle of Man in der Athol Street 54–62 in Douglas registriert ist – die Adresse wird später noch einmal auftauchen.

Den Panama Papers zufolge hat Northern Wychwood die Firma HR Consultancy gegründet, um Offshore-Zahlungen an das Topmanagement von Zimplats durchführen zu können. Also Überweisungen auf ein Auslandskonto, von denen die lokalen Behörden keine Kenntnis erhalten und die häufig der Steuerhinterziehung dienen. Mitgesellschafterin von Northern Wychwood ist die Hanoverian Ltd. mit Sitz auf den britischen Jungferninseln. Die Panama Papers verzeichnen eine Firma namens Palatinate Ltd. als Geschäftsführerin der Hanoverian Ltd., die ebenfalls von Peter Fearnhead senior geleitet wird.[5]

Das hört sich alles ziemlich kompliziert an, aber im Kern geht es um Folgendes: Wenn die Informationen aus dem Datenleck der Panama Papers stimmen, heißt das, dass es innerhalb der Familie Fearnhead entsprechende Kenntnisse über Offshore-Zahlungen gibt, die dem Finanzamt verborgen bleiben und eine hübsche Aufstockung des «bescheidenen Gehalts» des AP-Direktors bedeuten dürften.

Bevor wir auf die Athol Street in Douglas zurückkommen, möchte ich zunächst eine Antwort auf die Frage finden, weshalb Fearnhead ein solches Geheimnis um seine Nebentätigkeiten macht. Er selbst räumt ein, im Vorstand *einer* anderen Organisation und «informell» in zwei weiteren zu sitzen – der Vorstand von African Parks habe ihm dazu nach eigener Aussage die Zustimmung erteilt. Dass er nichts darüber sagen wolle, geschehe «nicht aus Gründen der Geheimhaltung», doch im Weiteren schweigt er sich darüber aus. Für gewöhnlich sind derartige Leitungsfunktionen öffentlich, auch in Südafrika und insbesondere, wenn es sich um das Vorstandsmitglied einer Organisation handelt, die jährlich mehr als hundert Millionen Dollar an Subventionen und Spendengeldern umsetzt. Von ihm würde man erwarten, dass er seine Einkünfte offenlegt.

Laut den Handelsregistern Südafrikas und der Niederlande hat Fearnhead tatsächlich drei Leitungsfunktionen. Erstens sitzt er im Aufsichtsrat des Community Conservation Fund Africa, eines Wohltätigkeitsfonds der Hotelkette Mantis Collections, die Teil des französischen Konzerns Accor Hotels ist und achtzehn Luxusherbergen betreibt. Vier dieser Hotels befinden sich in Ruanda, dem Land, über das Fearnhead und viele andere APer kein böses Wort hören wollen, und zwei der vier ruandischen Hotels stehen in oder in der Nähe von Akagera, *der* Erfolgsgeschichte von AP, auch weil es der einzige Park ist, der nahezu gewinnbringend arbeitet.

«Man muss die Welt nicht retten, aber man muss schon einen Unterschied machen», steht auf der Seite der Stiftung dieser Wohltätigkeitsorganisation neben dem Foto zweier hipper weißer Touristen mit orangegetönten Brillengläsern, umringt von fröhlichen schwarzen Kindern, die sie anfassen wollen. Das ist genau die Art Entwicklungshilfe – unbedarfte Westler, die in ihrem Safari-Urlaub «etwas zurückgeben» wollen, und das oft genug vor allem zu ihrem eigenen Wohlgefallen –, die heutzutage stark in der Kritik steht, weil sie in der Regel mehr schadet als nützt.

Normalerweise zahlen Hotels, die ihren Sitz in einem Park haben, Konzessionsgebühren an African Parks – das müsste also auch für die Mantis Akagera Game Lodge gelten. Dadurch stehen beide Parteien in einer direkten Beziehung zueinander. Die Beteiligung Fearnheads an beiden Seiten weckt zumindest den Anschein, dass es sich hier um einen Interessenkonflikt handeln könnte, insbesondere weil Fearnhead sich in diesem Punkt so geheimnisvoll gibt. Auf Fragen dazu und zu seiner Rolle in der Stiftung erhalte ich keine Antwort.

Außerdem hat der AP-Vorstand, zusammen mit dem Bankier Peter Hayward-Butt, der Anfang dieses Jahrhunderts eine Zeit lang für die niederländische ABN AMRO Bank tätig war, einen Sitz in der Geschäftsführung der Firma Nisawize. Derzeit ist Hayward-Butt Vorstandsmitglied der Investmentgesellschaft Ethos Capital mit Sitz in Mauritius, einem Inselstaat östlich von Afrika, der – einmal mehr – günstige steuerliche Bedingungen bietet. Dazu, was Nisawize genau macht und worin seine eigene Funktion in diesem Unternehmen besteht, möchte Fearnhead sich nicht äußern. Dem südafrikanischen Handelsregister lässt sich ebenfalls nichts über die Aktivitäten des Unternehmens entnehmen.

Die dritte Organisation, in der der Topmanager eine Rolle spielt, hat ihren Sitz an der Zuidas in Amsterdam, dem Geschäfts- und Finanzzentrum mit der größten internationalen Ausstrahlung in den Niederlanden. Gemeinsam mit dem Börsenhändler Robert Defares und dem Investor Arent Fock gründete Fearnhead am 12. März 2021 die Stiftung African Horizon, deren Ziel es ist, Naturschutzgebiete zu unterstützen, darunter auch «Nationalparks und andere Schutzgebiete unter der Verwaltung von African Parks Network».

African Horizon hat also in etwa dieselbe Zielsetzung wie die Stiftung African Parks Foundation, die von den Niederlanden aus noch immer als Fundraising-Organisation für die Mutterorganisation tätig ist und seit 2015 unter dem Vorsitz des bereits genannten Arent Fock steht. Dieser verdient sein Geld als Partner des Investmentvehikels Foreman Capital, dessen Firmensitz dieselbe Adresse an der Zuidas hat wie die neue Stiftung. Fock ist mit einer Nichte Paul van Vlissingens verheiratet, und sein Großvater saß einst im Direktorium der SHV, dem Familienunternehmen der van Vlissingens.[6] Robert Defares verdiente Schätzungen zufolge gut anderthalb Milliarden Euro mit dem Börsenhandelshaus IMC Financial Markets. Auf die Frage, warum die Beteiligten nicht einfach die bestehende Stiftung von African Parks unterstützen, sondern dafür eine neue Organisation gegründet haben, bekam ich anfangs keine Antwort. «Kurz gesagt ist es so, dass unsere Stiftung kein Interesse an der Beantwortung Ihrer Fragen hat», teilt mir Fock per E-Mail mit.

Einen Tag später ist er dann allerdings bereit, mir den Finanzbericht für das Jahr 2022 zu übermitteln, «denn da gibt es tatsächlich nichts zu verbergen». Und er erklärt: «African Horizon wurde von Arent Fock und Robert Defares als Förderstiftung für Naturschutzprojekte in Afrika gegründet, siehe die Klausel im Jahresfinanzbericht. Peter Fearnhead ist gebeten worden, seinen Sitz im Vorstand zu nehmen, weil es eine Verbindung zu African Parks gibt.» Aus dem Jahresbericht geht hervor, dass die Stiftung 2022 fast drei Millionen Euro an Spenden erhielt, allerdings in dem Jahr nichts davon ausgegeben hat. Ich bekomme noch immer keine Antwort auf die Frage, weshalb die neue Stiftung ins Leben gerufen wurde, und auch nicht auf die nachfolgende, ob 2023 Geld an Naturschutzprojekte geflossen ist.

Auch zwischen dem Aufsichtsratsvorsitzenden Robert-Jan van Ogtrop und Peter Fearnhead gibt es eine interessante Verbindung, jedoch nicht im NGO-Bereich, sondern geschäftlicher Natur. Die Erben Paul van Vlissingens zeigten nach dessen Tod wenig Interesse an dem privatisierten Teil des Nationalparks Marakele und der dort befindlichen Marataba Lodge. 2011 wurde deshalb die niederländische Waterberg Holdings neue Eigentümerin.[7] Van Ogtrop war damals bereits gut ein Jahr als Aufsichtsratsvorsitzender von African Parks im Amt. Ihm oblag es, das Management, allen voran Peter Fearnhead, zu kontrollieren, ihm, falls erforderlich, Anweisungen zu erteilen oder es sogar zu entlassen. Doch beide waren sie an Waterberg Holdings beteiligt: van Ogtrop als einer der Eigentümer, und Fearnhead trat mehreren Informanten zufolge als Manager des Naturschutzgebiets auf. Diese Funktion übte er neben seiner Tätigkeit als Vorstand von African Parks aus.

Mit einiger Regelmäßigkeit organisiert African Parks große Veranstaltungen in der Marataba Lodge, was Waterberg Holdings zusätzliche Einnahmen verschafft. African Parks kaufte 2022 auch drei Nashörner bei diesem Unternehmen, um sie im Tschad auszuwildern.[8]

Des Weiteren organisiert van Ogtrop mit der Foundation for Natural Leadership, die er mitgegründet hat, regelmäßig Trips nach Marataba. In einem «vollständig malariafreien Big-Five-Safari-Gebiet» verbringen Unternehmer und andere «natürliche Führungspersönlichkeiten» ein paar Tage in der Natur, «um sich der Tatsache bewusst zu werden, dass Kopf, Gefühl und Herz untrennbar miteinander verbunden sind». Höchstwahrscheinlich zahlen sich diese Besuche auch finanziell für die Waterberg Holdings, die Eigentümerin von Marataba, aus, doch van Ogtrop weigert sich, meine Fragen dazu zu beantworten, da sie ihm zu suggestiv seien.[9]

Innerhalb von African Parks führte die Doppelfunktion Fearnheads bei so manchem zu Stirnrunzeln, so wie etwa bei dem damaligen Finanz- und operativen Vorstand Craig McIntosh. «Das Marakele-Projekt gab natürlich Anlass zu Besorgnis hinsichtlich Interessenkonflikten und der Unabhängigkeit des Vorsitzenden dem CEO gegenüber», schreibt er in einer E-Mail. Die Angelegenheit wurde bis hinauf in den Aufsichtsrat besprochen, aber die beiden Hauptakteure zogen daraus keine Konsequenzen.

Aus dem Gründungsdokument geht außerdem hervor, dass Fearnhead höchstwahrscheinlich ebenfalls ein finanzielles Interesse an der Waterberg Holdings verfolgte (und möglicherweise noch immer verfolgt). Mehrere Quellen bestätigen das. Das Unternehmen wurde von fünf Partnern gegründet: van Ogtrop, dem Verleger Wiet de Bruijn und dem ehemaligen

Vorstand des Modehauses Gucci, Robert Polet. Bei den anderen beiden Gründern handelt es sich um Rocinante Investments aus Luxemburg – wer sich dahinter verbirgt, ließ sich nicht ermitteln – und Africa Investment Income Limited. Letzteres Unternehmen hat neben einer «Niederlassung» auf den Jungferninseln – wahrscheinlich handelt es sich um eine Briefkastenfirma – seinen «Hauptsitz» auf der Isle of Man, und zwar in der Athol Street 54–62 in Douglas. Das ist dieselbe Adresse wie die von Northern Wychwood und weiteren Firmen, an denen Fearnhead senior und andere Familienangehörige beteiligt sind. Africa Investment Income ist aller Wahrscheinlichkeit nach ebenfalls in Händen der Familie Fearnhead, was bedeuten würde, dass der Vorstand von African Parks, beziehungsweise seine Familie, Geschäftspartner von Robert-Jan van Ogtrop war oder noch immer ist.[10]

Während meines Interviews in Johannesburg hatte Fearnhead betont, dass Marakele weder heute noch in der Vergangenheit jemals ein AP-Projekt gewesen sei. Van Vlissingens Äußerungen dazu waren, wie wir gesehen haben, weniger deutlich. Hat die kategorische Leugnung Fearnheads mit der umstrittenen Doppelfunktion zu tun, die er lange Zeit ausübte?

Meinen Informationen zufolge ist Fearnhead selbst inzwischen nicht mehr in Marakele aktiv. Die Frage, ob seine Familie und er persönlich dort noch immer finanzielle Interessen verfolgen, lässt sich nicht beantworten, ist aber durchaus relevant: Der Deal mit SANParks besagt, dass die südafrikanische Regierung bis 2030 den privaten Teil des Parks zum Selbstkostenpreis (für das Land) zuzüglich des Marktpreises für die getätigten touristischen Investitionen und eines Inflationsausgleichs «zurückkaufen» darf – wobei jedoch erwartet wird, dass die Summe nie und nimmer aufgebracht werden kann. Sollte das unerwartet doch der Fall sein – vielleicht mithilfe (internationaler) Spender –, würde es den Gesellschaftern wahrscheinlich eine ordentliche Stange Geld einbringen. «Dieser Betrag wird die getätigten Investitionen und die Verluste infolge des Wechselkurses nicht kompensieren», antwortet van Ogtrop, der von «Verschwörungstheorien» spricht.

Die Organisation, die der ehemaligen Kommunikationsdirektorin Heydlauff zufolge *with utmost transparency*, mit äußerster Transparenz, vorgeht, agiert in Wahrheit, was finanzielle Dinge angeht, im Verborgenen und weigert sich, Erklärungen für die Entscheidungen abzugeben, die sie trifft.

Bislang überwiegt in diesem Buch ein kritisches Bild von African Parks, obwohl ich in meiner Kommunikation mit der Organisation mehrmals meine Absicht betont habe, zu einem ausgewogenen Urteil kommen zu wollen. Wie eingangs erwähnt, liegt mir der Naturschutz sehr am Herzen, und ich teile die Überzeugung, dass der Erhalt afrikanischer Ökosysteme essenziell für unseren Planeten ist. Auch ich würde es bedauern, wenn ikonische – und weniger ikonische – Tierarten aussterben würden.

Das führt mich zu der Frage: Was macht AP denn eigentlich richtig? Und weshalb wird das AP-Naturschutzkonzept in weiten Kreisen als erfolgreich betrachtet?

24

TATKRAFT, GELD UND AMBITIONEN

«Wow, sind die so groß geworden?», staunt der Journalist Mathijs Smit, als ich ihm von meinem Buchprojekt erzähle. Bei den Recherchen für seine 2011 erschienene Biographie über Paul van Vlissingen hatte er sich ebenfalls ausführlich mit African Parks, dem späten «Lebenswerk» des Tycoons, beschäftigt. Der Organisation war es damals nicht gutgegangen. Smit: «Es hätte mich ehrlich gesagt nicht gewundert, wenn das Projekt einen stillen Tod gestorben wäre.»

Doch African Parks gibt es noch, es ist inzwischen die größte Parkmanagement-Organisation in Afrika. Das ist – wie immer man die Sache auch betrachten mag – eine Leistung, die sich sehen lassen kann.

Der entscheidende Vorteil des AP-Konzepts – bekannt als «delegiertes Management» – ist der, dass man als Organisation im Prinzip alle Fäden in der Hand hält. Der Parkdirektor, ernannt vom African-Parks-Headquarter, hat die vollständige Kontrolle über alles, was sich im Park tut, und muss sich – solange er sich an die Gesetze des Landes hält – lediglich dem internationalen Management in Johannesburg gegenüber verantworten. AP hat so relativ wenig mit den Mühlen der Bürokratie im Gastland zu tun und braucht in der Regel keine Freunde oder Verwandten einflussreicher Leute mit Jobs zu versorgen.

Zwischen den einzelnen Gastländern gibt es allerdings Unterschiede. In manchen Parks sind die Ranger direkt bei African Parks angestellt, in anderen arbeiten sie offiziell im Dienst des Staates, wobei ihr (karger) Beamtensold von African Parks aufgestockt wird. In manchen Ländern schließt African Parks ein sogenanntes öffentlich-privates Partnerschaftsabkommen, in anderen einen Vertrag, in dem die gesamte Kontrolle delegiert wird.

Andere Naturschutz- und Entwicklungshilfeorganisationen entscheiden sich häufig für weniger weitreichende Formen der Unterstützung. Sie bieten existierenden öffentlichen Parkverwaltungen wie etwa Cenagref in

Benin finanzielle Hilfe, organisieren Schulungen oder bezahlen die Ausrüstung für die Ranger. Oder aber sie entscheiden sich für eine Form des gemeinsamen Managements, bei dem die ausländische NGO der Regierung zur Seite steht. Sie haben weniger Schlagkraft und Kontrolle, können jedoch für gewöhnlich auf mehr Engagement des Gastlands rechnen.

Das Konzept von African Parks ist im Kommen, vor allem weil Spender der Ansicht sind, dass der ganzheitliche Ansatz erfolgversprechend ist und weniger Zeit und Geld kostet: Organisationen wie der WWF und die Wildlife Conservancy Society arbeiten in «ihren» afrikanischen Naturreservaten nach einem Konzept, das immer mehr dem von AP ähnelt. Und auch einige private Organisationen, die nur einen einzigen Park verwalten, wie etwa die Virunga Foundation im Kongo oder die Carr Foundation im mosambikanischen Nationalpark Gorongosa, orientieren sich zunehmend am African-Parks-Modell.

Verglichen mit den amateurhaften und chaotischen Anfängen unter Paul van Vlissingen ist African Parks unter der Führung von Peter Fearnhead unbestreitbar professioneller geworden. Auf verschiedenen Gebieten wurden Standardverfahren eingeführt, man hat für alle Parks die Finanzberichterstattung vereinheitlicht, und die Organisation ist heute weniger abhängig von jungen weißen männlichen Abenteurern, die durch ein mehrmonatiges Praktikum in Afrika angelockt werden – was nicht bedeutet, dass es diese Sorte Mitarbeiter gar nicht mehr gibt. Das Portfolio wuchs und wuchs, AP wurde auch in Angola, Mosambik, Simbabwe und Südsudan aktiv. Von Projekten, die schon nach kurzer Zeit floppten, war kaum noch die Rede.

African Parks erntet vor allem Lob für die Tatkraft und den Mut, die die Organisation an den Tag legt, und für das ausgezeichnete Fundraising. Wie mir der Lodge-Betreiber Edjan van der Heide bereits in Sambia erzählte: AP verschwendet keine Zeit mit endlos langen Berichten und Sitzungen oder umfangreichen Vorrecherchen. Die Tinte unter dem Vertrag mit einer Regierung ist kaum trocken, da steht AP auch schon gestiefelt und gespornt im Busch und macht Wilderer dingfest, auch an lebensgefährlichen Orten im Kongo oder der Zentralafrikanischen Republik. Die Unerschrockenheit der Organisation nötigt Respekt ab.

African Parks schützt die Naturreservate anschließend wie eine uneinnehmbare Festung, mit oder ohne Elektrozaun.[1] Wilderern, die es dann noch wagen, die Parkgrenzen zu überschreiten, wird der Krieg erklärt. *Boots, fences, guns*, also: Stiefel, Zäune und Schusswaffen, resümiert ein ehemaliges Vorstandsmitglied. Diese Methode, die man *fortress conservation* oder Festungsnaturschutz nennt, kam bereits in den Interviews mit Fearnhead und Msimang zur Sprache.

Doch die Entschlossenheit von AP reicht noch weiter. Gibt es in einem Naturreservat keine Elefanten mehr? Ist das Nashorn ausgestorben? Oder die Giraffe? African Parks bringt sie zurück, in Lastwagen, im Flugzeug oder unter einem Hubschrauber baumelnd. Die Umsiedlung von Wildtieren in großem Stil ist eine Spezialität von AP und beliebt bei Geldgebern, die unmittelbar den Effekt ihrer Spenden sehen. Später werden wir noch sehen, dass African Parks vorhat, etwa dreitausend halbzahme Nashörner in Naturreservaten verteilt über den gesamten Kontinent auszuwildern.

Viele Experten und interne Informanten sind sich darin einig, dass African Parks in kurzer Zeit gute Ergebnisse erzielt: Nach erfolgter Übernahme ist mit einem Mal ausreichend Geld für Personal, Uniformen, Waffen, Büros und Fahrzeuge vorhanden. Tierpopulationen und die ökologische Diversität entwickeln sich offenbar in raschem Tempo – African Parks behauptet sogar, dass sie in den ersten fünf Jahren um fünfzig Prozent zunehmen.[2]

Wie bereits deutlich wurde: In einem Sektor, in dem das Geld oft mühsam zusammengekratzt werden muss, scheint es bei AP nur so zu sprudeln. «Fundraising war nie besonders schwierig, ob es sich nun um die Europäische Union, die Familie van Vlissingen, die Waltons oder die Postleitzahlenlotterie handelte», sagt Craig McIntosh, der bei African Parks federführend für Finanzen und Operatives zuständig war. «Wenn man Spender mit zu einem Projekt nimmt, merken sie sofort, dass ihr Geld auf sinnvolle Weise verwendet wird, für den Naturschutz vor Ort. Bei vielen anderen Organisationen sieht man ein paar vor sich hin rostende Landrover mit platten Reifen oder ein Büro mit kaputten Fensterscheiben, in denen die Farbe von den Wänden blättert. Bei AP sieht man gleich mit eigenen Augen, dass alles funktioniert.»

African Parks wirbt schon seit den Anfangstagen mit dem Slogan *A business approach to conservation*, dem «geschäftlichen Ansatz beim Naturschutz», doch die Bedeutung, die ihm die Organisation selbst gibt, hat sich im Laufe der Jahre verschoben. Anfangs bestand das Ziel darin, autarke, ja sogar profitable Naturreservate zu schaffen, bei denen der Gewinn der Bevölkerung zugutekommen sollte. Doch schon bald wurde AP klar, dass das in den meisten Parks ein hoffnungsloses Unterfangen war. Nahezu niemand will Urlaub im Tschad, in Südsudan oder in einem der beiden Kongos machen, und es ist auch nicht zu erwarten, dass sich das kurz- oder mittelfristig ändern wird. AP hätte ohnehin wissen können, dass es fast keine afrikanischen Naturparks gibt, die ausreichend Einnahmen generieren, um kostendeckend zu arbeiten. Außerdem machte die Corona-Pandemie deutlich, wie anfällig ein Geschäftsmodell ist, das sich größtenteils auf den Tourismus stützt.

Budget pro Park 2023 (in 1000 Dollar)[3]

Park	Land	Ausgaben	Einnahmen	Deckungsgrad	Kategorie*
Iona	Angola	5694	0	0	3
Pendjari	Benin	6246	50	0,8	3
W	Benin	6099	44	0,8	3
Chinko	Zentralafrikanische Republik	10 257	258	2,6**	3
Odzala-Kokoua	Kongo-Brazzaville	6975	332	5,3	3
Garamba	Demokratische Republik Kongo	11 993	368	3,1	3
Liwonde – Mangochi	Malawi	3885	606	19,5	3
Majete	Malawi	2525	637	24,6	3
Nhkotakota	Malawi	2783	52	2,3	3
Bazaruto	Mosambik	4858	818	22,1	3
Akagera	Ruanda	3461	3733	87,8	1
Nyungwe	Ruanda	4873	1778	45,8	2

Ennedi	Tschad	4924	80	2,0	3
Zakouma – Siniaka Mina	Tschad	7033	740	11,1	3
Bangweulu	Sambia	2936	554	19,7	3
Kafue	Sambia	7500	885	15,3	3
Liuwa Plain	Sambia	2989	343	12,5	3
Matusadona	Simbabwe	3621	556	20,1	3
Badingilo und Boma	Südsudan	6075	0	0	3
Gesamt		**107727**	**11 834**		

* African Parks teilt die eigenen Parks in drei Kategorien ein. Parks, in denen die Einnahmen mindestens 75 Prozent der Kosten decken, bilden die Kategorie 1, Parks, die zu 25 bis 75 Prozent kostendeckend arbeiten, gehören zur Kategorie 2, und Parks unter 25 Prozent Kostendeckung fallen unter die Kategorie 3. Idealerweise sollen AP zufolge 20 Prozent der Parks unter die Kategorie 1 fallen (jetzt sind es 5 Prozent), ungefähr die Hälfte soll zu Kategorie 2 gehören (aktuell ebenfalls 5 Prozent), und ein Drittel verbleibt in Kategorie 3 (derzeit 90 Prozent).

** Ausgenommen sind hier Einnahmen aus Emissionszertifikaten (laut African Parks).

Die Akquisition von Fördergeldern gelingt AP dagegen weitaus besser. Die Organisation versammelte einen treuen Kreis von Spendern und Fördermittelgebern um sich, die im Laufe der Jahre viele Millionen lockermachten. Van Vlissingens Freund Rob Walton war einer der ersten weißen Wohltäter, der sein Scheckbuch zückte, und auch die Regierungen der Niederlande und der USA ließen sich bereits in einem frühen Stadium überzeugen. Die nationale niederländische Postleitzahlenlotterie war, anfangs über die Stiftung Doen, ebenfalls rasch zu Spenden bereit und ist AP seither treu geblieben.

Inzwischen verfügt African Parks über unterstützende Stiftungen in den Niederlanden (mit Büro in Amsterdam), den Vereinigten Staaten (New York), dem Vereinigten Königreich (Edinburgh), Deutschland (Stuttgart), der Schweiz (Luzern) und Hongkong. Deren Aufsichtsräte sind prominent mit Bankiers, Immobilieninvestoren und anderen Geschäftsleuten besetzt, einem Kreis von Leuten mit einem hohen «Jeder kennt jeden»-Faktor. Der Vorsitzende der African Parks Foundation of America, Rob Walton, befindet sich dabei in Gesellschaft von Marvin Schwartz, einem ehemaligen Topmanager bei Lehman Brothers, der 2007 – dem Jahr, bevor die Pleite der Bank die Kreditkrise einläutete – gut dreißig Millionen Dollar verdiente. Des Weiteren haben unter anderem ein Seniorpartner von McKinsey, ein Immobilienanwalt und ein Vermögensverwalter einen Sitz im Board.

African Parks Germany steht unter dem Vorsitz von Dieter Zetsche, Aufsichtsratsvorsitzender des weltweit größten Tourismuskonzerns TUI und ehemaliger Vorstandsvorsitzender des Daimler-Konzerns, der heutigen Mercedes-Benz Group. Die anderen Mitglieder des Boards sind die Geschäftsfrau Isabel Knauf, der Agrar-Investor Jürgen Steinemann und der Unternehmensberater Klaus Mangold, der sich auch nach dem russischen Angriffskrieg gegen die Ukraine weiterhin für gute deutsch-russische Beziehungen einsetzt.[4]

Der Investor Arent Fock ist Vorsitzender des niederländischen Verwaltungsrats, in dem unter anderem die ehemalige hochrangige Politikerin Mirjam de Blécourt, René Hooft Graafland (ehemals Heineken) und Pieter van Doorne (ehemals Booking.com) einen Sitz haben. Van Doorne ist ein Geschäftspartner von Vincent Kouwenhoven, dem niederländischen Risikoinvestor, der in Sambia eine Lodge neben der seines ehemaligen Partners van der Heide bauen ließ. Auch Onno van der Stolpe ist mit von der Partie, ein Unternehmer, der über die Firma Galapagos mit einer Wunderpille gegen Rheuma Millionen verdiente – und dann verlor –, die die hohen Erwartungen in sie allerdings nicht erfüllte.

Im ebenfalls von Arent Fock geführten Schweizer Board sitzen unter anderem der ehemalige Vorstandsvorsitzende des Flughafens Zürich Thomas Kern sowie Christian Wildmoser, bis 2016 Partner bei der Investmentgesellschaft CVC Capital Partners, in der auch Robert-Jan van Ogtrop tätig war. Der britische Rat besteht aus vier Mitgliedern, die allesamt aus der Finanzwelt kommen, unter ihnen Maureen Hooft Graafland, die Schwägerin von René Hooft Graafland. Das Board der Special Advisory Group in Hongkong schließlich steht unter dem Vorsitz eines ehemaligen Bankiers bei der Crédit Suisse und hat ferner Mitglieder, die bei Heineken und McDonald's Karriere gemacht haben.

Der wichtigste öffentliche Geldgeber von African Parks ist die Europäische Kommission mit einem Gesamtvolumen von 142 Millionen Euro seit 2006.[5]

AP spricht von einem «entscheidenden Partner», der eine wesentliche Unterstützung unter anderem in Garamba, Odzala-Kokoua (Kongo-Brazzaville), Chinko (Zentralafrikanische Republik), Zakouma (Tschad) und Ennedi leiste – bei Letzterem handelt es sich um ein riesiges Wüstenreservat, ebenfalls im Tschad gelegen, das etwas größer als Niedersachsen ist. Diese Parks wurden schon vor der Übernahme durch African Parks größtenteils von der EU finanziert, und das Geld floss nach der Übernahme einfach weiter.

Außer von den Niederlanden, der Europäischen Union und den Vereinigten Staaten erhielt AP im Laufe der Jahre Millionen Euro und Pfund an Steuergeldern aus Deutschland, Frankreich, Italien, Spanien und dem Vereinigten Königreich. Die Ironie dabei: African Parks, selbst felsenfest davon überzeugt, dass der Markt Lösungen bereithält, die der Staat nicht bieten kann, ist dankbarer Subventionsempfänger.

Der *business approach* bezieht sich laut AP inzwischen mehr auf den Managementstil: Die Arbeit staatlicher Stellen wird als zäh und träge betrachtet, wohingegen es in der freien Wirtschaft effizient und flexibel vorangehe. African Parks betont gern seine Ergebnisorientierung und wirft dabei mit Zahlen um sich: zweiundzwanzig Parks in zwölf Ländern auf zwanzig Millionen Hektar Fläche und mit einem Umsatz von gut hundert Millionen Dollar; tausendvierhundert Ranger, hunderteinundfünfzig Umsiedlungen von Tieren, fast neunhundert beschlagnahmte Waffen in den letzten fünf Jahren, zweieinhalb Millionen Menschen, die von alldem profitieren würden …[6]

Solche Zahlen kommen bei philanthropischen Geschäftsleuten, die viel Wert auf Nachprüfbarkeit legen, gut an. Außerdem dient Wohltätigkeit für gewöhnlich nicht nur ihrem persönlichen Image, sondern bringt auch steuerliche Vorteile. Der Schweizer Milliardär und Miteigentümer des Fußballclubs Chelsea, Hansjörg Wyss, gab im Juni 2021 eine Spende in Höhe von sage und schreibe einhundertacht Millionen Dollar bekannt. Das kann ich auch, muss Rob Walton gedacht haben, denn seine Rob and Melani Walton Foundation kündigte drei Monate später ebenfalls eine Megaspende von hundert Millionen Dollar an, die Walton dann auch prompt auf den Vorsitz des Verwaltungsrats der amerikanischen Stiftung katapultierte. Unterstützung kam ebenfalls von der Howard G. Buffett

Foundation, der Stiftung eines Sohns des berühmten Investors Warren Buffett, sowie von der Oppenheimer Foundation von Vater und Sohn Nicholas und Jonathan Oppenheimer. «Nicky» Oppenheimer ist der ehemalige Vorstandsvorsitzende des Diamantenunternehmens De Beers, eines Tochterunternehmens von Anglo American, und laut Forbes die reichste Person Südafrikas.

Aus den Niederlanden überweist die Stiftung Natura Africae seit 2018 jährlich etwa fünf Millionen Euro an African Parks. Das Geld stammt aus dem Vermögen des inzwischen verstorbenen Immobilienhais Jan Verhagen, der Geschäftsbeziehungen zu bekannten Figuren aus dem kriminellen Milieu der Niederlande unterhielt sowie wegen Geldwäsche angeklagt und verurteilt wurde. Der Vorsitzende dieser Stiftung ist der ehemalige Finanzchef von Heineken, René Hooft Graafland, der, wie wir bereits sahen, auch im niederländischen Leitungsgremium von African Parks sitzt.

Im Jahr 2021 kamen siebenunddreißig Prozent der Spenden an African Parks von philantropisch gesinnten Einzelspendern, sechsunddreißig Prozent von staatlichen Stellen, elf Prozent aus Lotterieeinnahmen, neun Prozent von Stiftungen und fünf Prozent von anderen Naturschutzorganisationen wie dem WWF.[7]

Und auch die Welt des Showbizz hat African Parks ins Herz geschlossen. Der Schauspieler Leonardo DiCaprio unterstützte über seine Leonardo DiCaprio Foundation die Wiederansiedlung von Löwen in Malawi, während seine Kollegin Charlize Theron mit ihrem Charlize Theron Africa Outreach Project als Partnerin an AP-Projekten in Sambia beteiligt ist. Die Sängerin Taylor Swift nahm ihrerseits den Videoclip «Wildest Dreams» auf, von dem ein Teil des Erlöses für African Parks bestimmt war. Dieses Video trug ihr übrigens einiges an Kritik ein, da es ziemlich kolonialistisch wirkt: Man sieht die Sängerin, wie sie sich an einem *Out of Africa*-artigen Filmset, umgeben von einer weißen Filmcrew und wilden Tieren, in einen weißen Mann verliebt. «Taylor Swift träumt von einem sehr weißen Afrika», hieß es.[8]

Die Europäische Union hat schon mal durchblicken lassen, dass sie die Parks nicht ewig unterstützen werde, und African Parks ist klar, dass auch andere Subventionsquellen versiegen könnten.[9] Deshalb ist die Organisation fortwährend auf der Suche nach weiteren Einnahmequellen, die die eigene Unabhängigkeit stärken sollen. Dabei gibt es kaum Tabus: So ist in Bangweulu, Pendjari und Chinko – dem Park, den AP vom Mararv-Clan übernahm – die Jagd erlaubt. Obwohl Bilder reicher, in aller Regel weißer Jäger, die neben einem frisch erlegten Leoparden oder Zebra posieren, bei vielen Menschen Abscheu hervorrufen, weisen Befürworter darauf hin, dass ein jagender Tourist das Vielfache eines «Fototouristen» einbringe. Unter der Voraussetzung, dass sie gut geregelt sei, müsse die Jagd keine negativen Auswirkungen auf den Wildbestand haben – beispielsweise wenn ausschließlich Abschussgenehmigungen für einzelne ältere männliche Tiere erteilt würden.

Außerdem, so argumentieren sie, gebe es in manchen Naturparks so viele Elefanten, dass sie eine Gefahr für das Gleichgewicht des Ökosystems oder auch für die Menschen in der Umgebung darstellen können, sodass man sich manchmal zur «Entnahme» entschließen müsse. Wenn ein Jäger bereit sei, ein Vermögen für ein Tier zu zahlen, das ohnehin dem Tod geweiht ist, und die Einnahmen dem Naturschutz zufließen, warum nicht?

African Parks erklärt offiziell, weder Befürworter noch Gegner der Jagd zu sein. Wenn jedoch die Trophäenjagd in einem AP unterstellten Park gesetzlich erlaubt ist, bietet die Organisation technische und logistische Unterstützung an und tut nach eigenem Bekunden alles dafür, dass die Einnahmen vor allem der Natur und der lokalen Bevölkerung zugutekommen.[10] Aus internen Unterlagen geht hervor, dass African Parks es sich in dem Fall allerdings zum Ziel setzt, die Jagd maximal zu unterstützen. So erhielt der Parkdirektor von Bangweulu im Jahr 2022 den Auftrag, «die vollständige Jagdquote» auszunutzen, mit der Zielmarke von vierhunderttausend Dollar an Einnahmen.[11]

Auch der Bergbau ist in Parks, die unter der Verwaltung von African Parks stehen, kein Tabuthema. Wir sahen bereits, dass die Organisation an manchen Orten enge Beziehungen zu der Branche unterhält, die scheinbar die entgegengesetzten Interessen verfolgt, so wie im Kongo, wo Garamba finanziell von der nahe gelegenen Kibali Gold Mine unterstützt wird, einem Joint Venture der international operierenden Goldbergbauunternehmen Barrick und AngloGold Ashanti.

Dank des Projekts Mapping for Rights der Rainforest Foundation wurde bekannt, dass die Regierung von Kongo-Brazzaville die Genehmigung für die Inbetriebnahme einer Goldmine im Nordosten des Parks Odzala-

Kokoua, der African Parks untersteht, erteilt hat. Ob davon auch tatsächlich Gebrauch gemacht wird, weiß man nicht. Auf die Frage, ob in Naturreservaten unter der Verwaltung von African Parks Bergbau stattfindet, erhalte ich keine Antwort. Allerdings erklärte AP-Vorstand Peter Fearnhead auf der Oppenheimer Research Conference im Jahr 2022, dass er Bergbau in einem Nationalpark theoretisch für möglich halte, solange er verantwortungsvoll und transparent betrieben werde.[12]

Die größte Hoffnung auf zusätzliche strukturelle Einnahmen richtet sich jedoch auf den Handel mit Emissionszertifikaten, einer potenziellen Goldgrube für Naturschützer. Die Idee dahinter: Unternehmen oder Organisationen – in der Regel westliche – kompensieren ihren CO_2-Ausstoß freiwillig durch den Kauf von CO_2-Zertifikaten, um das Label zu erhalten, das ihnen konstatiert, «klimaneutral» zu sein. African Parks pflanzt zwar keine neuen Bäume, argumentiert aber folgendermaßen: Wenn wir die Naturreservate nicht schützen, werden Bäume gefällt, um daraus Holzkohle zu machen oder Platz für die Landwirtschaft zu schaffen. Die Bäume, die stehen bleiben, entziehen der Atmosphäre CO_2, das dort sonst verbleiben würde, und dafür können wir die Zertifikate verkaufen.

African Parks arbeitet bei diesem Thema mit dem Klimaberatungsbüro South Pole zusammen. Dieses Schweizer Unternehmen geriet 2023 durch eine Reihe von Beiträgen auf der Website Follow the Money stark in die Kritik, als bekannt wurde, dass es nicht-existierende Emissionsrechte unter anderem an Gucci, Volkswagen und den Energieversorger Greenchoice verkauft hatte und so anstatt zu *weniger* gerade zu *mehr* Verschmutzung beitrug. «Elefanten schießen und fiktive CO_2-Rechte verkaufen: South Pole unterstützt beides», titelte die niederländische Investigativplattform – für die auch ich arbeite.[13]

African Parks hat mittlerweile in den meisten Parks untersuchen lassen, wie viele Emissionszertifikate zum Kauf angeboten werden dürfen. In Chinko in der Zentralafrikanischen Republik geht es einer Schätzung von AP zufolge um etwa viereinhalb Millionen Einheiten über einen Zeitraum von 2016 bis 2026 – denn man kann sogar Zertifikate für CO_2 verkaufen, das in der Vergangenheit kompensiert wurde.[14] Der Preis pro Zertifikat auf dem freien Markt fluktuiert stark, und es gibt ohnehin noch viele Ungewissheiten. Klar ist aber, dass es um viele Millionen Euro geht.

Im Jahr 2023 hat African Parks vermutlich zum ersten Mal CO_2-Zertifikate verkauft, an McKinsey Nederland und die Schweizer Online-Verkaufsplattform Digitec.[15] Dabei soll es sich um Zertifikate handeln, die auf der CO_2-Aufnahme in Chinko und Parc W in Benin beruhen und ein paar Millionen Euro eingebracht haben. Die Frage, ob die Organisation Vereinbarungen mit den Regierungen dieser Länder über einen eventuellen Verteilungsschlüssel getroffen hat, bleibt unbeantwortet, doch ein Regierungssprecher von Benin erklärt, dass die Einnahmen ehrlich, das heißt fifty-fifty, geteilt würden.

Mit einem Budget von gut einhundertzwanzig Millionen Dollar gehört African Parks inzwischen zu den ganz Großen im internationalen Naturschutz. Zum Vergleich: Die Organisation liegt zwar noch weit hinter Spitzenreitern wie The Nature Conservancy (TNC) und dem WWF, die beide über ein Jahresbudget von mehr als einer Milliarde Dollar verfügen, doch nähert man sich Größen wie der Conservation International (CI) und der Wildlife Conservation Society (WCS) an. Die WCS gibt hundertfünfundsiebzig Millionen Dollar für Naturschutz aus, die CI fast zweihundertfünfzig Millionen Dollar, davon gut zwanzig Millionen in Afrika, und der WWF wendet achtundneunzig Millionen Euro für seine Afrika-Programme auf.

Die Frankfurter Zoologische Gesellschaft verfügt über ein Budget von vierzig Millionen Euro, davon fünfundzwanzig Millionen für Projekte in Afrika. Großen Organisationen, die sich ausschließlich auf Afrika konzentrieren, wie etwa der African Wildlife Foundation und der Peace Parks Foundation, stehen jährlich nur vierzig beziehungsweise zwanzig Millionen Dollar zur Verfügung, sie liegen finanziell also weit hinter AP.[16]

Wachstum ist – so wie bei vielen multinationalen Organisationen – für African Parks von existenzieller Bedeutung. Peter Fearnhead macht keinen Hehl daraus, dass er aus AP den Marktführer auf dem Gebiet des Parkmanagements machen will, nicht nur in Afrika, sondern meinen Quellen zufolge weltweit. Während eines *meet & greet*, das der niederländische Arm von African Parks anlässlich eines Besuchs Fearnheads in Amsterdam organisiert hatte, teilte der CEO einem ausgesuchten Kreis von Zuhörern seine Ziele mit. African Parks möchte demnach der «führende Player» werden, sowohl im Hinblick auf die Zahl der Parks, die Gesamtfläche unter seiner Verwaltung, die Diversität an Ökosystemen und Tierarten, aber auch, was die Finanzen und den Einfluss seiner Aktivitäten auf die Menschen betrifft.[17]

In Geschäftsberichten und anderen Quellen der Organisation findet sich häufig eine Karte des Kontinents, auf der alle Länder mit einem AP-Park eingefärbt sind – fast die Hälfte Subsahara-Afrikas scheint demnach heute bereits AP-Territorium zu sein. 2020 veröffentlichte die NGO außerdem eine Karte Afrikas, auf der 161 «Ankergebiete» verzeichnet sind. Könnte man sie adäquat schützen, würden sie das Rückgrat einer kontinentalen Naturschutzstrategie darstellen, so African Parks. Laut der Organisation, die von einer «Roadmap» für die Zukunft spricht, würden derzeit neunundsechzig Gebiete gut genug verwaltet, um eine realistische Chance auf ihren Fortbestand zu haben. «Die verbleibenden zweiundneunzig sind massiv bedroht und bedürfen dringend einer Lösung, wie sie African Parks bietet, bevor sie verloren gehen.»[18]

«Expansion» ist ein Begriff, der seit einigen Jahren immer wieder in den Publikationen der Organisation auftaucht. Im Jahr 2030 will African Parks dreißig Parks unter seiner Regie haben, auf einem Gebiet, das um fünfzig Prozent größer ist als das heutige.[19] Kleinere, zweitrangige Parks sind für die Organisation nicht mehr von Interesse. Zu diesem Zweck hat African Parks ein «Inkubationsprogramm» gestartet, aus dem heraus kleinere «Tochterunternehmen» entstehen: Noé, Wild Africa Conservation, Forgotten Parks, Enjojo Foundation und Mulanje Conservation. Sie arbeiten größtenteils nach demselben Ansatz wie AP und verwalten gemeinsam acht Parks im Niger, den beiden Kongos, dem Tschad, Südsudan und in Malawi, mit einer Fläche von noch einmal gut neun Millionen Hektar. AP hofft, bis zum Jahr 2030 mithilfe solcher Partnerschaften zehn zusätzliche Naturreservate auf zehn Millionen Hektar zusätzlicher Fläche schützen zu können.

Wenn all diese Ziele umgesetzt werden, hat das Management in Johannesburg direkte oder indirekte Kontrolle über ein Gebiet von fünfzig Millionen Hektar, vergleichbar mit der Ausdehnung von Ländern wie Thailand oder Spanien.

25

KOLONIALE WURZELN

Der ganzheitliche Ansatz und der *business approach* von African Parks mögen zwar innovative Elemente enthalten, sind jedoch fest in einer Tradition verankert, die bis weit in die Kolonialzeit zurückreicht. Paul van Vlissingen wollte die Uhr um hundert Jahre zurückdrehen und in eine Zeit zurückreisen, als die europäischen Mächte noch nahezu überall auf dem afrikanischen Kontinent das Sagen hatten. Im Zentrum dieses Ansatzes steht die westliche Auffassung, dass Afrika ein irdisches Paradies ist, noch nicht zerstört durch industrielle Revolutionen und menschliche Aktivitäten, die die Natur in Europa zwischen Autobahnen und Schienenverbindungen auf Briefmarkenformat reduziert haben. In Afrika gibt es noch unberührte Savannen, jungfräuliche Urwälder und eine ausgedehnte Wildnis. Hier, so die Idee, finde man den verloren geglaubten Garten Eden.[1]

Die dominierende westliche Wahrnehmung Afrikas stützt sich nach wie vor auf die Überlieferung aus der Kolonialzeit, auf die Erzählungen von Ernest Hemingway, Karen Blixen *(Out of Africa)*, Joseph Conrad oder Hergé *(Tim im Kongo)*. Nach der Dekolonialisierung in den 1960er-Jahren lebte das Bild des «wilden Afrika» fort, etwa in *Der König der Löwen* von Disney oder in Programmen des populären TV-Biologen David Attenborough. Ihr Afrika ist ein Kontinent, in dem Tiere die Hauptrolle spielen und, wie auch in *The Wildest Dreams* von Taylor Swift, (schwarze) Menschen kaum oder gar nicht vorkommen.

Die Ironie des Schicksals besteht darin, dass europäische Entdeckungsreisende und Kolonisten, die glaubten, in Afrika das irdische Paradies gefunden zu haben, den Kontinent kurz darauf ihrem eigenen Zerstörungsdrang auslieferten, wie der französische Historiker Guillaume Blanc zeigt. Sie begannen, die Natur in großem Stil auszubeuten, indem sie Wälder rodeten, dem Land seine Bodenschätze raubten und den Wildtierbestand dezimierten. Gegen Ende des neunzehnten Jahrhunderts wurden jährlich etwa fünfundsechzigtausend Elefanten getötet. Symbolisch dafür steht eine Jagdexpedition Theodore Roosevelts, der zu Beginn des vorigen Jahrhunderts, kurz nachdem er als Präsident der Vereinigten Staaten auf die Kandidatur für eine weitere Amtszeit verzichtet hatte, unter anderem in Begleitung seines Sohns Kermit und des britischen Jägers und Naturschützers Frederick Selous für gut ein Jahr zu einer Safari nach Ostafrika aufbrach. Die Jagdgesellschaft, unterstützt von Dutzenden von Trägern und anderen schwarzen Dienern, tötete Tausende von Tieren, darunter einige Exemplare der schon damals vom Aussterben bedrohten Nördlichen Weißen Nashörner – einschließlich der Weibchen und eines Kalbs.[2] Nach Selous wurde später ein Wildreservat in Tansania benannt, das erst kürzlich (teilweise) in Nyerere National Park umbenannt wurde.

Als den Europäern klar wurde, dass der Wildbestand vielerorts rapide zurückging, schufen sie Ende des neunzehnten Jahrhunderts Jagdreservate, in denen weiße «Jäger» wie Roosevelt herzlich willkommen waren, schwarze «Wilderer» dagegen ausdrücklich nicht. Und das, obwohl die erste Gruppe einfach nur zum Vergnügen oder aus kommerziellen Gründen Tiere tötete, während die zweite in aller Regel in kleinem Maßstab operierte, vor allem, um für den eigenen Lebensunterhalt zu sorgen.

In der ersten Hälfte des vorigen Jahrhunderts gründeten Kolonialregierungen die ersten Nationalparks in Afrika. Der Parc Albert (heute: Virunga) im Kongo machte 1925 den Anfang, es folgten unter anderem der Kruger-Nationalpark in Südafrika sowie Garamba und Serengeti in Tansania. Inzwischen zählt der Kontinent mehr als dreihundert von ihnen zuzüglich Hunderter geschützter Reservate.[3] Für Menschen, die jahrhundertelang im Einklang mit der Natur gelebt hatten, war (und ist) im Allgemeinen kein Platz in diesen Naturreservaten. Sie wurden (und werden) gezwungen wegzuziehen.

Die Dekolonialisierung der 1960er-Jahre stellte keinen Bruch mit dieser Politik dar, im Gegenteil. In vielen Ländern hielten europäische Naturschützer vor oder hinter den Kulissen die Fäden in der Hand. So mancher ehemalige Kolonialbeamte erfand sich neu als Experte bei einer NGO oder internationalen Organisation.[4] Gabun hatte sogar noch von 2019 bis 2023 einen Umweltminister mit britischem Pass, den Naturschützer Lee White. Auch afrikanische Regierungen erkannten die Vorteile von Nationalparks: Sie nutzten sie, um ihre Kontrolle über ein Gebiet und dessen Bewohner zu verstärken.[5]

Die Jagd – wie auch die Furcht weißer Jäger, ihr Hobby nicht mehr ausüben zu können – ist bis auf den heutigen Tag eine wichtige Triebfeder für den Naturschutz geblieben. Der niederländische Großwildjäger Prinz Bernhard war 1961, zusammen unter anderem mit seinem britischen Kollegen Philip, dem Großvater Prinz Harrys, einer der Gründer des WWF – was Prinz Philip im Übrigen nicht daran hinderte, noch im selben Jahr in Indien einen Bengalischen Tiger zu erlegen.[6] Wir erinnern uns an die Geschichte des AP-Gründers Paul van Vlissingen und haben gesehen, dass es der Jäger Erik Mararv zu einer der einflussreichsten Personen in der Organisation brachte. Eine ganze Reihe derzeitiger Parkdirektoren ist aus seinem Jagdnetzwerk hervorgegangen.

Naturschützer sind häufig davon überzeugt, dass das afrikanische «Eden» in erster Linie vor den Afrikanern selbst beschützt werden muss. Nicht nur Wilderer stellen in ihren Augen eine Gefahr für die Natur dar, sondern auch die wachsende lokale Bevölkerung, die immer mehr Raum für Äcker und Vieh beansprucht. Die Lösung, die African Parks anbietet, kommt von geschäftstüchtigen Naturschützern, wohlhabenden Touristen und philanthropischen Geschäftsleuten. Nicht selten handelt es sich dabei um Unternehmer, die in der fossilen Industrie reich geworden sind, für die das Konsumieren zum Lebenszweck geworden ist und die als Einzelperson einen ökologischen Fußabdruck haben, der womöglich größer ist als so manches afrikanische Land.

Die Ironie des Ganzen entgeht ihnen.

Auch ein britischer Prinz ist African Parks zufolge Teil der Lösung. Als junger Mann in den Dreißigern wollte sich Prinz Harry, nach dem Vorbild seiner Mutter Lady Diana, für «Afrika» einsetzen. Der Prinz hat eine tief verwurzelte Leidenschaft für alles, was mit Armee und Krieg zu tun hat, und sorgte schon als Siebzehnjähriger für entsprechenden Wirbel, als er verkleidet als Nazi-Feldmarschall und Afrika-Korps-Führer Erwin Rommel auf einer Party erschien. 2015, während des Besuchs einiger afrikanischer Länder, erzählten ihm Piloten und Ranger, wie rau es im Busch zugehe – dort tobe ein Krieg, um den Planeten zu retten.

«Krieg, haben Sie gesagt? Ich bin dabei», schreibt der Prinz in seiner 2023 erschienenen Autobiographie *Spare* (auf Deutsch: *Reserve*). Bevor er sich African Parks anschloss, musste er sich jedoch noch mit seinem Bruder Kronprinz William einigen. Afrika sei nämlich «sein Ding», soll William ihm klargemacht haben. Als ein Freund vorgeschlagen habe, dass sie sich doch auch beide mit Afrika befassen könnten, sollen dem Kronprinzen die Sicherungen durchgebrannt sein: «Nashörner, Elefanten, die gehören mir!»[7]

«Zwei britische Prinzen zanken sich also darüber, wessen ‹Ding› Afrika ist?», schreibt der nigerianisch-britische Autor Nels Abbey im *Guardian*. «Erzähl mir jetzt nicht, dass die koloniale Mentalität nicht mehr existiert.»[8]

Doch Prinz Harry ließ sich nicht entmutigen. Im Sommer 2016 half er bei einer groß angelegten Elefantenumsiedlung zwischen verschiedenen AP-Parks in Malawi mit. Es lief so gut zwischen dem Prinzen und African Parks, dass die Organisation ihm 2018 anbot, «Präsident» zu werden, ein größtenteils symbolisches Amt. AP-Vorstand Fearnhead pries sich «extrem glücklich», Harry an Bord zu haben, rühmte sein Wissen über den Naturschutz und wurde denn auch prompt ein Jahr später zur königlichen Hochzeit von Harry und Meghan eingeladen, die ihn nach eigener Aussage zu Tränen gerührt habe.[9]

Doch intern gab es bei AP auch Zweifel, insbesondere, nachdem der Prinz auf seine königlichen Titel verzichtet und Meghan das britische Königshaus in einem Interview mit Oprah Winfrey des Rassismus bezichtigt hatte. Stellten diese Kontroversen um den Prinzen nicht ein Risiko für die Organisation dar? Offenbar nicht, denn im November 2023 bot African Parks Harry einen Sitz in seinem internationalen Aufsichtsgremium an. Das mag vielleicht weniger prestigeträchtig klingen als «Präsident», aber es ist eine Position, in der er sich tatsächlich einbringen kann und die nicht in erster Linie symbolischer Natur ist. Seine Aufgabe ist es nun, das Management zu beaufsichtigen, und er ist mitverantwortlich für die Politik von African Parks.

Afrika ist Harrys Ding geworden.

All die *whiteness* im Naturschutz – der Journalist John Mbaria und der ehemalige Parkmitarbeiter Mordecai Ogada haben davon endgültig die Nase voll. In *The Big Conservation Lie* (2016) prangern die beiden Kenianer die Tatsache an, dass schwarze Afrikaner noch immer als Gefahr oder Hindernis betrachtet werden, wohingegen die Helden dieser afrikanischen Wildnis – also die van Vlissingens, die Mararvs und die Prinz Harrys – ausnahmslos weiß sind. Berühmtheiten wie die Gorilla-Expertin Dian Fossey, die Schimpansenforscherin Jane Goodall oder der Amerikaner Michael Fay, der sich auf eine über dreitausend Kilometer lange Wanderung quer durch Afrika begeben hatte, für die er ein gutes Jahr brauchte, bekommen ordentlich ihr Fett weg, doch vielleicht am meisten stören sich die Autoren an ihrem weißen Landsmann Richard Leakey (1944–2022). Er ist der Paläoanthropologe, der beim Dinner mit Seeteufel und Champagner in van Vlissingens Schlossgarten mit von der Partie war, als die Anthropologin Shauna LaTosky die Interessen der Mursi in Äthiopien verteidigte. Der ehemalige Leiter des Kenya Wildlife Service möge zwar ein respektabler Wissenschaftler sein, doch er leide, so die beiden Autoren, an ausgewiesenem Größenwahn und übertreibe systematisch seine eigene Rolle im Naturschutz. Der Titel seiner Autobiographie *Wildlife Wars: My Fight to Save Africa's Natural Treasures* (2001; auf Deutsch: *Wildlife. Ein Leben für die Elefanten*, 2002) sage schon alles. Außerdem habe Angelina Jolie vorgehabt, einen Film über ihn mit dem ebenfalls prätentiösen Titel *Africa* zu machen, in dem ihr Ex-Partner Brad Pitt für die Rolle des Naturschützers vorgesehen gewesen sei. Leider hätten dem die Beziehungsprobleme zwischen Jolie und Pitt einen Strich durch die Rechnung gemacht.

Mbaria hatte schon 2003, als African Parks noch in den Kinderschuhen steckte, eine Parodie auf den weißen Naturschützer geschrieben, der nach Afrika kommt, um wilde Tiere zu retten.

> Das Dilemma in diesen Zeiten politischer Korrektheit? Wie kann man die wahren Eigentümer des Landes bei Laune halten, während sie in Wahrheit beiseitegeschoben werden? Wie kann man sie davon überzeugen, dass sie profitieren, während sie ihrer Ressourcen beraubt werden? […]
> Die Antwort auf dieses Problem: Haltet die Apartheid in der Natur aufrecht und trennt die Menschen von den Tieren. Schafft Parks, geschützte Gebiete und Korridore für Wildtiere, baut Zäune, nehmt Eintrittsgelder, bekräftigt Gesetze, die Tiere an die erste Stelle setzen, reduziert Gemeinschaften in dürren Strategiepapieren auf Objekte; verurteilt die verflixten Wilderer zu hohen Gefängnisstrafen und werft die Schlüssel des Gefängnisses in ein tiefes Loch.

> Nennt es partizipative Verwaltung. Und sollten sie zu viel protestieren, dann gebt ihnen etwas zur Beruhigung: schnell gebaute und unterbesetzte Schulen und Gesundheitszentren im Wechsel mit fragwürdigen Brunnen. Ihr könnt sogar versprechen, einen Teil der Einnahmen zu teilen – wobei ihr kaum irgendeine Verpflichtung habt, das Versprechen zu halten. [...]
> Rettet die Elefanten, sicher. Doch neben dem Geld der Spender, moralischen Erwägungen und manchmal sogar aufrichtiger Liebe zu Tieren haftet diesem romantisierten Leben etwas an, das stets einen bestimmten Menschenschlag anziehen wird. Der Rhythmus des Lebens im Busch: früh aufstehen, den leichten Kater ignorieren, die Khakishorts und die Stiefel anziehen und hopp, ab in den Busch. [...]
> Dort wütet ein Krieg zwischen den selbst ernannten Beschützern der Wildnis und den Eigentümern [der Bevölkerung], ohne Gewinner. Neue Initiativen legen nahe, dass es in Zukunft noch mehr Ausgrenzung geben wird. Dabei wird ein neoliberaler Diskurs (privatisieren, privatisieren, privatisieren) mit einer Denkweise verknüpft, die immer von Autoritarismus abhängig gewesen ist. Naturschützer haben selten Einwände gegen afrikanische Führer erhoben, die ihr Land mit harter Hand regieren. [...]
> In deinen Augen gab es nichts, überhaupt nichts, als du zum ersten Mal nach Afrika kamst, [wo du] zwei Arten von Menschen unterschieden hast. Auf der einen Seite die, die geboren wurden, um die Probleme der Welt zu lösen, noch gerade rechtzeitig vor dem Cocktail bei Sonnenuntergang im Club. Und auf der anderen Seite der Rest, sie, die sich zu stark fortpflanzen und die Aussicht verderben.[10]

Mit ihrer Kritik stehen Mbaria und Ogada nicht allein da. In afrikanischen Intellektuellenkreisen wird manchmal von einem neuen *scramble for Africa* gesprochen, einem «Gedrängel um Afrika». Gemeint ist damit der Landraub in einem modernen Gewand, diesmal dem von Naturschutzgebieten. Das internationale Ziel, bis 2030 dreißig Prozent der Erdoberfläche zu schützen, sei Teil davon, glaubt Frank Matose, Co-Direktor des Environmental Humanities South Centre der Universität von Kapstadt (UCT). «Die Lasten des Naturschutzes schultern *die* Menschen, die am wenigsten zu den Problemen beitragen», sagt er während eines Gesprächs auf dem Universitätscampus, gelegen an der östlichen Flanke des Tafelbergs.

«Lokale Bevölkerungen in Naturschutzgebieten werden noch immer nahezu auf dieselbe Weise behandelt wie die ‹Eingeborenen› von den Kolonisten», schreibt er als Co-Autor in *The Violence of Conservation in Africa* (2022). Ihr Wissen werde nicht ernst genommen, sie hätten kein Recht auf ihr eigenes Land und seine Ressourcen, sodass die Sicherung ihres Lebensunterhalts in Gefahr gerate. Und sie bekämen es mit Gewalt und einem aufgezwungenen Verwaltungssystem zu tun, das sich von dem im Rest des Landes, in dem sie lebten, unterscheide.[11]

«Naturschützer präsentieren sich als Wohltäter, greifen jedoch die Souveränität afrikanischer Staaten an», sagt Matose. «Wir haben auf diesem Kontinent so lange um Selbstbestimmung kämpfen müssen. Staaten sind verantwortlich für ihre Bürger, ihr Territorium und ihre Rohstoffe. Die sollten sie nicht verschachern.»

26

«DIESES WEISSE GETUE»

African Parks wurde aus der rassistischen Überzeugung heraus gegründet, dass weiße Europäer und Südafrikaner sich der Parkverwaltung in Afrika annehmen müssten – «denn das konnten die Schwarzen nicht», wie Dick de Kat, die rechte Hand Paul van Vlissingens, es formulierte. Sein Chef hatte sich zuvor schon ähnlich geäußert. «Ich sprach mal mit einer angolanischen Flüchtlingsfrau im Westen Sambias», sagte er in einem Interview. «Die Dame bekam ihr siebtes Kind! Sie saß da den ganzen Tag unter einem Baum und erzählte: ‹Die Vereinten Nationen sorgen hier für Lebensmittel, Schulen und Krankenhäuser. Wir brauchen also nichts zu machen.› Erschütternd, oder? Das Arbeitsethos ist durch all die Almosen vollkommen verschwunden. Es herrscht ein totaler Mangel an Initiative, da leben jetzt Superbettler.»[1]

Wusste van Vlissingen, dass sich Angola zu der Zeit gerade von siebenundzwanzig Jahren Bürgerkrieg (1975–2002) erholte, einem Konflikt, dem schätzungsweise achthunderttausend Menschen zum Opfer gefallen waren und der vier Millionen zu Flüchtlingen gemacht hatte? Blendete er den Kontext bewusst aus, oder war es Unwissenheit? Die Grausamkeit des Konflikts war auch eine Folge der geopolitischen Rivalitäten im Kalten Krieg, der Einmischung des Apartheidregimes Südafrikas (mit dem van Vlissingen Handel betrieb) und der dramatischen Kolonialpolitik Portugals unter dem Diktator António Salazar, das sich als letztes europäisches Land bis 1975 an sein Kolonialreich klammerte.

Zwanzig Jahre später ist bei African Parks das Vertrauen in schwarzafrikanische Führungskräfte immer noch nicht besonders groß. Die Zahlen sprechen für sich: Das Spitzenmanagement im Headquarter ist zu achtundachtzig Prozent weiß (bei einem ersten Check im Jahr 2022 waren es sogar hundert Prozent), das regionale Management zu achtzig Prozent, die

Leitung der niederländischen und amerikanischen Stiftung zu hundert Prozent; bei den Parkdirektoren sind es neunundfünfzig und bei den Vorsitzenden von Parkverwaltungen sechzig Prozent. Beim Parkmanagement und den lokalen Leitungen sind sechzig Prozent schwarz.[2]

Als ich Peter Fearnhead auf dieses Thema ansprach, verwies er auf die Sommersprossen auf seiner weißen Haut und sagte: «Mavuso Msimang ist so schwarz wie ein Afrikaner nur sein kann, aber ich bin mir sicher, dass er der Erste wäre, der sagen würde, dass er nicht afrikanischer ist als ich.» Das ist ein Statement, das ich bei meinen Recherchen öfter gehört habe: Wir weißen Südafrikaner sind auch Afrikaner – also warum sollten wir uns nicht mit Angelegenheiten auf «unserem» Kontinent beschäftigen? African Parks hatte und hat auch weiße Bürger aus anderen afrikanischen Ländern bei sich beschäftigt: etwa aus Malawi, Simbabwe oder Sambia. Es klingt vernünftig: Franzosen, Deutsche oder Briten mit einem nicht-westlichen Migrationshintergrund sind auch «echte» Europäer, also warum sollten weiße Afrikaner keine «echten» Afrikaner sein?

Als Randbemerkung hierzu sei das hohe Maß an Opportunismus bei vielen weißen Südafrikanern angeführt. Häufig leben sie in weißen Reservaten mit einem in aller Regel höheren Lebensstandard als die Menschen außerhalb. Planen sie eine Reise in ein anderes Land auf dem Kontinent, sprechen sie von «going to Africa». Das Headquarter von AP hat seinen Sitz in dem wahrscheinlich weißesten und reichsten Flecken Afrikas. Kulturell betrachten sich weiße Afrikaner selbst oft als Europäer, und die ältere Generation hat jahrzehntelang von der Apartheid profitiert, einem System, das ihre Überlegenheit gesetzlich festschrieb. Die Hauptpersonen in African Parks seien «Teil des alten Südafrika», bemerkte Mavuso Msimang während unseres Interviews.

Der Rassismus scheint in den zurückliegenden zwanzig Jahren weder bei African Parks noch im weiteren Umfeld des Naturschutzes überwunden worden zu sein. «Für mich ist Naturschutz eine der letzten Bastionen des Rassismus und der Ausgrenzung auf dem Kontinent, und er ist sehr resistent gegen Veränderung», sagt Colleen Begg, die seit dreißig Jahren in dem Bereich aktiv ist und die Organisation Women for Environment mitbegründet hat. «Ein Großteil des Unwillens, etwas zu ändern, kommt von den ‹weißen afrikanischen› Naturschützern selbst. Viele sind ausgesprochen engagiert, leben für den Naturschutz und leisten substanzielle Beiträge, weisen aber jede Andeutung, dass sie erhebliche Privilegien genießen, von sich.»[3]

Auch wenn sich die derzeitigen Manager von African Parks einer politisch korrekteren Sprache bedienen als van Vlissingen und de Kat, kommt es noch immer zu rassistischen Vorfällen, auf die nicht immer eine adäquate Reaktion erfolgt. So gibt es aus verschiedenen Parks Berichte über Segregation. In Odzala-Kokoua in Kongo-Brazzaville etwa bleiben die weißen Mitarbeiter beim Essen unter sich und wohnen in den besten Häusern, erzählt der Primatologe Emmanuel Ayuk Ayimisin aus Kamerun. Laut seinem Vertrag hätte er nach eigener Aussage das Recht auf das gehabt, was er ein «Expat-Haus» nennt, ein Haus mit permanenter Stromversorgung und eigenem WC, doch er musste sich mit einer Gemeinschaftsunterkunft zusammen mit einem Mitarbeiter begnügen. «*White privilege* ist ein bekanntes Phänomen im Naturschutz», sagt er, «unausgesprochen, aber für jeden deutlich sichtbar.»[4]

Zu Beginn der Corona-Pandemie rief Parkdirektor Jonas Eriksson, ein Vertrauter von Erik Mararv, alle Expats zusammen, weil sie sich Sorgen um die Situation in ihrer Heimat machten. Ayimisin: «Mich aber nicht, obwohl sich meine Familie in Kamerun befand, wo die Pandemie ordentlich wütete. Das Treffen war *all white*. ‹Jonas, das ist Rassismus›, habe ich gesagt. Das ging die ganze Zeit so: weiße Partys, Picknicks, Ausflüge, Wochenenden in der Luxuslodge. All dieses weiße Getue ging mir echt gegen den Strich.»

Eine meiner Quellen erlebte im selben Park etwas Ähnliches. Als Peter Fearnhead Ende 2021 zu Besuch kam, saßen abends nur Weiße am Tisch. Ein kongolesischer Manager, der zu dem Zeitpunkt ebenfalls vor Ort war, wurde nicht eingeladen, ein europäischer Praktikant dagegen schon. «Ich war wütend. Die einzig anwesenden Schwarzen waren der Koch und eine Wache», erzählt sie.

Auch der Besucher eines anderen Parks sah die Segregation mit eigenen Augen. «Am Tisch saß ich ausschließlich mit weißen Mitarbeitern. Ich war schockiert. Nur die Bediensteten sind schwarz, und manchmal sieht man den Vertreter des Ministeriums, als eine Art Alibi-Schwarzen.»

Auch die Ausbilder und Vorgesetzten, zuständig für den Bereich Sicherheit und Durchsetzung der Rechtsvorschriften, sind oft weiß. In der Regel haben sie einen militärischen Background, und nicht selten gehören sie zum (äußersten) rechten Rand des politischen Spektrums. «Ich habe in meiner Karriere viele Kontakte zu Leuten von der Wildereibekämpfung bei African Parks und anderen Organisationen gehabt», sagt der Berater Bertrand Chardonnet, der seit 1985 im Naturschutz aktiv ist und Erfahrungen in vierzig Ländern gesammelt hat. «Wenn sie ein oder zwei Bierchen intus haben, hört man rechtsextreme Sprüche. Für viele Südafrikaner in dieser Branche gilt, dass sie immer noch vom Geist der Apartheid durchdrungen sind, sogar wenn sie nach 1994 geboren sind.»

Ein französischer Expat mit Erfahrungen in mehreren Parks hat allerdings nicht einmal ein oder zwei Bierchen nötig, um sich in Stereotypen zu ergehen. Den Rangern, die er ausgebildet habe, müsse er nach eigenem Bekunden alles beibringen: Disziplin, Pünktlichkeit, Respekt... «Man kann einen afrikanischen Ranger nicht auf dieselbe Weise ausbilden wie einen europäischen Soldaten. In Europa nimmt man ihn hart ran, aber in Afrika muss man geduldiger sein, denn der Afrikaner ist argwöhnisch, sensibel und zerbrechlich. Ein Franzose, der zur Armee geht, weiß, dass er eines Tages kämpfen wird, um die Interessen seines Landes zu verteidigen oder den Frieden zu sichern, aber bei Rangern in Afrika ist das anders. Es fehlt ihnen an Hingabe, ihr Leben zu opfern – sie finden ihre Familie und die Erziehung ihrer Kinder wichtiger. Ich sage oft: Ich bilde keine Soldaten oder Paramilitärs aus, sondern Kinder, die ich in die Welt der Erwachsenen einführe.»

Sein Landsmann Marc de Fleurian war Manager im Wüstenreservat Ennedi im Norden des Tschad. Er stammt aus einer konservativen Familie und hat einen militärischen Hintergrund. «In den Kreisen landet man in Frankreich schnell in der nationalistischen Bewegung.»[5] Er selbst war nach seiner Mission im Tschad als politischer Assistent eines Volksvertreters des Rassemblement National tätig – der Bewegung, der Jean-Marie Le Pen und seine Tochter Marine Le Pen zu großer Popularität verhalfen – und erhielt als Vertreter der Partei im nordfranzösischen Calais einen Sitz im Gemeinderat. Der ehemalige Front National ist für seine einwanderungs- und islamfeindlichen Positionen bekannt, und trotz leidenschaftlicher Versuche Marine Le Pens, die Partei salonfähig zu machen, ist rassistisches Denken in der Partei und unter ihrer Anhängerschaft noch immer springlebendig.

Ich frage ihn, ob es einen Zusammenhang zwischen seiner Arbeit in Afrika und seinen politischen Überzeugungen gibt. De Fleurian: «Man muss sich respektvoll verhalten, denn hier sind wir die Ausländer, und die Tschader sind hier zu Hause», antwortet er. «Ich habe mit einer Französin zusammengearbeitet, die auf der politisch anderen Seite stand – das ging hervorragend. Man spricht einfach nicht über Politik, denn das könnte dem Projekt schaden. Falls Sie untersuchen, ob African Parks rechtsextremistische Militärs rekrutiert, um Afrika zu kolonialisieren oder in den Naturschutzgebieten koloniale Enklaven zu schaffen – das ist nicht der Fall.»

Auch im Headquarter spielt die Hautfarbe eine Rolle, wie eine schwarze Mitarbeiterin feststellen musste, als sie ihre Schwangerschaft bekanntgab. Ein weißer Kollege stellte ihr in Gesellschaft anderer mehrere Fragen mit einem rassistischen Unterton, zur allgemeinen Erheiterung einiger Kollegen. «War es geplant?» und: «Weißt du, wer der Vater ist?» Anschließend legte er eine Hand auf den Bauch der schwangeren Kollegin, ohne dass sie dem zugestimmt hatte. Sie beschwerte sich bei ihren Vorgesetzten über diesen Vorgang, mit dem Ergebnis, dass sie und nicht der übergriffige Kollege als das Problem angesehen wurde. Ob sie denn nicht verstanden habe, dass ihr Kollege, den sie übrigens kaum kannte, einen Scherz gemacht hätte, wurde sie gefragt.

Ein Arzt habe ihr eine Bescheinigung ausgestellt, wonach die Arbeitsbedingungen ihre Gesundheit beeinträchtigten, doch die Personalabteilung von African Parks sei ihr zufolge nicht darauf eingegangen.

Kurz nach dem Vorfall wurde ihre Probezeit überraschend verlängert, und schließlich sei sie nach eigener Aussage aus der Organisation rausgeekelt worden. Man beschuldigte sie auch, Kontakt zu mir gesucht zu haben – offenbar eine Todsünde bei AP. Das entspricht jedoch nicht der Wahrheit, mein Kontakt zu ihr ist erst Monate nach ihrem Weggang und auf meine Initiative hin zustande gekommen.

Diese Mitarbeiterin hatte das «Pech», sowohl schwarz als auch Frau zu sein, zwei Merkmale, die eine Karriere im Naturschutz erschweren können. In gut zwanzig Jahren war es ein Kommen und Gehen bei den Parkdirektoren, aber soweit ich es nachverfolgen konnte, hat African Parks in all der Zeit nur ein einziges Mal einer Frau diese Funktion übertragen.[6] Markéta Antonínová hätte in Pendjari die zweite werden können, wurde dann aber, mit Zustimmung des Headquarters, von ihrem eigenen Mann verdrängt.

Es ist eine Machowelt, sagen Frauen, die für AP gearbeitet haben. Was die Sache nicht einfacher macht, ist die Tatsache, dass die Parks oft von der Außenwelt isolierte Inseln sind, auf denen der Alkohol reichlich fließt. Nach der Arbeit und am Wochenende hockt man mit denselben Leuten zusammen, mit denen man auch tagsüber schon zu tun hatte. Diverse Parks bekommen Besuch von Prostituierten, erzählen Augenzeugen. In Benin werden sie manchmal sogar mit dem kleinen Flugzeug des Parks aus Cotonou eingeflogen, wie mir zwei Informanten berichten.

Weibliches Personal bekommt es regelmäßig mit unerwünschten Avancen zu tun. Erneut fällt der Name des Parkdirektors im Nationalpark Odzala-Kokoua: Jonas Eriksson. Dass er eine Affäre mit der Tourismusmanagerin unterhält, ist im Prinzip seine Privatangelegenheit, außer dass sie sich aufgrund dieser Beziehung, so ehemalige Kollegen, wie die Parkdirektorin höchstpersönlich aufführt, was dem Management des Parks schade. Sie bekomme auch auffallend oft Gehaltserhöhungen, obwohl kaum Touristen den Park besuchten.

Die junge Mitarbeiterin Karen Molteno fühlte sich unter Eriksson nicht wohl. So bot er ihr ungefragt an, dass sie bei ihm duschen dürfe, wenn sie wolle, nachdem er ihre Wäsche auf der Leine gesehen hatte – in den Parks gibt es nur wenig Privatsphäre –, eine Anspielung auf ihre Unterwäsche. Von männlichen Kollegen erfuhr sie, dass er auf seinem Smartphone ein Foto von ihr in einem nassen T-Shirt herumzeige.

Ihr wurde eine von zwei aneinandergrenzenden Wohnungen in einem Haus mit gemeinsamer Badezimmernutzung zugewiesen. Als sie einem kongolesischen Kollegen anbot, den leerstehenden Teil des Hauses zu beziehen, legte Eriksson sein Veto ein. Das Badezimmer mit einer weißen Frau zu teilen, würde dem Kollegen den Kopf verdrehen, soll er gesagt haben. Der Kongolese musste in einem Zelt schlafen, während die Wohnung leer blieb.

Molteno beschwerte sich schriftlich beim Headquarter und berief sich dabei auf mehrere Zeugen, die ihre Geschichte bestätigten. In dem Schreiben hieß es auch, dass Eriksson eine wahre Obsession für eine neue junge weiße Mitarbeiterin entwickelt habe, die zukünftig im Park arbeiten sollte.

Ihrer Beschwerdeschrift zufolge zeigte er überall ihr Foto herum. «Demnächst wird ein Engel für uns arbeiten», soll er genüsslich gesagt haben.[7] Die Frau, um die es ging, erhielt Kenntnis davon und bat noch vor ihrem Arbeitsantritt in Odzala um die Versetzung in einen anderen Park.

In ihrer Eingabe erwähnte Molteno außerdem, dass der Parkdirektor kongolesische Mitarbeiter manchmal so laut anherrsche, dass sie aus Scham das Büro verlasse. Und weiter heißt es, dass sie eine talentierte kongolesische Mitarbeiterin als Nachfolgerin ausgebildet, der Direktor sie jedoch dafür ausgelacht habe: «Ach, hör auf, das wird auf keinen Fall passieren.» Ihr Englisch sei nicht gut genug. Schließlich wurde ein Brite eingestellt, der nur mangelhaft Französisch sprach, obwohl Kongo-Brazzaville ein französischsprachiges Land ist.

Ihre umfangreiche und mit Beweisen untermauerte Beschwerde wurde bearbeitet von … Erik Mararv, einem Freund von Jonas Eriksson, wie mein Informant bezeugt. Um es kurz zu machen: Sie hat African Parks verlassen, Eriksson ist dort noch immer Parkdirektor.

Null Toleranz gilt für schwarze Wilderer, aber nicht für weiße Manager.

Wie konnte sich Erik Mararv, ein begeisterter Jäger, der nach eigenem Bekunden kaum etwas an Ausbildung vorzuweisen hat, zu einer derart zentralen Figur in der Organisation entwickeln? Immer wieder taucht sein Name bei meinen Recherchen auf, bei Mitarbeitern in der Zentralafrikanischen Republik, den beiden Kongos, in Benin, dem Tschad und im Headquarter. Und nur selten ist das, was ich zu hören bekomme, positiv. Bestenfalls wird er als netter Bursche beschrieben, der ein Talent für Sprachen hat, aber die meisten Informanten sind sich darin einig, dass er eigentlich nicht weiß, was er dort tut und welche Konsequenzen sein Handeln hat.

Diverse Quellen in verschiedenen Ländern sprechen unabhängig voneinander von einer «Mararv-Mafia» – in ihren Augen ein Netzwerk rund um den Schweden, das über Erfolg oder Misserfolg von Mitarbeitern entscheidet. Eriksson in Kongo-Brazzaville ist ebenso Teil dieses Netzwerks wie der französische Direktor des Parc W in Benin, Christophe Lemée, der für das Jagdunternehmen in Chinko gearbeitet hat. David Simpson, derzeit Parkmanager in Südsudan, saß zusammen mit Mararv im Gefängnis, als man sie des Blutbads in der Zentralafrikanischen Republik bezichtigte. Er ist zudem mit Eriks Schwester Charlotte Mararv verheiratet, die ebenfalls zum Management in Johannesburg gehört. Und auch der Parkmanager Matthieu Laboureur ist ein Bekannter Mararvs – er leitet im Namen der Partnerorganisation Noé einen Park in Kongo-Brazzaville.

Keiner dieser Manager gilt bei denjenigen ihrer Kollegen, mit denen ich sprechen konnte, als besonders kompetent, während meine Informanten sich über manche anderen Manager durchaus lobend äußern. Es scheint, dass sie ihre Position vor allem den richtigen Beziehungen zu verdanken haben.

Erik Mararv ist mit Jean Labuschagne, Direktorin für Naturschutz und Mitglied des Vorstands, verheiratet – die von manchen bereits als Nachfolgerin von Peter Fearnhead gehandelt wird. Sie ist die Tochter von Rian und Lorna Labuschagne, einem ehemaligen Parkdirektor beziehungsweise einer ehemaligen Special Operations-Managerin in Zakouma im Tschad. Eriks und Charlottes Vater, Roland Mararv, saß von 2015 bis 2018 im Verwaltungsrat von Chinko (und verdiente sich meinen Informanten zufolge ein hübsches Zubrot damit, dass er sein Gelände an African Parks vermietete).

Regelmäßig stoße ich bei meinen Recherchen auf Personen mit demselben Nachnamen: die Lamprechts, die Reids, die Hall-Martins … Natürlich ist es auch außerhalb der Welt des Naturschutzes nicht unüblich, dass Eltern ihre Kinder dazu anregen, sich für eine ähnliche Arbeit, wie sie sie ausüben, zu entscheiden und ihnen vielleicht sogar etwas von ihrem Talent dafür mit auf den Weg geben. Doch die Gefahr der Vetternwirtschaft ist nicht von der Hand zu weisen, und besonders im südlichen Afrika mit seiner von Segregation belasteten Vergangenheit können familiäre Bande innerhalb einer Organisation als eine subtile Form der Ausgrenzung erlebt werden.

Einer ehemaligen schwarzen Mitarbeiterin im Headquarter waren diese verwandtschaftlichen Beziehungen bisweilen ein Graus. «Er ist der Schwager des Parkdirektors, sie war die Frau dieses Managers», erinnert sie sich. «Immer handelte es sich um weiße Familien, und oft saßen sie in strategischen Positionen.»

27

BESUCH IN LIUWA PLAIN, SAMBIA, MIT AFRICAN PARKS

Meine letzte Reise für dieses Projekt, nach Liuwa Plain in Sambia, steht vor der Tür, der einzige Parkbesuch unter Mitwirkung von African Parks. Ein ehemaliger Mitarbeiter, mit dem ich inzwischen ein paarmal im Café gesessen und zu dem ich eine gute Beziehung aufgebaut habe, lacht mich aus, als ich ihm mein Ziel verrate. «Haha, *Dude*, sie nehmen dich in den langweiligsten Park mit!», spottet er.

Schon seit einer ganzen Weile kontaktiere ich ehemalige Mitarbeiter von African Parks beziehungsweise Experten auf dem Gebiet des Naturschutzes in Afrika und bitte sie um Interviews. Oft schreibe ich sie über LinkedIn an, wo man höchstens dreihundert Zeichen zur Verfügung hat, um sich vorzustellen. «Liebe(r) [...], ich bin ein niederländischer Journalist, der seit gut zwei Jahren an einem Buch über African Parks und den Naturschutz arbeitet. Ich habe Dutzende von Quellen in und außerhalb APs gesprochen, unter anderem den CEO Peter Fearnhead. Gern würde ich mich auch mit Ihnen unterhalten. Mit freundlichen Grüßen, Olivier.»

Der Respons ist gut. Insgesamt spreche ich mit mehr als einhundertzwanzig Informanten, die AP von innen kennen, wobei ein Kontakt manchmal den nächsten ergibt. Interviews dauern oft mindestens eine Stunde, aber es kann auch passieren, dass die Zeit wie im Flug vergeht und ein Gespräch plötzlich drei Stunden gedauert hat oder ein Erstgespräch zu weiteren Telefonanrufen oder Treffen führt.

African Parks ist nicht besonders glücklich über mein Vorgehen. «Wir haben bemerkt, dass Du das Interview mit Peter als implizite Unterstützung von African Parks für Dein Buch benutzt», schreibt mir Kommunikationsdirektorin Flemmer. Sie bittet mich, seinen Namen nicht mehr zu verwenden oder ausdrücklich zu erklären, dass AP mein Buch nicht unterstützt.

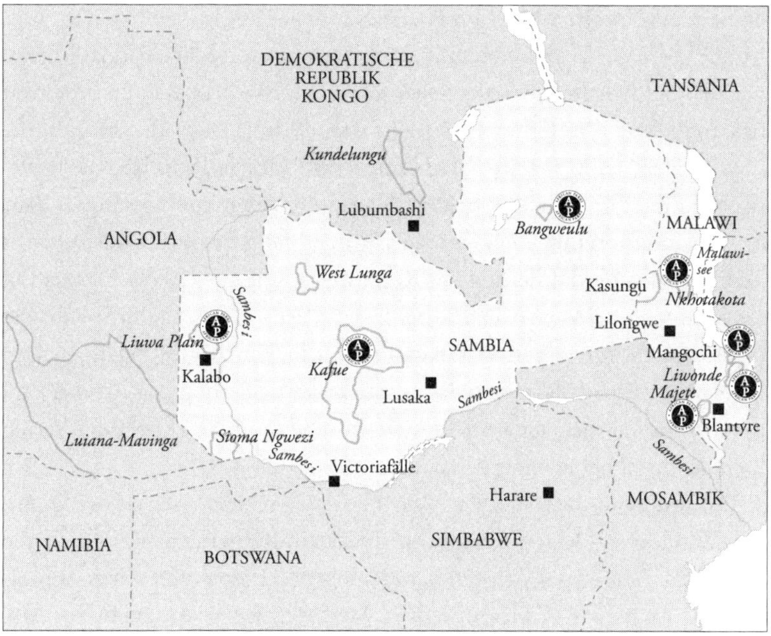

African Parks in Sambia und Malawi

Ich reagiere höflich, verspreche aber nichts. Will AP jetzt etwa auch bestimmen, wie ich meine Quellen anzuschreiben habe? Einen guten Monat später erhalte ich wieder eine Nachricht, in der sich AP erneut beklagt. Wenn ich so weitermache, werde die Organisation ehemaligen Mitarbeitern aktiv davon abraten, mit mir zu sprechen.

Aber ich *habe* ihn doch interviewt?! «Es tut mir leid, aber ich glaube nicht, dass AP das Recht hat, mir vorzuschreiben, wie ich Personen zu kontaktieren habe. Es wundert mich, dass Du eine getroffene Vereinbarung wieder zurückziehen willst.»

Doch AP beharrt auf seinem Standpunkt. «Peter schätzt es nicht, dass sein Name und sein Ruf ohne seine Zustimmung für einen Zweck benutzt werden, hinter dem er nicht steht. Das hier ist eine berechtigte Bitte, und deshalb werden wir, ungeachtet Deiner Interpretation, die Maßnahmen ergreifen, die wir für angemessen halten, falls [Du damit weitermachst].»

Es bleibt eine Beziehung unter Hochspannung.

Mitte 2023 bin ich zurück im Kafue National Park in Sambia, dem Ort, wo ich die erste Inspiration zu diesem Buch bekam. Der Wildpark befindet sich auf halber Strecke zwischen der Hauptstadt Lusaka und meinem letztendlichen Ziel Liuwa Plain. Zur Freude Edjan van der Heides, des Eigentümers der Mukambi Safari Lodge, sind African Parks und die Regierung Sambias im Jahr 2022 endlich zu einer Übereinkunft gelangt, sodass die Organisation nun auch hier federführend tätig ist. Ausnahmsweise hat African Parks der Forderung der Regierung nachgegeben, die Erträge unter sich aufzuteilen. AP behält achtzig Prozent der Einnahmen für Reinvestitionen in den Park, zwanzig Prozent fließen an den Staat. Auch in Bangweulu, ebenfalls in Sambia, profitiert die Regierung laut African Park bei den Einnahmen aus dem Park ein bisschen mit: Dort liegt der Verteilungsschlüssel bei neunzig zu zehn.

In Kafue sind die ersten Resultate bereits zu sehen: Vis-à-vis der Lodge, auf der anderen Flussseite, befestigt gerade ein Bagger den Weg durch den Park, und Tiere lassen sich van der Heide zufolge jetzt öfter sehen, weil sie weniger Angst vor Wilderern haben. Dennoch weckt AP auch hier Argwohn durch die Geheimnistuerei, mit der zu Werke gegangen wird.

Ein im Tourismussektor tätiger sambischer Unternehmer zeigt sich außerordentlich begeistert über die Ankunft von African Parks und lobt die «Aggressivität» der Organisation. «Wenn AP kommt, haben die Wilderer Angst.» Ebenso wie van der Heide konstatiert auch er große Fortschritte in kurzer Zeit: Es ist jetzt sicherer, besser organisiert, und man sieht mehr Elefanten, Großkatzen und Antilopen. Bloß: «Ihre Kommunikation ist verheerend. Wir wissen nicht genau, was für Pläne sie exakt haben. Es kursiert das Gerücht, dass sie im Park Campingplätze eröffnen wollen, was für uns neue Konkurrenz bedeuten würde. Aus meiner Sicht sollten sie sich nicht mit Tourismus beschäftigen, sondern mit Naturschutz und dem Ausbau der Infrastruktur.»

Das einflussreiche traditionelle Oberhaupt in diesem Gebiet, Chief Mulendema, ist ebenfalls ein großer Befürworter der Hilfe von außen, da die Regierung nur unzureichend Mittel bereitstellt, um den Park adäquat zu betreiben. Aber auch er prangert den Mangel an Transparenz an. «Wir wurden zur Übergabezeremonie eingeladen, aber ich hatte keine Ahnung, an was ich da genau teilnahm», sagt er. Der Chief war auf keinerlei Weise an den Verhandlungen beteiligt gewesen, erhielt keinen Einblick in den

Vertrag, der beide Parteien bindet, und weiß daher nicht, unter welchen Bedingungen AP eigentlich operiert. Für die traditionelle Führung der Gemeinschaft war auch im Verwaltungsrat von Kafue kein Platz vorgesehen. «Es ist ärgerlich, wenn man arm ist», stellt er fest. «Man tanzt fortwährend nach der Pfeife anderer.»

Es beunruhigt ihn, dass auf APs Geheiß hin eine Reihe von NGOs, die schon länger in der Region aktiv sind, die Gegend nun verlassen muss. Doch sein Argwohn beschränkt sich nicht darauf: «Als dieser Peter Wasauch-immer hier ankam, hat er eine kolossale Summe Geld versprochen und angekündigt, er werde keinen Penny aus dem Park herausziehen. Aber er hat auch gesagt, dass sie eine unternehmerische Denkweise hätten. Ich verstehe das nicht: Sind sie eine Wohltätigkeitsorganisation oder ein Unternehmen?»

Ein weiteres Mal frage ich mich: Warum veröffentlicht AP den Managementvertrag nicht, um solche Zweifel zu zerstreuen?

Diese Frage stelle ich auch James Milanzi, dem nationalen African-Parks-Manager für Sambia, den ich ein paar Tage später in der AP-Basis des Liuwa Plain National Park treffe. In Gesellschaft Carli Flemmers, die aus Südafrika angereist ist, sitzen wir in einem voll klimatisierten Sitzungsraum. Es ist das erste und einzige Mal, dass man mich in einem Büro von African Parks empfängt.

Abermals hatte ich meine Fragen eine Woche vorher einschicken müssen, und zu meinem Erstaunen beginnt Milanzi seine Antworten vom Bildschirm eines Laptops abzulesen. Bin ich dafür in einen entlegenen Winkel ganz im Westen Sambias, an der Grenze zu Angola, gereist?

Zum Glück wird er im Laufe des Gesprächs, unter anderem dank einiger spontaner Fragen, die nicht auf der Liste standen, etwas lockerer. Im Hinblick auf den Vertrag ist er zumindest deutlich: Das ist ein öffentliches Dokument, ohne Geheimnisse, zugänglich für jeden, der es einsehen will.

«Aber das ist zurzeit nicht der Fall», wende ich ein. «In Kafue bitten Leute darum, bekommen es aber nicht zu sehen.»

Milanzi ganz unmissverständlich: «Es ist ein öffentliches Dokument.»

Das ist gut zu wissen. Ich wende mich Flemmer zu. «Kann ich dann diesen Vertrag und den der anderen Parks einsehen?»

Flemmer: «Kann ich darauf zurückkommen?»

Das zweite und zugleich letzte «offizielle» Interview mit einem AP-Manager bietet einige interessante Einblicke. Auf meine Feststellung, dass African Parks nach fast zwanzig Jahren Parkverwaltung in Liuwa Plain keinen nachhaltigen Park habe schaffen können, der auch ohne die Hilfe der Organisation in der Lage wäre, weiter zu existieren, antwortet Milanzi, dass das auch gar nicht das Ziel sei. Die Natur müsse der Umgebung und der ganzen Welt zugutekommen, erklärt er mir.

Das ist neu für mich. Als Edjan van der Heide mir das erste Mal die Philosophie von African Parks erläuterte, betonte er, dass die Rückgabe eines «gesunden Parks» das letztendliche Ziel von AP sei. Eine Unterstützung von außen bleibe wahrscheinlich weiterhin erforderlich, aber die Regierungen sollten selbst in der Lage sein, den Park am Laufen zu halten. Aber nun ja, van der Heide arbeitet nicht für African Parks. Was sagt die Organisation selbst dazu? Dieser Frage muss ich nach meiner Reise noch einmal nachgehen und entsprechend recherchieren.

Interessant an Liuwa Plain ist die Tatsache, dass zwischen zehn- und fünfzehntausend Menschen, verstreut über kleine Dörfer, legal im Park leben. «Das macht es schwierig zu entscheiden, wer Wilderer ist und wer nicht», sagt Milanzi. In manchen anderen Naturreservaten wüssten die Ranger, dass sich jeder, der nicht in einem Safari-Fahrzeug unterwegs sei, illegal im Park aufhalte, doch hier müssten sie mit dieser Schlussfolgerung vorsichtiger sein. Das könne aber auch Vorteile haben, nämlich dass die Bevölkerung die Ranger dabei unterstütze, Wilderer zu fassen – Milanzi spricht von «Ersthelfern».

Er betont, dass seine Organisation viel Zeit in Aufklärung investiere. AP versuche, «intelligente Landwirtschaft» zu fördern. So dürften Bauern in manchen Zonen keinen Mais anbauen, sondern nur Pflanzen, deren Verkauf genug einbringt, um davon auf dem Markt Mais zu kaufen. Den Dorfbewohnern werde ebenfalls ans Herz gelegt, sich «verantwortungsbewusst» fortzupflanzen. «Man muss die eigenen Kinder ernähren und zur Schule schicken können», erklärt Milanzi. Zweifellos ein nobles und vernünftiges Ziel, aber auch ein sensibles Thema. Es wurde bereits deutlich, dass viele Naturschützer das Bevölkerungswachstum in Afrika als eine der hauptsächlichen Bedrohungen für die Natur und den Wildtierbestand sehen. Ist African Parks dazu berechtigt, sambische Familien dazu aufzufordern, nicht zu viele Kinder in die Welt zu setzen?

Eine zweite Besonderheit des Liuwa-Plain-Nationalparks besteht darin, dass African Parks den Vertrag nicht nur mit der Regierung in Lusaka, sondern auch mit dem Barotse Royal Establishment, einem traditionellen Königreich unter Führung des *Litungas*, eines einflussreichen Fürsten im Westen Sambias, geschlossen hat. Das hat laut Milanzi den Vorteil, dass Klarheit darüber herrscht, wer wofür verantwortlich ist. In anderen Parks, wie etwa Kafue, wird die traditionelle Führung oft zu deren Missfallen ignoriert.

Ich frage Milanzi nach seiner positivsten Erfahrung in dem Park. «Dank unserer Strategie hat sich die Geschichte Liuwa Plains völlig gewandelt», antwortet er. «Es ist spektakulär. Das war hier mal ein verwüstetes Gebiet, auf dem es [infolge des Bürgerkriegs im benachbarten Angola] überall Kalaschnikows gab. Jetzt ist es ein Ort, an dem Menschen in Harmonie mit Wildtieren zusammenleben. Wir hatten fünfzehntausend Gnus, jetzt haben wir siebenundvierzig- oder siebenundfünfzigtausend. Wir hatten nur eine Löwin, jetzt haben wir etwa zwanzig. Wir haben Geparden und sehr viele Hyänen. Das genieße ich, und das ist auch woanders möglich.»

Nach dem Gespräch bekomme ich eine Führung durch die Parkzentrale, beginnend mit einem Besuch des gemeinsamen Freizeitraums für die Ranger. Der Park beschäftigt vierundfünfzig Parkwächter, darunter acht Frauen. Man zeigt mir den Kontrollraum, in dem die Sicherheit des Parks überwacht wird. Auf einem Bildschirm sehe ich, wo sich die Tiere mit einem Halsband samt Sender befinden, darunter dreißig Gnus, einige Hyänen, Löwen und Wildhunde.

Ich frage, ob ich den Zellenblock sehen kann, in den mutmaßliche Wilderer eingesperrt werden. Dem südafrikanischen Parkdirektor Deon Joubert zufolge sei der Bau in Auftrag gegeben worden, aber noch nicht bezugsfertig, also gebe es dort auch noch nichts zu sehen.

Zum Abschluss meines Besuchs steht eine Präsentation auf dem Programm, in der es um die Arbeit von AP mit den lokalen Gemeinschaften gehen soll, doch auf meine Bitte hin besuchen wir stattdessen zusammen eines der Dörfer. Nach einem üppigen Lunch – einer ausgezeichneten Lasagne, zubereitet vom Parkdirektor persönlich – fahren wir in einem offenen Safari-Fahrzeug zu einem Dorf, um dort ein Gespräch mit dem örtlichen Oberhaupt zu führen, das hier *Induna* genannt wird.

Die Fahrt durch den Park dauert ziemlich lange. Muss man wirklich so weit fahren, um einen Chief zu finden, der etwas Positives über AP sagen wird, könnte man etwas zynisch denken. Über Sandwege fahren wir durch kleine Dörfer, an Äckern vorbei und über die weitgehend offene Ebene, so flach wie der größte Teil der Niederlande. In der Regenzeit steht der Park größtenteils unter Wasser. Unterwegs sehen wir einige Gnus und Zebras, die sich gern in Gesellschaft aufhalten. Hier erstreckten sich einst die Jagdgründe des Litungas Lewanika (1842–1916), des Königs von Barotseland und des Lozi-Volks. Lewanika hatte einen Deal mit dem Kolonialisten und Unternehmer Cecil Rhodes geschlossen, wodurch sein Land zu einem Protektorat unter der British South Africa Company wurde. Die Luxuslodge im Park ist nach Lewanika benannt.

Unser Ziel ist das Dorf des Induna Mundandwe, wo wir uns unter einem imposanten Mangobaum niederlassen. Ich werde von vier AP-Mitarbeitern flankiert: Carli Flemmer vom Headquarter und dem Parkdirektor, beide Südafrikaner, sowie von dem Betriebsleiter und einem Gemeinschaftsmitarbeiter, beides Sambier. Zu fünft sitzen wir dem Chief gegenüber, der mehrere Meter von uns entfernt Platz genommen hat. Das Ganze hat eher etwas von einem Tribunal oder einer Audienz als von einem entspannten Setting für ein offenherziges Interview.

Der Induna, seit dem Jahr 2000 im Amt, beginnt mit einer Dankesbekundung an die Niederlande für all die Hilfe, die sein Dorf bekommen hat. Er selbst habe das Privileg gehabt, zweimal den AP-Gründer Paul van Vlissingen – «ein hochgewachsener Herr» – zu treffen. Er erinnert sich an ein Gespräch mit ihm, als sie an einer Herde Zebras vorbeifuhren. Van Vlissingen habe gesagt: «Man stelle sich vor, dass das hier die letzten wären. Glauben Sie, dass wir die Technologie haben, sie zurückzubringen?»

«Das glaube ich nicht», habe der Induna geantwortet.

«Deshalb wollen wir sie erhalten», soll van Vlissingen gesagt habe. «In Europa bedauern wir, was alles verschwunden ist.»

Um den Park sei es zu Anfang des Jahrhunderts äußerst schlecht bestellt gewesen, erzählt der Chief. Es habe nur zwölf Ranger gegeben, und die Tiere seien wegen all der Waffen, die sich im Umlauf befunden hätten, nicht sicher gewesen. Als African Parks Hilfe angeboten habe, hätte das zu gemischten Reaktionen geführt. «Würden sie uns nicht aus unseren Dörfern verjagen? Verfügten sie überhaupt über die Kapazitäten [den Park angemessen zu verwalten]?»

Es sei zu heftigem Protest unter der Führung der Barotse-Prinzessin Nakatindi, der ersten weiblichen Parlamentsabgeordneten Sambias und zugleich ehemaligen Ministerin, gekommen. Sie habe es als lachhaft empfunden, wie zu Zeiten Cecil Rhodes' einen Teil des Landes an ein – damals noch – privates europäisches Unternehmen abzutreten, und sich zusammen mit einigen Politikern bei der Regierung beschwert. Der Abgeordnete Sakwiba Sikota habe von «Diebstahl und Ausplünderung» gesprochen, und AP sei beschuldigt worden, nach Öl und Edelsteinen suchen zu wollen. Nachdem African Parks unter anderem versprochen habe, dass man die Bevölkerung an dem Projekt beteiligen und es keine brutale Unterdrückung der Wilderei geben würde, sei schließlich wieder Ruhe eingekehrt.[1]

Stolz erzählt Induna Mundandwe, dass in seinem Dorf nicht lange nach Unterzeichnung des Vertrags eine einfache Getreidemühle gebaut worden sei, in der die Dorfbewohner für das Grundnahrungsmittel *Nsima* Maniok zu Teig verarbeiten konnten. Funktioniert sie noch? «Nein, sie wurde nicht gewartet. Die meisten Mühlen im Park sind deshalb außer Betrieb.»

Ein Internat für Kinder aus entlegenen Dörfern, das mithilfe des Parks gebaut worden war, sei dem Induna zufolge jedoch nach wie vor erfolgreich. Er freut sich auch über einen Campingplatz der Gemeinschaft, den AP außerhalb des Dorfs angelegt habe und der zusätzliche Einnahmen bringe. Die seien jedoch wegen der Corona-Pandemie fast auf null zurückgegangen.

Trotz des speziellen Settings des Gesprächs äußert sich der Induna hin und wieder kritischer, als ich es erwartet hatte, beispielsweise als wir über die Wilderei sprechen. «Es wird jetzt weniger gewildert als früher», sagt er, «aber es kommt noch immer vor, auch hier.» Er ermahne jedoch die Wilderer in seinem Dorf, damit aufzuhören, da sie sonst schnell mal für drei oder vier Jahre im Gefängnis landen würden und ihre Familie dann im Stich lassen müssten.

Ruft er bei der Parkdirektion an, wenn er weiß, dass jemand gewildert hat, so wie es AP von ihm erwartet?

«Nein, ich würde nie jemanden aus meinem Dorf anzeigen.»

28

FOLTER FÜR FORTGESCHRITTENE: DIE SCHAUKEL

Vor und nach meiner begleiteten Tour durch African Parks besuche ich auf eigene Faust Dörfer im Naturreservat. So wie auf meinen vorherigen Reisen in den Kongo, nach Benin und nach Malawi spreche ich mit Bewohnern, Chiefs und ehemaligen Mitarbeitern der Parks, um mir einen möglichst genauen Eindruck von der Situation zu verschaffen.

Im Dorf Loke treffe ich eine Gruppe von etwa dreißig Frauen unter einem Cashewbaum an. Sie sind dabei, für den Bau eines neuen Klassenzimmers der Schule große Steine zu kleineren Kieseln zu zerhacken – eine Form unbezahlter Gemeinschaftsarbeit. Man hört ein monotones Hämmern wie in einem Steinbruch. Der Journalist, mit dem ich in Sambia zusammenarbeite, Wesley Hanyongola, organisiert ein Treffen mit einer Gruppe von Bewohnern, die ich nach ihren Erfahrungen frage. Wir betonen, dass ich nichts mit dem Park zu tun habe und sowohl an positiven als auch an negativen Geschichten interessiert bin.

Die meisten Bewohner schätzen den Park wie auch die Wildtiere und sind froh, dass AP die Tiere besser schützt. Aber auch hier werden das Ausbleiben von Entschädigungen für die Vernichtung von Pflanzen, ein Mangel an Dialog und die Nichteinhaltung von Versprechen angeprangert. «Wir wollten sie hier anfangs nicht empfangen», sagt der Anführer der Gruppe, Simate Simangolwa. «Als sie mit einem Hubschrauber kamen, ist dieser fast aus der Luft abgeschossen worden. Wir haben es African Parks übel genommen, dass sie erst mit dem König und dann erst mit uns Vereinbarungen getroffen haben. Wir wurden vor vollendete Tatsachen gestellt.»

In zwanzig Jahren hat sein Dorf kaum vom Park profitiert. Der einzig sichtbare Fortschritt sei ein Blechdach auf einer Schule, damit es die Kinder trocken haben, sagt der Anführer. Die Beziehung zum Park ist ihm zufolge nach wie vor schlecht. Zwei Wochen zuvor sei noch eine große Gruppe von Rangern mitten in der Nacht ins Dorf gekommen und habe die Häuser durchsucht. Sie hätten zwar einen Durchsuchungsbeschluss gehabt, aber laut dem Anführer nichts finden können. Er habe nicht den Eindruck, dass es AP nur um den Naturschutz gehe, er vertraue der Organisation nicht und würde es begrüßen, wenn sie ginge.

Danach ergreift Nosiku Simasiku das Wort, den man, wie er erzählt, verhaftet habe, als er mit zwei anderen fischen gegangen sei. Die Parkwächter hätten bei ihnen in der Nähe ein totes Gnu gefunden und Simasiku und seine Gefährten der Wilderei bezichtigt. Sie bestritten, das Tier getötet zu haben, zumal sie nur ein Fischnetz bei sich gehabt hätten. Simasiku und einen seiner Begleiter habe man aneinandergefesselt und den Dritten mit einem Tau am Motorrad eines der Ranger festgebunden. Mit Holzstöcken hätten sie dann gezielte Schläge auf den Kopf bekommen. Aus irgendeinem Grund habe einer der Ranger plötzlich geschossen, ein Streifschuss, der Simasiku am Auge getroffen habe. Blutend sei er nach Kalabo gebracht worden.

Warum hatte der Parkwächter geschossen? Simasiku weiß es nicht. «Vielleicht, weil er dachte, dass ich bewaffnet sei und als Erster schießen würde? Aber ich war nicht bewaffnet.»

Die drei hätten vor dem Richter erscheinen müssen. Das tote Gnu habe als Beweismaterial gedient, aber einen Beweis dafür, dass *sie* das Tier getötet haben, etwa eine Waffe, habe man nicht präsentieren können. Ohne Anwalt seien sie alle drei zu knapp zwei Jahren Gefängnis verurteilt worden, wo sie Zwangsarbeit hätten verrichten müssen. Der Schusswaffengebrauch des Rangers sei, soweit man wisse, intern nie untersucht worden, doch den Schützen habe man in einen anderen Park versetzt.

Simasiku ist für den Rest seines Lebens auf einem Auge blind.[1]

In Kalabo, einer Kleinstadt unweit des Parks, spreche ich mit Foster Kalunga, der von 2017 bis 2022 Ranger im Liuwa-Plain-Nationalpark war und so manchem Wilderer Handschellen angelegt hat. Er weiß, wie man Wilderer zum Sprechen bringt: Eine ordentliche Tracht Prügel wirke Wunder.

«Ist das üblich?», frage ich ihn.

«Sicher.»

«Und funktioniert es?»

«Meistens sehen sie dich früher als du sie und verstecken schnell ihre Schusswaffe. Nach ein paar Schlägen – mit der Hand, einem Knüppel oder dem Gewehrkolben – zeigen sie, wo sie ist.»

«Und wenn sie auch dann nicht reden wollen, gibt es noch andere Methoden?»

«Sie haben doch den Mann getroffen, der ein Auge verloren hat? Im letzten Jahr ist ein Wilderer derart zugerichtet worden, dass er nicht mehr laufen konnte. Er hatte sich geweigert, Beweise auszuhändigen, obwohl er verdächtigt wurde, eine Schusswaffe zu besitzen. Dann wurde zugeschlagen, auch richtig hart, aber er beteuerte weiterhin seine Unschuld. Anschließend hat er bei der Polizei Anzeige erstattet.»

Kalunga ist nicht bekannt, ob die Polizei den fraglichen Ranger bestraft oder es intern Disziplinarmaßnahmen gegeben hat, wohl aber, dass manche Ranger für ihre Gewalttätigkeit bekannt sind. «Nach dem Gesetz ist das nicht erlaubt», weiß er. «Aber wenn sie bei einer Festnahme Widerstand leisten, muss man Gewalt anwenden.»

«Weiß der Leiter der Wildereibekämpfung davon?»

«Alle wissen das, auch der Parkmanager. Sie gehen nicht gegen gewalttätige Ranger vor.»

«Wird ein Wilderer nach der Festnahme zuerst in der Parkbasis eingesperrt?»

«Ja, da gibt es einen Zellenblock, aber der ist offiziell nie eröffnet worden. Die Behörden haben ihn nicht genehmigt, weil es da zu dunkel ist: Es gibt kein Fenster und keine Belüftung. Wie kann man da jemanden einsperren? Ich habe die Zelle selbst gesehen. Man kann da leicht sterben.»

«Gibt es noch mehr Methoden, um an Informationen zu kommen?»

«Manchmal setzen wir *Kampelwa* ein. Dabei bindet man jemanden fest, Hände und Füße werden zusammengebunden, auf dem Rücken, und hängt ihn an einen Stock zwischen zwei Ästen. Und dann dreht man ihn im Kreis herum, während man ihn schlägt. Lange dauert das nicht, weil es sehr, sehr wehtut. Wenn er da hängt, sagt er alles, was man will, auch Dinge, die er nicht weiß.»

«Er gesteht Taten, die er nicht begangen hat?»

«Ja, ja.»

«Gibt es Unschuldige, die aufgrund der Schläge, die sie bekommen, Wilderei gestehen?»

«Ja, das kommt vor. Wie Sie wissen, leben auch Menschen in Liuwa Plain, die haben also ein Recht, sich dort frei zu bewegen. Der Ranger fragt sich: Ist das ein Wilderer, oder macht er etwas anderes? Um das herauszufinden, schlägt er sie, auch Unschuldige.»

«Haben Sie das schon mal gesehen?»

«Ja.»

«Manchmal wissen Ranger also, dass jemand unschuldig ist, und schlagen ihn trotzdem?»

«Ja, sie sind sich dann nicht ganz sicher. Der Ranger denkt: Vielleicht ist es ein Wilderer. Liuwa Plain umfasst ein großes Gebiet, das nur zu einem kleinen Teil bewohnt ist. Außerhalb dieses Gebiets sind sie verdächtig.»

«Landen Unschuldige auch im Gefängnis?»

«Nein, das nicht. Vor Gericht muss es immer Beweise geben. Ohne Messer, Schusswaffe, Fleisch oder Beute wird man nicht verurteilt.»

Kalungas eigener Abschied von AP war ebenfalls von Gewalt geprägt. In einer Woche, in der er – als Bewacher des Camps – zum Nachtdienst eingeteilt war, so Kalunga, habe tagsüber ein Auffrischungstraining für bestimmte Fertigkeiten stattgefunden, an dem er hätte teilnehmen müssen. Kalunga informierte seinen Vorgesetzten, dass er sich tagsüber ausruhen müsse, doch dieser habe geantwortet, dass er zur Teilnahme an dem Kurs verpflichtet sei. «Mein Chef befahl mir, näherzukommen, mir war nicht klar, was er wollte. Er packte mich am Nacken und sagte, dass ich kündigen solle. Ich fragte ihn, warum er das mache, woraufhin er mich schlug und gegen meinen Kopf stieß.»

Kalunga fiel zu Boden, und sein Chef stürzte sich nach Aussagen des Ex-Rangers auf ihn. Er habe sich gewehrt und seinen Chef dabei am Knie getroffen. Daraufhin sei ihm von einem höherrangigen Manager fristlos gekündigt worden. «Er hatte überhaupt kein Interesse herauszufinden, was genau vorgefallen war», so Kalunga.[2]

Andere ehemalige Parkmitarbeiter bestätigen die Schilderungen Kalungas über den Umgang mit Wilderern. Brian Chalonga erinnert sich an die heftigen Konfrontationen mit wütenden Dorfbewohnern. Einmal geriet er mitten in einen Aufruhr, bei dem die Frontscheibe seines Wagens dran glauben musste. Ihm zufolge hat eine Mehrheit der Dorfbewohner nicht sehr viel Vertrauen zu AP. «Sie wissen, dass wir Leute sind, die sie zusammenschlagen. Es gibt Dörfer, in denen wir uns nicht sehen lassen können – so wütend ist die Bevölkerung. Sogar die weißen Manager konnten da nicht hin.»

Auch über die *Kampelwa* weiß er zu berichten. Als ich frage, wie lange die Folter dauert – mehr als eine Stunde oder weniger? –, lacht er. «Eine Stunde geht nicht, dann ist man tot. Es ist so schmerzhaft. Meistens fängt man schon nach ein paar Sekunden an zu reden. Nach fünf Minuten beginnt man zu weinen, und nach zehn Minuten reden alle, egal, wie stark sie sind.»

Die Foltermethode kam Ende der Neunzigerjahre schon einmal in einem Bericht von Human Rights Watch zur Sprache, als sich die Menschenrechtssituation in Sambia nach einem Staatsstreich ernsthaft verschlechtert hatte. «Manche Häftlinge wurden, wie man hört, mit der ‹Kampelwa› (der Schaukel) gefoltert, die beschrieben wird als ein Aufgehängtwerden an einer Metallstange, die zwischen zwei Tischen befestigt wird, wobei die Hände an die Stange gefesselt und ein Strick um ihre Beine gelegt wird. Berichten zufolge wurden sie von Polizisten geschlagen, während sie dort hingen.»[3]

Ich reise zurück in die Hauptstadt Lusaka, wo ich einen ehemaligen AP-Mitarbeiter treffe, der bis vor Kurzem für Entwicklungsprojekte zuständig war. Auch er ist darüber im Bilde, dass physische Gewalt Teil des Standardrepertoires von Rangern ist, die eine Festnahme vornehmen, und Menschenrechte im Park nicht sakrosankt sind.

Er gewährt mir Einblick in die Geldflüsse von Gemeinschaftsprojekten. Der Park ist in zehn Zonen aufgeteilt, jede mit einem Induna wie Chief Mundandwe. Monatlich gibt es für alle zusammen zweitausend Dollar aus dem sogenannten Antiwildereifonds zu verteilen. Der Betrag ist ihm zufolge nie an die Inflation angepasst worden und deshalb heute sehr viel weniger wert als vor zwanzig Jahren.

Wie überall, gilt auch hier: Wenn Ranger Wilderer festnehmen, die anschließend verurteilt werden, geht ein Teil des Geldes aus dem Fonds als Bonus an die Ranger. Anfangs behielten diejenigen Zonen, in denen nicht gewildert wurde, ihre Einnahmen. Das wurde jedoch als ungerecht betrachtet, weil in manchen Zonen viel mehr als in anderen gewildert wird, da es dort mehr Tiere gibt, und nicht unbedingt, weil in dieser Zone mehr

Wilderer aktiv sind. Mittlerweile werden deshalb die Zahlungen an *alle* Zonen gekürzt, wenn in einer von ihnen Wilderer gefasst werden. Das «Bußgeld» geht jedoch nach wie vor an die Ranger, die die Wilderer festgenommen haben.

Die Gemeinschaft in einer solchen Zone behält bestenfalls zweitausendvierhundert Dollar im Jahr für Projekte übrig, was ungefähr anderthalb Dollar pro Einwohner entspricht. Doch oft ist es weniger, weil Ranger als Belohnung für die Festnahme von Wilderern einen Teil des Geldes erhalten haben. Der Fonds stachelt Ranger und Bewohner also gegeneinander auf – ihre Interessen sind gegensätzlicher Natur.

Die Einnahmen für die Dorfbewohner sind ohnehin Brosamen, verglichen mit den Geldsummen, die für das Barotse Royal Establishment bestimmt sind, allen voran für den König. Dem ehemaligen Mitarbeiter zufolge kassiert dieser jährlich achtundvierzigtausend Dollar, also exakt zweimal so viel wie alle Dörfer zusammen, das heißt, wenn es dort nicht zu Wilderei kommt. Die Idee ist, dass ein Teil dieses Geldes an andere Würdenträger wie den *Ngambela* (Premier), die *Chieftainess* (ein weiblicher Chief) des Bezirks, zu dem Liuwa gehört, und die Indunas (Chiefs) im Park weitergereicht wird, aber das geschieht in der Praxis selten bis nie. Um alle zufriedenzustellen, hat African Parks daher besagtem Ex-Manager zufolge Paläste und Häuser für die Untergebenen des Litungas bauen lassen, finanziert aus dem Budget, das eigentlich für die Bewohner bestimmt war.

Mit Bedacht stelle ich meine Frage: «Ich weiß um kulturelle Unterschiede, und diese Zahlungen sind vielleicht notwendig, um hier etwas bewirken zu können, aber in Europa würden wir das Korruption nennen. Wie sehen Sie das?»

«Wir sehen das eher als Unterstützung oder Ausstattung. Dass viel Geld in den Taschen des Königs verschwindet, ist nicht okay. Geld, das er erst einmal in der Tasche hat, kommt meist nicht wieder zum Vorschein. Vielleicht wird ein Bruchteil davon inzwischen weitergegeben, weil wir den Druck erhöht haben, aber andere Mitglieder des Hofs wurden von uns auch gesondert unterstützt. Dadurch bleibt fast nichts für die Gemeinschaften übrig. Das muss sich ändern.»

29

UNTER GEFAHR FÜR DAS EIGENE LEBEN

Geschockt kehre ich aus dem «langweiligsten Park von AP» zurück. Die Landschaften dort gehören vielleicht nicht zu den spektakulärsten des Kontinents, aber die Schilderungen sowohl der Bewohner als auch der Ranger sind erschütternd und bestätigen noch einmal die Feststellung des ehemaligen Verwaltungsrats Mavuso Msimang: African Parks legt wenig Wert auf Menschenrechte.

Dennoch ist der Organisation bewusst, dass sie auf dem Gebiet angreifbar ist. Ein Skandal um den WWF ist Naturschutzkreisen noch in lebhafter Erinnerung. Im Jahr 2019 enthüllte die Website Buzzfeed, dass sich Ranger unter anderem im Kongo und in Nepal im Namen des Kampfs gegen die Wilderei schwerer Verbrechen wie Folter, Vergewaltigung und Mord schuldig gemacht hatten. Zwar unterstanden diese Ranger nicht, wie es bei African Parks häufig der Fall ist, direkt der NGO, doch die Organisation leistete den Parks Unterstützung. Führungskräfte des WWF seien Buzzfeed zufolge schon vor den Enthüllungen darüber informiert gewesen, dass es dort zu Gräueltaten gekommen sei. Auch wenn ein unabhängiger Bericht die NGO letztendlich für nicht mitschuldig an den Verbrechen erklärte, nahm das Image der Organisation dennoch beträchtlichen Schaden. Die amerikanische Regierung stoppte prompt eine Subvention in Millionenhöhe.[1]

«Der Sturm, der über den WWF hinweggefegt ist, hat sich im Moment etwas gelegt, aber wir waren doch der Ansicht, dass wir, als größte *boots on the ground*-Organisation in Afrika, dazu etwas zu Papier bringen sollten», schreibt ein niederländischer Mitarbeiter von African Parks im April 2019 in einer E-Mail an das niederländische Ministerium für Landwirtschaft, Natur und Lebensmittelqualität in Den Haag. Im Anhang erläutert AP, dass die Organisation über eine Vielzahl von Verfahren verfüge, um Rangern Disziplin und die Bedeutung von Menschenrechten zu vermitteln.

Bei einer Festnahme und im Fall von Selbstverteidigung sei nur «ein Minimum an Gewalt» erlaubt. Doch, so warnt AP: «Sogar mit soliden, juristisch abgesicherten Vereinbarungen, starken Führungsstrukturen und professionellem Management besteht noch immer die Möglichkeit des Machtmissbrauchs durch Einzelne. Unser Modell vollständig delegierten Managements verringert das Risiko eines solchen Missbrauchs und sieht einen fairen Prozess vor, sollte es dennoch zu Verstößen kommen.»[2]

Im Januar 2023 wird African Parks klar, dass das unter Umständen nicht ausreicht, und die Organisation macht sich auf die Suche nach einem «Menschenrechts-Consultant», ein neues Tätigkeitsfeld in der NGO. «Respekt für Menschenrechte ist ein wesentlicher Bestandteil der Sicherung des natürlichen Habitats, der Biodiversität und der Ökosysteme sowie der Wahrung und Verbesserung der Lebensqualität sowohl der lokalen Bevölkerung als auch der Weltgemeinschaft», heißt es in der Stellenausschreibung.

An sich ist es natürlich eine gute Nachricht, dass African Parks die Angelegenheit jetzt ernster zu nehmen scheint. Der Consultant wird wohl einiges zu tun haben. Wir sahen bereits, dass unzählige Dorfbewohner, die in der Nähe eines Parks leben, nach eigenem Bekunden Opfer von Menschenrechtsverletzungen geworden sind, häufig direkt oder indirekt infolge des Auftretens von African Parks. «Im Park gelten keine Menschenrechte», stellte der kongolesische Ranger Etienne Koliwa unumwunden fest. In den Parks von AP und in deren Umgebung wird meinen Informationen zufolge gefoltert, es werden mutmaßliche Wilderer getötet oder schwer verwundet, die Rechtsprechung ist problematisch, Menschen werden in ihrer persönlichen Freiheit und Sicherheit eingeschränkt, und die Sicherung ihres Lebensunterhalts ist nicht gewährleistet.

Zu Recht verweist AP in seiner Stellenausschreibung nicht nur auf die Bedeutung der Menschenrechte für die Bevölkerung, sondern auch für die eigenen Beschäftigten, denn darum ist es oft ebenfalls sehr schlecht bestellt. Wie deutlich wurde, fordern die Aktivitäten von African Parks regelmäßig Opfer unter dem eigenen Personal. Das ist tragisch, scheint das Management zu denken, aber in einem Krieg gibt es nun mal Opfer.

Aus meiner Sicht ist diese Haltung, nach allem, was ich gesehen, gelesen und in Hunderten von Gesprächen gehört habe, zu einfach. African Parks scheint sogar regelmäßig der eigenen Belegschaft das Gefühl zu vermitteln, dass ihr Leben wenig wert sei. Wir sahen, wie ein rücksichtsloser Erik Mararv in Garamba drei Ranger in den Tod trieb und danach – nicht trotz, sondern auch dank dieses Vorfalls – eine der Schlüsselfiguren in der Organisation wurde. Wir sahen ferner, wie acht AP-Mitarbeiter bei Hinterhalten im Norden Benins ihr Leben verloren, wobei sich noch die Frage stellt, was die Ranger von African Parks dort zu dem Zeitpunkt eigentlich zu suchen hatten. Dass diese beiden Vorfälle (etwas) besser dokumentiert wurden als viele andere, ist wahrscheinlich der Tatsache zuzuschreiben, dass es sich bei den Toten und Verwundeten um Weiße handelte. Insgesamt sind Dutzende von Mitarbeitern der NGO «im Kampf für den Naturschutz» gestorben – auf meine Frage nach einer exakten Zahl bekomme ich jedoch keine Antwort.[3]

Während meiner Recherchen habe ich mit vier ehemaligen AP-Mitarbeitern gesprochen, die der Ansicht sind, dass African Parks ihr Leben unnötig in Gefahr gebracht hat. Die erfahrenen Soldaten Thomas und Julian (ihre Namen wurden geändert) zeigten sich schockiert angesichts der Fahrlässigkeit, mit der ihr Arbeitgeber sie ihrem Schicksal überlassen hatte. Beide waren 2023 in Ennedi, dem riesigen Wüstenreservat im Norden des Tschad, das vollständig in einer roten Zone liegt: Die Botschaften westlicher Staaten raten von jeglichen Reisen dorthin strikt ab.

Thomas sollte als Ausbilder die Verantwortung für vierzig Ranger tragen und ging davon aus, dass AP ihn nach seinem Gesundheitszeugnis, einem Befähigungsnachweis und dem Führungszeugnis fragen würde. Doch: «Sie hatten mein LinkedIn-Profil gesehen – das reichte ihnen», erzählt er.

Eine Übergabe durch seinen Vorgänger habe es dann ebenfalls nicht gegeben, und ihm seien auch von niemandem irgendwelche Anweisungen erteilt worden. Die Standard Operating Procedures, die die Grundlage und den Rahmen seiner Arbeit darstellen, habe ihm auf seine eigene Initiative hin ein Kollege aus einem anderen Park zugeschickt, mit dem er in Kontakt getreten sei, nicht aber seine Vorgesetzten.

Der nationale Manager des Tschad habe ihm ein monatliches Gehalt von fünftausendfünfhundert Euro zugesichert. Das sei kein besonders großzügiges Gehalt für einen europäischen Expat in einer derart abgelegenen und gefährlichen Region und deutlich weniger, als das, was er auf seinen vorherigen Missionen bei der europäischen Grenzschutzagentur Frontex oder den Vereinten Nationen verdient habe. «Für mich war das in Ordnung, nicht aber, dass der Parkdirektor mir vor Ort dann mitteilte, dass ich nicht mehr als viertausend Euro verdienen würde. Schließlich bekam ich fünftausend, aber ich glaube, dass er sich die Differenz in die eigene Tasche gesteckt hat.»[4]

Die Parkzentrale im Dorf Fada machte Thomas zufolge einen guten Eindruck. Er fand dort ein zeitlich befristet errichtetes Luxuscamp mit Klimaanlage, gutem Wein, Eiswürfeln und adäquatem Sicherheitsdienst vor, das man für Spender und steinreiche Touristen eingerichtet hatte, die auf der Suche nach einem einzigartigen Erlebnis waren. So hatte man dort etwa Rob Walton schon mal zu Besuch gehabt.

Der Ausbilder selbst war in einem kleinen Rangercamp ein paar Kilometer weiter in der Wüste untergebracht. Zu seinem Erstaunen erwiesen sich die Sicherheitsvorkehrungen als nahezu nicht existent. «Es gab ein Wasserreservoir und zwei oder drei Häuser aus Stein für Ranger, allerdings ohne Betten, sodass sie auf einer Matte schlafen mussten», erzählt Thomas. «Zwei Ranger hielten unbewaffnet Wache, schliefen aber meist. Mein Haus hatte ein Feldbett, drei Stunden Strom am Tag, kein WLAN, keinen Funk und keine Sicherheitstür.»

Julian zufolge beweist dies, dass es African Parks, was Sicherheit angeht, an «Erfahrung, Verantwortungsbewusstsein und Engagement» mangelt. Das Camp liegt hundert Meter von einer Durchgangsstraße entfernt, die Libyen mit dem Sudan verbindet und auf der nachts viel Verkehr herrschte. Thomas: «Wir wussten nicht, wer sie waren: Rebellen, Händler, Menschenschmuggler? Wir befanden uns mitten auf feindlichem Gebiet, konnten aber bei einem Angriff nichts ausrichten. Ich hatte nicht mal eine Waffe, ebenso wenig wie die Ranger.»

Er kam aus dem Staunen kaum noch heraus. «Keiner von den Biologen, VIPs oder anderen Besuchern bekam ein Sicherheitsbriefing. Das Personal hatte keinen Evakuierungsplan – ich habe ihnen erklären müssen, dass für den Notfall immer eine Tasche für die Flucht bereitstehen muss.»

Man hatte ihm erzählt, dass dem Park durchgängig ein Flugzeug zur Verfügung stünde, doch auch das sollte sich ihm zufolge als nicht zutreffend erweisen. «Wenn man dort schwer verletzt wird und das Flugzeug nicht da ist, stirbt man. Das örtliche Krankenhaus war auf komplexere Eingriffe nicht eingerichtet.»

Ach ja, und das Flugzeug sei, so Thomas, zudem noch in schlechtem Zustand gewesen und gerade groß genug, um drei Passagiere transportieren zu können. Der Pilot habe es für unverantwortlich gehalten, die Maschine zu fliegen, aber ihm sei keine andere Wahl geblieben. «So etwas hatte ich noch nie erlebt. Nach zwölf Tagen habe ich gekündigt. Die Direktion hat auf den Bericht, den ich ihr geschickt habe, nicht reagiert.»

Sein Nachfolger Julian hat weitgehend dieselben Erfahrungen gemacht, wobei bei ihm noch hinzukam, dass er von ein paar Rangern angegriffen worden war. «Ich habe die Bedeutung von Disziplin und Pünktlichkeit betont. Offenbar fanden das nicht alle gut. Drei Ranger wollten mich angreifen, ich konnte gerade noch rechtzeitig mit dem Auto entkommen. Mitarbeiter von African Parks können hier von einem Moment auf den anderen verschwinden. Kein Hahn kräht danach. Ich habe alle informiert – die Direktion von Ennedi, African Parks im Tschad und in Südafrika –, aber keine Unterstützung erhalten.»

Die Lage in Chinko in der Zentralafrikanischen Republik sei im Jahr 2017 sehr turbulent gewesen, erzählt ein anderer Informant. Die Anwesenheit einiger Hundert muslimischer Binnenflüchtlinge im Park führte zu Spannungen bei einem Teil des lokalen Personals, hauptsächlich Christen. Manche von ihnen fanden, dass die Heimatvertriebenen zu gut behandelt würden.

Als es zu einem Angriff auf ein christliches Dorf kam, aus dem viele der Parkmitarbeiter stammten, wollten sich einige von ihnen an den Flüchtlingen rächen. Eine Gruppe von Mitarbeitern – meinem Informanten zufolge keine Ranger, sondern Bau- und Straßenarbeiter – probte den Aufstand und umstellte den Speisesaal, wo die Parkleitung saß. Das Management, besorgt um das eigene Wohlergehen und das von Kollegen, versuchte, die Gruppe zu beruhigen, und erlaubte es den Rangern, in dieser Nacht Waffen zu tragen, um die Sicherheit zu gewährleisten.

Am nächsten Tag stattete eine kleine Gruppe von Rangern dem betroffenen Dorf per Hubschrauber einen Besuch ab und kehrte meinem Informanten zufolge sichtbar verstört zurück. Sie wollten daraufhin ihre Verwandten mittels eines bewaffneten Angriffs in Uniform und unterstützt durch den Hubschrauber und Fahrzeuge rächen. Das Management untersagte das und gestattete lediglich ein Auftreten der Ranger in Zivil, ohne die Logos von African Parks, einer staatlichen Stelle oder von Spendenorganisationen. Daraufhin wurde das Management erneut in den Speisesaal gedrängt und mehr oder weniger in Geiselhaft genommen: Niemand durfte den Raum während der laufenden Verhandlungen verlassen.

«Mit ungefähr fünfzehn Mann wurden wir gegen unseren Willen acht bis zehn Stunden lang festgehalten», erzählt mein Informant, der versuchte, mit dem Headquarter Kontakt aufzunehmen. «Der Leiter der Abteilung Durchsetzung der Rechtsvorschriften in Johannesburg hatte keine Ahnung, was in Chinko los war.» Das Headquarter war zu dem Zeitpunkt mit einer groß angelegten Elefantenumsiedlung in Malawi beschäftigt, an der Prinz Harry beteiligt war.

Schließlich wurde das für die Aufrechterhaltung des Betriebs nicht unbedingt erforderliche Personal über die Hauptstadt Bangui nach Johannesburg evakuiert. Peter Fearnhead habe dabei meinem Informanten zufolge wenig Empathie gezeigt. Parkmanager David Simpson habe die Situation vollständig unter Kontrolle gehabt, und eine Unterstützung aus Südafrika sei kein Thema gewesen. «Unsere Sicherheit hing von den Rangern ab, aber es gab keinen Plan [für ein Vorgehen], sollten diese sich gegen uns wenden, was in Garamba bereits vorgekommen war», so mein Informant.[5]

Eine vierte Quelle, die in einem der Parks ein traumatisches Erlebnis gehabt hatte, arbeitete in einem der gefährlichsten Naturreservate unter der Verwaltung von African Parks, in dem nicht per se notwendiges Personal zu dem Zeitpunkt eigentlich längst hätte evakuiert sein müssen. Sie bekam immer größere psychische Probleme, doch eine Unterstützung des Managements oder die Erlaubnis, vorübergehend außerhalb des Parks zu wohnen, blieben aus. «Kannst du meine Geschichte zu hundert Prozent anonymisieren?», bittet sie mich, nachdem ich ihr diese Passage gezeigt habe, die anfangs mehr Details enthielt. «Sonst kann man eine Karriere in der Branche vergessen.»

Inzwischen hat African Parks also einen Menschenrechtsexperten eingestellt, befristet. Eine Festanstellung hält die Organisation für nicht erforderlich, zwei Jahre reichen ihr für die Aufgabe vorläufig aus. Laut der Stellenausschreibung muss der neue Mitarbeiter in den ersten zehn Monaten in mindestens drei Parks einen Kurs anbieten. Sollte es Probleme geben, etwa aus Anlass einer kritischen Buchveröffentlichung, kann AP darauf verweisen, dass es die Menschenrechte ernst nimmt und sich intensiv mit dem Thema beschäftigt.

Bemerkenswert ist auch die – wahrscheinlich unbewusste – Ehrlichkeit, mit der es in der Stellenausschreibung zu diesem Thema heißt: «AP glaubt, dass der Schutz der Menschenrechte, der unserer Beschäftigten und der unserer Community-Partner rund um unsere Parks der Schlüssel zur vollständigen Umsetzung dieser Partnerschaften und des Erreichens unserer Vision ist, in der dreißig Prozent der einzigartigen Landschaften und der spektakulären Wildtiere, die in ihnen leben, geschützt und für immer wertgeschätzt werden.»

Ein weiteres Mal zeigt sich, dass Menschenrechte für die Organisation keinen Wert an sich, sondern bestenfalls eine Notwendigkeit darstellen, die eigenen Ziele zu erreichen. Wenn die Menschenrechte der «Community-Partner» – das sind die Menschen, die im oder in der Nähe eines Parks leben – verletzt würden, könnte APs «Vision» in Gefahr geraten.

Das erinnert mich an eine ehemalige Menschenrechtsbeauftragte bei Heineken, mit der ich bei meinen Recherchen über die Aktivitäten des berühmten Bierbrauers in Afrika sprach und die über einen kritischen Geist verfügte. Zu meinem Erstaunen sah ich sie später noch einmal im Fernsehen, und zwar im Informationsprogramm *Tegenlicht* in einer Sendung über «Bullshit-Jobs», ein Begriff, den der amerikanische Anthropologe David Graeber geprägt hat.[6] Er vertritt die Ansicht, dass es sich bei etwa fünfzehn Prozent der Stellen in größeren Organisationen um reine Nonsens-Jobs handelt: Man ist zwar den ganzen Tag beschäftigt, aber wenn man sich die Frage nach dem Zweck der eigenen Arbeit stellt, wird einem klar, dass sie sinnlos ist.

Rückblickend hatte die Menschenrechtsexpertin bei Heineken erkannt, dass es vor allem wichtig gewesen war, dass es ihre Stelle auf dem Papier gab und das Unternehmen über ein Menschenrechtskonzept verfügte. Heineken konnte so beweisen, dass man das Thema Menschenrechte ernst nahm. Doch jedes Mal, wenn sie den Versuch unternehmen wollte, die Menschenrechtssituation tatsächlich zu verbessern, sei sie zurückgepfiffen worden. Dann habe es kein Geld dafür gegeben oder die Sache keine Priorität gehabt.

Man kann nur hoffen, dass sich die Stelle des «Menschenrechts-Consultant» bei African Parks nicht auch als Bullshit-Job herausstellt.

30

WER KONTROLLIERT AFRICAN PARKS?

Gut drei Jahre recherchiere ich nun schon zu African Parks, und in diesem Zeitraum ist vieles ans Tageslicht gekommen, was schwer zu ertragen ist. Doch ich bin nicht der Einzige, der kritisch auf das schaut, was sich in und um die Naturreservate abspielt. Die Parks werden, unter anderem von Spendern, mit einiger Regelmäßigkeit begutachtet und evaluiert. Was sehen sie anders als ich? Weshalb genießt AP in weiten Kreisen einen so ausgezeichneten Ruf?

Die gründlichste und strukturierteste Untersuchung stammt, soweit ich es in Erfahrung bringen konnte, von der Europäischen Union, die, wie deutlich wurde, über die Jahre hinweg auch die spendierfreudigste öffentliche Unterstützerin von African Parks war. Ich spreche mit vier Wissenschaftlern, die im Auftrag der EU Evaluationen durchgeführt haben. In einem Punkt sind sich alle vier einig: Ihre Untersuchung bleibt in aller Regel an der Oberfläche und geht nicht auf die zentrale Frage ein, ob das Konzept von African Parks überhaupt nachhaltig ist. Offenbar ist niemand wirklich an einer Antwort auf diese Frage interessiert.

Außerdem ziehen die Wissenschaftler die Unabhängigkeit der Evaluationen in Zweifel, auch die der eigenen. Die Naturschutzbranche ist klein, und AP ist bekannt dafür, dass es eine mächtige Bastion ist, die man nicht gern gegen sich haben möchte. «Es herrscht so viel Angst vor AP, dass manche, die ich als sehr professionelle Fachleute kenne, Wischiwaschi-Berichte schreiben, in denen sie die Wirklichkeit beschönigen», so ein Informant, der diese Welt von innen kennt. «Man beißt nicht in die Hand, die einen füttert.»

Ein erfahrener Wissenschaftler äußert sich dazu wie folgt: «Theoretisch sind die Evaluationen extern und unabhängig, aber man wird von einem privaten Partner bezahlt. Ich habe sie [die Evaluationen] jahrelang durchgeführt und weiß, wie das funktioniert: Der letzte Teil des Honorars wird erst nach Abschluss überwiesen, und das beeinflusst den Inhalt. Es ist eine Illusion zu glauben, dass das nicht so ist.»

Dieser Wissenschaftler konstatiert auch, dass viele Zwischenevaluationen, die laut Vertrag alle fünf Jahre durchgeführt werden müssen, in der Praxis gar nicht stattfinden. Und er bedauert es, dass in den Verträgen zwischen African Parks und den afrikanischen Regierungen wenig konkrete Regelungen getroffen werden: Es fehlt an nachprüfbaren Kriterien, an denen die Arbeit der NGO gemessen werden kann. «Im Grunde macht man einfach irgendwas», stellt er fest.

Ein anderer Beteiligter erinnert sich, dass er für eine Evaluation nicht einmal in den betreffenden Park reisen musste. Er bekam den Auftrag, zwei Manager einen Fragebogen ausfüllen zu lassen. Anschließend hatten sie das Recht, vor Abschluss des Berichts den Text einzusehen und Änderungen vorzuschlagen. Die letztendliche Empfehlung habe eigentlich von vornherein festgestanden: Machen Sie genauso weiter wie bisher.

Die Wege zwischen der EU und African Parks sind sowieso kurz. Zwei EU-Beamte, Enrico Pironio und Gilles Desesquelles, die beide intensiv mit der Finanzierung der Organisation beschäftigt waren, hatten auch nach ihrem Ausscheiden wieder mit AP zu tun. Die zeitliche Abfolge ist in beiden Fällen nicht ganz klar, doch es scheint, dass sie die zweijährige «Sperrfrist» respektiert haben, in der man keiner Tätigkeit nachgehen soll, die in Verbindung zu den früheren Aufgaben als EU-Beamter steht. Die EU geht nicht auf meine Bitte ein, dazu Stellung zu nehmen.

Pironio gilt als der geistige Vater mehrerer europäischer Programme zum Naturschutz in Afrika, aus denen Millionen und Abermillionen Euro an African Parks geflossen sind – laut Fearnhead ist er «ein heimlicher Held des Naturschutzes».[1] Aktuell hat er einen Sitz in den Verwaltungsräten der Parks Pendjari und W in Benin. Desesquelles, der als EU-Botschafter im Tschad enge Beziehungen zum Präsidenten Idriss Déby unterhielt, spielte einer gut informierten Quelle zufolge eine entscheidende Rolle bei den Verträgen, die AP mit der Regierung des Tschad schloss. Nach seinem Abschied von der EU wurde er zunächst nationaler Manager von African Parks im Tschad und erhielt anschließend das Angebot für einen Sitz in den dortigen Aufsichtsgremien von Zakouma und Ennedi sowie Odzala-Kokoua in Kongo-Brazzaville.

Dennoch sind einige EU-Studien alles andere als unkritisch. So könnte man eine externe Evaluation des Parks Odzala-Kokoua aus dem Jahr 2016, durchgeführt nach fünf Jahren AP-Management, als nahezu vernichtend bezeichnen. Die Parkdirektion lag nicht nur im Streit mit der Regierung bezüglich der Frage, wer im Park «regiert», sondern auch mit der ortsansässigen Bevölkerung, weil – auch hier – zugesagte Projekte nicht realisiert wurden. Gleichzeitig knirschte es intern an allen Ecken und Enden. In fünf Jahren hatte der Park vier Direktoren (plus einen Interimsdirektor) verschlissen, und auch bei anderen Managementfunktionen gab es eine hohe Fluktuation. Ein großes Problem war dabei die Tatsache, dass AP häufig englischsprachige Manager entsandte, obwohl das Land französischsprachig ist. Und auch in Odzala-Kokoua wurde die Zentrale von wütenden Bürgern angegriffen, sodass sich die Parkleitung 2014 vorübergehend in einer nahe gelegenen Stadt verschanzen musste.[2] Konsequenzen hatte die Evaluation nicht: Die EU unterstützte Odzala-Kokoua auch weiterhin.

Bei einer Untersuchung zum Einfluss des Naturschutzes auf die Sicherheit formulierte die EU die erwünschten Ergebnisse gleich in der Fragestellung. Der Auftraggeber wollte einen Bericht, der zeigen konnte, dass Naturschutzgebiete in Afrika, unter ihnen vier Parks von African Parks, zur Sicherheit der lokalen Bevölkerung und zum Kampf sowohl gegen den Terrorismus als auch gegen die Migration beitragen. Der Abschlussbericht, mit dem fünf Berater zu einem Tagessatz von jeweils fast tausend Euro beauftragt worden waren, entsprach schließlich allen Erwartungen – und kostete den europäischen Steuerzahler rund dreihunderttausend Euro.[3]

African Parks ist auch bei Untersuchungen von institutioneller Seite auf der Hut. Als die internationale Naturschutzorganisation IUCN im Jahr 2020 eine Studie zu den verschiedenen Modellen öffentlich-privater Partnerschaften bei Naturreservaten in französischsprachigen Ländern Afrikas in Auftrag gab, wollte Peter Fearnhead sich nicht daran beteiligen, wie er schriftlich erklärte. African Parks sei zwar ein «großer Befürworter konstruktiver Studien zu Konzepten der Verwaltung von Schutzgebieten», schrieb er, doch «Ihre Studie hat eine vorab festgelegte Voreingenommenheit und ein Ergebnis». Ohne auch nur ein Wort gelesen zu haben, wusste er bereits, dass die Studie «nicht glaubwürdig» sein würde und unmöglich eine «professionelle und neutrale Bewertung» liefern könne. Der Grund für diese Entschiedenheit war, dass einer der Beteiligten an dieser Studie (nicht jedoch der Autor) es einst gewagt hatte, sich kritisch über African Parks zu äußern.[4]

Der Autor des Berichts zeigte sich verwundert: Er stecke mitten in seiner Untersuchung und habe noch gar keine Schlussfolgerungen gezogen.[5] Das Ergebnis war auch keineswegs ungünstig für African Parks. Es kamen zwar kritische Punkte wie etwa das militärische Vorgehen und die Privatisierung des Parkmanagements zur Sprache, doch das positive Feedback dominierte: Dank AP stehe jetzt sehr viel mehr Geld aus einer Vielzahl von Quellen für den Naturschutz zur Verfügung, der Kampf gegen die Wilderei sei effizienter, und die Verwaltungsstrukturen seien klarer als vorher.[6]

Das Misstrauen von African Parks grenzt manchmal an Paranoia.

Was vielen meiner Informanten auffiel, ist die Tatsache, dass African Parks auch an konstruktiver Kritik wenig gelegen ist. Der AP-Sondergesandte John Scanlon schlug nach einer Rundreise durch eine Reihe von Parks etwa vor, in den relativ sicheren Parks, in denen man es vor allem mit lokalen Wilderern ohne Schusswaffen zu tun hat, ein weniger hartes Vorgehen anzustreben, doch auch er stieß in der Organisation auf taube Ohren. Wir sahen bereits, dass Aufsichtsratsmitglied und Gründer Mavuso Msimang bei Sitzungen gelegentlich ethische Fragen zu Geschäften mit Ruanda oder über die Wirtschaftsprüfungsgesellschaft KPMG stellte, die eine so üble Rolle in dem Megaskandal um Jacob Zuma gespielt hatte. Der Vorstand wollte nichts davon wissen. Ein Sicherheitsanalyst in Benin versuchte, mit AP ins Gespräch zu kommen, um der Organisation dabei zu helfen, den komplexen Kontext zu verstehen. Doch es war vergebliche Mühe. «Es ist in Ordnung, wenn man nicht mit uns sprechen will, aber man sollte zumindest unsere Berichte lesen und Nutzen daraus ziehen», erzählt der Analyst. «Aber es gab null Interesse. Sie hören auf niemanden.»

Bei Kritik, die – zumindest aus Sicht von African Parks – weniger konstruktiv ist, reagiert die Organisation wie ein in die Enge getriebenes Tier. Der erste Reflex ist: alles abstreiten beziehungsweise behaupten, dass der Kritiker eine heimliche Agenda verfolgt. Als das Institut Clingendael in der Studie über Benin die Privatisierung von Naturreservaten ansprach, erwiderte African Parks nicht: «Wir können uns vorstellen, dass Sie unseren

Ansatz als eine Form der Privatisierung betrachten, doch wir sehen das aus folgenden Gründen anders ...» Nein, AP hält mit voller Kraft dagegen: «Wir machen genau das *Gegenteil* von Privatisierung!» Und als die Denkfabrik in Den Haag feststellte, dass African Parks sich, was überdeutlich war, in Benin in Richtung Terrorismusbekämpfung entwickelt hätte, bezeichnete die Organisation diese Schlussfolgerung nicht als falsch, sondern als «kategorisch falsch».[7]

Exakt auf dieselbe Weise reagierte Fearnhead, als ich ihn nach Parallelen zum Kolonialismus fragte. Er hätte antworten können: «Wir verstehen, dass ein weißes Topmanagement bei einer Organisation, die Parks in zwölf afrikanischen Ländern unterhält, problematisch ist, und müssen uns wirklich mehr anstrengen, das zu ändern. Darin haben wir in den zwanzig Jahren unseres Bestehens versagt.» Aber er sagte, Kolonialismus sei «das absolute Gegenteil dessen, was wir machen».

Das ähnelt sehr der «Flucht-nach-vorn»-Strategie des ehemaligen US-Präsidenten Donald Trump. Ebenso wie bei ihm wird auch bei African Parks eine kritische Beobachtung nicht nur als falsch, sondern als das Gegenteil der eigenen Wahrheit angesehen. AP scheint manchmal in einer Welt der «alternativen Fakten» zu leben.

Diese Haltung, ohne jede Spur von Introspektion, macht es für African Parks außerordentlich schwer, aus den Fehlern der Vergangenheit zu lernen und Dinge zu verbessern. In der eigenen Wahrnehmung macht AP nämlich keine Fehler. Wenn man so sehr davon überzeugt ist, dass das eigene Vorgehen das beste ist, und jede Form von Kritik als Unsinn abtut, braucht man auch nichts zu ändern.

Am Verhältnis zu den Anwohnern der Naturreservate wird das besonders deutlich. Nahezu alle, die mit den Gegebenheiten vor Ort vertraut sind, sind sich darin einig, dass es der zentrale Schwachpunkt bei African Parks ist – viele ehemalige Mitarbeiter geben das unumwunden zu. Für AP ist es eine Nebensächlichkeit, für die, anders als beim Kampf gegen die Wilderei oder den groß angelegten Umsiedlungsaktionen von Wildtieren, kaum Geld bereitgestellt wird. Dennoch behauptet AP hartnäckig, dass Menschen für sie «Priorität» hätten und in vollem Umfang mit profitierten.

Als ich Fearnhead während unseres Interviews mit meinen eigenen Erkenntnissen auf dem Gebiet konfrontierte, gab er vor, nichts von gebrochenen Versprechen oder angespannten Beziehungen zu wissen. «Das würde mir Sorgen bereiten», sagte er. Anschließend beendete er das Thema mit einer rhetorischen Übertreibung: African Parks könne nun mal nicht einer Viertelmillion Menschen, die in der Nähe des Parks leben, eine Beschäftigung anbieten.

Dass African Parks in der Welt des Naturschutzes dennoch – und zwar in erster Linie bei seinen Spendern – gut dasteht, ist vor allem der Qualität der Geschichten zu verdanken, die man zu erzählen weiß. Es hört sich paradox an, doch African Parks ist, was die Kommunikation betrifft, sehr gut und sehr schwach zugleich. Die Organisation brilliert in ihrer Informationspolitik und Eigenwerbung, zumindest solange es in eine Richtung geht. Sobald man jedoch widerspricht und die Gefahr eines Dialogs droht, wird es für AP schwierig, beispielsweise im Umgang mit lokalen und nationalen Behörden, die sich fragen, was die Organisation da eigentlich auf ihrem Hoheitsgebiet treibt, oder mit Journalisten und Wissenschaftlern, die das offizielle Narrativ hinterfragen. In solchen Fällen macht African Parks dicht oder schlägt wild um sich.

Material für hübsche Erzählungen gibt es zuhauf. Die Kommunikationsabteilung fertigt jahrein jahraus ansprechende Geschäftsberichte an, in denen Fotos von süßen Gepardenwelpen, großen Elefantenherden, tapferen Rangern oder lachenden, tanzenden und hart arbeitenden Dorfbewohnern breiten Raum einnehmen. Diese Berichte tragen dann hochtrabende Titel wie *Impact defined* (2016), *Restoration: Nature's Return* (2017), *Realising Hope* (2020) oder *Anchoring Africa's Resilience* (2022). Schlechte Nachrichten finden dagegen kaum einmal Erwähnung.

Vor allem die Umsiedlung von Tieren macht sich gut im Film und auf Fotos. Die Operation «500 Elephants» in Malawi etwa ist, durch die Kameralinse von African Parks entsprechend ins Bild gesetzt, ein modernes Heldenepos. «Es ist eine Zeitreise in die Vergangenheit», verspricht die Stimme aus dem Off, unterlegt mit dramatischer Musik. «Die Existenz der Menschheit bedeutet nicht notwendigerweise den Untergang der Tiere, sie kann auch Teil der Lösung sein.» Mit vereinten Kräften, der Unterstützung eines britischen Prinzen und zur Freude der «stolzen Malawier» mache African Parks das Unmögliche möglich.[8]

AP gelingt es auch regelmäßig, seine Botschaft über die Massenmedien zu verbreiten. So sahen im August 2018 ungefähr eine Million niederländischer Fernsehzuschauer, dass dem Kandidaten Rob in der Rateshow *Eén tegen 100* zur besten Sendezeit im öffentlich-rechtlichen Fernsehen der Niederlande eine Frage zum Thema «Natur» gestellt wurde. «Doch zunächst ein kurzer Film», verkündete die Moderatorin, woraufhin Wildtiere den Bildschirm übernahmen. «Afrikanische Naturparks stehen aufgrund schlechten Managements, unzureichender Finanzmittel und starken Bevölkerungswachstums unter Druck. Durch Wilderei sind viele Gebiete im Niedergang begriffen. African Parks Network übernimmt die Verwaltung wichtiger Naturreservate von der Regierung und sorgt sowohl für ihren Schutz als auch für ihre Wiederbelebung. Es investiert in die Infrastruktur und in gute Kontakte zur lokalen Bevölkerung und bildet Ranger aus», so der Kommentar aus dem Off.

«Wunderbare Bilder», fand die Moderatorin. «Rob, willst du eine leichte oder eine schwere Frage?»[9]

In den weitaus meisten Artikeln und audiovisuellen Beiträgen, die über African Parks in den Medien erscheinen, wird das eindimensionale Narrativ der Organisation als Retterin in der Not für bedrohte Tierarten und effiziente Kämpferin gegen Wilderei übernommen. *National Geographic* verdient dabei besondere Erwähnung. Schon nach acht Monaten AP-Parkverwaltung wusste die noch immer einflussreiche Monatszeitschrift zu berichten, dass Pendjari, ein Park, der «einst am Rande des Abgrunds stand», dank African Parks ein bemerkenswertes Comeback erlebt habe.[10] Wir sind in diesem Buch bereits ähnlichen Berichten der Zeitschrift aus Parks im Tschad und im Kongo begegnet.

Nicht immer wird dabei erwähnt, dass der Herausgeber der Zeitschrift, die National Geographic Society, von 2017 bis 2021 zur «Kerngruppe der Spender» von African Parks gehörte und der Organisation sieben Millionen Dollar überwiesen hat. In diesen Jahren erschienen in der *National Geographic* mehrere lobende Artikel über African Parks, in denen die «Partnerschaft» mal erwähnt wurde und mal nicht.[11]

Auch Medien ohne eine direkte Verbindung zu African Parks erzählen die inspirierende Geschichte der Organisation gern nach. «Ein Königreich für den Tierschutz», überschrieb die *Frankfurter Allgemeine Zeitung* im Mai 2023 etwa einen Artikel über Liuwa Plain. Für die Liebhaber rauer

Natur und ausgedehnter Ebenen sei der Park «ein wahres Traumland». In und um den Park herum gibt es zehn Chiefs, doch der Chief, der in dem Beitrag zu Wort kommt, ist ausgerechnet Induna Mundandwe, derselbe Induna Mundandwe, zu dem African Parks mich mitgenommen hatte.

Und auch die niederländische Tageszeitung *Trouw* ließ sich im Dezember 2022 von der Erzählung African Parks' mitreißen: «Von einem ausgeraubten Park zum blühenden Reservat: Majete in Malawi ist ein Vorbild für ganz Afrika.»[12] Unzufriedene Bürger und brutale Ranger kommen in solchen Geschichten nicht vor.

31

EIN STAAT IM STAATE?

Ich denke zurück an das Gespräch, das ich mit Frank Matose auf dem Campus der Universität Kapstadt an der Flanke des Tafelbergs geführt habe. «Wir haben auf diesem Kontinent so lange für die Selbstbestimmung kämpfen müssen», hatte der südafrikanische Wissenschaftler gesagt. Afrikanische Staaten dürften die hart erkämpfte Souveränität jetzt nicht an mehr oder weniger wohlmeinende Naturschützer verhökern.

In diese Richtung aber scheint es bei African Parks bisweilen zu gehen. Man führe sich nur meinen Besuch im Kongo vor Augen, wo ich ein Visum für das gesamte Land hatte, mit dem ich jedoch den Nationalpark Garamba nicht betreten durfte – dafür hätte ich die Zustimmung einer privaten Organisation mit Sitz in Johannesburg gebraucht. Und die bekam ich nicht.

Das ist nicht ohne Bedeutung: Auch wenn die Naturreservate von African Parks formal dem Staat gehören, entscheidet die NGO – im Rahmen der Gesetze des jeweiligen Gastlands –, was im Park geschehen darf und wer dort Zutritt bekommt. Nicht zufällig spricht die Organisation oft von «unseren» Parks. Während die Bäume und das übrige Grün im Prinzip Eigentum des Gastlands bleiben, generiert African Parks jedoch Einnahmen aus dem CO_2, das diese absorbieren. Was die Tiere anbetrifft, hat sich die Organisation sogar das Recht ausbedungen, sie zu verkaufen, wenn es einen Überschuss gibt. Und darüber, ob es ein Zuviel von einer bestimmten Art gibt, entscheidet African Parks ebenfalls selbst.[1] Die Tiere sind also praktisch in das Eigentum von AP übergegangen.

Wie bereits in der Clingendael-Studie über Benin festgestellt wurde, läuft es darauf hinaus, dass African Parks Naturschutzgebiete oder zumindest deren Verwaltung privatisiert. AP übernimmt eine Vielzahl von Aufgaben, die zu den zentralen Zuständigkeiten souveräner Staaten gehören und im Westen für gewöhnlich nicht einmal theoretisch für eine Privatisierung in Betracht kämen. Mit Zustimmung der Regierung sorgt die Organisation für die Sicherung des Territoriums und die Durchsetzung des Rechts auf dem Gebiet, und sie entscheidet auch darüber, wer Zutritt erhält und wer nicht. African Parks hat das Recht, Personen festzunehmen und dabei nach eigenem Gutdünken «ein Minimum an Gewalt» auszuüben. Die Organisation kann Verdächtige sogar ihrer Freiheit berauben, indem sie sie in eine Zelle sperrt, bevor sie dann der Polizei übergeben werden.

In den vorangegangenen Kapiteln sahen wir, dass African Parks in vielen Ländern seine Befugnisse ausgeweitet hat, auch wenn diese nicht im Vertrag mit der jeweiligen Regierung verankert sind. In Benin stehen die Ranger im Kampf gegen den vorrückenden Dschihadismus an vorderster Front, und die Regierung «hat African Parks mit der Grenzsicherung beauftragt», wie ein Pilot berichtete. Ein Beamter im niederländischen Außenministerium hatte denselben Eindruck. Sogenannte Geisterpatrouillen bewachen im gesetzlosen Park Arly in Burkina Faso die Grenze zu Pendjari und verfolgen dort mutmaßliche Wilderer «so weit [sie] wollen». «Wir ersetzen die staatlichen Stellen», wie es ein AP-Manager formulierte.

In Malawi erhalten Ranger nach eigenen Aussagen den Auftrag, alles zu unternehmen, um mutmaßlichen Wilderern ein Geständnis zu entlocken, da die Polizei eine solche Erklärung ohne weiteres Verhör übernehme. Außerdem bezahle African Parks die Polizei. «Wenn man ihnen [den Polizisten] Geld oder Benzin gibt, tun sie genau, worum man sie bittet.» Zahlungen an die Polizei gab es – zumindest in der Vergangenheit – auch in Sambia.[2]

African Parks mischt sich auch in die Rechtsprechung ein. Das Headquarter erteilte dem Parkdirektor von Kafue 2022 den Auftrag, dafür zu sorgen, dass mindestens fünfundsiebzig Prozent der der Wilderei verdächtigten Personen verurteilt werden. Höchstens zehn Prozent sollten mit einem Bußgeld davonkommen, was also bedeuten würde, dass African Parks möchte, dass, ungeachtet der Schwere des Delikts, neunzig Prozent der Wilderer hinter Schloss und Riegel landen.[3] Auch im Kongo wurde mir berichtet, dass African Parks örtliche Gerichte unterstützt und auf höchstmögliche Strafen für Wilderer drängt. Dasselbe konnten wir in Benin sehen, wo die Organisation dank der Zusammenarbeit mit Mitgliedern des Gerichts den «allzu niedrigen Strafen» für Wilderei ein Ende bereitete.[4]

«Wir sind nicht darauf aus, die Regierungspolitik zu ändern», sagte Peter Fearnhead und sprach von einem «souveränen Recht». Doch Versuche dazu unternimmt die Organisation sehr wohl. Als der Wüstenpark Termit & Tin-Toumma, der von der Partnerorganisation Noé im Niger betrieben wird, im Jahr 2019 wegen eines Konzessionsvertrags mit einer chinesischen Ölgesellschaft die Hälfte seines geschützten Gebiets zu verlieren drohte, fühlte African Parks beim niederländischen Außenministerium vor. AP sprach von einem «Riesenlappen Park in einem Land, das nicht so einfach ist.» «Wäre das etwas, bei dem die niederländische Regierung in der Lobbyarbeit behilflich sein könnte, um das zu verhindern?»[5]

Die Macht von African Parks ist wahrscheinlich dort am größten, wo es um instabile Länder mit schwachen Regierungen geht, die wenig Kontrolle über Gebiete haben, die sich weit weg von der Hauptstadt befinden, so wie es bei der Zentralafrikanischen Republik oder dem Kongo und möglicherweise auch in Südsudan der Fall ist, wo AP die Arbeit gerade erst aufgenommen hat. Auch in Sambia füllt African Parks ein Machtvakuum, und in Benin gibt die autoritäre Regierung freiwillig viel Macht aus den Händen, um sie African Parks zu überlassen.

Länder mit besser funktionierenden staatlichen Einrichtungen lassen es im Allgemeinen nicht so weit kommen. Wir sahen bereits, dass sich Kenia, Uganda und Tansania nicht auf das Angebot von African Parks einließen und auch der Senegal APs Vorgehensweise zu weitreichend fand. Die Regierung habe es abgelehnt, «das von African Parks gewünschte Ausmaß an Outsourcing» zu akzeptieren, das «als Angriff auf die eigene Souveränität» betrachtet werde, wie es ein niederländischer Beamter formuliert. «Die Verwaltung eines Wildparks samt grenzüberschreitenden Konflikten wie der Wilderei berührt auch immer die Frage des Gewaltmonopols [...]. In den Städten und Dörfern rund um den betreffenden Wildpark [den African Parks übernehmen wollte] fanden große Protestmärsche statt.»[6]

Die Privatisierung und Übernahme zentraler öffentlicher Aufgaben geht bei African Parks mit der sogenannten Militarisierung des Naturschutzes einher. Gewalt nimmt in der Strategie der Organisation einen wichtigen Raum ein und stellt auch die Basis ihres Erfolgs dar. Die umzäunten Wildparks in Malawi und Ruanda mögen zwar schöne Bilder liefern und eine stattliche Zahl an Touristen anlocken, doch African Parks spielt in der Welt des Naturschutzes vor allem wegen der Übernahme Garambas und später Odzala-Kokouas, Zakoumas und Chinkos, großer Naturreservate – ohne Zäune –, in denen militärische Schutzoperationen durchgeführt wurden, eine Rolle.

Die Bereitschaft, unter allen Umständen die Natur zu schützen, schafft nicht nur Respekt, sondern bringt auch viel Geld ein. Indem African Parks den Kampf gegen Wilderer – einschließlich der lokalen Angler und Holzsammler – als einen Krieg präsentiert, zeigt die Organisation, dass hier wirklich etwas auf dem Spiel steht, dass die Sache dringlich ist. Krieg regt außerdem die Phantasie an, nicht nur die Prinz Harrys. Auch Paul van Vlissingen rutschte es während einer Talkshow einmal heraus, dass er die amerikanische Invasion im Irak zu Beginn des Jahrhunderts als «ganz besonderes Vergnügen» empfunden und mit einem Schälchen Erdnüsse vor dem Bildschirm verfolgt habe. «Da gibt es Feuer, da sind Raketen. Ist es so, dass wir tief in unserem Inneren vielleicht das Bedürfnis verspüren, einen Krieg zu erleben?»

African Parks befriedigt dieses Bedürfnis und führt außerdem einen Krieg, in dem es – zumindest für die Außenwelt – vollkommen klar ist, wer hier die Guten und wer die Bösen sind. Selbstverständlich verdienen die tapferen Ranger unsere Unterstützung gegen Verbrecher, die es auf bedrohte Tierarten abgesehen haben.

Die rund um die Parks ansässige Bevölkerung dagegen ist von der Sehnsucht nach Krieg in der Regel weit entfernt, vor allem, wenn sich in ihrem Land tatsächlich ein militärischer Konflikt abspielt. Ranger machen sich unbeliebt wegen ihrer Machtdemonstrationen, und Dorfbewohner in der Nähe eines Parks laufen Gefahr, auch ohne den geringsten Verdacht nachts wegen einer Hausdurchsuchung aus dem Bett geholt zu werden. «African Parks züchtet sich Feinde des Naturschutzes heran», bringt es einer meiner Informanten auf den Punkt. Wir sahen bereits, dass von AP betriebene Parks in mehreren Ländern mit Aufständen der lokalen Bevölkerung zu kämpfen hatten.

Lässt sich ein Gebiet mit militärischen Mitteln dauerhaft gegen Bedrohungen von außen schützen? Das scheint vielleicht eine rhetorische Frage zu sein, ist es aber nicht. Angesichts der finanziellen Möglichkeiten und der treuen Unterstützung durch seine Geldgeber kann African Parks wahrscheinlich in den meisten Parks noch lange so weitermachen wie bisher –

in Garamba im Kongo gelingt das schon seit fast zwanzig Jahren.[7] Doch auf längere Sicht sind ernsthafte Zweifel daran erlaubt, auch weil Regierungen ihren Park nach dem Ende einer oder mehrerer Fristen möglicherweise zurückhaben wollen, vor allem, wenn sich mit dem Verkauf von CO_2-Zertifikaten und anderer, wie sie genannt werden, «Ökosystemdienstleistungen» viel Geld verdienen lässt.

Das erinnert mich an eine Bemerkung des nationalen Managers James Milanzi in Sambia, der mir erzählte, dass die Etablierung nachhaltiger Parks, die ohne Unterstützung von African Parks weiterexistieren können, gar nicht das Ziel von AP sei. Obwohl das Ende mancher Mandate allmählich in Sicht kommt, lese ich in den jüngsten Geschäftsberichten von African Parks nichts über eine Exit-Strategie. Auf Nachfrage bei Informanten aus der Organisation erfahre ich, dass diese Zielsetzung, die es anfangs durchaus gab, tatsächlich ziemlich schnell in den Hintergrund getreten ist. Das ist nicht ohne Risiko: Wenn Geldflüsse unerwartet versiegen oder in Ländern wie Benin, Ruanda oder dem Tschad, zu deren aktuellen Regierungen African Parks enge Verbindungen unterhält, ein Machtwechsel stattfinden sollte, besteht die Gefahr, dass das ganze Konstrukt innerhalb kürzester Zeit in sich zusammenfällt.

«Ich sehe in African Parks eine Art Hansje Brinker [eine Figur aus einem niederländischen Kinderbuch], der seinen Finger in den Deich steckt, um eine Überschwemmung zu verhindern», sagt Francis Vorhies, Direktor des African Wildlife Economy Institute, einer Denkfabrik der Universität Stellenbosch. «Es geht vor allem darum, Zeit zu kaufen. Hoffentlich entstehen in der Zeit dann Konzepte, die eine wirklich nachhaltige Lösung bieten.»

32

TIERSCHMUGGEL IM KONGO, VERGEWALTIGUNG VON KINDERN IN BENIN

Ein weiteres Mal habe ich Ärger mit der Kommunikationsabteilung bei African Parks. Diesmal geht es um die Managementverträge, die AP mit den Regierungen abschließt und auf die Carli Flemmer nach meinem Gespräch mit dem Manager James Milanzi in Sambia noch zurückkommen wollte. Theoretisch ist Fearnhead ein Befürworter transparenter Strukturen. «Wir finden, dass unsere Managementverträge öffentlich zugänglich sein müssen», schreibt er in einem Brief an die IUCN.[1]

Als ich mich jedoch noch einmal danach erkundige, weigert sich das Headquarter, sie mir zu schicken. Flemmer schreibt, dass es sich zwar nicht um vertrauliche Dokumente handele – «eher im Gegenteil» –, für die Übermittlung allerdings die Zustimmung beider Seiten erforderlich sei. Sobald ich also die Zustimmung aller zwölf afrikanischen Regierungen hätte, würde sie mir die Verträge selbstverständlich zusenden.

Ohne dass ich sie darum gebeten hatte, schickt sie mir – «im Interesse der Transparenz» – den Vertrag von Liuwa Plain, der fast ausgelaufen ist. Auf meine Erwiderung, dass mir dieser Vertrag schon vorliege, antwortet mir Flemmer, sie sei sehr enttäuscht darüber, dass ich ihre Zeit vergeuden würde. «Dass Du mich um Informationen bittest, die Du schon besitzt, ohne mir das mitzuteilen, bedeutet, dass ich Deinen Bitten um Informationen keine Priorität mehr einräumen werde, weil ich davon ausgehe, dass Du diese Informationen ohnehin schon hast.»

Wieder droht sie mir, mich zu «bestrafen», weil ich offenbar nicht ganz im Gleichschritt marschiere. Ich hatte sie tatsächlich um alle zweiundzwanzig Verträge gebeten, obwohl ich bereits acht vorliegen hatte, doch warum hätte ich die Dinge unnötig kompliziert machen sollen? Wie viel Mühe kostet es, eine E-Mail mit zweiundzwanzig Anhängen zu schicken?

Wenngleich meine Bitten um Informationen keine Priorität mehr genießen, ist African Parks, wie mir berichtet wird, dennoch emsig mit meiner Recherchetätigkeit beschäftigt. Peter Fearnhead persönlich führe lange Gespräche mit ehemaligen Mitarbeitern, die ich interviewt habe, und wolle alles über meine Fragen und ihre Antworten wissen. Stinksauer sei er vor allem darüber, dass mir Mavuso Msimang Rede und Antwort gestanden habe.

Ich erfahre, dass der amerikanische Leiter der Abteilung, die für die Durchsetzung der geltenden Rechtsvorschriften zuständig ist, ein ehemaliger *special agent* des FBI, intern den Auftrag erhalten habe, mich einem «Sicherheitscheck» zu unterziehen, einer Prozedur, die normalerweise Wilderern oder Schwarzhändlern vorbehalten ist. Er habe allerdings nicht hinter der Aktion gestanden und Anfang 2024 sein Ausscheiden aus der Organisation angekündigt, wie mir verschiedene Quellen berichten.

Außerdem habe AP im Herbst 2022 die renommierte PR-Firma Hill & Knowlton Strategies beauftragt, den eventuellen Schaden an der Reputation der Organisation zu begrenzen. Ihrer eigenen Website zufolge hilft die Firma «Unternehmen und Organisationen unter den verschiedensten und häufig problematischsten Umständen [...], wenn es um alles geht».[2] Zu ihrer Kundschaft gehören in der Regel Ölgesellschaften wie Shell, Chevron, ExxonMobil, BP und Saudi Aramco. Kritiker behaupten, dass Hill & Knowlton Greenwashing betreibe und dabei auch vor Desinformation nicht zurückschrecke.[3] Wie viel African Parks der PR-Firma zahlt und wie diese Zahlen im Rechenschaftsbericht ihren Niederschlag finden, will die Organisation nicht verraten.

Eines Abends im Herbst 2023, ich sitze eifrig an meinen Texten, erhalte ich eine Nachricht von einem ehemaligen AP-Mitarbeiter. Es kommt zum Telefonat. «Schön, dich zu sprechen», sagt er. «Ich habe deinen Namen bei African Parks schon so oft gehört, sogar aus dem Mund des CEO und der Kommunikationsdirektorin. Wir werden alle gewarnt, dass wir unter gar keinen Umständen mit dir reden dürfen.» Ob er mir vielleicht mit einem Schwung vertraulicher E-Mails und weiterer interner Informationen aushelfen könne?

Schick mal rüber!

Während des Schreibens kommt die Meldung, dass Pasteur Cosma Wilungula im August 2023 auf einer Sanktionsliste der Vereinigten Staaten gelandet ist. Als Leiter des kongolesischen Naturschutzinstituts (ICCN) war er mehr als sechs Jahre lang Mitglied des Aufsichtsrats von African Parks Congo, des Rats also, der das Management von Garamba kontrollieren soll und auch an strategischen Entscheidungen mitwirkt. Dem amerikanischen Außenministerium zufolge sei er jedoch parallel dazu am Schmuggel von Schimpansen, Gorillas, Okapis und weiteren geschützten Tierarten nach China beteiligt gewesen.[4] Auf meine Frage, ob möglicherweise auch Tiere aus Garamba verschwunden seien (in dem es Schimpansen gibt), bekomme ich keine Antwort.

Auf der Website von African Parks wird er noch immer als Aufsichtsratsmitglied geführt beziehungsweise als «weltweit anerkannter Politikexperte auf dem Gebiet des Naturschutzes und der Verwaltung nationaler Parks» gelobt.[5]

Als ich mich kurz darauf von meinen Kontakten in Benin auf den aktuellen Stand bringen lasse, stoße ich auf einen dramatischen Fall, in dem der leitende Ausbilder der Ranger in Pendjari im Mittelpunkt steht. African Parks war sehr gut auf Juste Sokoutinde zu sprechen und schlug ihn 2019 als Kandidaten für den African Rangers Award vor, eine internationale Auszeichnung auf seinem Fachgebiet. Im Dezember 2021 fanden seine Verdienste noch einmal lobende Erwähnung in der Schrift *Echos de nos parcs*, die African-Parks-Interessierte über den Stand der Dinge in den Beniner Parks informiert. Sokoutinde habe insgesamt einhundertzwanzig Ranger ausgebildet und gelte, beseelt von dem Wunsch nach «Fairness und Gerechtigkeit», als «Beispiel für Führungsstärke».[6]

Im August 2022 vergriff er sich an der dreizehnjährigen Tochter eines Kollegen, als diese gerade dabei war, sein Zimmer zu putzen, wie sie es häufiger tat. Ohne jede Vorwarnung und anscheinend aus dem Nichts heraus vergewaltigte er sie. Das geschah auf dem Gelände von African Parks in Tanguiéta, wo die beiden Kollegen lebten. Sie lag zwei Wochen im Krankenhaus und hat bis heute Schmerzen an der Wirbelsäule. Im Krankenhaus wurden ihre Verletzungen behandelt, und sie erhielt psychologische Betreuung, doch nach der Entlassung überließ man sie einfach ihrem Schicksal, obwohl Opfer sexueller Gewalt, die unter einer posttraumatischen Belastungsstörung leiden, in Benin relativ leicht Hilfe bekommen können. In der Schule wurde sie ihrem Vater zufolge wegen der Vergewaltigung gehänselt.

Sokoutinde habe die Tat eingeräumt, wie der Vater mitteilt, sei jedoch nach zehn Monaten Untersuchungshaft wieder entlassen worden, da er starke gesundheitliche Probleme gehabt habe. Seinen Job im Park sei er allerdings los gewesen. Der Vater des Mädchens, ebenfalls Parkwächter in Pendjari, habe einen Teil der Behandlungskosten aus eigener Tasche bezahlen müssen.

Grausame Vorfälle wie dieser können natürlich auch in großen Organisationen vorkommen. Aber handelt es sich wirklich nur um einen Einzelfall, oder ist es das Symptom strukturellen Versagens? Wir haben bereits gesehen, dass sich immer wieder AP-Ranger schwerer Vergehen schuldig gemacht haben, was jedoch, soweit ich es nachverfolgen konnte, bislang regelmäßig ohne Konsequenzen geblieben ist. Außerdem war die Reaktion von African Parks in diesem Fall mehr als peinlich: Der Park ließ den Vater des Opfers, der im Übrigen ebenfalls bei AP beschäftigt war, selbst für einen Teil der Behandlungskosten aufkommen und unternahm im Weiteren nichts, um eine gute Nachsorge für eine Minderjährige zu gewährleisten, die auf dem Gelände von African Parks von einem Mitarbeiter von African Parks vergewaltigt worden war. Meine Kollegin Flore Nobime hat inzwischen den Kontakt zwischen dem Vater und einer Organisation hergestellt, die seiner Tochter hoffentlich psychologische Hilfe bieten kann.

Ich musste an die Antwort denken, die mir Fearnhead auf meine These gab, dass African Parks mehr an Tieren als an Menschen liege. «Das ist wieder so eine unsinnige Schlussfolgerung. Jeder, der uns objektiv betrachtet, weiß, dass dem nicht so ist.»

Während ich versuche, mich auf das Schreiben zu konzentrieren, sorgt AP in der internationalen Presse von *The New York Times* über *Le Monde* bis hin zur *Frankfurter Allgemeinen Zeitung* für Schlagzeilen. «Zweitausend Nashörner von African Parks gerettet», titelt auch die niederländische Tageszeitung *Trouw*.

Die Organisation gibt Ende 2023 bekannt, dass sie von dem Züchter John Hume, einem südafrikanischen Geschäftsmann, der ebenso wie Peter Fearnhead Wurzeln im ehemaligen Rhodesien hat, eine Farm mit zweitausend Nashörnern übernehmen werde. Es handelt sich dabei um die im südlichen Afrika lebenden Breitmaulnashörner, auch Weiße Nashörner genannt, von denen es Schätzungen zufolge ungefähr siebzehntausend gibt.

African Parks ist also auf einen Schlag um rund zwölf Prozent der Weltpopulation dieser Art reicher. Sie grasen jetzt noch auf den Weiden der Farm Rhino Platinum in Klerksdorp südlich von Johannesburg, sollen jedoch in zehn Jahren die Savannen auf dem gesamten Kontinent bevölkern. Wegen des erwarteten Zuwachses in diesem Zeitraum werden es laut AP sogar am Ende dreitausend Tiere sein, die eine sichere Bleibe finden sollen.

In den internationalen Medien wird gejubelt, doch aus der Welt des Naturschutzes höre ich auch erstaunte Reaktionen: Wie um alles in der Welt will African Parks das stemmen?

33

AUF DER SUCHE NACH EINER WILDNIS FÜR DREITAUSEND GEZÜCHTETE NASHÖRNER

Vor fünfundzwanzig Jahren hatte der Geschäftsmann Paul van Vlissingen einen Traum: Mit einem Sack voll Geld und einem starken Netzwerk hoffte er, die Uhr in Afrika um hundert Jahre zurückdrehen zu können. Und jetzt hat «seine» Organisation African Parks einen neuen Traum: Tausenden gezüchteten Nashörnern eine Bleibe in der freien Natur zu bieten. Sollte sich auch das zum Schluss wieder als ein Hirngespinst erweisen?

Die seltsame Geschichte der Zuchtnashörner beginnt im Jahr 1993 in der turbulenten Spätphase der Apartheid, als John Hume sein erstes Exemplar kaufte. Der Geschäftsmann, der mit der Entwicklung von Ferienparks ein Vermögen gemacht hatte, erwarb insgesamt zweihundert Tiere mit einem breit gefächerten Genpool und machte sich anschließend, in der Hoffnung, mit dem Export der Hörner viel Geld zu verdienen, ans Züchten.[1] Mit Naturschutz hatte seine Geschäftsidee, so Brancheninsider, wenig zu tun, auch wenn Hume selbst es so darstellte.

Hornhandel ist weniger umstritten, als man denken könnte. Manche seriösen Naturschützer sind davon überzeugt, dass der legale Handel sogar zum Schutz der Tiere beitragen könnte. Denn schließlich, so ihr Argument, sei es möglich, das Horn abzusägen, ohne dass das Nashorn dadurch Schaden nehme. Man kann das Horn etwa alle anderthalb bis zwei Jahre «ernten», und ebenso wie ein Fingernagel wächst es einfach wieder nach. Der Handel könnte Südafrika Millionen einbringen, und der gestiegene Wert der lebenden Tiere würde eine zusätzliche Motivation schaffen, sie zu schützen. Obwohl es hervorragend in den *business approach to conservation* von African Parks passt, ist die Organisation keine ausgesprochene Befürworterin dieses Ansatzes, wahrscheinlich bedingt durch die Furcht, Spender damit abzuschrecken.

Während Hume unbeirrt weiterzüchtete, zeigte sich, dass es, anders als er gehofft hatte, international nur wenig Akzeptanz für einen regulierten Hornhandel gab. Nach eigenem Bekunden hatte der Geschäftsmann etwa einhundertfünfzig Millionen Dollar in sein Vorhaben investiert, doch allmählich wurde ihm klar, dass er diesen Betrag nie wieder würde reinholen können. Die Kosten für Fütterung, Unterhalt und den Schutz der Tiere waren mittlerweile auf zehntausend Dollar pro Tag gestiegen. Im April 2023 sah er dann keinen anderen Ausweg mehr, als die gesamte Herde zum Kauf anzubieten: Interessenten konnten sich ab einem Mindestangebot von zehn Millionen Dollar bei ihm melden.

Sechs Tage lief die Online-Versteigerung, aber niemand gab ein Angebot ab. Dank African Parks wurden die Tiere jedoch nicht zu billigen Jagdtrophäen, wie man bereits befürchtet hatte. Denn im September 2023 gab die Organisation bekannt, die gesamte Herde einschließlich des Lands, der Farm, zweihundertdreizehn Büffeln, elf Giraffen, sieben Zebras, fünf Nilpferden und einigen Schafen und Ziegen übernehmen zu wollen.[2] In einer Erklärung teilte AP mit, «nach gründlicher Voruntersuchung und mit Unterstützung der südafrikanischen Regierung» auf «Notfonds» zugreifen zu wollen, um die Transaktion zu ermöglichen.[3]

Wie so oft bei African Parks, herrscht auch bei diesem Deal ein gewisses Maß an Unklarheit. Man weiß nicht, um welche «Notfonds» es sich handelte und wie hoch der Preis war, den AP für die Transaktion bezahlt hat. Das Einzige, was Peter Fearnhead dazu verraten wollte, war, dass die Summe erheblich unter den zehn Millionen Dollar gelegen habe, die Hume ursprünglich dafür verlangt hatte.[4] Auf Nachfrage beim Ministerium für Forstwirtschaft, Fischerei und Umwelt stellt sich heraus, dass die Unterstützung seitens der südafrikanischen Regierung lediglich darin besteht, technische und wissenschaftliche Beratung leisten zu wollen.[5] Und worin konkret der Plan besteht: Niemand weiß es.

Da steht man dann mit zweitausend halbzahmen Nashörnern, von denen manche Jungtiere mit der Flasche aufgezogen wurden und die sich nun bis auf einen Bestand von dreitausend vermehren werden. Allein die Tiere am Leben zu halten, kostet schon gut und gern dreieinhalb Millionen Euro pro Jahr, mehr als das Jahresbudget mancher Parks. Aber dann müssen sie auch noch in Wildparks, verteilt über den gesamten Kontinent, umgesiedelt werden. Und dort müssen sie erst einmal überleben.

In der Pressemitteilung verweist AP mit hehren Worten auf frühere erfolgreich durchgeführte Mega-Umsiedlungen – etwa die fünfhundert Elefanten Prinz Harrys – und auf gelungene Wiederansiedlungen von Nashörnern in Ruanda, Malawi und im Kongo. AP erwähnt jedoch nicht, dass es sich bei diesen Aktionen in den zurückliegenden zwanzig Jahren nur um sehr kleine Stückzahlen gehandelt hat. Bei der größten Nashornumsiedlung ging es um dreißig Tiere, die im Jahr 2021 von Südafrika nach Akagera in Ruanda gebracht wurden – das sind ein Prozent der dreitausend Nashörner, die AP in den kommenden Jahren hofft umsiedeln zu können. Vorher waren es achtzehn Nashörner gewesen, die man ebenfalls in Ruanda wiederangesiedelt hatte, dazu sechzehn im Kongo, sechs in Malawi und sechs im Tschad. Und davor hatte AP schon einmal sechs Nashörner nach Zakouma im Tschad gebracht, von denen vier jedoch kurz nach der Ankunft starben.

Im afrikanischen Naturschutz herrscht durchaus Skepsis bezüglich der ehrgeizigen Nashornpläne von African Parks. Schon vor der Übernahme der Nashornfarm war aufgefallen, dass AP nur allzu gern Weiße Nashörner einfliegen lassen wollte, sogar an Orte, an denen sie vorher nie beheimatet gewesen waren, wie etwa Pendjari in Benin. Kritiker fragen sich, ob dies nur mit dem Wunsch zusammenhängt, einen *Big five*-Park zu schaffen, oder ob möglicherweise noch andere Überlegungen eine Rolle spielen. So ist etwa der Schutz von Nashörnern eine derart spezielle und teure Angelegenheit, dass die Anwesenheit dieser Art es noch schwieriger machen würde, die Verwaltung eines Parks jemals wieder an den Staat rückzuübertragen.

Die Nashörner stellen für African Parks nicht nur eine Möglichkeit dar, sich unentbehrlich zu machen, sondern sie bieten auch neue Wachstumschancen. Das Budget wird sich dadurch kräftig erhöhen müssen, denn es sind viele zusätzliche Millionen für den Schutz der Tiere vonnöten, wie sich an früheren Neuansiedlungen gezeigt hat. Dank einer Förderung des niederländischen Wirtschaftsministeriums, das African Parks im Jahr 2017 einen Betrag von zweihunderttausend Euro als Beihilfe zur Umsiedlung von achtzehn Schwarzen Nashörnern nach Ruanda bewilligt hatte, erhielt ich unter Berufung auf das niederländische Informationsfreiheitsgesetz Wet Open Overheid (WOO) Einsicht in die Finanzen und die Arbeitsweise von AP bei einer solchen Operation.

Anfangs wurde der Finanzbedarf auf eine bis anderthalb Millionen Euro geschätzt, und es war die Rede von zwanzig Nashörnern. African Parks hatte unweit des südafrikanischen Marakele National Parks eine *game farm* gefunden, also eine Farm, auf der Wildtiere gezüchtet werden, die die Nashörner zum Kauf anbot. Dort veranschlagte man fünfundfünfzigtausend Dollar für ein Weibchen und fünfundzwanzigtausend Dollar für ein Männchen und war AP zufolge bereit, beim Kauf von zehn Nashörnern zusätzlich weitere zehn gratis abzugeben, was im vorliegenden Fall, bei dem es sich um ein «Paket» von zehn Weibchen und zehn Männchen handelte, eine Ermäßigung von vierhunderttausend Dollar bedeutete.[6]

Im Ministerium herrschte Verwirrung: Will AP nun zehn oder zwanzig Nashörner umsiedeln? «In der Kalkulation wird von zwanzig Nashörnern ausgegangen, obwohl in unserem Brief die Rede von zehn Schwarzen Nashörnern ist?», schrieb ein Beamter an seinen Kollegen. «Es stimmt also gar nichts mehr, oder [sehe] ich da irgendetwas falsch? Warum kein Rechenschaftsbericht eines Wirtschaftsprüfers am Schluss?»

«Wir machen öfter Projekte mit African Parks, aber warum man sich genau hier nicht für [den] Bericht eines Wirtschaftsprüfers entschieden hat, weiß ich nicht», antwortete der Kollege.[7]

Unter den WOO-Dokumenten befindet sich weder der Rechenschaftsbericht eines Wirtschaftsprüfers noch sind in der abschließenden Kalkulation irgendwo die zehn Gratis-Nashörner vermerkt: Auf dem Papier werden sie alle zwanzig in Rechnung gestellt, mit dem vollen Betrag von achthunderttausend Dollar.[8] Für den niederländischen Steuerzahler machte das keinen Unterschied, da es sich bei der Förderung des Wirtschaftsministeriums um einen Festbetrag von zweihunderttausend Euro handelte. Doch laut der Endkalkulation belief sich das Projektvolumen nun auf fast zwei Millionen Dollar, sodass andere Geldgeber gebeten wurden, etwas tiefer in die Tasche zu greifen. African Parks teilt dem Ministerium nichts über das Ausbleiben der Ermäßigung mit und geht auch nicht auf meine Fragen ein, was mit diesen vierhunderttausend Dollar passiert ist.

Ebenfalls nicht gemeldet wurde, dass letztendlich nicht zwanzig, sondern nur achtzehn Tiere in Ruanda ankamen. Aus internen Dokumenten geht hervor, dass eines der Nashörner nach dem Beschuss mit einem Betäubungspfeil verendet war und ein zweites sich als trächtig herausgestellt hatte und deshalb nicht umgesiedelt werden konnte.[9] Man sollte meinen, dass zumindest für Letzteres die *game farm* hätte aufkommen müssen, doch laut Endabrechnung sind für dieses Weibchen ebenfalls fünfundfünfzigtausend Dollar gezahlt worden.

Auch bei einer vorangegangenen Nashornumsiedlung sorgte das Finanzgebaren für Unmut. Im Jahr 2007 war der niederländische Geschäftsmann Kees Faber, der sich kurz zuvor – nach einer Karriere in der Herstellung und Vermietung von Paletten – in den Ruhestand verabschiedet hatte, an einer Wiedereinführung von Nashörnern in Majete, dem Park in Malawi, beteiligt gewesen. Faber hatte einen Beitrag zu den Transportkosten in Höhe von einhunderttausend Euro leisten wollen, war dann aber vom damaligen Vorstand Piet Klaver gefragt worden, ob er den Betrag nicht auf hundertfünfzigtausend Euro aufstocken wolle, damit nicht sechs, sondern sieben Nashörner nach Malawi umgesiedelt werden könnten.

Faber willigte ein, aber als er in Malawi eintraf und auf «seine» Tiere wartete, waren es zu seinem Erstaunen doch nur sechs. «Wo war das siebte? Mir wurde nichts erklärt, und niemand, der sich entschuldigte. Als ich Piet Klaver fragte, was los sei, sagte er, dass Peter Fearnhead dafür zuständig wäre, aber der hat gar nichts gesagt, und einen Rechenschaftsbericht über das Projekt gab es nicht. Mich hat das unheimlich geärgert. Solche Scherze sollte man mit Sponsoren nicht treiben.» Wo sein Geld geblieben ist, weiß Faber nicht. Seinen Enthusiasmus, sich noch einmal an einem Projekt von African Parks zu beteiligten, hat dieses Erlebnis erheblich geschmälert.[10]

Seit 2017 sind die Kosten kräftig gestiegen. Eine Umsiedlung von sechs Nashörnern nach Zakouma im Tschad im Jahr 2023 verschlang gut eine Million Dollar. Allein schon die Beförderung auf dem Luftweg kostete African Parks sechshunderttausend Dollar, während der Transport von achtzehn Nashörnern nach Ruanda im Jahr 2017 noch bei zweihunderttausend Dollar gelegen hatte. Das sind dreimal so hohe Kosten für dreimal weniger Nashörner. Die finanziellen Aufwendungen pro Tier haben sich also in nur sechs Jahren verneunfacht. Auf Fragen dazu äußert African Parks sich nicht.

Um das aktuelle Nashornprojekt zu einem guten Abschluss zu bringen, braucht es Hunderte von Millionen Dollar. Die Umsiedlungsoperation von 2023 zeigte, dass African Parks – zusätzlich zum Kaufpreis – gut hundertfünfzigtausend Dollar pro Nashorn aufwenden musste. Bei dreitausend Nashörnern würde das bedeuten, dass AP allein dafür Gelder in

Höhe von einer halben Milliarde Dollar einwerben müsste. Dieser Betrag reduziere sich jedoch, wenn ein Großteil der Tiere in Südafrika bliebe, wie Projektleiter Donovan Jooste in einem Interview mit dem *Guardian* durchblicken ließ. Das Problem dabei ist allerdings, dass die meisten südafrikanischen Wildparks momentan wegen des hohen finanziellen Aufwands für den Schutz der Tiere alles andere als wild darauf sind, zusätzliche Nashörner zu bekommen.

African Parks veranschlagt die Kosten für Umsiedlungen ungewöhnlich niedrig: auf etwa eintausendfünfhundert Euro für den Transport innerhalb Südafrikas, fünftausend Euro, wenn es in benachbarte Länder wie Simbabwe oder Botswana geht, und auf mindestens fünfzigtausend Euro für die Beförderung in weiter entfernt gelegene Länder.[11]

Die Nashörner sollen zweifellos für eine groß angelegte Werbekampagne genutzt werden, wobei zu erwarten ist, dass die charismatischen Tiere nicht nur Geschäftsleute und Regierungen dazu verleiten, das Portemonnaie zu zücken, sondern sich auch die Welt des Showbizz gern mit den Tieren in Verbindung bringen lässt.

Für Kester Vickery und seine Firma Conservation Solutions bedeuten die Umsiedlungen, dass sie in den kommenden Jahren gut zu tun haben werden. Der Südafrikaner gilt als *der* Experte auf dem Gebiet groß angelegter Tierumsiedlungen und hat in der Vergangenheit schon eine Vielzahl von Projekten für African Parks durchgeführt. Nach eigenem Bekunden wurden von ihm bereits insgesamt mehr als hunderttausend Tiere in Afrika umgesiedelt, darunter zweitausend Elefanten und dreitausend Nashörner – Letztere größtenteils innerhalb Südafrikas.

Ungewöhnlich ist, dass seine Firma Conservation Solutions, in der eine Tochter Peter Fearnheads ihrem eigenen LinkedIn-Profil zufolge einige Jahre lang tätig gewesen ist, nicht im südafrikanischen Handelsregister steht.[12] Dort sind allerdings unter dem Namen Vickery zwei andere Firmen registriert, Specialist Game Services und Game Marketing Services. Auf Fragen dazu gibt Vickery keine Antwort.

Über diese Megaoperation ist das letzte Wort noch nicht gesprochen, doch meine Recherchen zu African Parks nähern sich dem Ende. Nur ein einziges Mal noch mache ich mich auf die Suche, doch diesmal muss ich dafür nicht reisen – ein genauer Blick in die Geschäftsberichte von African Parks genügt. Die zwei Fragen, die sich mir dabei stellen: Wie erfolgreich ist African Parks eigentlich auf dem Gebiet des Naturschutzes? Und was verraten die Zahlen über das Kerngeschäft der Organisation?

34

WIE VIELE GORILLAS, GNUS UND WALDELEFANTEN GIBT ES NOCH?

«Ich fände es ärgerlich, wenn etwas von dem, was ich sage, dem Image von African Parks schaden würde», sagt ein Europäer, der African Parks gut kennt. «Für mich sind es strahlende Helden. Meine Frau und ich haben in unserem Testament festgelegt, dass die Hälfte unseres Erbes an African Parks geht.»

Viele Personen, die ich interviewt habe, sind kritisch im Hinblick auf bestimmte Aspekte der Organisation, was sie jedoch nicht daran hindert, sich voll und ganz hinter deren zentrale Mission zu stellen. Sie sind der Ansicht, dass es keine andere Organisation gibt, die hinsichtlich Tatkraft und Ergebnissen African Parks das Wasser reichen kann. Die wesentlichen Argumente und Beobachtungen habe ich schon genannt: Tierpopulationen nehmen nach einer Übernahme zu (laut AP innerhalb von fünf Jahren um fünfzig Prozent), es steht mehr Geld zur Verfügung, und niemand geht so konsequent und effektiv gegen die Wilderei vor wie die Parkwächter von African Parks.

Aber stimmt das überhaupt?

Die Organisation will mir keinen Einblick in die Ergebnisse ihrer regelmäßigen Tierzählungen geben, doch die eigenen Geschäftsberichte liefern Hinweise über die Entwicklung von Populationen, die African Parks selbst als die wichtigsten in den jeweiligen Parks betrachtet. Heißt konkret was? Selbst die eigenen Zählungen zeigen, dass AP vielfach weniger gut funktioniert, als die Organisation auf der Grundlage derselben Zahlen behauptet.[1]

Man nehme etwa die Gnus in Liuwa Plain. Als ich den nationalen AP-Manager für Sambia James Milanzi nach seinem besten Ergebnis fragte, führte er unter anderem den enormen Anstieg der Gnupopulation an, «von fünfzehntausend auf siebenundvierzig- oder siebenundfünfzigtausend». Solche Wachstumsraten könne AP auch anderswo erzielen, so sein Credo.

Allerdings: Laut den Zahlen von African Parks selbst lebten 2004, also in dem Jahr, in dem die Organisation den Managementvertrag unterschrieb, 23 500 Gnus im Park.[2] In den folgenden acht Jahren verdoppelte sich die Zahl, sank danach jedoch wieder ziemlich stark, und zwar auf unter dreißigtausend im Jahr 2019. Seither hat sie erneut leicht zugenommen und liegt jetzt bei etwas unter fünfunddreißigtausend. Während Milanzi von drei- bis viermal mehr Tieren spricht, hat die Population den eigenen Zahlen zufolge um weniger als die Hälfte zugenommen.

Es fällt auf, dass AP in den Geschäftsberichten auch in Jahren abnehmender Populationen von Wachstum spricht. 2013 etwa zählte der Park sechsundvierzigtausend Gnus, knapp 5850 Zebras, tausendfünfhundert Rote Lechwes (eine Antilopenart) und 767 Leierantilopen. 2018 nannte AP erstmals wieder neue Zahlen und behauptete, dass unter Huftieren eine «konstante Zunahme» zu beobachten sei. Doch die Zahlen selbst belegen das genaue Gegenteil: Bei den Gnus sind es jetzt vierzigtausend (minus 6000), bei den Zebras fünftausend (minus 850) und bei den Leierantilopen zweihundertdreißig (minus 537). Nur die Zahl der Roten Lechwes hatte den eigenen Angaben nach zugenommen. Das bedeutet also entweder, dass AP schlechtere zwischenzeitliche Zählungen unerwähnt lässt oder es mit der Wahrheit nicht so genau nimmt.[3]

In dem ebenfalls in Sambia liegenden Park Bangweulu, wo die Trophäenjagd erlaubt ist, treibt es die NGO sogar noch bunter mit den Zahlen. Das Reservat ist *das* Habitat der Schwarzen Lechwes, einer Antilopenart, die sumpfiges Gelände bevorzugt und weltweit nur noch hier in größerer Zahl vorkommt. Als die Organisation 2008 die Verwaltung des Reservats übernahm, lebten laut eigener Schätzung etwa achtzigtausend Exemplare in dem Gebiet, eine Zahl, die ein Jahr später auf hunderttausend angewachsen war. 2010 war die Population plötzlich auf «mindestens sechzigtausend» geschrumpft, ein Rückgang um etwa vierzig Prozent, für den der Geschäftsbericht keine Erklärung liefert. 2011 lag die Zahl dann wieder bei fünfundsiebzigtausend, ein Zuwachs, der African Parks mit Stolz erfüllte.

In den Jahren 2012 und 2013 blieb die Population relativ stabil, und 2014 ließ AP ein Jahr in seiner Berichterstattung aus. Allerdings erwähnt die

Organisation, dass in Bangweulu im gesamten Jahr lediglich einundzwanzig Tiere gewildert worden seien. Doch dann ist im Jahr 2015 plötzlich von nur noch einundfünfzigtausend Lechwes die Rede. Hatte hier eine Massentötung stattgefunden, oder war eine Krankheit ausgebrochen? Oder hatte man zu viele Jagdlizenzen ausgegeben? African Parks zufolge brauchen wir uns jedoch keine Sorgen zu machen: Es habe nämlich, bezogen auf 2013, eine Zunahme um fünfundvierzig Prozent gegeben, heißt es im Geschäftsbericht, obwohl die eigenen Zahlen einen Rückgang von zweiunddreißig Prozent ausweisen.

In den Jahren danach, zwischen 2015 und 2019, äußert AP sich mehrmals zufrieden über eine Stabilisierung des Bestands bei etwa fünfzigtausend Tieren – unter Verweis auf eine Population von fünfunddreißigtausend Exemplaren in der Vergangenheit, eine Zahl, die in keinem der Geschäftsberichte aus den zurückliegenden Jahren auftaucht.[4] Das Jahr 2020 bringt dann erneut schlechte Nachrichten: einen Rückgang um fast ein Viertel. Doch der Geschäftsbericht spricht von einem dramatischen Wachstum: «Die Zahl Schwarzer Lechwes nimmt weiter zu, mit einer Population von 36 635 in diesen Sumpfgebieten.»

Für die Jahre 2021 und 2022 wagt sich die Organisation dann nicht mehr an Schätzungen, spricht allerdings von einer «Erholung der Art», obwohl ihren eigenen Berichten zufolge nie die Rede von einem Rückgang gewesen war. Unter der Verwaltung von African Parks hat der Park mehr als die Hälfte dieser bedrohten Tierart verloren und sogar fast zwei Drittel im Vergleich zum Höchststand von 2009, doch die Geschäftsberichte machen daraus eine einzige große Erfolgsgeschichte. Die Organisation verliert kein Wort über den eventuellen Einfluss der legalen Jagd oder anderer Faktoren auf diese Zahlen. Für viertausend Dollar dürfen Touristen einen Lechwe abschießen, und wenn sie noch einen weiteren erlegen wollen, sinkt der Preis auf 3150 Dollar.[5]

Die Gnus von Liuwa Plain und die Schwarzen Lechwes von Bangweulu sind keine Einzelfälle, auch sonst ist African Parks selektiv mit Zahlen und Vergleichen. Wenn es um die spektakuläre Zunahme bei einer Art geht, beweist das für AP, dass man sich auf einem guten Weg befindet. Wird plötzlich ein starker Rückgang festgestellt, findet sich im Bericht eine Bemerkung dazu, die den Grund dafür in externen Faktoren sucht. Als etwa in Liuwa Plain von den zweitausendzweihundert Roten Lechwes des Vorjahrs plötzlich nur noch sechshundert übrig waren, äußerte AP die Vermutung, dass sich die Tiere irgendwo anders befinden könnten, da es im Park wenig geregnet habe. Und nach alarmierenden Zahlen über die Abnahme der stark vom Aussterben bedrohten Gorillas und Waldelefanten in Odzala-Kokoua merkte AP an, dass die Qualität der Daten stark schwanke.

Die Situation in diesem Park in Kongo-Brazzaville hat sich, legt man die AP-eigenen Zahlen zugrunde, schlichtweg dramatisch entwickelt, seitdem die Organisation dort die Führung übernommen hat. Wir sahen bereits, dass die Leitung, den Angaben einer Zwischenevaluation zufolge, Streit mit der Regierung und der Bevölkerung hatte und es intern an allen Ecken und Enden knirschte. Aber auch um die Tiere ist es besorgniserregend bestellt. Laut einer ersten Zählung, die African Parks 2012 durchführte, also zwei Jahre nachdem man die Verwaltung des Parks übernommen hatte, lebten in den Regenwäldern schätzungsweise knapp zehntausend Waldelefanten, zweiundzwanzigtausend Westliche Flachlandgorillas und zweitausendsiebenhundert Schimpansen. 2017 meldete AP noch stolz, dass der Park das Habitat von etwa zwanzig Prozent der Weltbevölkerung dieser bedrohten Gorillaart sei, doch die Organisation sprach zugleich von alarmierenden Berichten, wonach die Population möglicherweise, ebenso wie die der Waldelefanten, um dreißig Prozent geschrumpft sei. AP kündigte eine nähere Untersuchung an, kam ein Jahr später jedoch nicht wieder darauf zurück.

Der Rückgang setzte sich fort. Den jüngsten Angaben zufolge ist die Zahl der Gorillas bis auf siebentausendfünfhundert geschrumpft, bei den Schimpansen sind es achthundert, und der Bestand der Waldelefanten beläuft sich auf nur noch «gut fünftausend» bis siebentausendzweihundert Individuen.[6] Unter der Obhut von African Parks verschwanden also zwei Drittel der Gorillas, siebzig Prozent der Schimpansenpopulation sowie ein Viertel bis die Hälfte der Waldelefanten aus dem Park, ohne dass in den Geschäftsberichten mögliche Ursachen dafür genannt werden. Allerdings heißt es dort, dass es äußerst schwierig sei, in den dicht bewachsenen Regenwäldern akkurate Schätzungen vorzunehmen, und der «menschliche Druck» in Teilen des Parks zunehme. Obwohl African Parks selbst von einem «stabilen Trend» spricht, repräsentieren die Flachlandgorillas in Odzala den aktuellen Zahlen APs zufolge nur noch 2,1 Prozent der Weltpopulation, der Bestand hat sich daher seit 2017 fast um das Zehnfache verringert. Offenbar werden die Menschenaffen also anderswo besser geschützt als bei African Parks.

Nach außen hin äußert African Parks jedoch keine Besorgnis. Odzala-Kokoua firmiert in den Geschäftsberichten als «ein Heiligtum für ein Leben in Fülle» beziehungsweise «ein Licht im Dschungel».

Auch über zwei weitere ikonische Parks, Garamba und Zakouma, verfasst African Parks nahezu euphorische Beschreibungen über die erbrachten Leistungen unter schwierigen Bedingungen, doch auch hier gilt: Die Analyse der Geschäftsberichte zeichnet ein weniger rosiges Bild. In Garamba im Kongo lebten gut fünftausend Elefanten, als African Parks dort seine Arbeit aufnahm, und es gab in dem Gebiet auch noch Nördliche Breitmaulnashörner, die die Organisation vor dem Aussterben bewahren wollte. Doch das misslang.

In der Folge machten Wilderer aus Uganda, Südsudan und dem Tschad den Park jahrelang unsicher, sodass die Elefantenpopulation um gut drei Viertel auf weniger als tausendzweihundert im Jahr 2017 schrumpfte. Seither behauptet AP, Frieden, Wohlergehen und Stabilität gebracht zu haben, doch die Zahl der Elefanten nimmt weiterhin ab. Aktuell sollen es noch etwa siebenhundert sein.

Auch im Tschad fanden in der Vergangenheit Massaker an Elefanten statt: Zwischen 2006 und 2010 wurden in Zakouma neunzig Prozent der Population ausgerottet. Seither, schreibt AP stolz, habe sich das Blatt gewendet und die Wilderei sei in dem Park so gut wie nicht mehr existent. 2017 nannte *National Geographic* Zakouma den «seltenen Fall eines afrikanischen Parks, in dem Elefanten gedeihen».[7] African Parks spricht von einer «Erholung von weltweiter Bedeutung» und einer «spektakulären Transformation».

Die Organisation gibt bekannt, dass die Elefantenpopulation unter ihrer Verwaltung um vierzig Prozent gewachsen sei, von 450 auf 636. Tatsächlich zählte der Park jedoch – laut eigener Kommunikation – hundert Elefanten mehr, als AP das Management übernahm. Der Rückgang setzte sich zunächst noch ein Jahr lang fort, bevor die Zahlen allmählich wieder zu steigen begannen. Die Zunahme unter der African-Parks-Ägide beträgt somit nicht vierzig, sondern nur fünfzehn Prozent in zwölf Jahren. Der natürliche Zuwachs bei Elefantenherden beträgt etwa sechs bis sieben Prozent im Jahr, was bedeutet, dass sich ihre Zahl seit dem Tiefpunkt von 2011 hätte verdoppeln können. So gut läuft es also offenbar nun doch nicht.

Und wie steht es um die Löwen, Leoparden, Geparden, Giraffen und all die anderen mächtigen Wildtiere, denen AP Schutz bietet? Um es mit einem Wort zu sagen: mäßig. Bei Wildkatzen handelt es sich – mit Ausnahme der Hyänen – in aller Regel um Populationen von höchstens einigen Dutzend Individuen pro Art und Naturreservat und selten einmal um mehr als hundert. Es ist eigentlich, um es despektierlich zu sagen, Kleinvieh.

Dem Schutz der Kordofan-Giraffe in Garamba wird in den Geschäftsberichten große Aufmerksamkeit geschenkt, doch dem letzten Bericht zufolge leben dort nicht mehr als einundsiebzig Tiere. Im Vergleich zu den achtundvierzig im Jahr 2017 gezählten bedeutet es allerdings eine Zunahme um fast fünfzig Prozent, das schon. In Bangweulu setzt AP alles daran, den Schuhschnabel zu schützen, eine Vogelart, die nach ihrem mächtigen Schnabel benannt ist. Dorfbewohner bewachen die Nester des imposanten grauen Vogels, der geradewegs aus dem Jurassic Park entsprungen zu sein scheint. Wie es ihm geht, ist nicht klar. Nur zweimal wagte sich AP an eine Schätzung: 2011 soll es sich, auf der Basis von dreiunddreißig gezählten Exemplaren, um eine Gesamtzahl von 131 Vögeln gehandelt haben, 2020 war diese Zahl auf dreihundertfünfzig angewachsen.[8]

Die besten Resultate erzielt African Parks häufig in kleinen, ganz oder teilweise umzäunten Parks und Reservaten wie Akagera in Ruanda oder Majete und Liwonde in Malawi. Kritiker sprechen von besseren Tiergärten oder Wildfarmen, vollgestopft mit eingeflogenem Wild. African Parks brachte im Laufe der Jahre mehr als dreitausend Tiere nach Majete und viele Tausende in andere Parks. Sie pflanzen sich in geschlossenen Systemen fort, wobei manchmal ein Tier durch einen Artgenossen aus einem anderen Park ausgetauscht wird, um den Genpool frisch zu halten.

Akagera in Ruanda gilt als *die* Erfolgsgeschichte, nicht nur kommerziell, sondern auch, weil sich die Tiere dort gut entwickeln. Den jüngsten Zahlen zufolge ist der Park das Habitat von hundertdreiunddreißig Elefanten, knapp achtzig Giraffen, siebenundfünfzig Löwen und etwa fünfundfünfzig Nashörnern.[9] Auch hier ist AP wieder von sich selbst eingenommen: «ein Leuchtturmprojekt für effektives Parkmanagement».

Während AP eigene Leistungen oft stark übertreibt oder sogar von einer Zunahme spricht, wenngleich die Bestände de facto abnehmen, bagatellisiert die Organisation gleichzeitig die Ergebnisse anderer Naturschützer, insbesondere ihrer Vorgänger. Nationalparks, so heißt es, standen am Rand des Abgrunds oder existierten nur noch auf dem Papier, als der rettende Engel aus Südafrika erschien und sich ihrer annahm.

So sei die Ankunft von African Parks in Benin laut dem eigenen Geschäftsbericht «lebenserhaltend für Pendjari» gewesen, einen Park, der – in den Worten der Regierung – dabei gewesen sei, «einen stillen Tod zu sterben».[10] In Wahrheit war Pendjari der beliebteste Park Westafrikas und trotz vieler Probleme noch immer voll mit Wildtieren, so wie etwa tausendsiebenhundert Elefanten und hundert Löwen, viel mehr als in Akagera und den meisten anderen Parks von AP. Mit der Unterstützung unter anderem Deutschlands und Frankreichs habe die staatliche Naturschutzorganisation Cenagref verschiedenen Informanten zufolge nicht schlecht gearbeitet und eine Struktur aufgebaut, bei der die Bewohner in zunehmendem Maße in die Belange des Parks eingebunden wurden. African Parks machte dann reinen Tisch: Alle bisherigen Anstrengungen wurden zunichtegemacht. Mehrere meiner Gesprächspartner sind davon überzeugt, dass Cenagref mindestens ebenso gute Arbeit leisten würde wie African Parks, sofern die staatliche Organisation über dieselben Geldmittel verfügen würde.

African Parks würde in Pendjari durch das Aussetzen von Nashörnern sehr gern die *big five* komplettieren. Ganz oben auf der Wunschliste steht außerdem die Einführung der unter Trophäenjägern beliebten Riesen-Elenantilope (auch Riesenelen genannt), und man hat auch ein Auge auf Giraffen und Strauße geworfen. Keines dieser Tiere lebte, soweit bekannt, jemals in diesem Naturreservat. «Ökologische Verschmutzung», so das Urteil Brice Sinsins, ehemals Rektor an der Université d'Abomey-Calavi.

Sinsin und sein Team von der Universität waren früher mit der Tierzählung in Pendjari betraut gewesen, doch die führt African Parks jetzt selbst durch. «Das ist wie der Metzger, der sein eigenes Fleisch beschaut. Außerdem vertraue ich ihren Zählmethoden nicht so ganz: Sie nehmen Stichproben, auf deren Grundlage sie ihre Gesamtschätzungen machen, ohne dabei Fehlerspannen anzugeben. Das ist kein guter wissenschaftlicher Umgang mit der statistischen Methode.»

Last but not least sind auch die kostspieligen Tierumsiedlungen, ein Markenzeichen von AP, nicht immer so erfolgreich, wie es die Organisation der Außenwelt weismachen will. Von fünfzehn Lichtenstein-Antilopen, die nach Majete in Malawi umgesiedelt wurden, verendeten elf. Ein Löwenmännchen, das man in der Hoffnung nach Liuwa Plain brachte, die letzte Löwin mit Nachkommen versehen zu können, überlebte die Umsiedlung ebenfalls nicht. Wir sahen bereits, dass vier der sechs Nashörner, die in den Tschad gebracht wurden, die Reise ebenfalls nicht überlebt hatten. Und als AP ein Rudel Wildhunde nach Liwonde in Malawi umsiedelte, wurden sie dort vergiftet – laut AP das Werk von Wilderern, die es jedoch nicht speziell auf diese Tierart abgesehen hätten. Wie dem auch sei, die Tiere sind tot, doch auf seiner Website spricht AP noch immer von einer «historischen Wiedereinführung».[11]

Besondere Erwähnung verdient «die größte jemals durchgeführte Büffelumsiedlung» aus dem Jahr 2022 von Zakouma in das Reservat Siniaka Minia, das in Luftlinie etwa hundertfünfzig Kilometer entfernt liegt und einen Teil des gemeinsamen Ökosystems im Süden des Tschad bildet. Die Kosten wurden anfangs auf etwa sechshunderttausend Dollar geschätzt, lagen jedoch schließlich bei 1,4 Millionen, unter anderem, weil die Aufwendungen des Tierumsiedlers Kester Vickery, der aus Südafrika eingeflogen werden musste, höher ausfielen als geplant. Insgesamt brachte sein Team neunhundertfünf Tiere in das Reservat, das seit 2017 ebenfalls von African Parks geleitet wird. Der Geschäftsbericht 2022 weist «einige Verluste» aus, doch internen Quellen zufolge wurden in Siniaka Minia weniger als zweihundert Tiere gezählt. Auch soll ein Büffel einen Dorfbewohner getötet haben, was African Parks unerwähnt lässt. Auf Fragen dazu geht die Organisation nicht ein.

Eine Elefantenumsiedlung nach Malawi 2022 führte zu heftiger Kritik. In Zusammenarbeit mit den malawischen Behörden und dem International Fund for Animal Welfare (IFAW) brachte African Parks etwa zweihundertfünfzig Elefanten aus Liwonde, wo sie für große Probleme gesorgt hatten, in den Nationalpark Kasungu, wo die malawischen Behörden das Sagen haben. AP benutzte das Bildmaterial und die Videos der Operation für seine Spendenwerbung, erwähnte dabei jedoch nicht, dass die Elefanten vor Ort inzwischen drei Menschen getötet hatten. Anfang 2024 war die Zahl der Toten rund um den Park sogar auf sieben gestiegen.[12]

Für eine unternehmensorientierte Organisation, die sich etwas auf die Ergebnisse ihrer Arbeit zugutehält, sind das ernüchternde Zahlen. Nochmals: Ich beziehe mich in diesem Kapitel auf die eigenen Zählungen und die Geschäftsberichte von African Parks.

Bin ich selbst etwa auch naiv gewesen? Trotz meiner kritischen Haltung vor allem zum Umgang von African Parks mit Menschen war ich lange Zeit durchaus davon überzeugt, dass die Übernahme von Parks durch die NGO zumindest für die Tiere in dem betreffenden Naturschutzgebiet eine gute Nachricht sei. Doch was bleibt übrig, wenn sogar das bezweifelt werden muss?

35

AFRICAN PARKS DROHT

Zeit, die andere Seite zu Wort kommen zu lassen und letzte Dinge zu klären. «Ich würde diese Zitate aus unserem Gespräch gern in meinem Buch benutzen. Könnten Sie sie überprüfen, ob sie so korrekt sind?» Diese Frage stelle ich vor der Veröffentlichung den meisten meiner darin zitierten Gesprächspartner, insgesamt sind das in diesem Fall mehr als sechzig. Sofern diesbezüglich im Vorhinein keine Absprachen getroffen wurden, sind Journalisten zu einem solchen Vorgehen nicht verpflichtet, doch so vermeidet man Fehler und ein nachträgliches Hin und Her.

Manche möchten ihre Aussagen lieber etwas anders formuliert haben, oder sie entscheiden sich aus Furcht vor den möglichen Folgen ihrer Offenherzigkeit für eine Anonymisierung. Auf die meisten Wünsche gehe ich ein.

Der ehemalige ANC-Freiheitskämpfer Mavuso Msimang bildet jedoch eine Ausnahme: Er ist erschrocken, seine eigenen Aussagen nun schwarz auf weiß zu sehen und reagiert enttäuscht. In meinen Augen stellt das schriftlich ausgearbeitete Interview eine ausgewogene Wiedergabe der – angenehmen – Gespräche dar, die ich mit ihm geführt habe, doch er ist der Meinung, dass seine positiven Erinnerungen nicht ausreichend zum Ausdruck kommen. Ich biete ihm deshalb zwei zusätzliche Fragen an, um seinem Wunsch Rechnung zu tragen, doch darauf geht er nicht ein. Er teilt mir stattdessen mit, dass er seine Zustimmung verweigere, und verlangt, dass ich das Interview nicht verwende. Ich antworte ihm darauf, dass Einsichtnahme nicht dasselbe bedeutet wie die Bitte um Autorisierung.

Dann die Stellungnahme von African Parks selbst. Zunächst schicke ich der NGO zwei lange Fragebogen, in denen ich nahezu alle kontroversen Punkte zur Sprache bringe. Die erste Antwort ist knapp und kommt einen Tag nach der Deadline. «Viele von Deinen Fragen haben wir schon beantwortet, und wir haben Dich wissen lassen, dass wir für zusätzliche Fragen nicht erreichbar sind, da es viel Zeit kostet, die wir eigentlich für unsere zentralen Aufgaben benötigen», erklärt Kommunikationsdirektorin Carli Flemmer. Sie schickt mir eine Liste mit sieben allgemeinen Punkten, die auf so gut wie keine meiner Fragen eine klare Antwort geben. «Wir sind Dir keine Rechenschaft schuldig.»

Auf den zweiten Fragebogen erhalte ich drei Tage nach der von mir gesetzten Deadline die Antwort von African Parks, dass man nicht mehr inhaltlich reagieren werde.

Danach schicke ich African Parks das – zu dem Zeitpunkt – vollständige Manuskript und bitte auch hier darum, mich auf Fehler und faktische Ungenauigkeiten aufmerksam zu machen und den Text eventuell zu kommentieren. Darauf antwortet man mir mit einem sechsseitigen Brief, in dem die Organisation von einem «Mangel an Objektivität» spricht beziehungsweise von einem «Buch, das deutlich auf eine Meinung hin ausgerichtet ist». Es sei «ein einseitiges Manuskript» mit «ungefähr zweihundertsechsundfünfzig faktischen Fehlern und gut zweihundertfünfzig irreführenden und parteiischen Erklärungen».

Das ist eine ziemlich kühne Aussage und würde bedeuten, dass im Durchschnitt auf jeder Seite ein Fehler und zusätzlich noch eine irreführende Erklärung stünde. African Parks gibt in seinem Schreiben einige Beispiele, doch «wir möchten betonen, dass alle genannten Beispiele lediglich illustrativ sind und keinesfalls eine erschöpfende Aufzählung darstellen».

> Diese Ungenauigkeiten beziehen sich auf alle Teile, einschließlich der Kapitel über Naturschutz, Tierpopulationen sowie der Kapitel über finanzielle Details. Das Buch enthält falsche Beschuldigungen, die nicht auf dem verfügbaren Faktenmaterial basieren. Die Beschuldigungen beruhen oft auf falschen Prämissen, unzutreffenden Fakten oder Einzelfällen. Das Buch schreibt African Parks Fälle zu, bei denen African Parks nachweislich nicht zuständig war oder ist oder in denen Ereignisse durcheinandergebracht werden. Relevante Informationen, die Ihre Schilderung in Zweifel ziehen, werden weggelassen.
> Beispiele sind unter anderem:
> Es werden Informationen verwendet, die nicht mehr aktuell sind, und Schlussfolgerungen auf der Basis sehr magerer Fakten gezogen. So verweist Seite 42

> auf die Beobachtung eines Tierarztes bezüglich der These, dass die wirtschaftlichen Auswirkungen zu vernachlässigen sind. Auf der Grundlage eines Textes in einer Stellenausschreibung wird der Schluss gezogen, dass die Menschenrechte für die Organisation nicht sakrosankt sind (Seite 224).

African Parks benutzt hochtrabende Worte, doch die erste konkret genannte Falschbehauptung ist die, ich würde keine stichhaltigen Belege dafür anführen, dass die Erweiterung des Marakele Parks in Südafrika einen zu vernachlässigenden positiven Einfluss auf die lokale Wirtschaft habe. Jeder Besucher der nahe gelegenen Stadt Thabazimbi und der Umgebung des Parks kann sich jedoch mit eigenen Augen davon überzeugen, dass es keine Boomregion ist. Ich schreibe auch, dass heutzutage, anders als van Vlissingen prophezeit hatte, nicht achthundert Menschen für den Park arbeiten, sondern nur etwa achtzig, also ebenso viele – oder wenige – wie zu dem Zeitpunkt, als er dort Einzug hielt. Die Aussage des Tierarztes ist nicht mehr als eine Illustration des geringen wirtschaftlichen Effekts.

Der zweite Vorwurf ist noch bemerkenswerter: Das Buch gibt zahlreiche Beispiele, die belegen, dass African Parks den Menschenrechten nur einen geringen intrinsischen Wert beimisst. In der Passage, auf die AP verweist, zeige ich, dass sich dies sogar an der Stellenanzeige für, wohlgemerkt, einen «Menschenrechts-Consultant» erkennen lässt. AP schafft die Stelle, um die eigenen Ziele nicht zu gefährden.

Des Weiteren verübelt African Parks es mir, dass ich «entscheidende Passagen» aus dem Interview mit Peter Fearnhead unterschlagen hätte, «obwohl der Eindruck eines wortwörtlichen Berichts erweckt wird». Auf meine Frage, um welche entscheidenden Teile es sich handele, bekomme ich keine Antwort. Wie die meisten Leser wissen werden, ist es üblich, ein Interview zu kürzen und nicht in seinem vollen Umfang schriftlich wiederzugeben. Das Gespräch von ungefähr zwei Stunden hätte sonst etwa fünfzig Buchseiten eingenommen.

> Mavuso Msimang hat Ihnen (und African Parks) mitgeteilt, dass er über die Art und Weise schockiert ist, in der seine Bereitschaft, seine Meinung zu äußern, missbraucht wurde, um das von vornherein feststehende Ziel des Autors zu realisieren. Er fühlt sich hinsichtlich des wahren Zwecks des Buches getäuscht und hat darum gebeten, sämtliches Material, das sich auf ihn bezieht,

> zu entfernen, was abgelehnt wurde. Die Bemerkungen, die Mavuso über Ruanda gemacht hat, werden aus dem Zusammenhang gerissen und als eine (unzutreffende) für sich stehende Schlussfolgerung auf Seite 69 benutzt, um zu zeigen, dass African Parks wenig Wert auf Menschenrechte legt. Mavuso hat diese allgemeine Schlussfolgerung nicht gezogen. Wenn er dieser Meinung gewesen wäre, hätte er sich nicht von Anfang an und über viele Jahre hinweg bei African Parks engagiert.

«Es gibt einen fast ausschließlichen Fokus auf die Parkverwaltung und den Erhalt der Biodiversität, sodass fast alles andere ausgeblendet wird», erklärte Msimang während unseres Interviews. Mehrmals äußerte er sein Bedauern darüber, dass Menschenrechtsfragen zu wenig Beachtung fänden.

Was African Parks in seiner Stellungnahme nicht erwähnt, ist die Tatsache, dass Msimang ebenfalls schockiert war, weil er selbst gerade bei Rob Walton eine Förderung für ein südafrikanisches Naturschutzprojekt beantragt hatte. Er erzählte mir in unserem Interview, dass ihm die Finanzquelle von African Parks manchmal Sorgen bereite, und nannte in dem Zusammenhang Rob Walton, von dem er nicht wisse, wo dieser politisch stünde. Ich bin dem daraufhin nachgegangen und habe die politische Sponsorentätigkeit Waltons recherchiert. Msimang schrieb mir, dass er jetzt wegen seiner eigenen Glaubwürdigkeit beunruhigt sei, doch das kann er mir schwerlich vorwerfen.

> Die Anschuldigungen, dass es sich um eine rassistische Organisation handeln würde, beruhen größtenteils auf Aussagen van Vlissingens und de Kats. Der Erstgenannte starb 2006, der Letztgenannte hatte bis 2010 einen Sitz im Aufsichtsrat bei der Stiftung African Parks Foundation. Beide haben bereits seit etwa fünfzehn Jahren nichts mehr mit der Organisation zu tun, dennoch ordnen Sie die Rolle und den Einfluss anderer [sic] herausragender Afrikaner, die in den zurückliegenden sechzehn Jahren die Leitung von African Parks Network dominiert haben, [dem] unter.
>
> Die korrekten Zahlen mit Bezug zum Personal sehen so aus, dass zum gegenwärtigen Zeitpunkt achtundvierzig Prozent der Parkmanager und fünfundsechzig Prozent des Managementteams schwarz sind. Es wird ein Beispiel angeführt, bei dem einem schwarzen Expat ein Expat-Haus verweigert wird, obwohl es so etwas wie eine «Expat-Unterkunft» gar nicht gibt. Der einzige

Unterschied wird auf der Grundlage von *seniority*, Dienstalter, gemacht. Die betroffene Person befand sich zwei Stufen unterhalb eines Abteilungsleiters und erhielt exakt das Haus, das dieser Stufe entsprach, was ihr deutlich mitgeteilt worden ist. [...] In einem anderen Beispiel wird suggeriert, dass ein Individuum, das lediglich für eine Probezeit von drei Monaten bei der Organisation war und sich anschließend einer rechtsextremen Gruppe anschloss, ein Spiegelbild der Organisationskultur sei, obwohl keine Feststellungen über andere getroffen werden, die einen völlig anderen Blickwinkel haben.

Ich schreibe an keiner Stelle, dass AP eine rassistische Organisation ist. Allerdings zitiere ich einen Beteiligten der ersten Stunde, der erklärt, dass African Parks gegründet worden sei, weil «die Schwarzen» ihm zufolge die Parks nicht ausreichend schützen könnten. Zugleich verweise ich darauf, dass Mitgründer van Vlissingen bemerkenswerte Aussagen in diese Richtung getroffen hat, sowie, dass es zu entsprechenden Vorfällen kommt. Fearnhead behauptete während unseres Gesprächs in Johannesburg: «Die Hälfte unserer Parks – und ich glaube, sogar mehr – wird von Leuten aus der Gegend verwaltet», doch bei einer eigenen Zählung kam ich seinerzeit auf neunundfünfzig Prozent weißer Direktoren (zehn von siebzehn). Aktuell sind dreiundfünfzig Prozent der Parkdirektoren weiß (zehn von neunzehn), allerdings leiten drei von ihnen zwei Parks, sodass der Prozentsatz der Parks unter einem weißen Direktor noch immer bei neunundfünfzig Prozent liegt (dreizehn von zweiundzwanzig). Es stimmt, dass die Mehrzahl der sonstigen Manager in den Parks schwarz ist.

Der Mitarbeiter, der sich der Partei Marine Le Pens anschloss, ist übrigens nicht der Einzige, der sich am «(äußersten) rechten Rand des politischen Spektrums» befindet, wie ich schreibe. Ich nenne noch ein anderes Beispiel und habe mit mehreren Insidern gesprochen, die mir bestätigten, dass die extreme Rechte in der größtenteils weißen Welt des Naturschutzes in Afrika deutlich vertreten ist, insbesondere in der Abteilung, die sich mit der Durchsetzung der Rechtsvorschriften beschäftigt.

Der Vergleich der Anzahl an Wildtieren, sowohl zeitlich als auch räumlich, ist unzulänglich und zeugt von einem Mangel an Einblick in Untersuchungsmethoden, Fehlermargen, Bandbreiten und die Bedingungen, die Einfluss auf die Dynamik der Population von Wildtieren haben – wie etwa die jeweilige

> Tierart, Krankheiten wie Ebola, ihre Verbreitung infolge offener Systeme und das Klima. Außerdem können die Zahlen der Wildtiere und Schlussfolgerungen über Trends nur aus den wissenschaftlichen Untersuchungsberichten gewonnen werden, die den notwendigen Kontext enthalten, sie lassen sich nicht aus den Geschäftsberichten ableiten. Wie dem auch sei, selbst mithilfe von Geschäftsberichten werden auf der Basis äußerst selektiver und manchmal falscher Angaben Schlüsse über die Organisation gezogen, bei denen stets der entscheidende Kontext unterschlagen wird, obwohl dieser größtenteils in den Berichten vorhanden ist, auf die Sie verweisen. Im Manuskript wird die Elefantenpopulation im W-A-P-Komplex beispielsweise zu Unrecht mit der in Akagera verglichen, die nur drei Prozent des Umfangs des oben genannten Komplexes beträgt. In der Analyse der Elefantenpopulation in Zakouma wird die Tatsache völlig ignoriert, dass diese Elefanten wegen der Wilderei und des Stresses, den diese verursachte, ihre Fortpflanzung vollkommen eingestellt hatten, sodass die Vermehrung erst 2014 wieder einsetzte (diese Information ist auch über die Quellen verfügbar, die Sie zitieren).

Meine Vergleiche der Tierpopulationen seien fehlerhaft und mit allerhand Mängeln behaftet. Mag sein, aber genau das tut African Parks auch: die Größe von Tierpopulationen in Geschäftsberichten und anderen Verlautbarungen nennen, ohne die Zahlen in einen Kontext zu setzen. Und wenn dort die Rede von der Zunahme bei einer Population ist, wird zumeist impliziert, dass dies der Verwaltung von AP zu verdanken sei. Wo ist der Kontext? Wo ein Beleg für die Behauptung von African Parks, dass Tierpopulationen innerhalb von fünf Jahren nach Übernahme des Managements durch die Organisation um fünfzig Prozent zulegen? Ich habe African Parks danach gefragt, aber keine Antwort erhalten – so, wie ich auch keine Antwort auf meine Frage nach dem vollständigen Zahlenmaterial aus allen Parks bekam.

Außerdem habe ich in den Geschäftsberichten intensiv nach Informationen über die Ursachen für den zahlenmäßigen Rückgang bei *den* Arten gesucht, die ich in meinem Buch nenne, wie etwa die Gorillas in Odzala-Kokoua. African Parks verweist auf Ebola-Ausbrüche, doch die hat es zwischen 2001 und 2008 gegeben, also bevor die Organisation in Kongo-Brazzaville ihre Arbeit aufnahm. Für die starke Abnahme der Schimpansen- und Waldelefantenpopulation in Odzala-Kokoua sowie bei den Schwarzen

Lechwes in Bangweulu gibt AP in den Geschäftsberichten ebenso wenig eine Erklärung.

Im Geschäftsbericht über das Jahr 2019 schreibt African Parks, dass im Park Pendjari in Benin tausendsiebenhundert Elefanten leben. Der Park ist fast dreimal so groß wie Akagera in Ruanda, in dem es zu der Zeit gut hundert Elefanten gab.* Mein Punkt war jedoch, dass African Parks sich für seine Erfolge in Akagera über alle Maßen lobt, während es sich manchmal geringschätzig über andere Akteure äußert, so wie etwa über die staatliche Naturschutzorganisation Cenagref in Benin, die den Park Pendjari verwaltet hatte, bevor African Parks ihm dann wieder Leben eingehaucht habe, nachdem man ihn dahinsiechend übernommen hatte. Was ich damit sagen will, ist, dass es ganz so schwarz-weiß nicht war.

Und schließlich stimmt auch die Behauptung nicht, dass sich die Elefanten in Zakouma, wie «über die Quellen ersichtlich, die Sie zitieren», erst ab 2014 wieder fortgepflanzt hätten. Ich habe diese Quellen noch einmal zurate gezogen, und sowohl die Geschäftsberichte von 2012 als auch die von 2013 verzeichnen neugeborene Elefantenkälber in diesem Park im Tschad.

Ein weiterer Vorwurf zielt darauf ab, dass es sich bei einem Teil meiner Gesprächspartner um Informanten handele, denen man nicht vertrauen könne, da sie wegen Wilderei verurteilt seien. Aber warum hält man sich bei African Parks dann etwas darauf zugute, dass man selbst Ex-Wilderer sogar als Ranger einstellt?[1] Ist denen dann auch nicht zu trauen? Weiterhin wird mir vorgeworfen, das Buch gehe nicht in ausreichendem Maße auf die Herausforderungen und die Komplexität des Naturschutzes in Afrika ein und hätte dem innovativen Konzept von African Parks größere Aufmerksamkeit schenken müssen. Aus meiner Sicht dreht sich jedoch nahezu alles in diesem Buch um den Naturschutz in Afrika, einschließlich der Herausforderungen und der Komplexität, und das innovative Konzept, nach dem African Parks arbeitet, kommt in Kapitel 25 zur Sprache.

Dort wo es im Manuskript um Finanzen geht, bringe ich African Parks

* African Parks ist hier vermutlich ein Fehler unterlaufen: Die Organisation meint wahrscheinlich, dass 1700 Elefanten im W-A-P-Gebiet leben – dem sehr viel größeren Grenzgebiet mit fünf Nationalparks, die über Benin, Burkina Faso und Niger verteilt sind – und nicht allein im Nationalpark Pendjari.

zufolge «Vereinbarungen mit Banken und steuerliche Angelegenheiten» durcheinander. AP schreibt: «Die Komplexität, die angesichts der schwierigen Bedingungen, unter denen African Parks operiert, bei der Verwaltung von Geldern entsteht, erfordert ein wohldurchdachtes und konformes Vorgehen. Die Bankroute über die Isle of Man ist einfach deshalb notwendig, weil nur über die Isle of Man Überweisungen in bestimmte afrikanische Länder getätigt werden können.»

Diese Aussage habe ich zwei Experten vorgelegt, einem ehemaligen Finanzverwalter bei African Parks und jemanden, der aufgrund seiner Tätigkeit für Heineken und andere Unternehmen über große Erfahrung mit der Materie verfügt. Beide erklären übereinstimmend, dass es reiner Unsinn sei, was African Parks behauptet. Es gebe unzählige andere «Routen», um Geldüberweisungen auf sicherem Wege zu tätigen. Wenn man seine Bankgeschäfte über die Isle of Man abwickle, sei man sich dessen bewusst, dass man sich damit zumindest dem Verdacht aussetze, Dinge verheimlichen zu wollen – so versichern mir beide unisono.[2]

Von den Menschenrechtsverletzungen und Folterpraktiken, die in diesem Buch geschildert werden, zeigt sich African Parks nicht besonders beeindruckt.

> African Parks hat in dem Manuskript insgesamt fünfzehn Hinweise auf Menschenrechtsverletzungen gezählt, die Sie anführen. Von diesen fünfzehn Hinweisen beziehen sich lediglich zehn auf Vorfälle durch Parkwächter, die sich in der Historie von African Parks zugetragen haben sollen. [...] Angesichts der zwanzigjährigen Geschichte der Organisation, der zweiundzwanzig Gebiete in zwölf verschiedenen Ländern unter ihrer Verwaltung, des Gesamtumfangs des Portfolios von zwanzig Millionen Hektar (und nicht zwei Millionen, wie es im Manuskript heißt) sowie der Hunderttausenden Menschen, die in dem Schutzgebiet leben, kann man nicht sagen, dass die erwähnten Vorfälle Grund sind anzunehmen, dass sich hier von einem systematischen Problem sprechen lässt, das durch das Konzept und das Verhalten von African Parks verstärkt wird. Eine derartige Schlussfolgerung ist statistisch unfundiert und wird den Tatsachen nicht gerecht.
>
> In derselben Zeitspanne von zwanzig Jahren schätzen wir, dass es insgesamt gut sechzehntausend Verhaftungen von Personen gegeben hat, die gegen das Ge-

> setz verstoßen haben, dass insgesamt zwei Millionen Manntage an Patrouillen durchgeführt worden sind und dass insgesamt 2650 illegale Waffen sowie 155 000 Stück illegaler Munition beschlagnahmt worden sind. In Ihrem Manuskript haben wir, über den geschichtlichen Zeitraum von African Parks hinweg, zehn Erwähnungen von Vorfällen gezählt, die auf einen angeblichen Missbrauch bei Festnahmen durch Parkwächter verweisen. Wenn wir das mit der Gesamtzahl an Festnahmen vergleichen, glauben wir nicht, dass Ihr Manuskript eine ausreichende Grundlage für die scheinbare Schlussfolgerung bietet, dass es ein strukturelles Problem mit der Art und Weise gibt, in der das Personal von African Parks mit der Verhaftung von Wilderern und Kriminellen verfährt.

In den Parks Garamba, Majete und Liuwa Plain sprach ich mit mehreren Informanten, sowohl mutmaßlichen Tätern als auch Opfern, die mir von schweren Menschenrechtsverletzungen erzählten, darunter verschiedene Formen von Folter. Diese Berichte habe ich in relativ kurzer Zeit gesammelt. Dabei habe ich auch Geschichten zu hören bekommen, die ich nicht aufgeschrieben habe, beispielsweise, weil es nur eine einzige Quelle gab oder mehr Beweise dafür nötig gewesen wären oder weil ich mich nicht wiederholen wollte. Es ist jedoch wahrscheinlich, dass es in Wirklichkeit mehr als «lediglich zehn», wie African Parks sie nennt, «angebliche» Opfer gegeben hat.

Die Organisation will offenbar auch hier den *business approach* anwenden und vergleicht die «Vorfälle» mit den sechzehntausend Verhaftungen, um so zu zeigen, dass die zehn Menschenrechtsverletzungen statistisch gesehen wenig hermachen. Außerdem sieht sich die Organisation nicht in der Verantwortung für Folterpraktiken, die von staatlichen Stellen vorgenommen werden, denen sie die mutmaßlichen Wilderer übergibt – was natürlich diskutabel ist. Denn im Wirtschaftsleben, an dem AP sich gern misst, gilt in zunehmendem Maße das Prinzip der sogenannten Kettenverantwortung. Damit wird es etwa für ein Modeunternehmen immer schwieriger, sich hinter der Tatsache zu verstecken, dass zwar nicht in der eigenen Fabrik, wohl aber in der eines Zulieferers Kinderarbeit stattfindet. Das Unternehmen trägt dafür eine Mitverantwortung.

So kann man sich auch die Frage stellen, ob African Parks nicht zumindest eine Mitverantwortung dafür trägt, wenn es einen illegalen Angler oder Holzsammler staatlichen Instanzen übergibt, von denen es, wie etwa bei der Polizei im Kongo, weiß, dass dort die Gefahr von Menschenrechtsverletzungen besteht. Verdächtige haben nur selten Zugang zu einem Anwalt, und African Parks unterhält, wie wir sahen, in mehreren Ländern enge Kontakte zu Polizei und Justiz – die Organisation gibt Parkdirektoren sogar den Auftrag, einen Mindestprozentsatz an verhafteten Wilderern einer Verurteilung zuzuführen.

Der eigentliche Punkt besteht meines Erachtens jedoch darin, dass die Menschenrechtsverletzungen allem Anschein nach Teil einer Kultur der Gewalt sind, die African Parks durch seine militärische Vorgehensweise selbst nährt. Rangern wird vermittelt, dass sie sich «im Krieg» gegen «den Feind» befinden, der «neutralisiert» werden muss, wobei ihnen «ein Minimum an Gewalt» gestattet ist. Sie sind es, die im Park das Sagen haben, und sie wissen, dass ihre Vorgesetzten exzessive Gewalt tolerieren oder sogar dazu ermuntern. Sie sagen selbst: «Im Park gelten keine Menschenrechte.»

Das Problem löst man wahrscheinlich nicht mit dem Schulungskurs eines Menschenrechts-Consultants oder indem man Bewohnern die Möglichkeit gibt, eine Klage gegen Ranger einzureichen, die bei der Ausübung ihres Amts gegen das Gesetz verstoßen haben. Dafür ist ein Kulturwandel erforderlich sowie eine Organisation, die bereit ist, sich selbst zu hinterfragen.

Der einzige tatsächliche faktische Fehler, auf den mich African Parks hinweist, besteht darin, dass ich die gesamte von African Parks verwaltete Landfläche mit zwei Millionen Hektar angegeben hatte, obwohl es zwanzig Millionen sind. Wahrscheinlich hätte ich den Irrtum selbst auch noch bemerkt oder er wäre dem Lektor aufgefallen, aber es ist natürlich peinlich, und ich habe den Fehler selbstverständlich umgehend korrigiert. Auf die wiederholt geäußerte Bitte, mir die Liste mit den übrigen zweihundertfünfundfünfzig Fehlern sowie den gut zweihundertfünfzig irreführenden und parteiischen Aussagen zu schicken, geht African Parks nicht ein.

Die Stellungnahme von African Parks endet mit einer Drohung.

> Wie hier oben aufgeführt und untermauert, enthält das Manuskript sehr viele Fehler und irreführende Aussagen, und es werden völlig falsche Schlussfolgerungen im Hinblick auf African Parks gezogen.

> African Parks hat bemerkt, dass Spender angeschrieben worden sind – auf der Basis einiger falscher und unfundierter Beschuldigungen im Manuskript. Die E-Mail von Herrn van Beemen an Geldgeber präsentiert Meinungen als Fakten, erwähnt jedoch zugleich die Publikation des Buchs und journalistische Veröffentlichungen. Die Gefahr, die von der Veröffentlichung ausgeht, kombiniert mit den Ungenauigkeiten und der Bitte an Spender um einen Standpunkt zu Meinungen, die als Fakten präsentiert werden, könnte dazu führen, dass Geldgeber abgeneigt sind, African Parks weiterhin zu unterstützen. Das ist klar rechtswidrig. Spender könnten aus Furcht vor negativer Publicity beschließen, Beiträge vorübergehend einzufrieren oder insgesamt zu stoppen. Sollten die E-Mails zu diesem Ergebnis führen, wird African Parks schwerer Schaden zugefügt. African Parks wird den Verlag und den Autor für den eventuellen Schaden haftbar machen, der durch die E-Mails verursacht wird. Dieser Schaden kann in die Millionen gehen.

Ich habe tatsächlich eine Reihe öffentlicher und privater Spendenorganisationen um eine Stellungnahme zu meinen Rechercheergebnissen gebeten und ihnen, ebenso wie einzelnen afrikanischen Regierungen, die in meinem Buch eine wichtige Rolle spielen, einige Fragen gestellt. Dass ich dabei allerdings erwähnt habe, dass ich ein Buch und Artikel schreibe, war keine Drohung, sondern der eigentliche Anlass, die Presseabteilungen dieser Organisationen zu kontaktieren.

Bemerkenswert ist, dass African Parks meine Befunde als «Meinungen» bezeichnet – dasselbe hatte ich auch schon bei meinen Enthüllungen über Heineken in Afrika erlebt, nach dem Motto: Du hast eine Meinung, und wir haben eine andere, *let's agree to disagree*. Die Übergriffe, von denen ich hier berichte, sind nicht Gegenstand gerichtlicher Ermittlungen gewesen, aber wenn mir mehrere Ranger freimütig erzählen, dass sie Festgenommene – darunter wahrscheinlich auch Unschuldige – auf grausame Weise foltern, und mutmaßliche Opfer mir ähnliche Geschichten erzählen, handelt es sich aus meiner Sicht nicht einfach nur um «eine Meinung».

African Parks reagierte bei mir exakt so, wie zuvor auf kritische Artikel oder Evaluationsberichte: mit energischen Worten und zahlreichen Vorwürfen, aber ohne auch nur den Ansatz von Introspektion. Das Buch werde nicht nur mir als Autor und African Parks schaden, warnt Peter

Fearnhead in einer E-Mail an meinen Verleger, sondern auch dem Prometheus Verlag, bei dem die niederländische Ausgabe des Buchs erscheint. Nachrichten ähnlichen Inhalts bekamen auch das Instituut Clingendael und *Le Monde* nach ihrer kritischen Berichterstattung.

Wie formulierte es jener Beniner Wissenschaftler, der sich Sorgen um seine körperliche Unversehrtheit machte, nachdem er AP Einsicht in den Entwurf eines kritischen Berichts gegeben hatte, gleich so treffend: «Wenn man, wie African Parks, glaubt, dass die eigene Sicht von vornherein richtig ist, ist es schwer, Kritik zu akzeptieren.»

36

DU BIST SELBST RASSISTISCH UND NEOKOLONIALISTISCH

Die schriftliche Reaktion auf den Manuskriptentwurf genügt African Parks nicht. Die Organisation möchte meinem Verleger und mir gern in einem persönlichen Gespräch erläutern, welche «falschen Schlüsse» ich ziehe. Ausgezeichnet, antworten wir, ihr seid herzlich willkommen. Wir schlagen vor, das Gespräch im Verlag in Amsterdam zu führen. Doch das wird von African Parks abgelehnt: Solch ein Treffen müsse auf «neutralem Boden» stattfinden. Auch hier also wieder Kriegsrhetorik.

Inzwischen stellt sich heraus, dass ich nicht der einzige Journalist bin, der auf mögliche Menschenrechtsverletzungen bei African Parks gestoßen ist. Auf der Website der deutschen ARD-*Tagesschau* wird Anfang Januar 2024 von einem Jäger berichtet, der in der Nähe des Parks Odzala-Kokoua in Kongo-Brazzaville von Rangern gefesselt, mit Gürteln geschlagen und einem Waterboarding unterzogen worden war. «Das Wasser war voller Blut von meinem Körper. So, wie wenn man ein Tier schlachtet», erzählt dieser Jäger.[1]

Kurz darauf erscheint ein Bericht der britischen Zeitung *The Mail on Sunday* über denselben Park. «Die Ranger der afrikanischen Wohltätigkeitsorganisation Prinz Harrys haben Eingeborene vergewaltigt und misshandelt», heißt es in dem Artikel, in dem die Rede von schweren Gewaltverbrechen am Volk der Baka in Kongo-Brazzaville ist. Die Enthüllungen beruhen auf vorangegangenen Recherchen der NGO Survival International, die sich fünfzehn Jahre zuvor in Äthiopien auch bereits einmal gegen African Parks gestellt hatte und jetzt von einem «grünen Genozid» spricht.[2]

Der Begriff «Genozid» scheint mir übertrieben – ich sehe keine Hinweise auf Völkermord –, doch die Enthüllungen sind grauenerregend: Eine Frau erzählt, dass sie von Parkwächtern vergewaltigt worden sei, während sie ein Baby im Arm hielt, und ein Mann berichtet von verschiedenen

Folterpraktiken, deren Opfer er geworden sei. Solche Erzählungen bestätigen das, was ich ebenfalls zu hören bekommen habe, und zeigen, dass es sich wahrscheinlich um mehr als nur Einzelfälle handelt. Auch aus dem Park Bangweulu in Sambia dringen kurz darauf Berichte über schwere Menschenrechtsverletzungen an die Öffentlichkeit, bei denen es sich um außergerichtliche Exekutionen handeln soll.[3]

African Parks sieht sich in der Opferrolle. Es habe den Anschein, dass es «einen koordinierten Angriff der Medien» gegen sie gebe, wie die Organisation ihren Spendern in einer Erklärung mitteilt. Ich soll also mit einer britischen Boulevardzeitung und Survival International, einer Organisation, die ich gelegentlich für radikal halte, unter einer Decke stecken. AP bezeichnet mich in derselben Erklärung als einen «aktivistischen Journalisten», der aus einem «persönlichen Aktivismus» heraus handele, und meine Bitte an die Spender um eine Stellungnahme wird als Versuch präsentiert, «African Parks bereits vor der Veröffentlichung des Buchs in Misskredit zu bringen». Ohne auch nur *ein* Beispiel zu nennen, teilt Peter Fearnhead den Geldgebern ferner mit, dass mein Buch «mehr als zweihundertfünfzig Fehler und ungefähr zweihundertfünfzig irreführende und voreingenommene Erklärungen» enthalte.

Ungefähr zur gleichen Zeit schickt Fearnhead einen *temperature check* an sämtliche Manager in den Parks und bittet sie darin, alle Vorfälle zu melden, die in den zurückliegenden fünf Jahren unter den Teppich gekehrt worden sind. Auch sie klärt er darüber auf, dass in Kürze das Buch eines «aktivistischen Journalisten» erscheinen werde, in dem verschiedene Formen von Übergriffen zur Sprache kämen, «darunter Misshandlungen mutmaßlicher Wilderer, Gewalt, ‹Folter›, um Geständnisse zu erzwingen, ‹unrechtmäßige nächtliche Hausdurchsuchungen› und Ähnliches.»

Diese Rundfrage, die reichlich spät kommt, sei jedoch nicht als «Inquisition» gemeint, versichert Fearnhead. «Wenn es schlechte Nachrichten gibt, möchte ich es lieber wissen, als eine schreckliche Überraschung zu erleben.» Die Informationen, so versichert er, würden «vertraulich» behandelt und sollten an Charlotte Mararv von der «SCAR Unit» geschickt werden. Viele der problematischen Parks fallen unter die Zuständigkeit ihres Bruders Erik, des Regionalmanagers von Kongo-Brazzaville, der Zentralafrikanischen Republik und des Tschad.

Sollte die «SCAR Unit» etwa nach dem Bösewicht aus dem *König der*

Löwen von Walt Disney benannt worden sein? «Keine Ahnung, was das ist», sagt ein Ex-Mitarbeiter, «aber es klingt unheimlich». Eine interne Quelle erklärt, dass es sich um die Einheit «Safeguards, Compliance, Assurance and Risk» handelt. Charlotte Mararv bekommt gut zu tun, denn der Respons ist mehr als zufriedenstellend. Peter Fearnhead zufolge reagieren 141 der angeschriebenen 158 Manager auf sein Schreiben. Der CEO meldet seinen Kollegen, dass es bei der anschließenden Untersuchung der Fälle eventuell zu «Interessenkonflikten» kommen könnte – möglicherweise ein Hinweis auf die Nähe Charlotte Mararvs zu ihrem Bruder. «Das wird bei der Vorgehensweise mitbedacht werden, in der wir eventuelle weitere Maßnahmen ergreifen.»

Man fragt sich allerdings, warum African Parks bei einem so brisanten Thema keine unabhängige Untersuchung durch eine Person von außen durchführen lässt.

Eine Delegation von African Parks, bestehend aus vier Frauen, empfängt meinen Verleger und mich in einem angemieteten Sitzungsraum in der Vijzelstraat im Zentrum Amsterdams. Es handelt sich dabei um die Direktorin für Naturschutz Jean Labuschagne (zugleich die Ehefrau Erik Mararvs),* die Direktorin für Community-Entwicklung Oniya Masiye, die Europa-Direktorin Tineke Floor und eine prominente niederländische Medienanwältin, spezialisiert auf unrechtmäßige Presseveröffentlichungen und Rufschädigung. Masiye und Labuschagne sind eigens zu dem Termin aus Südafrika eingeflogen.

Die Präsentation beginnt mit einer Überraschung. Auf einer Powerpoint-Folie steht ein Absatz aus Kapitel 4 dieses Buchs, den ich zwar – schon vor unserem Treffen – umgeschrieben hatte, dessen Inhalt sich jedoch im Wesentlichen nicht geändert hat.[4] Die Version, die AP kommentiert, lautet:

> Das vorliegende Buch handelt von einem privaten Sektor, der mit Unterstützung westlicher Länder und einzelner wohlhabender Personen staatliche Aufgaben nationaler Regierungen übernimmt und damit die Souveränität afrika-

* Dies erwähne ich nur wegen der zentralen Funktion, die Erik Mararv in der Organisation einnimmt, nicht, um Lubaschagne als «die Ehefrau von» abzuwerten. Ihre Funktion in der African-Parks-Hierarchie ist höher als die ihres Ehemanns.

nischer Länder infrage stellt. Es geht um die Dominanz einer westlichen Sicht auf den Naturschutz, in der Mensch und Tier weitestgehend voneinander getrennt sind. Und es geht um Topmanager, die Entscheidungen mit weitreichenden Folgen für die schwarze Bevölkerung in der Nähe von Parks treffen.

Jean Labuschagne äußert an nahezu jedem Wort Kritik und findet etwa, dass das Verb «übernehmen» Zwang oder die Naivität von Regierungen implizieren würde. «Dieses Zitat ist die ultimative Demonstration eines Mangels an Verständnis für den afrikanischen Kontinent und die Herausforderungen auf dem Gebiet des Naturschutzes», so ihre Schlussfolgerung. «Darüber hinaus ist es bestenfalls eine paternalistische Sicht auf Menschen und Regierungen in Afrika, im schlimmsten Fall eine rassistische, beleidigende und neokolonialistische Äußerung und eine weiße, eurozentristische Perspektive. Das wird nicht nur von den vier Personen hier am Tisch so wahrgenommen, sondern auch sehr stark von schwarzen Afrikanern. Von bedeutenden schwarzen Afrikanern, die es sehen und sich fragen, was das für sie als Afrikaner, für afrikanische Regierungen und für die Menschen in Afrika bedeutet.»

Oniya Masiye fügt hinzu: «Die Behauptung, dass das Buch rassistisch und kolonialistisch ist, bezieht sich nicht auf einen einzelnen Absatz, sondern auf das gesamte Buch.»

Das ist – nach den gut fünfhundert angeblichen Fehlern und Irreführungen – erneut eine kühne Aussage der Organisation, die mir vorwirft, vorschnelle Schlüsse zu ziehen. Mehr noch: Kurz darauf erklären die African-Parks-Vertreterinnen, dass man mit stark politisch aufgeladenen Begriffen wie «Rassismus» und «Kolonialismus» äußerst vorsichtig umgehen müsse – und das tue *ich* AP zufolge nicht. Ich würde auf der Grundlage von Einzelfällen zu harte Urteile fällen.

Labuschagne: «Kolonialismus ist ein unglaublich ernster Begriff, in dem es um einen Staat geht, der seine Macht einem anderen Staat aufzwingt und auf wirtschaftlichem, kulturellem und politischem Gebiet zugunsten der Entität, die einen anderen Staat bezwingt, Macht ausübt.»

Masiye: «Worte haben Macht. Wenn man African Parks eine kolonialistische Organisation nennen will, muss das gut untermauert sein. Es ist kein Wort, mit dem man einfach so um sich werfen kann.»

Tineke Floor: «Was sagst du dazu?»

«Na ja», antworte ich, «ihr habt uns gerade als neokolonialistisch bezeichnet …»

«Nein, das ist nicht, was wir gesagt haben», widerspricht Floor. «Du triffst in deinem Buch Feststellungen, die African Parks zufolge fundamental falsch sind, weil sie nicht auf Fakten basieren. Diese Feststellungen kommen bei der afrikanischen Bevölkerung im schlimmsten Fall als neokolonialistisch an. Wir beschuldigen dich in keiner Weise.»

Wer sind eigentlich diese «bedeutenden schwarzen Afrikaner», die offenbar im Namen der knapp anderthalb Milliarden Menschen zählenden «afrikanischen Bevölkerung» sprechen, möchte ich wissen. Es stellt sich heraus, dass es sich um den enttäuschten ehemaligen Aufsichtsrat Mavuso Msimang und den ehemaligen Premierminister Äthiopiens Hailemariam Desalegn handelt, der derzeit im Aufsichtsrat von African Parks sitzt.

Msimang erzählte mir während des Interviews, dass African Parks aus seiner Sicht für das «alte kolonialistische Denken» stehe, und sprach von der «kolonialistischen Mentalität» Robert-Jan van Ogtrops, der gut dreizehn Jahre lang, von 2009 bis 2023, Vorsitzender des African-Parks-Aufsichtsrats war.

Desalegn, dessen Aufsichtsratsfunktion wahrscheinlich im Zusammenhang mit den Bestrebungen von AP steht, erneut Parks in Äthiopien zu übernehmen, gelangte 2012 an die Macht. Unter seiner Regierung kam es in Äthiopien zu schweren Menschenrechtsverletzungen, unter anderem in geheimen Foltergefängnissen. Darüber sei er jedoch nach eigenem Bekunden nicht informiert gewesen. Nach heftigen Protesten der Bevölkerung gegen Einschränkungen der bürgerlichen Freiheiten und Menschenrechtsverstöße trat er 2018 zurück.[5]

Im weiteren Verlauf des Gesprächs wirft man mir abermals vor, dass ich nichts von den Zahlen der Tierpopulationen in den AP-Parks verstanden hätte, die ich den Geschäftsberichten der Organisation entnommen hatte. Labuschagne präsentiert eine Reihe von Grafiken, aus denen ihr zufolge hervorgeht, dass vierundachtzig Prozent der Tierpopulationen in den verschiedenen Parks unter der Verwaltung von African Parks sehr wohl zugenommen hätten. Sie weist darauf hin, dass sich sogar nicht einmal mit Sicherheit sagen lasse, dass die Anzahl der Gorillas in Odzala wirklich rückläufig sei, da es sich um Schätzungen innerhalb einer bestimmten Bandbreite handele – etwas, worüber AP in seinen Geschäftsberichten allerdings kein Wort verliert. Laut Labuschagne werde AP dies in Zukunft jedoch anders kommunizieren.

Nach der gut anderthalbstündigen Präsentation bittet mein Verleger noch einmal um die Liste mit den vermeintlichen Fehlern und irreführenden Behauptungen. Die ist African Parks auch gern bereit zu geben, allerdings nur unter der Bedingung, dass ich zuerst mein Buch auf der Grundlage der Präsentation umschreibe, wichtige Feststellungen ändere und diese AP schließlich zur Abnahme vorlege. Anschließend könnten wir dann über «die Details» sprechen. «Warum sollten wir daran mitarbeiten, dein Buch zu verbessern?», fragt die Anwältin.

So versucht African Parks also, die Möglichkeit, die ich zur Stellungnahme und zur Korrektur von Fehlern biete, dazu zu nutzen, ein anderes Buch zu erzwingen. Das ist jedoch nicht unsere Auffassung von unabhängigem Journalismus, und dem stimmen mein Verleger und ich daher auch nicht zu.

«African Parks wird Ende April wahrscheinlich Thema in den Nachrichten sein», schreibt «Reputationsmanager» Ingo Heijnen von Hill & Knowlton Strategies noch in derselben Woche einem niederländischen Journalisten, möglicherweise sogar mehreren. Er erklärt, dass mein Buch bald erscheinen werde und geschrieben worden sei, «um die Meinung des Autors (nämlich, dass das von AP genutzte Konzept nicht das richtige ist) zu untermauern». «Der AP-Seite wirklich zuhören will er nicht», schreibt Heijnen.

«African Parks operiert in den problematischsten Regionen, unter anderem dem Kongo, dem Sudan und in Benin. Gegenden, die die meisten Leute aus dem Westen nicht zu betreten wagen und wegen der Risiken auch nicht betreten sollten», erklärt er weiter. «Die Organisation arbeitet mit lokalen Kräften zusammen, und das führt gelegentlich zu Problemen: Historische Konflikte zwischen verschiedenen Stämmen, denen die Mitarbeiter entstammen, sorgen manchmal für Vorfälle zwischen diesen Beschäftigten und Bewohnern in der Umgebung. Das kann auch mit körperlicher Gewalt einhergehen. AP unternimmt alles, um dies zu verhindern, aber das gelingt nicht immer.»

Orte, die die meisten Leute aus dem Westen nicht zu betreten wagen und auch nicht betreten sollten? Abgesehen davon, dass sich die Mehrzahl der Parks in Regionen ohne große Sicherheitsrisiken befindet*, drückt die Bemerkung auch und vor allem eine außerordentliche Geringschätzung der Bevölkerung gegenüber aus, die in der Nähe dieser Parks lebt. Zudem steht die Erklärung im Widerspruch zu dem Ziel von African Parks, «Menschen aus dem Westen» zu verführen, gerade solch einen Park zu besuchen.

Und was soll man von der Aussage halten, dass die Probleme und die Gewalt bei African Parks von «lokalen Kräften» herrühren, die in eine Art Stammeskrieg geraten sind, der zu Gewalttaten geführt hat? Tragen dafür denn nicht die Spitzenmanager in Johannesburg und die Führungskräfte in den Parks selbst die Verantwortung?

Übrigens findet der Begriff «afrikanische Stämme» wegen der kolonialistischen Assoziationen, die er weckt, zunehmend weniger Verwendung, handelt es sich bei «Kongo, Sudan und Benin» nicht um Regionen, sondern um Länder, und schließlich ist African Parks nicht im Sudan, sondern in Südsudan aktiv, einem Land, das seit 2011 unabhängig ist.[6]

Auch zwei Mitarbeiter von Wageningen University & Research, die beide wegen ihrer kritischen Haltung zur *fortress conservation* und der Militarisierung des Naturschutzes bekannt sind, bekommen eine Nachricht von African Parks. Die Organisation, so lesen sie, sei dabei, ihre Strategie bezüglich der lokalen Gemeinschaften zu überprüfen. African Parks möchte noch vor dem Erscheinen meines Buchs ein Treffen mit ihnen arrangieren, um mit ihnen über ihre Forschungen in Afrika und die Arbeit von AP zu diskutieren.

Bei African Parks geht die Angst um, so viel ist klar. Die Frage, die den Verantwortlichen in der Organisation dabei die größte Sorge bereitet: Wie werden die Spender auf die Veröffentlichung reagieren?

* Die dreizehn Parks in Angola, Kongo-Brazzaville, Malawi, Mosambik, Ruanda, Sambia und Simbabwe befinden sich dem niederländischen Außenministerium zufolge in einer gelben Zone. Reisenden wird empfohlen, wachsam zu sein, man kann dort jedoch problemlos Urlaub machen. Auch touristische Hotspots wie Thailand oder Bali liegen in einer gelben Zone. Neun Parks haben den Status Orange oder Rot, hier wird von einem Besuch abgeraten.

37

WAS DENKEN DIE GELDGEBER?

Vorläufig muss sich African Parks wahrscheinlich keine allzu großen Sorgen darum machen, dass Sponsoren der NGO den Geldhahn zudrehen könnten. So legen es zumindest die Antworten nahe, die mir die meisten Spendenorganisationen zukommen lassen. «Olivier – wir haben kein Interesse daran, uns an Ihrem Projekt zu beteiligen. Alles Gute», schreibt mir etwa die Howard G. Buffett Foundation. «Unsere fortwährende Zusammenarbeit mit African Parks spiegelt unser Vertrauen in die Fähigkeit der Organisation wider, die dem Naturschutz inhärenten Herausforderungen transparent und professionell anzugehen und zugleich afrikanischen Völkern und der Biodiversität wesentliche Vorteile zu bieten. Sollten Sie noch weitere Fragen haben, können Sie sie direkt an AP richten», lautet die Antwort der Rob Walton Foundation. Von der Wyss Foundation, die African Parks kürzlich erst hundert Millionen Dollar zugesagt hat, bekam ich, ebenso wie von der Stiftung Natura Africae des Immobilienmagnaten Jan Verhagen, überhaupt keine Rückmeldung.

Die beiden Töchter Paul van Vlissingens, die AP 2022 noch eine Schenkung von zwei Millionen Euro gemacht haben, stehen für Nachfragen ebenfalls nicht zur Verfügung. «Im Namen beider Damen kann ich Ihnen Folgendes mitteilen. Marakele Park ist eine Familienangelegenheit, und es gehört zur Politik der Familie, darüber nicht mit Dritten zu kommunizieren», schreibt ihr Sprecher.

«Wir laden Sie ein, unsere Website und die von African Parks zu besuchen, auf denen Sie alle Informationen finden werden, die wir veröffentlichen», schreibt die Schweizer Fondation Segré, die seit 2016 gut sieben Millionen Dollar gespendet hat.

Die Milliardäre – denn um solche handelt es sich oft –, die sich hinter diesen Organisationen verbergen und häufig steuerliche Vorteile genießen, wenn sie für gute Zwecke spenden, halten es offenbar nicht für nötig,

Rechenschaft über ihre Spenden abzulegen, zumindest nicht gegenüber einem niederländischen Journalisten. Und warum sollten sie auch, schließlich ist es doch *ihr* Geld? Öffentlich-rechtliche Organisationen zeigen dagegen mehr Verantwortungsgefühl, und die meisten machen sich wenigstens die Mühe, einem Journalisten seine Fragen zu beantworten.

Die einzigen von mir kontaktierten privaten Organisationen, die auf meine Anfrage ernsthaft antworten, sind die Postcode Loterij, sprich: die niederländische Postleitzahlenlotterie, die Stiftung DOB Ecology der Familie de Rijcke, die mit dem Verkauf der Drogeriekette Kruidvat ein Vermögen gemacht hat, und die Adessium Foundation der Familie van Vliet, die mit Vermögensverwaltung reich geworden ist und bis 2022 Spender von African Parks war. «Für die Lotterie ist es wichtig, wie eine Organisation mit eventuellen Missständen umgeht und wie sie ihre organisatorischen Strukturen ausrichtet, um diese in Zukunft zu vermeiden», antwortet die Postcode Loterij auf meine Erkenntnisse. «Sollte es Meldungen über Missstände geben, die uns nicht bekannt sind, würden wir gern konkretere Informationen erhalten, damit wir darüber mit African Parks ins Gespräch kommen können.»

Die Postcode Loterij, die im Laufe der Jahre knapp zwanzig Millionen Euro an African Parks überwiesen hat, bestätigt, dass ihre Beiträge auf das Konto einer Bank mit Sitz auf der Isle of Man fließen, sieht darin jedoch kein Problem.

«Es muss deutlich gesagt werden, dass die DOB Ecology jedwede Verletzung der Menschenrechte oder andere Missstände verurteilt und ablehnt», antwortet die Organisation, die African Parks in Odzala-Kokoua unterstützt. Sie schreibt, nicht über den Rückgang bei den Populationen einiger ikonischer Tierarten informiert zu sein. «Im Gegenteil, 2022 vor Ort durchgeführte Untersuchungen zeigen gerade, dass sich in den letzten Jahren die Populationen Westlicher Flachlandgorillas und Waldelefanten in Odzala-Kokoua stabilisieren konnten und sogar zugenommen haben.»

Auf die Frage, wie man bei der Adessium Foundation kontrolliert, ob das Geld der Stiftung ordnungsgemäß verwendet wird, schreibt ihr Sprecher: «Wir führen während der Laufzeit Vorort- und Bürobesuche durch. Auch lassen wir die Qualität der Umsetzung und die erzielten Resultate extern durch unabhängige Experten evaluieren. Auf der Basis unserer Erfahrung betrachten wir African Parks als eine professionelle und ambitionierte Organisation.»

Der Respons bei staatlichen Institutionen ist zwar besser, doch in manchen Fällen dauert es schon sehr lange, bis ich eine Antwort erhalte. Das niederländische Ministerium für Landwirtschaft, Natur und Lebensmittelqualität (LNV) braucht mehr als einen Monat, um sechs nicht einmal besonders problematische Fragen zu beantworten, das Außenministerium bringt es sogar auf fünf Wochen. Und auch die Europäische Kommission lässt mich fast einen Monat auf eine Antwort warten. Nur die deutschen staatlich finanzierten Institutionen Kreditanstalt für Wiederaufbau (KfW), Legacy Landscapes Fund (LLF) und Deutsche Gesellschaft für Internationale Zusammenarbeit (GIZ) reagieren relativ zeitnah auf meine Anfragen.

Die Entwicklungsbank KfW schreibt, dass sie African Parks in der Regel nicht direkt, sondern über die Fondation des Savanes Ouest-Africaines oder den LLF unterstütze. Die Beachtung von Menschenrechten sei für die KfW nicht verhandelbar. Die Bank erwarte von den beteiligten Organisationen, allen voran African Parks, dass sie unverzüglich Informationen über jeden Vorfall liefern, der ihnen bekannt wird, und die Vorwürfe untersuchen. Die KfW beobachte solche Untersuchungen und die Umsetzung der sich daraus ergebenden Empfehlungen aufs Genaueste.

Der LLF teilt mir mit, dass es sich bei den beiden African-Parks-Projekten, die von ihm gefördert werden – Odzala-Kokoua und Iona in Angola –, um Pilotprojekte handelt, die bisher sechs Millionen Euro erhalten hätten. Der Organisation sei es wichtig, dass ihr Geld nicht für Waffen verwendet werde und Bewohner Zugang zu rechtssicheren Verfahren hätten, um Missstände anzeigen zu können. Die GIZ schreibt mir, dass sich African Parks vertraglich dazu verpflichtet habe, die Menschenrechte zu achten. Die deutsche Hilfsorganisation hat externe Audits in Benin durchführen lassen, deren Ergebnisse sie mir jedoch nicht zur Verfügung stellen möchte.

Die staatliche amerikanische Organisation USAID, die African Parks seit 2016 siebenundzwanzig Millionen Dollar an Fördergeldern zuerkannt hat, vertritt den Standpunkt, dass «alle Partner, einschließlich African Parks, die Parks und geschützte Gebiete unterstützen, die Verantwortung [haben], dafür zu sorgen, dass diejenigen, die sich der Verletzung von Menschenrechten, der sexuellen Ausbeutung und des Missbrauchs schuldig gemacht haben, zur Rechenschaft gezogen werden».

Die Überweisungen öffentlicher Mittel an Banken auf der Isle of Man, die in den Niederlanden auf einer Liste von «Niedrigsteuerländern und nicht-kooperativen Rechtsgebieten» steht, hatten im LNV-Ministerium offenbar zu einigem Kopfzerbrechen geführt. Aus der sehr amtlichen Antwort, die ich erhalte, geht jedoch nicht hervor, ob das Ministerium bei der Überweisung eine zusätzliche Kontrolle durchgeführt hat und ob es überhaupt gestattet ist, Steuergelder auf Konten in einem solchen Gebiet zu überweisen. Das Ministerium erklärt, dass es auf E-Mails von African Parks mit dem Hinweis auf «mehrere spannende funding opportunities», also Fördermöglichkeiten, nicht eingegangen sei.

Die EU schreibt, nicht auf Erkenntnisse reagieren zu können, von denen sie nicht wisse, auf welche Beweise sie sich stützten, und teilt mit, eine Vielzahl von Instrumenten und Mechanismen zu nutzen, um bei der Verwendung von EU-Subventionen eine transparente und verantwortungsbewusste Betriebsführung zu gewährleisten.

Vonseiten der afrikanischen Regierungspartner, die ich um Antworten gebeten habe, erhalte ich eine sehr ausführliche Rückmeldung aus Benin, mit der Bitte, sie in ihrer Gänze (das heißt im Umfang von etwa zehn Buchseiten) zu veröffentlichen. In seiner Mail erklärt der Sprecher ehrlich, dass er meine Liste – mit Fragen wie: «Ist die Regierung mit der Verwaltung von African Parks zufrieden?» und «Worin bestehen die Stärken und die Schwächen bei AP?» – von African Parks selbst und dem Umweltministerium habe ausfüllen lassen, wobei er nicht spezifiziert, wer welche Fragen beantwortet hat. Die Antwort ist ein einziger großer Lobgesang auf die erfolgreiche Übernahme der Parks durch African Parks, die auch von der lokalen Bevölkerung begrüßt werde. Wenn er dann aber doch einen Minuspunkt anführen solle, dann den, dass die Einführung von Nashörnern und Elenantilopen aufgrund der Sicherheitslage im Land verschoben worden sei.

Aber das kann man African Parks schwerlich übel nehmen.

ZUM SCHLUSS: EIN GRÜNES IMPERIUM

In einer doppelt so dicken Ausgabe wie üblich wartet *The Economist* im Dezember 2023 mit einer Wohlfühlgeschichte aus einem Land auf, aus dem ansonsten nur selten aufmunternde Nachrichten kommen: Südsudan. Unter dem Titel «Wächter von Eden» berichtet die Wochenzeitung von jüngsten Entdeckungen seitens AP in den Parks Boma und Bandingilo in Südsudan, in denen die Organisation anderthalb Jahre zuvor das Management übernommen hatte. Die neuen Parkverwaltungen konnten ihren Augen kaum trauen: Sie sahen verblüffende Mengen an großen Raubkatzen, Millionen von Antilopen und konnten die wahrscheinlich größte Migration von Landsäugetieren der Welt beobachten, die der Kobs, einer Antilopenart mit weißen Ohren und dunkelbraunem Fell. In der Regenzeit, wenn die Sumpfgebiete von Bandingilo unter Wasser stehen, ziehen sie Richtung Osten nach Boma oder sogar weiter über die Grenze nach Gambella (Äthiopien), um dann in der Trockenzeit wieder zurückzukehren. Und als Sahnehäubchen: Es gebe Hinweise darauf, dass das Nördliche Weiße Nashorn hier im Verborgenen überlebt habe.

Südsudan, ein Land, in dem überwiegend schwarze Christen leben, ist seit der Abspaltung 2011 vom hauptsächlich islamisch-arabischen Norden noch immer «das jüngste Land der Welt». Sowohl vor als auch nach der Unabhängigkeit bot es die Bühne für eine Reihe nahezu ununterbrochener gewaltsamer Machtkämpfe – zunächst gegen den Norden, dann im Innern –, die dazu führten, dass es kaum wirtschaftlichen Fortschritt gab. Das erwies sich für die Natur jedoch als Segen. Es fehlte gewerbsmäßigen Wilderern und Holzhändlern schlicht an Infrastruktur, um ihren illegalen Praktiken nachgehen zu können.

Da Südsudan am allgemeinen Fortschritt und Wohlstand teilhaben möchte, richtet es seine Hoffnungen nun auf African Parks: Neue Straßen sollen die Schutzgebiete erschließen und der einsetzende Tourismus zusätzliche Einnahmequellen generieren. Doch die entstehende Infrastruktur lockt auch Zeitgenossen mit weniger noblen Absichten an, wie etwa Wilderer. «Dieser Ort ist etwas ganz Besonderes», sagt AP-Direktor David Simpson, der Schwager Erik Mararvs. «Eine Welt, wie sie früher aussah: Es ist der einzige Ort mit einer derart hohen Zahl an Wildtieren. Wir tragen eine Riesenverantwortung dafür, diesen Ort zu bewahren.»[1]

African Parks «entdeckt» also ein unvergleichliches Ökosystem, das auch ohne größeres Eingreifen von außen – die Wildlife Conservation Society kümmerte sich darum, bevor African Parks die Verwaltung übernahm – in voller Blüte steht. Der Organisation ist klar, dass die Übernahme der Parks durch sie negative Veränderungen mit sich bringen kann, präsentiert sich jedoch als Retterin.

African Parks als Problem und dessen Lösung zugleich. So habe ich die Sache noch nie betrachtet.

Vor vier Jahren, auf einer Reportagereise durch Sambia, hörte ich erstmals von diesem ehrgeizigen Verein weißer Wohltäter, der ein riesiges Stück Land in Afrika unter dem Motto *A business approach to conservation* leitet. Ich war sofort fasziniert: Wer sind diese Leute, was wollen sie? Und: Funktioniert das?

Die Geschichte begann mit vier Südafrikanern und einem eigenwilligen Holländer, der sich – aus alter Gewohnheit – gleich zum Chef berufen fühlte. Trotz seines frühen Todes drückte Paul van Vlissingen der Organisation einen bleibenden Stempel auf, einer Organisation, die sich durch Begeisterung, Bravour und Geld auszeichnete, aber auch durch Amateurhaftigkeit, Hochmut und Starrsinn – ganz nach dem Motto: «Wir wissen, wie die Welt funktioniert» beziehungsweise «Wir tun so, als ob wir euch zuhören, machen aber unser eigenes Ding und sind niemandem Rechenschaft schuldig. Und wenn wir etwas brauchen, rufen wir einen unserer Spezis an.» Trotz all der Entwicklungen, der Professionalisierung und des Wachstums, die African Parks erlebt hat, ist das nach wie vor die DNA der Organisation. Man bleibt den eigenen ursprünglichen Ideen verhaftet und öffnet sich so gut wie gar nicht neuen Impulsen.

Doch zugleich besteht African Parks – das sollte man nicht vergessen – seit den Anfangstagen aus fähigen Biologen, Mitarbeitern, die sich mit großer Leidenschaft für die Communities einsetzen, und Managern, die in aller Regel die besten Absichten verfolgen und in vielen Fällen bereit sind, für ein bescheidenes Gehalt an schwierigen und einsamen Orten zu arbeiten, weil sie an ihre Mission glauben. Parkwächter fühlen sich zwar selten dazu berufen, ihr Leben aufs Spiel zu setzen, um einen Elefanten zu retten, sind aber durchaus Kämpfernaturen, die ein kompliziertes Auswahlverfahren absolviert und sich aus ganzem Herzen für eine Karriere mit nur dürftigen Aufstiegsmöglichkeiten entschieden haben. Sie entwickeln oft eine Beziehung zu «ihren» Tieren und tun im Allgemeinen das, was ihnen aufgetragen wird, auch wenn es lebensgefährlich ist.

Was will African Parks? Um ehrlich zu sein, weiß ich es selbst nach sechs Reisen, mehr als dreihundert Interviews, der Lektüre von Stapeln an Büchern, Berichten und anderen Dokumenten noch immer nicht ganz genau. Ich halte die Wahrscheinlichkeit für gering, dass AP ein Deckmantel für dubiose Praktiken wie Tierschmuggel oder illegalen Bergbau ist, wie es mir manche meiner Informanten im Zuge meiner Recherchen nahelegen wollten. Allerdings stellen die CO_2-Emissionszertifikate ein Thema dar, das man gut im Auge behalten sollte. Die Ökosystemdienstleistungen stecken bisher noch in den Kinderschuhen, könnten demnächst aber jährlich viele Millionen Dollar einbringen. Ob und wie sich African Parks diese Einnahmen mit den Regierungen teilt, möchte die Organisation nicht preisgeben.

Selbstbereicherung ist wahrscheinlich nicht die primäre Triebfeder, auch wenn die hohen Gehälter mancher Beschäftigter – fast eine Viertelmillion Dollar etwa für die Leiterin der Kommunikationsabteilung – zeigen, dass man bei African Parks eine hübsche Karriere machen kann. Der Mangel an Transparenz bei diesem Thema, der Zahlungsverkehr über ein Steuerparadies wie die Isle of Man und die Nebentätigkeiten des Vorstandsvorsitzenden Peter Fearnhead, zu denen er sich so geheimnisvoll gibt, wecken allerdings Argwohn.

Das wichtigste Ziel der Leitung von African Parks ist meines Erachtens das Streben nach Macht und Kontrolle. AP möchte die Nummer eins im Naturschutz werden – die Organisation mit den meisten Parks, dem höchsten Umsatz und dem größten Stück Land. Zu diesem Zweck würde die NGO am liebsten alles selbst in der Hand behalten: das Management, die Aufsicht, die Evaluationen, die Imagepflege: African Parks versucht das alles, soweit es geht, selbst zu regeln und schert sich wenig um gut gemeinten Rat oder kritische Einwände.

Mit dieser Macht will African Parks einen Kontinent bewahren oder umgestalten, der den westlichen Vorstellungen von «Afrika» entspricht: als ein Kontinent aus unberührter Natur und Wildnis, in dem die Anwesenheit des Menschen zugunsten der *big five* und aller anderen Tiere zur Nebensache wird. Das Symbol dafür ist der Bagger, mit dem Paul van Vlissingen das Gestrüpp des Buschvelds im südafrikanischen «Pilotprojekt» Marakele beseitigte, um eine Savanne wie in der Serengeti zu schaffen, in der die Elefanten, Löwen und Nashörner, die er dort aussetzte, für die Safari-Touristen besser zu sehen sein sollten. Mit ausreichend Geld und Willenskraft fügt sich sogar die afrikanische Natur den Wünschen dieser Unternehmer, die nun ihre Geschäftsideen in der Wildnis verwirklichen.

So schafft sich African Parks im postkolonialen Afrika ein eigenes Imperium, das der Welt den Rücken zukehrt und sich größtenteils auf Gewalt stützt. Aus Sicht von AP selbst ist der militärische Ansatz eine pragmatische Entscheidung. Professionell und zielgerichtet, sagte Fearnhead, als ich ihn in Johannesburg darauf ansprach. Aus seiner Perspektive stimmt das vielleicht: Die «Kriege» gegen Wilderer tragen African Parks sowohl Spendengelder als auch Prestige ein. Sie helfen African Parks dabei zu wachsen. Doch der auf Waffen und die Durchsetzung geltender Rechtsvorschriften gerichtete Fokus sagt auch etwas über das Menschenbild der Organisation aus: African Parks sieht die (menschliche) Umgebung der Naturparks in erster Linie als eine Bedrohung, der man mit Waffen und Zäunen begegnen muss. Vielsagend war der eine kurze Satz, mit dem das Headquarter mich bat, keine Details über die hohen Gehälter mancher Manager zu veröffentlichen: Das würde für die Betroffenen in den «Ländern, in denen wir aktiv sind», ein «unmittelbares Sicherheitsrisiko» darstellen. In einem anderen Zusammenhang schrieb auch der «Reputationsmanager» über «Gegenden, die [...] Leute aus dem Westen [...] wegen der Risiken [...] nicht betreten sollten».

Die Schwarzen würden es nicht können – so hatte es Dick de Kat formuliert. Das ist die Überzeugung, die der Gründung von African Parks zugrunde liegt. Also legten weiße Afrikaner, Europäer, Amerikaner und Israelis gemeinsam Hand an, um das afrikanische Eden vor dem Untergang zu bewahren.

Ob es funktioniert? Spendenorganisationen äußern sich lobend, und in der Welt des Naturschutzes genießt African Parks bei vielen einen ausgezeichneten Ruf. Doch wer sich nicht mit den einseitigen Informationen von African Parks zufriedengibt und etwas genauer hinschaut, sieht, dass die Erfolgsgeschichten oft übertrieben sind oder schlichtweg nicht stimmen. Die an den Parks ansässige Bevölkerung sieht in AP weniger einen «Stabilitäts- oder Hoffnungsanker» als vielmehr einen gewalttätigen Störenfried, der das Leben der Menschen auf den Kopf stellt und ihre Existenzgrundlagen in Gefahr bringt. In Benin, so das renommierte Den Haager Instituut Clingendael, hat das Auftreten von African Parks sogar dazu beigetragen, den Nährboden für Dschihadisten zu bereiten.

Auch mit den Tieren ist African Parks bei Weitem nicht so erfolgreich, wie es uns die Organisation glauben machen will. Den eigenen Zahlen zufolge schrumpften diverse Tierpopulationen, nachdem AP die Verwaltung von Parks übernommen hatte, doch in den Geschäftsberichten ist die Rede von «konstantem Wachstum» und einem «stabilen Trend».

Anfang 2024 strömen die E-Mails nur so herein. Der Informant, der im Herbst Kontakt zu mir aufnahm, hält Wort und leitet mir große Mengen an vertraulichen Nachrichten und Dokumenten zu, die einen interessanten Einblick in das Innenleben von African Parks geben. Aus diesen internen Informationen geht unter anderem hervor, dass die Organisation seit 2021 dabei ist, eine neue touristische Produktlinie aufzubauen, die sie APX nennt und bei der es sich um die Vermietung von Lodges an steinreiche Kunden und Spender handelt. Unklar ist, was mit den Einnahmen aus APX geschieht – African Parks geht nicht auf meine Fragen dazu ein, und im Geschäftsbericht lässt sich nichts zu dem neuen Konzept finden.[2]

Ich lese die Mail eines AP-Mitarbeiters aus einem der Parks, in der er einem Reiseveranstalter zu einer nicht auffindbaren Vorauszahlung mitteilt: «Wir haben so viele verschiedene Konten. Das macht es für uns schwierig, [diese Zahlung] zurückzuverfolgen.» Und ich sehe, dass in nahezu sämtlichen Parks Projekte angelaufen sind, um CO_2-Emissionszertifikate zu verkaufen: AP hofft, bis 2030 knapp dreißig Millionen Dollar im Jahr damit einzunehmen.

Die Kommunikationsdirektorin Carli Flemmer ist 2023 offenbar damit betraut worden, eine Strategie für ein «Reputationsmanagement» zu entwickeln und umzusetzen, «um eine eventuell negative Berichterstattung abzufedern». Des Weiteren ist sie gehalten, vier Artikel über African Parks in angesehenen internationalen Zeitungen zu platzieren sowie drei Pressereisen zu organisieren, «um weltweit eine stabile/wachsende positive Berichterstattung zu gewährleisten und so eine Basis für Resilienz zu schaffen».[3]

Ich erhalte viele Dokumente, die meine früheren Erkenntnisse bestätigen und untermauern. Es sind vor allem die Wachstumspläne der Organisation, die mir einen Schreck einjagen. Gegenüber der Öffentlichkeit erklärt AP, dass es, wie oben bereits berichtet, im Jahr 2030 von zweiundzwanzig auf dreißig Parks anwachsen wolle. Bei den zehn Parks, die sich 2022 «in der Pipeline» befinden, handelt es sich um Comoé an der Elfenbeinküste, Arly und Parc W in Burkina Faso (an der Grenze zu Pendjari und Parc W in Benin), Gambella und erneut Omo in Äthiopien, Kidepo in Uganda, Kundelungu im Kongo, Lavushi Manda in Sambia sowie Luengue-Luiana und Mavinga in Angola.[4]

Aber es gibt auch ein Szenario, in dem vierzig Parks bis 2030 avisiert werden und bei dem, wenn es Wirklichkeit werden sollte, «AP-Land» die Größe Frankreichs oder der Ukraine übersteigen und das Budget auf gut zweihundert Millionen Dollar anwachsen würde. Zusätzliche Wachstumschancen sieht African Parks in der Aufnahme weiterer, bereits bestehender Organisationen in das «Inkubationsprogramm», wobei die Organisation ein Auge auf die Zambezi Society, auf National Park Rescue in Sambia und Simbabwe, die Sahara Conservation im Tschad sowie die Parks der Wildlife Conservation Society in der Zentralafrikanischen Republik geworfen hat. «Wenn wir erst einmal fünfundzwanzig haben, sind die nächsten fünfundzwanzig lediglich eine Kapazitätserweiterung.»[5]

Außerdem sieht sich AP nach Möglichkeiten zur Gebietserweiterung in der Umgebung der aktuell von der NGO verwalteten Parks um, wobei Landesgrenzen kein Hindernis darstellen sollen. African Parks träumt sogar davon, Deals über ganze «Cluster von Parks» zu schließen, und in Malawi wird über eine *«country solution»* nachgedacht. In keinem der Strategiepläne verliert man allerdings auch nur ein Wort darüber, wie afrikanische Regierungen die Verantwortung für ihr Territorium zurückbekommen können.

Diese Organisation, einst im Kutschenhaus eines Schlosses in einem niederländischen Dorf aus der Taufe gehoben, arbeitet mit einem unzähmbaren Expansionsdrang an einem grünen afrikanischen Imperium. Das Murren, das rund um ihre Parks herrscht, schert sie wenig. Begreifen die Dörfler denn nicht, dass die weißen Wohltäter das alles nur zu ihrem Besten veranstalten? Denn wer möchte *nicht* neben einem Park leben, in dem die *big five* zu Hause sind?

NACHWEISE UND DANK

Die Ursprünge meiner Beschäftigung mit African Parks, mein Verhältnis zu der Organisation und deren Stellungnahme zu meinen Recherchen kommen in meinem Buch ausführlich zur Sprache. Auf der Grundlage der Reaktionen auf den Manuskriptentwurf, den AP von mir zur Einsichtnahme erhielt, habe ich im Text Änderungen und Ergänzungen vorgenommen.

Den meisten Informanten, die ich zitiere (auch den anonymen), habe ich ihre Aussagen vorab zur Einsichtnahme zugeschickt und sie gebeten, mich auf eventuelle Fehler hinzuweisen, nicht aber, die Zitate zu autorisieren. Die Namen meiner anonymen Quellen sind dem Chefredakteur meines niederländischen Verlags (Prometheus) bekannt, es sei denn, dass dies von jemandem ausdrücklich nicht gewünscht wurde. Zitate aus E-Mails und anderen Dokumenten habe ich, falls nötig, übersetzt, Tippfehler stillschweigend korrigiert und den Text in einzelnen Fällen leicht angepasst, um die Lesbarkeit zu verbessern. Am Inhalt hat sich dadurch selbstverständlich nichts geändert.

Die Reisekosten für meine Recherchen zu African Parks wurden über Stipendien des Fonds voor Bijzondere Journalistieke Projecten, des Steunfonds Freelance Journalisten und der Stiftung Steunfonds Auteurs finanziert. Die beiden Letzteren befinden sich unter dem Dach des Matchingfonds de Coöperatie. Die niederländische Literaturstiftung Nederlands Letterenfonds unterstützt die Übersetzungen des Buchs. All diese Fonds werden vom niederländischen Ministerium für Bildung, Kultur und Wissenschaften finanziert, das jedoch keinen Einfluss auf den Inhalt des Buchs hatte.

Doch nicht nur diesen Geldgebern, sondern auch sehr vielen anderen schulde ich Dank. Zunächst einmal sind dies die mehr als zweihundertfünfzig Personen, die ich für mein Buch interviewt habe. Viele von ihnen waren bereit, dafür Risiken einzugehen, und manche sind dabei sogar bis an die Grenzen dessen gegangen, was ihnen die Verschwiegenheitsklausel gerade noch erlaubte, die sie in ihrem Arbeitsvertrag unterschrieben hatten. Viele meiner Informanten haben sich stundenlang Zeit genommen, mit mir zu reden und mir dabei zu helfen, Unklarheiten zu beseitigen. Und ich bekam von ihnen ausgezeichnete Tipps – hatte ich eigentlich schon mit der oder jener Person gesprochen oder mir dies oder jenes angesehen? –, oder sie leiteten mir interessante Dokumente zu, manchmal gleich stapelweise.

Ich danke auch African Parks und hier insbesondere Peter Fearnhead, Andrea Heydlauff, Carli Flemmer und James Milanzi für ihre Zeit und die Energie, die sie auf dieses Projekt verwendet haben.

Ich danke meinem Lektor Job Lisman, meinem Verleger Mai Spijkers sowie weiteren Mitarbeiterinnen und Mitarbeitern des Prometheus Verlags in Amsterdam für ihre gute Arbeit, Ulrich Nolte vom Verlag C.H.Beck in München, Thomas Bout von Rue de l'échiquier in Paris und Sandra Piana vom Verlag ADD Editore in Turin. Sie alle bewiesen großes Vertrauen in das Projekt, bevor ich auch nur eine Zeile zu Papier gebracht hatte. Großen Dank verdienen auch die Leser des Manuskripts, meine Freunde Marijn Kruk und Pol van de Wiel. Bedanken möchte ich mich auch bei meinem deutschen Übersetzer Gerd Busse, der bereits mit der Übersetzung begann, bevor das Buch ganz fertig war, und meiner Lektorin Gudrun Raether-Klünker. Beide haben mich vor einigen Fehlern bewahrt.

Bei Follow the Money möchte ich Eric Smit für die inspirierenden Gespräche danken (von ihm kam der erste Tipp mit der Geschichte der Lodge-Betreiber in Sambia), den beiden derzeitigen Chefredakteuren Arne van der Wal und Harry Lensink sowie den Redakteuren Henk-Willem Smits, Siem Eikelenboom und Ties Gijzel, die mir mit ihrem Wissen und ihrer Expertise ausgezeichnete Dienste geleistet haben. Mein besonderer Dank gilt dabei Bas van Beek, der dank seinen verfeinerten WOO- (sprich: Informationsfreiheits-) und «Ask the EU»-Recherchetechniken sehr viel wertvolles Material sowohl aus Den Haag als auch aus Brüssel beschaffen konnte.

Vergessen darf ich auch nicht, den Beamten im niederländischen Außenministerium beziehungsweise im Ministerium für Landwirtschaft, Natur und Lebensmittelqualität sowie ihren Kollegen in der Abteilung Internationale Partnerschaften bei der Europäischen Kommission meinen Dank auszusprechen. Sie haben all diese Dokumente zusammensuchen und sie auf datenschutzrelevante Informationen und Ähnliches überprüfen müssen. Auch wenn sie manchmal etwas übereifrig darin waren, mit ihrem schwarzen Filzstift ganze Passagen unleserlich zu machen, ist mir durchaus bewusst, wie viel Arbeit es für sie bedeutet hat.

Besonderen Dank schulde ich auch den hervorragenden Journalistinnen und Journalisten, die mir auf meinen Reisen Hilfe geboten haben und oft gleichzeitig als Dolmetscher fungierten: Michel Kulitsima im Kongo, Golden Matonga in Malawi, Olisarali Olibui in Äthiopien, Wesley Hanyongola in Sambia sowie in ganz besonderem Maße meiner äußerst kompetenten und unbeugsamen Kollegin Flore Nobime, die infolge meiner Neugier vier Tage in ihrem eigenen Land festgehalten und gemeinsam mit mir der Spionage bezichtigt wurde. Ihre Empörung war groß, doch sie hat nicht klein beigegeben. Ihr Heimatland Benin wird sich nicht so ohne Weiteres mit der Einschränkung wesentlicher Freiheiten abfinden – so viel sollte klar sein!

Ich danke der Botschafterin To Tjoelker in Benin, ihrer Mitarbeiterin Andrea Velema sowie ihrem Mitarbeiter Antonie de Kemp für die Unterstützung während meiner Haft, ebenso wie Thomas Bruning von der Nederlandse Vereniging voor Journalisten (NVJ) und der Stiftung Free Press Unlimited, die bereit war, unseren Anwalt zu zahlen. Mein Dank geht natürlich auch an Kinto Sylla, der uns auf *Le savoir-vivre* in sein Dorf in der Nähe von Pendjari mitnahm.

Bei der NVJ danke ich ebenfalls Rutmer Brekhoff für seine guten Ratschläge sowie all denen, die mir mit ihrem Wissen, ihren Erkenntnissen, ihrem Netzwerk oder ihren Sprachkenntnissen behilflich waren oder die mir ihr Gästezimmer zur Verfügung stellten, wenn es Hunderte von Euro günstiger war, meine Reisen von Brüssel statt von Amsterdam aus zu starten: Kadir van Lohuizen, Joan Tilouine, Jean-Christophe Servant, Mathijs Smit, Duncan Money, Sishuwa Sishuwa, Paul Scholte, Bram Büscher, Esther Marijnen, Emile Smidt, Femke Brandt, Rémi Carayol, Jurriaan Kooij, James Ireland, Beat Späth, Clara van de Wiel, Thomas Smits und den vielen anderen, die ich nicht nennen kann oder noch vergessen habe.

Das hier ist keine Dankesrede bei einer Preisverleihung, dennoch möchte ich gern auch meinen lieben Eltern, meinem Bruder, meinem Neffen und meinen Schwiegereltern danken. Und natürlich meiner Liebsten Merel Leeman (einer weiteren sachkundigen Mitleserin des Manuskripts!) sowie meiner phantastischen zehnjährigen Tochter Emilia.

ANMERKUNGEN

Das Motto dieses Buchs stammt aus dem Interview «Ik probeer te laten zien hoe bevoorrecht ik ben», abgedruckt in *de Volkskrant* am 3. Juni 2006. Angaben hinter den Weblinks wie «[Januar 2024]» beziehen sich auf den jeweiligen Monat, in dem ich die betreffende Website besucht habe – Informationen können sich im Nachhinein ändern, oder die gesamte Seite kann aus dem Netz genommen werden. Dokumente, die ich auf Antrag nach dem niederländischen Informationsfreiheitsgesetz «Wet Open Overheid» oder seinem Vorläufer «Wet Openbaarheid van Bestuur» bekommen habe, werden mit dem Zusatz «WOO» beziehungsweise «WOB» zitiert. AP-interne Dokumente, die sich in meinem Besitz befinden, tragen den Zusatz «(intern)».

1 UNTER SPIONAGEVERDACHT BENIN, FEBRUAR 2022

1 Über die Bezichtigung der Spionage haben Flore Nobime und ich schon zuvor berichtet in: «Twee journalisten beschuldigd van spionage in Benin, Nederlander het land uitgegooid», Follow the Money, 20. Mai 2022; «Au Bénin, la folle garde à vue de deux journalistes ‹espions›», Afrique XXI, 20. Mai 2022; «Detained and deported: Journalism has become a risky business in Benin», *The Continent*, 28. Mai 2022.

2 African Parks hat seit seiner Gründung im Jahr 2000 mehrere offizielle Namen und Abkürzungen gehabt, darunter African Parks Management and Finance Company, African Parks Foundation (APF), African Parks Conservation (APC) und African Parks Network (APN). Auch sind verschiedene Tochterorganisationen wie African Parks Zambia (APZ) und African Parks Ethiopia (APE) entstanden. Wenn in diesem Buch von «African Parks» bzw. «AP» die Rede ist, geht es stets um die Mutterorganisation.

3 Flore Nobime, «Difficultés d'accès aux ressources: Grincements de dents autour de la Pendjari», *L'Evénement Précis*, 9. Oktober 2019.

4 Die folgenden Vorschriften werden bei unserer Verhaftung verletzt: Der Ermittlungsbeamte muss den Inhaftierten über das Recht auf einen Anwalt und das Recht auf einen Arzt informieren. Der Häftling hat ein Recht darauf, die Anschuldigungen gegen ihn bzw. sie sowie die Entscheidung zur Verhaftung und die Gründe dafür zu erfahren (§ 59, 62 und 63 des Strafgesetzbuchs). Bei einer Personenkontrolle darf jemand nur so lange festgehalten werden, wie es braucht, um seine oder ihre Identität festzustellen. Die Inhaftierung muss nach vier Stunden beendet werden, ausgehend von dem Moment an, an dem die Kontrolle beginnt (§ 84 des Strafgesetzbuchs). Und man darf nur dann länger als 48 Stunden festgehalten werden, wenn die betreffende Person einem Richter vorgeführt wird, der darüber entscheidet (§ 18 der Verfassung).

2 STREIT IM DSCHUNGEL SAMBIA, 2020

1 Olivier van Beemen, «Herrie in de jungle», *Quote*, Juni 2020; Olivier van Beemen und Sophie Blok, «Subsidieoorlog in Zambia», *Argos*, NPO Radio 1, 20. Juni 2020.
2 Brief vom Rijksdienst voor Ondernemend Nederland (RVO) an Vincent Kouwenhoven, 6. Juni 2017 (WOO).
3 «Prospectus Green Safaris I, updated version 2017» (intern).

4 KONTAKTSPERRE? DIE «STRATEGISCHE MEDIENPOLITIK» VON AFRICAN PARKS

1 *Buitenhof*, NPO 1, 31. Oktober 2021.
2 Siehe z. B. Vincent Jolly, «Les rangers, ces héros oubliés de la conservation de la nature», *Le Figaro*, 31. Juli 2019; Sophie Morlin-Yron, «Malawi is moving 500 elephants across the country», CNN, 21. Juli 2016; Pauline Bax, «Africa's Biggest Conservation Success Was Once a Poachers' Paradise», Bloomberg, 7. Januar 2019.
3 David Quammen, «To save wildlife, African governments turn to private management», *National Geographic*, 12. November 2019; «African governments are outsourcing their natural areas», *The Economist*, 22. Oktober 2020.
4 Joan Tilouine, «Au cœur de l'Afrique, une ONG en guerre au nom de la nature», *Le Monde*, 8. Mai 2020; Jean-Christophe Servant, «Protection de la nature, safaris et bonnes affaires», *Le Monde diplomatique*, Februar 2020.
5 Scholte 2022.

5 PAUL VAN VLISSINGEN ÖLMAGNAT, JÄGER, NATURSCHÜTZER

1 «De witte man geeft iets terug», *Leeuwarder Courant*, 30. August 2003.
2 Yoeri Albrecht, «‹Ik probeer te laten zien hoe bevoorrecht ik ben›», *de Volkskrant*, 3. Juni 2006.
3 Foeke de Koe, *Droom van een tycoon*, Teil 1, Nederland 2, 7. November 2006.
4 *Twee Vandaag*, Nederland 2, 15. Juli 2006.
5 Smit 2011: 29, 30, 35, 37; Hub. Hubben, «Kolenboer op buffeljacht», *de Volkskrant*, 25. Februar 2002.
6 Martin Elling, langjähriger Berater von African Parks, bestätigt das. «Er war ein eingefleischter Jäger, der auf Elefanten und anderes Großwild schoss», erzählt er während eines Interviews mit dem Autor.
7 Fentener van Vlissingen 1966: 8.
8 Smit 2011: 47; Shirley Haasnoot, «Fentener van Vlissingen: ‹Ik moest iets studeren waarmee ik altijd mijn boterham kon verdienen›», *Historisch Nieuwsblad*, 4. Juli 2002.
9 Smit 2011: 69, 70; Haasnoot 2002, siehe vorangegangene Anmerkung.
10 Smit 2011: 294.
11 Haasnoot 2002.
12 Fentener van Vlissingen 1980: 66, zit. n. Smit 2011: 129.
13 Smit 2011: 169, 170; Theo Klein, «Men denkt ten onrechte dat SHV apartheid steunt», *de Volkskrant*, 12. Juni 1996.
14 Smit 2011: 172.

15 Fentener van Vlissingen 1995: 17.
16 Jort Kelder, «‹Ik heb eerst mijn eigen centen verdiend, nu wil ik iets terugdoen voor de planeet›», *Quote*, 31. März 2005.

6 MARAKELE, SÜDAFRIKA EIN PARK UM JEDEN PREIS

1 Michael Eustace, «An unusual story in Malawi. The Majete story», *African Wildlife & Environment*, Nr. 76, 2020.
2 Fearnhead 2009: 422.
3 *Simek 's nachts*, Radio 1, 13. Februar 2005.
4 *Barend & Van Dorp*, RTL 4, 9. April 2003.
5 E-Mail, versandt am 23. April 2004 (WOO).
6 SANParks, «Media Release: Launch of the enlarged Marakele National Park», 28. September 2003.
7 Marieta Roos, «Biljoenêr Paul, die bielie van die Bosveld», *Die Huisgenoot*, 1. November 2001.
8 *Rooksignalen uit de nieuwe wereld*, Teil 4, Nederland 3, 29. Oktober 2001.
9 *Netwerk*, 1. August 2002.
10 Booking.com zufolge zahlen zwei Personen 3300 Euro für einen Mindestaufenthalt von zwei Nächten. Eine Einzelperson zahlt gut 2500 Euro [September 2023].
11 Jan-Kees Emmer, «Op safari met prins Bernard», *De Telegraaf*, 30. August 2003.
12 Siehe Anm. 16, Kap. 5.
13 Siehe Anm. 11 in diesem Kapitel.
14 Im «Marakele Management Plan 2014–2024» heißt es, dass es im Marakele Nationalpark 51 Arbeitsplätze gibt. Ein ehemaliger Mitarbeiter der Marataba Lodge schätzt die Zahl der Beschäftigten auf etwa 30. Der Website Zoominfo.com zufolge sind es 26, https://www.zoominfo.com/c/marataba-safari-lodge/451084795 [Januar 2024].
15 Anzeige bei der Polizei, 24. April 2003. Was mit der Anzeige im Weiteren geschehen ist, ist nicht bekannt. Der Geschäftspartner ist inzwischen verstorben.

7 MIT EXPANSIONSDRANG, ABER OHNE PLAN UND STRATEGIE

1 Interview mit dem Autor. Siehe Kapitel 21.
2 AP-Geschäftsbericht 2003.
3 Peter Fearnhead, «Financial reasoning for the incorporation of the Target Farms into Marakele National Park», April 2001. Dieses Dokument ist als «Annexure C» dem Vertrag zwischen Marakele Park (Pty) und SANParks beigefügt, unterzeichnet am 2. November 2000. African Parks teilt in einer Stellungnahme mit, dass SANParks die Beteiligung von Peter Fearnhead, Anthony Hall-Martin und Mavuso Msimang an African Parks offiziell genehmigt hat.
4 Fentener van Vlissingen 1995: 13.
5 *De Ochtenden*, Radio 1, 13. Dezember 2002.
6 Peter van Lonkhuyzen, «African Parks», 1. Januar 2001, *Management Team*. Der Titel wie auch das Datum der Veröffentlichung stimmen möglicherweise nicht, werden jedoch so angegeben auf: https://mtsprout.nl/leiderschap/management/african-parks [Januar 2024].
7 Eichhorn 2007: 80, 114.

8 Eichhorn 2007: 102.
9 AP-Geschäftsbericht 2004.
10 Hillman Smith und Kalpers 2014: 398.
11 AP-Geschäftsbericht 2005.
12 Smit 2011: 268.

8 TIERHÄUTE UND ANDERE GEBROCHENE VERSPRECHEN IN ÄTHIOPIEN

1 DeMarco 2022: 108.
2 David Turton, «African Parks Foundation and the Omo National Park», 17. Mai 2006, https://www.mursi.org/pdf/african-parks-foundation.pdf/view [Februar 2024].
3 Fred Pearce und Roy Mehta, «Laird of Africa», *New Scientist*, 13. August 2005.
4 Dowie 2011: 227.
5 Pankhurst und Piguet 2009: 99.
6 Siehe Anm. 3 in diesem Kapitel.
7 Die Zitate von Shauna LaTosky in diesem Kapitel stammen aus einem Interview des Autors mit der Anthropologin.
8 Laut Olisarali Olibui, der bei den Gesprächen dabei war.
9 «Agreement between the Government of the Federal Democratic Republic of Ethiopia (Ministry of Agricultural and Rural Development) and The Southern Nations, Nationalities and Peoples Regional State and African Parks (Ethiopia) PLC concerning the Management of the Omo National Park», unterzeichnet am 4. November 2005 (intern).
10 «Burlington man helps Mursi tribe of Ethiopia retain its land and way of life», *The Burlington Free Press*, 7. August 2008.
11 David Turton, «The takeover of Ethiopia's Omo National Park by African Parks Foundation (APF) of the Netherlands», 2005, https://www.mursi.org/pdf/takeover-of-omo.pdf [Februar 2024].

9 TURBULENTE JAHRE

1 «Testament voor een leefbare wereld», *De Telegraaf*, 29. Januar 2006.
2 Siehe Anm. 16, Kap. 5.
3 AP-Geschäftsbericht 2007.
4 Fearnhead 2009: 422.
5 Brief von African Parks an den niederländischen Minister für Entwicklungszusammenarbeit vom 3. November 2008 (WOO).
6 Beschluss nach Widerspruch, 5. Februar 2009 (WOO).
7 Anlage zum Brief African Parks Foundation vom 3. November 2008; «Verslag van de hoorzitting met de Stichting African Parks Foundation», abgehalten am 17. Dezember 2008 (WOO).
8 E-Mail zwischen Beamten im niederländischen Außenministerium, 28. Februar 2008 (WOO).
9 Hillman Smith und Kalpers 2014: 408–409; AP-Geschäftsbericht 2008/2009.
10 Smit 2011: 290.
11 AP-Geschäftsbericht 2009; Smit 2011: 291; Dick de Kat sagt dies in einem Interview mit dem Autor.

10 ERFOLGSGESCHICHTE MIT SCHATTENSEITEN IN RUANDA

1 Benedict Moran, «Rwanda's war nearly destroyed this park. Now it's coming back», *National Geographic*, 7. Mai 2019; Sophie Robert, «Akagera: Rwanda's beacon of hope», *Financial Times*, 4. April 2014.
2 AP-Geschäftsbericht 2022.
3 Ich habe jedoch keinen Beweis dafür, dass die beiden Journalisten etwas mit der Ablehnung zu tun hatten.
4 AP-Geschäftsbericht 2017.
5 «Media Plan. Rhino Translocation to Akagera, Rwanda», verschickt als Anlage zu einer E-Mail von einem Mitarbeiter von African Parks an einen Beamten des niederländischen Wirtschaftsministeriums, versandt am 7. März 2017 (WOO).
6 Mawunyo Hermann Boko, «Uganda: Joseph Kony, the one that got away», *The Africa Report*, 4. Januar 2023.

11 ENTWICKLUNGSPROJEKTE: «SCHÖNE VERSPRECHUNGEN»

1 AP Geschäftsberichte 2005, 2010 und 2022.
2 Siehe auch Titeca 2020.
3 Ich habe zu jedem der vermeintlichen Opfer in diesem Kapitel um die AP-Version ihrer Geschichte und um Akteneinsicht zu diesen Personen gebeten. African Parks wollte auf diese Vorgänge zunächst nicht reagieren, weil es unethisch sei. Nach Einsicht in das Buchmanuskript teilt AP dann aber mit, dass eines der mutmaßlichen Opfer – die Organisation nennt keinen Namen, doch vermutlich handelt es sich um Litima – wegen Elfenbeinhandels verurteilt worden sei. Litima selbst erzählte mir, dass er freigesprochen wurde.
4 African Parks lässt eine diesbezügliche Frage unbeantwortet.
5 «Mémorandum de la Société civile forces vives et Nouvelle société civile congolaise des territoires de Dungu, Faradje et de Niangara», Oktober 2019 (intern).
6 «Lettre des coordinations de la Société civile forces vives et Nouvelle société civile de Dungu, Faradje et de Niangara», 9. Oktober 2019 (intern).

12 DREI MONATE GEFÄNGNIS FÜR KRITIK AM PARK

1 African Parks reagiert nicht auf Fragen dazu.
2 AP-Geschäftsberichte 2019 und 2020.
3 Ich weiß nicht, ob African Parks die Macht dazu hätte, doch angesichts der direkten Beziehungen zum Staatsapparat scheint es mir nicht undenkbar.

13 IM PARK GELTEN KEINE MENSCHENRECHTE

1 «My Firefight with Elephant Poachers», *BBC Radio*, 31. Juni 2016.
2 Jeffrey Gettleman, «Elephants Dying in Epic Frenzy as Ivory Fuels Wars and Profits», *The New York Times*, 3. September 2012.

14 ERIK DER NORMANNE, HELD VON GARAMBA

1 Tessa Chan, «Why Hong Kong should say no to ivory chopsticks: African park warden shot trying to stop elephant poaching appeals to city», *South China Morning Post*, 9. Juni 2017.

2 «‹Your expertise was very helpful in sorting between different claims›», IRC, 27. Oktober 2011, https://www.ircwash.org/news/%E2%80%9Cyour-expertise-was-very-helpful-sorting-between-different-claims%E2%80%9D [Oktober 2023].

3 Rebecca Evans, «Briton facing the death penalty for ‹mass murder›: Hunter held in Africa after FINDING 13 bodies», *Mail Online*, 8. Mai 2012.

4 «Lion in the heart of Africa», 7. August 2009, https://www.africahunting.com/media/lion-in-the-heart-of-africa.3133 [Oktober 2023]. Nachdem ich African Parks den Manuskriptentwurf zu diesem Buch zugeschickt hatte, hat Erik Mararv sein Profil und alle Nachrichten in diesem Forum gelöscht.

5 «Central African Wildlife Adventures», 12. Mai 2014, https://www.africahunting.com/threads/central-african-wildlife-adventures.15760/ [Oktober 2023].

6 Sander Roks, «Erik vond dertien lijken in de Afrikaanse jungle en werd toen beschuldigd van massamoord», *Vice*, 11. März 2013.

7 Louise Lombard, «Blame War, Not Safaris», *The New York Times*, 29. Juni 2014.

8 Ryan Youngblood, «No man's land», undatiert (aufgenommen 2014), https://www.ryanyoungblood.com/no-mans-land [Oktober 2023].

9 Varun Vira und Thomas Ewing, «Ivory's Curse: The Militarization & Professionalization of Poaching in Africa», Born Free USA/C4ads, April 2014.

10 Tristan McConnell, «Armed groups line up to kill Congo's elephants, Phys. org, 17. Februar 2016.

11 Siehe Anm. 1, Kap. 13.

12 African Parks, «Three killed and two wounded by poachers in Garamba National Park, DRC», E-Mail, versandt am 25. April 2016 (WOO).

13 Jerome Starkey, «I'll be back to tackle poachers, shot ranger vows», *The Times*, 29. April 2016; Peter Canby, «Shootout in Garamba», *The New Yorker*, 4. Mai 2016; The Associated Press, «Fatal Firefight in Congo Park Highlights Threats to Rangers», Voice of America, 24. Mai 2016; siehe Anm. 1, Kap. 13.

14 Robyn Dixon, «‹Am I going to get out of here alive?› In one of Africa's most dangerous corners, a fight to the death for the elephants», *LA Times*, 22. Dezember 2017.

15 Siehe Anm. 1 in diesem Kapitel.

16 African Parks, «Erik Mararv – Tragic Event in Garamba», Facebook, 12. Juni 2017, https://www.facebook.com/AfricanParks/videos/erik-mararv-tragic-event-in-garamba/995717590564246/ [Februar 2024].

17 Siehe Anm. 1 in diesem Kapitel.

15 EINE WÜTENDE E-MAIL

1 Kars de Bruijne, «Laws of Attraction: Northern Benin and risk of violent extremist spillover», Clingendael, Juni 2021.

16 VOLLSTÄNDIGE KONTROLLE IN BENIN

1 APN Response to Kars de Bruijne, Clingendael, 1. Juli 2021, https://www.africanparks.org/sites/default/files/uploads/newsroom_file_upload/2022-02/APN%20Response%20to%20K.d.Bruijne_%20Clingendael%20July%202021.pdf [Oktober 2023].

2 Africa 24, «Rwanda, Visite du Président Patrice Talon au Rwanda», YouTube, https://www.youtube.com/watch?v=EwSVBXRMq20&ab_channel=Africa24 [Februar 2024].

3 «Contrat de délégation de gestion, de financement et de développement du complexe de la Pendjari», 24. Mai 2017 (intern).

4 AP-Geschäftsbericht 2018.

5 African Parks, «President of Benin Leads High-level Conversation on the Role of Public-Private Partnerships for Conservation in Africa around the UN General Assembly», 3. Oktober 2018, https://www.africanparks.org/president-benin-unga [November 2023].

6 Siehe Anm. 3 in diesem Kapitel.

7 African Parks reagiert nicht auf Fragen dazu. Frau Antonínová selbst sagt, auch im Namen von Herrn Terjanian, dass die Passagen über sie unkorrekt seien, lehnt jedoch jeden weiteren Kommentar ab.

8 AP-Geschäftsbericht 2017 und 2018.

9 African Parks reagiert nicht auf Fragen dazu.

10 «Rapport d'analyse des écarts environnementaux et sociaux dans la gestion de la réserve de biosphère de la Pendjari», Oktober 2020 (intern).

11 African Parks reagiert nicht auf Fragen dazu und geht auch nicht auf meine Frage ein, ob die Organisation eine Untersuchung über die Auswirkungen der Arbeiten und Bautätigkeiten auf das Ökosystem vorgenommen hat. Auch die UNESCO beantwortet meine Fragen dazu nicht.

12 Patrick Colombiano K. Lokossou, «En fait, ce qui s'est passé dans le parc de la Pendjari ...», Facebook, 14. Mai 2019, https://www.facebook.com/soupasewedo/videos/311634819735052/ [Oktober 2023].

13 «Security issues in Pendjari curtail Lionel Talon's tourism ambitions», Africa Intelligence, 13. Januar 2022.

14 Promediation/Konrad-Adenauer-Stiftung, «La nouvelle frontière des groupes djihadistes?», April 2021.

15 Diese Zahl findet sich im Bericht von ELVA: «Tracking Violent Extremism Spillover from the Sahel to Littoral West Africa, Analytical Report», Juni 2021. Ich selbst habe mit diversen Informanten gesprochen, die die Anzahl toter Tiere auf zwei- bis fünfhundert schätzen. Dass es sich um Hunderte von Tieren handelte, steht jedoch für alle Befragten fest.

16 AP-Geschäftsbericht 2018.

17 Nobime interviewte ihn 2019 für die Zeitung *L'Evénement Précis*.

18 Der Geldgeber, die deutsche Kreditanstalt für Wiederaufbau (KfW), äußert sich dahingehend, dass ihr nicht bekannt sei, dass, wie von den drei Mitgliedern des Teams behauptet, African Parks das Untersucherteam unter Druck gesetzt habe. Das steht allerdings im Widerspruch zu dem, was das Team selbst berichtet.

17 RANGER GEGEN DSCHIHADISTEN IN BENIN WER JAGT HIER WEN?

1 Die Passagen über die Entführung und Befreiung der französischen Touristen sowie die Ermordung ihres Guides beruhen auf den folgenden Berichten: «Bénin. Ce que l'on sait de la disparition des deux touristes français dans le nord du pays», *Ouest France*, 6. Mai 2019; Sophie Douce, Nathalie Guibert und Cyril Bensimon, «Une opération de sauvetage complexe, deux militaires français tués: le récit de la libération des otages au Burkina Faso», *Le Monde*, 10. Mai 2019; Régis le Sommier, «Bénin, le parc n'était pas en zone rouge lors du rapt des deux Français», *Le Point*, 12. Mai 2019; «Cédric de Pierrepont et Alain Bertoncello, deux soldats d'exception», *Paris Match*, 17. Mai 2019.

2 African Parks reagiert nicht darauf. Derjenige, der diesen «Scherz» gemacht haben soll, streitet es ab.

3 Marco Simoncelli und Davide Lemmi, «Benin is the new jihadist front in Africa», Lifegate, 12. Oktober 2022.

4 Ein Sprecher der Regierung Benins erklärt, dass die Bewachung der Grenze nicht an African Parks vergeben worden sei.

5 Abdel-Aziz Bello, «Rapport incident. Infiltration d'un groupe de militants armés dans le parc national W», 12. Juni 2020 (intern).

6 Siehe Anm. 1, Kap. 16.

7 E-Mail eines Beamten des niederländischen Außenministeriums an einen Mitarbeiter von African Parks, 1. September 2021 (WOO).

8 E-Mail, versandt am 17. Februar 2021 (WOO).

9 E-Mail, versandt am 22. Februar 2021 (WOO).

10 Eine hochrangige interne Quelle spricht von fünf Kilometern, und der Bericht «Tracking Violent Extremism Spillover from the Sahel to Littoral West Africa» (Juni 2021) von ELVA sogar von fünfzehn Kilometern.

11 African Parks, «Update on Incidents in W National Park, Benin», 11. Februar 2022.

12 African Parks, «Echos de nos parcs, Benin», Juli 2022.

13 «Communiqué Opération Barkhane: neutralisation de terroristes à la frontière Bénin-Burkina», Archiv des französischen Verteidigungsministeriums, 12. Februar 2022, https://archives.defense.gouv.fr/salle-de-presse/communiques/communique_-operation-barkhane-neutralisation-de-terroristes-a-la-frontiere-benin-burkina.html [November 2022].

18 ERFOLGE BIBLISCHEN AUSMASSES

1 Agence France Presse, «Malawi reserve resurrected by ‹Noah's Ark› project», *The Inquirer*, 7. Januar 2012.

2 AP-Geschäftsbericht 2021.

3 UN-Sicherheitsrat, «Letter dated 10 June 2021 from the Group of Experts on the Democratic Republic of the Congo addressed to the President of the Security Council».

19 MAJETE, MALAWI: WO ALLES BEGANN

1 «The Epicenter Strategy in Africa», https://hungerprojekt.ch/wp-content/uploads/2020/12/epicenter_strategy_e_181019.pdf [November 2023].

2 Phil Compernolle und Alfred Dzilankhulani, «Atiphunzitsa kuwedza nsomba: Taught how to fish. Evaluation of The Hunger Project in Majete, Malawi», 18. Juli 2018.

3 Brenda Kanyika-Zuka, «Misconceptions and realities in game conservation. The case of the Majete Game Reserve from 1951 to 2014», Master of Arts Thesis, University of Malawi, Chancellor College, Februar 2017.

20 AFRICAN PARKS MÖCHTE REDEN

1 Kapitel 1 und 3 dieses Buchs beruhen teilweise auf diesen Artikeln. Siehe auch Anm. 1, Kap. 1.

22 «ES BLEIBT BEIM ALTEN KOLONIALISTISCHEN DENKEN»

1 Nach südafrikanischem Recht ist African Parks eine *non-profit company*, was in etwa einer deutschen Stiftung entspricht.
2 Mavuso Msimang, «How that great escape bolstered my determination to join the ‹Spear of the Nation› struggle», *Daily Maverick*, 15. August 2023.
3 Centre for Development and Enterprise, «Mavuso Msimang in conversation with Ann Bernstein», 19. August 2021; SABC News, «ANC veteran Mavuso Msimang calls on President Ramaphosa to step aside immediately», 5. Juli 2022.
4 Ed Stoddard, «Rwanda's rhinos are safer than its dissidents», *Daily Maverick*, 8. Juni 2022.
5 Ann-Louise Colgan, Walter Kansteiner: Assistant Secretary of State for Africa, *Foreign Policy in Focus*, 1. April 2001; Walter Kansteiner, «Medals' Moral for S. Africa». *Christian Science Monitor*, 7. Juli 1993.
6 «Americans for Prosperity Action», OpenSecrets, https://www.opensecrets.org/political-action-committees-pacs/americans-for-prosperity-action/C00687103/donors/2024 [Januar 2024].

23 BANKGESCHÄFTE AUF DER ISLE OF MAN UND ANDERE ZWIELICHTIGKEITEN

1 Beim WWF handelt es sich um den amerikanischen Ableger der Organisation, den World Wildlife Fund. WWF International legt seine Gehälter nicht offen, also auch nicht das seines geschäftsführenden Direktors.
2 Das geht aus einer E-Mail-Korrespondenz zwischen dem niederländischen Wirtschaftsministerium und African Parks hervor (WOO).
3 In einer Reaktion auf das Manuskript geht African Parks allerdings auf diese Frage ein, siehe Kapitel 35.
4 «OAP drink driver spared jail», 3FM Isle of Man News, 20. Oktober 2016; Telefonbuch auf www.isleofman.com [November 2023].
5 Ray Choto, «Zimplats denies knowledge of offshore accounts», undatiert (2016 geschrieben), https://panamapapers.investigativecenters.org/zimbabwe/ [November 2023].
6 Mathijs Smit, «BV Erven Frits», *FEM Business & Finance*, 4. April 2009.
7 Waterberg Holdings B. V., Geschäftsbericht 2018.
8 Das geht aus einer durchgesickerten internen E-Mail-Korrespondenz hervor.
9 Foundation for Natural Leadership – Marataba Trail, https://naturalleadership.eu/agenda/trail-marataba-6-14-september-2024 [Januar 2024]. Robert-Jan van Ogtrop gibt zunächst keine Antwort auf konkrete Fragen zu seinen geschäftlichen Interessen. «Ich kann Ihnen versichern, dass den Beteiligten alles, was wir über oder mit diesen Entitäten getan haben, Geld gekostet hat, statt irgendeinen Gewinn abzuwerfen. Wir haben das Geld ausgegeben, weil wir glauben, dass wir das Richtige für den Erhalt der Wildtiere und der Ökosysteme und für das

Wohlergehen der lokalen Bevölkerung tun würden und auch tun. Zwischen Marataba und African Parks gibt es keinerlei Interessenkonflikte, und es wurden ausschließlich positive Resultate für die Arbeit von African Parks erzielt.»
Später mailt van Ogtrop: «Sowohl Marataba/Waterberg [Foundation for Natural Leadership] als auch African Parks sind Organisationen, die keinen Profit machen und einen Beitrag zur Biodiversität und zum Naturschutz leisten. Alle Transaktionen zwischen diesen Organisationen finden auf ‹arm's length›-Basis statt, das heißt auf gleicher Augenhöhe, auch und gerade, um dafür zu sorgen, dass es ein gerechtes Gleichgewicht gibt und keine Organisation gegenüber einer anderen bevorzugt wird. Damit bekommen Sie hoffentlich ein besseres Bild der Wirklichkeit.»

10 African Parks reagiert nicht auf Nachfragen dazu.

24 TATKRAFT, GELD UND AMBITIONEN

1 Sechs der zweiundzwanzig Parks sind teilweise oder komplett eingezäunt.

2 AP-Geschäftsbericht 2022.

3 Die Zahlen stammen aus dem internen Dokument «Monitoring and evaluation framework for 2023». Die Ausgaben sind die Summe der *core operating expenses* (Ausgaben, um den Betrieb des Parks zu gewährleisten) und der Investitionsausgaben (CAPEX). Die Einnahmen in der Tabelle stammen ausschließlich aus dem Tourismus. Der Prozentsatz an gedeckten Kosten (*sustainability ratio*, Nachhaltigkeitsquote) wird ermittelt, indem man die Einnahmen durch die Summe der Betriebsausgaben teilt und das Ergebnis zu den kommerziellen operativen Ausgaben (Kosten, um touristische Aktivitäten wie z. B. Lodges zu verwalten) addiert. Diese letzten Kosten werden im Dokument nicht spezifiziert.

4 https://honorarkonsulatrussland.de [Februar 2024].

5 Dieser Betrag wird von der Europäischen Kommission selbst genannt.

6 AP-Geschäftsbericht 2022.

7 AP-Geschäftsbericht 2021.

8 Viviane Rutabingwa und James Kassaga Arinaitwe, «Taylor Swift Is Dreaming Of A Very White Africa», Goats and Soda, NPR, 1. September 2015.

9 E-Mail der Niederländischen Botschaft im Tschad an das niederländische Außenministerium, 3. März 2021.

10 «African Parks Position Statement on Legal Hunting», November 2019 (Update).

11 «African Parks Monitoring and Evaluation Framework for 2022» (intern).

12 11th Oppenheimer Research Conference Livestream 4 – Day 2, 6. Oktober 2022, YouTube, https://www.youtube.com/watch?v=3hu5iNTjeZY [Februar 2024].

13 Siehe u. a.: Bart Crezee und Ties Gijzel, «Prestigeproject van 's werelds grootste CO2-handelaar leidde juist tot meer uitstoot», 27. Januar 2023; Ties Gijzel, «Olifanten doodschieten en fictieve CO2-rechten verkopen: South Pole faciliteert het allebei», 16. Oktober 2023. Alle Artikel: https://www.ftm.nl/tag/south-pole [Februar 2024].

14 South Pole Carbon Asset Management, «Chinko Conservation Area Redd+ Project, Central African Republic», 15. November 2023.

15 Beide Unternehmen haben auf meine Bitte, dies zu bestätigen, nicht reagiert.

16 Die Zahlen stammen aus den jüngsten vorliegenden Geschäftsberichten: WWF, TNC, CI und WCS (2023); AP, ZGF, AWF und PPF (2022).

17 «African Parks, The context and the future», 3. Februar 2014, Präsentation (WOO). Das Ziel, zum weltweit führenden Player zu werden, soll dabei nur mit afrikanischen Parks bewerkstelligt werden. Ambitionen, die darüber hinausgehen, gibt es, soweit bekannt ist, nicht.

18 AP-Geschäftsbericht 2020.
19 AP-Geschäftsbericht 2022.

25 KOLONIALE WURZELN

1 Die ersten Absätze des Kapitels beruhen auf der Analyse von Blanc 2020.
2 Adams und McShane 1996: 28, 29.
3 «National Parks of Africa», https://worldnationalparks.com/national-parks-of-africa [November 2023].
4 Mbaria und Ogada 2016: 107; Blanc 2020: 76–79.
5 Marijnen 2018: 794.
6 Erene Roux, «Tiger hunt controversy: Prince Philip, a hunter and conservationist», *The South African*, 10. April 2021.
7 Harry 2023: 255 [deutsche Ausgabe: «Krieg, ... bin dabei», S. 83; «sein Ding», S. 83; «Nashörner ... gehören mir», S. 83 – Prinz Harry: *Reserve*. München: Penguin, 2023].
8 Nels Abbey, «So William and Harry rowed over whose ‹thing› Africa is. Now tell me the colonial mindset is dead», *The Guardian*, 11. Januar 2023.
9 AP-Geschäftsbericht 2017; Ciaran McGrath, «Prince Charles in emotional speech about bringing up Prince Harry, but NO mention of Diana», *Daily Express*, 20. Mai 2018.
10 Mbaria 2003: 32–37.
11 Ramutsindela, Matose und Mushonga 2022: 23.

26 «DIESES WEISSE GETUE»

1 «‹Stuur geen geld, maar DOE IETS!›», *De Telegraaf*, 9. Juli 2005.
2 Laut der Website von African Parks, besucht am 4. Mai 2023.
3 Rhett A. Butler, «Reckoning with elitism and racism in conservation: Q&A with Colleen Begg», Mongabay, 28. Juni 2021.
4 Karen Molteno hat ähnliche Erfahrungen wie Ayimisin gemacht. Als (weiße) Praktikantin bekam sie eine bessere Wohnung als afrikanische Mitarbeiter mit einem größeren Verantwortungsbereich. African Parks zufolge bekam Ayimisin das Haus, das ihm aufgrund seiner Tätigkeit zustand, und arbeitete unter denselben Bedingungen wie seine Nachfolgerin, eine Französin.
5 Untersuchungen des Centre de recherches politiques de Sciences Po (Cevipof) aus den Jahren 2016 und 2021 stützen diese Aussage.
6 Dabei handelt es sich um Raquel Filgueiras, die von 2010 bis 2014 Direktorin von Liuwa Plain war. In den Anfangstagen stellte AP manchmal Ehepaare als Duomanager ein. Die zähle ich hier nicht mit.
7 Die Beschwerdeschrift befindet sich im Besitz des Autors.

27 BESUCH IN LIUWA PLAIN, SAMBIA, MIT AFRICAN PARKS

1 Pierre de Winter, «Er zal altijd publiek geld nodig zijn», *Management Team*, 1. Januar 2001. Das Datum der Veröffentlichung ist möglicherweise nicht korrekt, wird jedoch so angegeben auf https://mtsprout.nl/leiderschap/management/er-zal-altijd-publiek-geld-nodig-zijn [März 2024]; Milan Vesely, «Privatise Africa's neglected parks», *African Business*, August/September 2003.

28 FOLTER FÜR FORTGESCHRITTENE: DIE SCHAUKEL

1 Kamwali Simasiku, einer der drei, die zu knapp zwei Jahren Haft verurteilt wurden, bestätigt die Geschichte. African Parks ist nicht auf Fragen zu diesem Vorgang eingegangen.
2 African Parks zieht die Glaubwürdigkeit dieses Informanten in Zweifel, weil er einen Polizeibeamten angegriffen habe. Kalunga selbst spricht von einem Manager, der begonnen habe, Gewalt anzuwenden.
3 Human Rights Watch, World Report 1999 Zambia, https://www.hrw.org/legacy/worldreport99/africa/zambia.html [November 2023].

29 UNTER GEFAHR FÜR DAS EIGENE LEBEN

1 Tom Warren und Katie J. M. Baker, «WWF Funds Guards Who Have Tortured And Killed People», Buzzfeed, 4. März 2019; Tom Warren und Katie J. M. Baker, «WWF Has Suspended Support For Rangers At A Major Nature Reserve After A Suspicious Death», 11. Dezember 2019; Rainforest Foundation, «US authorities halt funding for large conservation organisations following investigation into human rights scandal», 9. Oktober 2020; Peter Beaumont, «Report clears WWF of complicity in violent abuses by conservation rangers», *The Guardian*, 25. November 2020.
2 E-Mail vom 7. April 2019, mit Anhang «Note on LE in conservation», 2. April 2019 (WOO).
3 African Parks berichtet in seinen Geschäftsberichten nicht standardmäßig, wie viele Todesopfer es im Park gegeben hat und wodurch sie zu Tode gekommen sind. Aus den zur Verfügung stehenden Informationen lässt sich jedoch schließen, dass etwa zwischen vierzig und fünfzig Ranger durch Gewalt umgekommen sind. Daneben kommt es auch durch Verkehrs- und Flugunfälle, Ertrinken und Angriffe von Wildtieren zu Todesfällen.
4 «Julian» erzählt dasselbe. Ich habe African Parks gebeten, sich diesen Vorgang einmal näher anzusehen, bekam darauf jedoch keine Antwort.
5 Die Geschichte wird von einem zweiten Informanten bestätigt, der damals in Chinko mit dabei war.
6 *«Tegenlicht: Mijn bullshitbaan»*, NPO 2, 24. März 2019.

30 WER KONTROLLIERT AFRICAN PARKS?

1 «Making wildlife matter: a life's work for Enrico Pironio», 20. April 2017, https://ec.europa.eu/newsroom/intpa/items/57786/en [Februar 2024].
2 BRLI, «Evaluation 2011–2015 de l'Accord de Partenariat pour la Gestion du Parc National d'Odzala-Kokoua, Republique du Congo», Juni 2016.
3 European Union, Directorate-General for International Cooperation and Development, «Study on the interaction between security and wildlife conservation in Sub-Saharan Africa Part I», 2019. Die Europäische Kommission reagiert: «Das eigentliche Ziel der Untersuchung war es, wie in der Auftragsbeschreibung formuliert, der Kommission einen umfassenden Einblick in die Interaktion zwischen Wildtieren und Sicherheit zu geben sowie darin, welchen Einfluss sie aufeinander haben.»
4 Brief des CEO von African Parks an den Head of Program on African Protected Areas & Conservation von African Parks, 28. April 2020 (intern).
5 BRL Response to APN, 29. April 2020 (intern).
6 David Brugière, «Partenariat public-privé pour les aires protégées: état des lieux et prospectives en Afrique francophone», Papaco, 2020.

7 Siehe Anm. 1, Kap. 16.

8 Conservation Solutions, «500 Elephants on the move in Malawi – 2016», YouTube, https://www.youtube.com/watch?v=vxYZIFw2NYg&t=32s&ab_channel=ConservationSolutions [Februar 2024].

9 *Eén tegen 100*, NPO 1, 10. August 2018. Die genauen Zuschauerzahlen an diesem Tag ließen sich nicht ermitteln. Sie werden im Sommer etwas niedriger gelegen haben als die durchschnittlich 1,4 Millionen Zuschauer, die es 2018 pro Folge gegeben hat. Quelle: Nationaal Media Onderzoek, https://kijkonderzoek.nl/component/kijkcijfers/file,n1-4-1-p [Dezember 2023].

10 Elaina Zachos, «Once on the Brink, This African Park Is Making a Comeback», *National Geographic*, 31. Januar 2018.

11 In diesem Beitrag wird beispielsweise nicht erwähnt, dass die National Geographic Society Sponsor von African Parks ist: Nina Strochlic, «Inside Prince Harry's efforts to preserve African parks», *National Geographic*, 30. September 2019. *National Geographic* hat nicht auf Versuche reagiert, mit ihr in Kontakt zu treten.

12 Win Schumacher, «Ein Königreich für den Tierschutz», *Frankfurter Allgemeine Zeitung*, 11. Mai 2023; Koen Moons, «Van leeggeroofd park tot bloeiend reservaat: Majete in Malawi is een voorbeeld voor heel Afrika», *Trouw*, 12. Dezember 2022.

31 EIN STAAT IM STAATE?

1 Siehe Anm. 3, Kap. 16.

2 Eichhorn 2007: 104.

3 «African Parks Monitoring and Evaluation Framework for 2022» (intern).

4 AP-Geschäftsberichte 2017 und 2019.

5 E-Mail, versandt am 18. Juli 2019 (WOO).

6 E-Mail, versandt am 14. Januar 2021 (WOO).

7 Siehe auch Brockington 2002.

32 TIERSCHMUGGEL IM KONGO, VERGEWALTIGUNG VON KINDERN IN BENIN

1 Siehe Anm. 4, Kap. 30.

2 Zu Hill & Knowlton Strategies siehe: https://hillknowlton.nl [Januar 2024].

3 Ben Webster und Lucas Amin, «PR firm accused of greenwashing big oil is helping organise COP27», 21. Oktober 2022; Sam Meredith, «‹Profoundly disturbing›: The PR firm for the COP27 climate summit has a long history with Big Oil», CNBC, 16. November 2022.

4 Matthew Miller, «Designation of Democratic Republic of the Congo (DRC) Public Officials for Significant Corruption», Press Statement, US Department of State, 16. August 2023.

5 Pasteur Cosma Wilungula, https://www.africanparks.org/about-us/our-people/pasteur-cosma-wilungula [Januar 2024]. Nachdem ich African Parks das Manuskript meines Buchs zur Einsichtnahme geschickt hatte, wurde die Seite vom Netz genommen. Hier ist sie, so wie sie im Oktober 2023 online zu sehen war: https://web.archive.org/web/20231002152950/https://www.africanparks.org/about-us/our-people/pasteur-cosma-wilungula [Februar 2024].

6 African Parks, «Echos de nos parcs, Bénin», Dezember 2021.

33 AUF DER SUCHE NACH EINER WILDNIS FÜR DREITAUSEND GEZÜCHTETE NASHÖRNER

1 «Rhinos of Buffalo Dream Ranch: Our Story», https://buffalodreamranch.wordpress.com/our-story [Dezember 2023].
2 Graeme Green, «Sold: 2,000 captive southern white rhino destined for freedom across Africa», *The Guardian*, 1. Dezember 2023.
3 African Parks, «2,000 Southern White Rhino to be Released into the Wild Over Next 10 Years», 4. September 2023.
4 Jim Tan, «African Parks to rewild 2,000 rhinos from controversial breeding program», Mongabay, 11. September 2023.
5 Nach dem konkreten Inhalt dieser «Unterstützung der Regierung» gefragt, verweist ein Sprecher des Ministeriums für Forstwirtschaft, Fischerei und Umwelt auf ein Zitat von Ministerin Barbara Creecy in der Pressemitteilung von African Parks: «Wir sind bereit, African Parks und weitere Partner mit technischer und wissenschaftlicher Beratung bei der Entwicklung einer Lösung für den Naturschutz zu unterstützen, die darauf zielt, die Tiere in geeignete Parks und Gemeinschaftsreservate in Südafrika und auf dem afrikanischen Kontinent zu bringen.»
6 African Parks, «Proposal for ‹a wildlife deal› between African Parks, the Rwandan Development Board and the Ministry of Economic Affairs», undatiert (WOO).
7 Interne E-Mails von Beamten des niederländischen Wirtschaftsministeriums, 13. Dezember 2016 (WOO).
8 «Black Rhino Re-Introduction to Akagera National Park», Anlage zur E-Mail eines Mitarbeiters von African Parks an einen Beamten des niederländischen Wirtschaftsministeriums, verschickt am 21. November 2016 (WOO).
9 «African Parks Wildlife Deal: Reintroduction of Black Rhino in Rwanda. Final Report – Dutch Ministry of Economic Affairs», Oktober 2017 (WOO).
10 African Parks geht auf Fragen dazu nicht ein.
11 Siehe Anm. 2 in diesem Kapitel.
12 Laut ihrem eigenen Profil auf LinkedIn [März 2024].

34 WIE VIELE GORILLAS, GNUS UND WALDELEFANTEN GIBT ES NOCH?

1 Soweit nicht anders angegeben, stammen alle Zahlen und Zitate in diesem Kapitel aus den AP-Geschäftsberichten 2003–2022.
2 Eine Schätzung aus dem Jahr 2002 kam auf 15 000 Gnus. AP schickte im August 2003 ein Managementteam nach Liuwa Plain und übernahm im Mai 2004 offiziell die Parkverwaltung (Quelle: AP-Geschäftsberichte 2003/2004).
3 Im Geschäftsbericht 2015 spricht African Parks von einem Rückgang bei Gnus und Zebras um ein Viertel, ohne jedoch exakte Zahlen zu nennen. Das hatte möglicherweise mit der Dürre zu tun. «Das Niveau der beobachteten statistischen Varianz war jedoch extrem hoch, sodass es schwierig war, aus diesen Daten harte Schlussfolgerungen zu ziehen. Um eine genauere Zahl zu bekommen, soll 2016 eine Gesamtzählung durchgeführt werden.» Die Zahlen aus dieser Zählung, die dann erst 2017 stattfand, werden jedoch nicht in den Geschäftsberichten 2017 und 2018 aufgeführt. Wohl aber lasse sich AP zufolge von einer Zunahme der Zahl der Gnus und einer Stabilisierung bei der Größe der Zebrapopulation sprechen.
4 Im Geschäftsbericht von 2017 schreibt African Parks, dass die Zahl Schwarzer Lechwes in

einem Zeitraum von sechs Jahren von 35 000 auf 50 000 angewachsen sei, doch im Geschäftsbericht 2011 wurde noch eine Population von 75 000 Exemplaren genannt, also gut das Doppelte dessen, was er später angibt.

5 Umlilo Safaris, «Zambia Trophy Hunt $» (Tarife 2024), https://www.umlilosafaris.co.za/assets/Prices%20and%20Packages/zambia--bangweulu-wetlands.pdf [März 2024].

6 Im Geschäftsbericht 2020 wird die Zahl 7200 genannt. Die Angabe über «gut fünftausend Waldelefanten» stammt von der französischsprachigen Website von African Parks, http://fr.africanparks.org/les-parcs/odzala-kokoua#:~:text=Paradis%20des%20amoureux%20de%20la,environ%20450%20esp%C3%A8ces%20d'oiseaux [Dezember 2023]. Nachdem ich African Parks das Manuskript des vorliegenden Buchs zur Einsicht zugeschickt hatte, hat die Organisation die französischsprachige Website komplett aus dem Netz genommen. Die Seite, wie sie im Dezember 2023 online zu sehen war, findet sich jedoch noch unter: https://web.archive.org/web/20230610150107/https://fr.africanparks.org/les-parcs/odzala-kokoua [Februar 2024].

7 Rachel Nuwer, «The Rare African Park Where Elephants Are Thriving», *National Geographic*, 28. Januar 2017.

8 African Parks, «Bangweulu Wetlands Survey», https://www.africanparks.org/newsroom/press-releases/bangweulu-wetlands-survey [März 2024].

9 AP-Geschäftsberichte 2021/2022; African Parks, «Biodiversity Conservation Akagera», https://www.africanparks.org/the-parks/akagera/biodiversity-conservation [März 2024].

10 AP-Geschäftsbericht 2017; AFP, «Benin's Pendjari National Park comes back to life», *The Nation*, 29. Januar 2018.

11 «The wild dogs of Malawi: a historic reintroduction», https://www.africanparks.org/wild-dogs-malawi-historic-reintroduction [Januar 2024].

12 Patrick Greenfield und Sundus Abdi, «Prince Harry wildlife NGO under fire after elephants kill three in Malawi», *The Guardian*, 1. Oktober 2022; Patrick Greenfield, «Death toll rises to seven in Malawi elephant relocation project linked to Prince Harry NGO», *The Guardian*, 16. Februar 2024.

35 AFRICAN PARKS DROHT

1 Siehe z. B.: African Parks, «Another Anti-Poaching Victory in the Congo», 13. März 2014, https://www.africanparks.org/newsroom/press-releases/another-anti-poaching-victory-congo [März 2024].

2 Später erklärt African Parks, dass die Organisation ihre Geldgeschäfte unbedingt über die südafrikanische Bank Nedbank Private Wealth abwickeln wolle und dies auf dem Offshore-Wege nur über die Isle of Man möglich sei.

36 DU BIST SELBST RASSISTISCH UND NEOKOLONIALISTISCH

1 Bastian Kaiser und Tobias Dammers, «Foltern für den Artenschutz?», ARD *Tagesschau*, 9. Januar 2024, https://www.tagesschau.de/investigativ/wdr/artenschutz-deutschland-menschenrechte-indigene-100.html [April 2024].

2 Ian Birrell, «Harry's Africa charity rangers ‹raped and beat tribes people›», *Mail on Sunday*, 28. Januar 2024; Lucy Bannerman, «Prince Harry urged to quit Africa charity over ‹rapes and abuse›», *The Times*, 28. Januar 2024; Survival International, «Green Genocide: ‹The Baka belong to the forest, it's our home›», https://www.survivalinternational.org/campaigns/green-genocide [Januar 2024].

3 Ian Birrell, «Guards at Prince Harry's Africa conservation charity face new killing and torture allegations», *Mail on Sunday*, 16. März 2024.
4 Siehe S. 26.
5 Alan MacKenzie, «Former Ethiopia PM: Labeling me ‹dictator› is wrong», *Deutsche Welle*, 23. Oktober 2019.
6 Seada Nourhussen, «Met deze koloniale taal stoppen we», *OneWorld*, 3. Juli 2018.

ZUM SCHLUSS: EIN GRÜNES IMPERIUM

1 «On safari in the world's most dangerous country», *The Economist*, 20. Dezember 2023.
2 AP-Geschäftsbericht 2022.
3 «African Parks Monitoring and Evaluation Framework for 2023» (intern).
4 «Management Meeting 2022: Growth Update», September 2022 (intern).
5 «Management Meeting 2022: African Parks' contribution to the ‹161› 2030 strategy and beyond» (intern).

LITERATUR

Bibliographische Angaben zu journalistischen Artikeln, Webseiten, Berichten und internen Dokumenten finden sich in den Anmerkungen.

Adams, Jonathan S. und Thomas O. McShane, *The Myth of Wild Africa: Conservation without Illusion*, University of California Press, 1996.

Anderson, Terry L. und Alexander James, *The Politics and Economics of Park Management*, Rowman & Littlefield Publishers, 2000.

Blanc, Guillaume, *L'invention du colonialisme vert. Pour en finir avec le mythe de l'Eden africain*, Flammarion, 2020.

Brockington, Dan, *Fortress Conservation. The Preservation of the Mkomazi Game Reserve, Tanzania*, James Curry, 2002.

Brockington, Dan, Rosaleen Duffy und Jim Igoe, *Nature Unbound: Conservation, Capitalism and the Future of Protected Areas*, Routledge, 2008.

Büscher, Bram, *Transforming the Frontier: Peace Parks and the Politics of Neoliberal Conservation in Southern Africa*, Duke University Press, 2013.

Büscher, Bram und Robert Fletcher, *The Conservation Revolution: Radical Ideas for Saving Nature Beyond the Anthropocene*, Verso, 2020.

Child, Brian (Hrsg.), *Parks in Transition: Biodiversity, Rural Development and the Bottom Line*, Earthscan, 2004.

DeMarco, Edward, *Last Days in Naked Valley: The Struggle for Humanity's Homeland*, Afrologi, 2022.

Dowie, Mark, *Conservation Refugees: The Hundred-Year Conflict between Global Conservation and Native Peoples*, MIT Press, 2011.

Duffy, Rosaleen u. a., «Why we must question the militarisation of conservation», *Biological Conservation* (232), 2019.

Eichhorn, Jeroen, *Afrika voor beginners* (Selbstverlag), 2007.

Fearnhead, Peter, «Privately Managed Protected Areas», in: Helen Suich und Brian Child (Hrsg.), *Evolution & Innovation in Wildlife Conservation. Parks and Game Ranches to Transfrontier Conservation Areas*, Earthscan, 2009.

Fentener van Vlissingen, Paul, *Roodwild op de korrel*, Roelofs van Goor, 1966.

–, *Hoop op gratie. Een reisverslag* (Selbstverlag), 1980.

–, *Ondernemers zijn ezels*, Balans, 1995.

–, *Marakele: The Making of a South African National Park*, African Parks BV, 2003.

Geest, Martin van, Joost van Kleef und Henk Willem Smits, *Waarom niemand hier belasting betaalt behalve jij. Hoe miljonairs en multinationals profiteren van belastingparadijs Nederland*, Business Contact, 2022.

Hanes, Stephanie, *White Man's Game: Saving Animals, Rebuilding Eden, and Other Myths of Conservation in Africa*, Metropolitan, 2017.

Hillmann Smith, Kes und José Kalpers (Hrsg.), *Garamba. Conservation in Peace & War* (Selbstverlag), 2014.

LaTosky, Shauna, *Predicaments of Mursi (Mun) Women in Ethiopia's Changing World*, Rüdiger Köppe, 2013.

Lombard, Louisa, «Threat economies and armed conservation in northeastern Central African Republic», *Geoforum* (69), 2016.

Lopez, Sergio, *Naissance d'un combat*, Partis Pour, 2020.

Marijnen, Esther, «The ‹Green Militarization› of Development Aid: The European Commission and the Virunga National Park, DR Congo», *Third World Quarterly* (38/7), 2017.

–, «Public Authority and Conservation in Areas of Armed Conflict: Virunga National Park as a ‹State within a State› in Eastern Congo», *Development and Change* (49/3), 2018.

Marijnen, Esther und Judith Verweijen, «Selling Green Militarization: The Discursive (Re-) Production of Militarized Conservation in the Virunga National Park, Democratic Republic of the Congo», *Geoforum* (75), 2016.

Mbaria, John, «The Green Man's Burden: The Cost of the Conservation Model Practiced in Kenya's Drylands», in: Mbari und Ogada, 2017.

Mbaria, John und Mordecai Ogada, *The Big Conservation Lie: The Untold Story of Wildlife Conservation in Kenya*, Lens & Pens, 2017.

Nelson, Robert, «Environmental Colonialism: ‹Saving› Africa from Africans», *The Independent Review* (8/1), 2003.

Pankhurst, Alula und François Piguet, *Moving People in Ethiopia: Development, Displacement & The State*, James Currey, 2009.

Pinnock, Don und Colin Bell, *The Last Elephants*, Hardie Grant, 2011.

Potel, Jossam, «Displacement and Land Administation in Post-Conflict Areas – Case of Rwanda», Dissertation Universiteit Twente, März 2014.

Prince Harry, *Spare*, Bantam, 2023. [Deutsche Ausgabe: Prinz Harry, *Reserve*, Penguin, 2023.]

Ramutsindela, Maano, Frank Matose und Tafadzwa Mushonga (Hrsg.), *The Violence of Conservation in Africa: State, Militarization and Alternatives*, Edward Elgar, 2022.

Ramutsindela, Maano, Marja Spierenburg und Harry Wels, *Sponsoring Nature: Environmental Philantropy for Conservation*, Earthscan, 2011.

Schlindwein, Simone, «Die ‹grüne Armee›. Die Militarisierung des Naturschutzes und die Folgen in Afrika», Rosa Luxemburg Stiftung, März 2020.

Scholte, Paul, «Fifteen years of delegated protected area management in West and Central Africa: five recommendations to guide maturity», *Oryx* (56/6), November 2022.

Smit, Mathijs, *Filosoof-miljardair. De ongeautoriseerde biografie van Paul Fentener van Vlissingen*, Bert Bakker, 2011.

Somerville, Keith, *Ivory: Power and Poaching in Africa*, Hurst, 2016.

–, *Humans and Lions: Conflict, Conservation and Coexistence*, Hurst, 2019.

Steinhart, Edward I., *Black Poachers, White Hunters: a Social History of Hunting in Colonial Kenya*, James Curry, 2006.

Titeca, Kristof u. a., «Conservation as a social contract in a violent frontier: The case of (Anti-) poaching in Garamba National Park, eastern DR Congo», *Political Geography* (78), 2020.

Titeca, Kristof und Patrick Edmond, «Outside the Frame: Looking Beyond the Myth of Garamba's LRA Ivory-Terrorism Nexus», *Conservation and Society*, Juli 2019.

Vande weghe, Jean und Gael Vande weghe, *Odzala-Kokoua. Where Lower Guinean and Congolian Forests Meet*, spac, 2017.

REGISTER

NP = Nationalpark